LA PLENITUD DE
MIGUEL DE CERVANTES
Una vida en papel
(1604-1616)

CRÓNICAS DE LA HISTORIA

José Manuel Lucía Megías

La plenitud de Miguel de Cervantes

Una vida en papel
(1604-1616)

www.edaf.net

MADRID - MÉXICO - BUENOS AIRES - SANTIAGO
2019

© 2019. José Manuel Lucía Megías.
© Diseño de la cubierta e ilustraciones de las casas y lugares de Cervantes en Madrid: Ricardo Sánchez.
© Edición: Melquíades Prieto.
© 2019. De esta edición, Editorial EDAF, S. L. U., Jorge Juan 68 -28009 Madrid (España)
Documentación: autor, BNE, RAE,.AHN,AGS, AGI, UCM, CDT, Protocolos, mps.

Editorial EDAF, S. L. U.
Jorge Juan, 68. 28009 Madrid
Tel. (34) 91 435 82 60
http://www.edaf.net
edaf@edaf.net

Edaf del Plata, S. A.
Chile, 2222
1227 Buenos Aires, Argentina
11 43 08 52 22
edaf4@speedy.com.ar

Algaba Ediciones, S. A. de C. V.
Calle 21, Poniente 3323, entre la 33 Sur y la 35 Sur
Colonia Belisario Domínguez
Puebla 72180. México
522222111387
jaimebreton@edaf.com.mx

Edaf Chile, S. A.
Coyancura, 2270 Oficina, 914
Providencia, Santiago de Chile
Tel (56) 2/335 75 11 - (56) 2/334 84 17
Fax (56) 2/ 231 13 97e-mail:
comercialedafchile@edafchile.cl

Este trabajo forma parte del proyecto de investigación *Parnaseo* (Servidor Web de Literatura Española), FFI2017-82588-P (AEI/FEDER, UE), y del Proyecto *DHuMAR Humanidades Digitales, Edad Media y Renacimiento. 1. Poesía 2. Traducción* (FFI2013-44286-P) concedido por el Ministerio de Economía, Industria y Competitividad.

Queda prohibida, salvo excepción prevista en la ley, cualquier forma de reproducción, distribución, comunicación pública y transformación de esta obra sin contar con la autorización de los titulares de la propiedad intelectual. La infracción de los derechos mencionados puede ser constitutiva de delito contra la propiedad intelectual (art. 270 y siguientes del Código Penal). El centro Español de Derechos Reprográficos (CEDRO) vela por el respeto de los citados derechos.

Abril de 2019

ISBN: 978-84-414-3890-3
Depósito legal: M-4.427-2019

Impreso en España   Printed in Spain

Graficas COFÁS. Pol. Ind. Prado Regordoño. Móstoles (Madrid)

A Jean Canavaggio, Antonio Rey Hazas, Krzysztof Sliwa,
Alfredo Alvar, Javier Blasco y Jorge García López,
biógrafos cervantinos de quienes tanto he aprendido.

A Luis María Anson, por tanto, por todo.

«¿Pensará vuestra merced ahora que es poco trabajo hacer un libro?»
Carta al lector, *Quijote* (1615).

«El tiempo es breve, las ansias crecen, las esperanzas menguan…»
Carta dedicatoria al Conde de Lemos, *Persiles* (1617).

Índice

Prólogo. Del mito al hombre de papel... 11

Una época de cambios y de traslados: «Yo os diré lo que vi» 17
    Un nuevo siglo, un nuevo reinado, una nueva Corte, una nueva vida 17
    La casa de Cervantes en Valladolid: de los detalles cotidianos a
        la construcción de un mito 22
    Detalles de una vida cotidiana: radiografía del caso Ezpeleta 34
    ¿Se conocieron Miguel de Cervantes y William Shakespeare
        en Valladolid? 48

Los inicios de la plenitud de Cervantes:
El ingenioso hidalgo don Quijote de la Mancha (1605) 55
    Los libros de caballerías en la época de Cervantes: ¿son todos una
        «mesma cosa»? 55
    Los lectores de libros de caballerías: el público soñado por Miguel de
        Cervantes 63
    El origen del personaje de don Quijote: Cervantes entre la ficción y la realidad 72
    El *Quijote* antes del *Quijote*: ¿cuándo comenzaron a difundirse las aventuras
        de hidalgo manchego? 86
    Francisco de Robles: un editor en busca de un *best-seller* 93
    El expediente de impresión del *Quijote*: «será de gusto y entretenimiento al pueblo» 97
    El *Quijote* en la imprenta regentada por Juan de la Cuesta: de Pedro de Madrigal
        a la Sociedad Cervantina 105
    Los primeros ejemplares del *Quijote*: de las hojas de registro a América
        a los ejemplares conservados 114
    Uno de los primeros misterios bibliográficos cervantinos: la reedición madrileña
        de 1605 121
    El primer (y único) éxito del *Quijote*: las primeras apariciones en la plaza pública 128

Sombras y silencios de la plenitud de Cervantes 139
    Miguel de Cervantes y su familia: de Valladolid a Madrid siguiendo los pasos
        de la Corte 139
    Andrea y Magdalena Cervantes: las eternas desconocidas 147
    ¿De qué vive la familia Cervantes? 156

El testamento de Catalina de Salazar: «por el mucho amor y buena compañía que ambos hemos tenido»	167
Las Academias literarias: «babilónica confusión»	171
El *Quijote* de 1608: ¿una reescritura cervantina?	179
El Conde de Lemos o la importancia de ser un mecenas	182
¿Un soñado viaje a Nápoles al final de su vida?	188
La (no) casa de Cervantes en Barcelona	193
¿Un último mecenas?: el Cardenal Sandoval y el primer autógrafo falso de Cervantes	196
¿Fueron conocidas las obras de Cervantes más allá de la imprenta?: el ejemplo del Códice de Porras	201

LA VIDA EN PAPEL DE MIGUEL DE CERVANTES 207

El proyecto literario de Miguel de Cervantes: la vida en papel	207
Novelas ejemplares de honestísimo entretenimiento (1613): «el primero que he novelado en lengua castellana»	212
El viaje del Parnaso (1614): «Yo, socarrón; yo poetón ya viejo»	222
Ocho comedias y ocho entremeses nuevos, nunca representados (1615): «fui el primero que representase las imaginaciones y los pensamientos escondidos del alma»	232
En los márgenes de la vida en papel: los últimos poemas cervantinos	244
Los trabajos de Persiles y Sigismunda (1617): «de cuantos nos dejó escritos, ninguno es más ingenioso, más culto ni más entretenido»	247
Más allá de la vida en papel: últimas obras en el tintero, atribuciones y falsificaciones	257

EN LOS MÁRGENES DE LA PLENITUD DE CERVANTES:
EL INGENIOSO CABALLERO DON QUIJOTE DE LA MANCHA (1615) 261

¿Cuándo comenzó a escribir Cervantes la segunda parte del *Quijote*?: el caso del rucio de Sancho	261
¿Es el *Quijote apócrifo* (1614) de Alonso Fernández de Avellaneda una venganza contra Cervantes?	267
El ingenioso caballero don Quijote de la Mancha (1615): «sé decir que no soy el malo»	274

EPÍLOGO. DEL HOMBRE AL MITO: «WRITTEN IN IMITATION OF THE MANNER OF CERVANTES» 287

BIBLIOGRAFÍA 296

ÍNDICE ONOMÁSTICO 303

ÍNDICE TOPOGRÁFICO 310

Prólogo.
Del mito al hombre de papel

La biografía de Cervantes está plagada de mitos, de leyendas, de lugares comunes. Así desde el siglo XVIII y así también en nuestros días. Muchos de estos mitos, leyendas y lugares comunes nacieron de la falta de datos y documentos en sus orígenes, de la necesidad de imponer una determinada imagen sobre la vida de Cervantes para defender la genialidad y la supremacía de su *Don Quijote*, de esos dos textos escritos con el paréntesis de diez años, que se han convertido, con el paso de los siglos, en una de las obras más compactas y estructuradas de toda la literatura universal. Nada más lejos de la realidad.

Uno de esos mitos tiene que ver con el éxito editorial de su propuesta quijotesca frente al fracaso (total) en su faceta como poeta o como dramaturgo, y su fracaso (parcial) con el resto de sus obras en prosa. Nada que ver con lo que hoy sabemos de la primera difusión de los textos cervantinos. La primera parte del *Quijote* gozó de un éxito editorial considerable en el año 1605: dos ediciones en Madrid financiadas por Francisco de Robles, otra en Valencia, controlada por el mismo librero, y dos más piratas, salidas de los talleres lisboetas de Jorge Rodriguez y de Pedro Crasbeek... pero habrá que esperar a 1608 para una tercera reedición madrileña, de la que todavía quedaban 145 ejemplares en el inventario de 1623 a la muerte del librero que la impulsó. Peor suerte sufrió la segunda parte del *Quijote*, impresa en 1615, y que en el citado inventario de 1623, todavía quedaba constancia de 366 ejemplares sin vender. Dejando a un lado, la *Galatea*, de la que nunca se hizo una segunda edición después de la princeps de 1585 (con 17 ejemplares en la librería de Robles en 1623), y las obras en verso (*Viaje del Parnaso*) o de teatro (*Ocho comedias y ocho entremeses*), lo cierto es que las *Novelas ejemplares*, con sus ocho reediciones desde 1613 y 1622 (sin ejemplares en la librería de Robles a su muerte), y el *Persiles*, con sus cinco reediciones en 1617 en cinco ciudades diferentes (París, Barcelona, Valencia, Pamplona, y Lisboa), gozaron de una vida editorial más exitosa en sus primeros años de difusión que las dos partes quijotescas. Todo lo contrario de lo que se ha dicho durante siglos. Los datos, una y otra vez, nos devuelven una realidad biográfica y editorial bien diferente a la que se ha instalado en nuestro imaginario. Este tercer volumen de nuestra biografía viene a mirar, por primera vez, cara a cara al verdadero Cervantes, al verdadero autor de un programa literario que no se agota con el *Quijote*. Como esta, muchas serán las sorpresas documentales que encontrarás entre sus páginas, lector desocupado.

Pero si hay una imagen romántica que ha terminado por contaminar la imagen biográfica de Miguel de Cervantes, de una persona que vivió más de 68 años en uno de los momentos más fascinantes de los Siglos de Oro, ese momento de cambio de paradigma político, económico y cultural que se fraguó desde mediados del siglo XVI y que dará sus mejores frutos en los primeros decenios del XVII, es la imagen que dibuja a un Cervantes fracasado en su tiempo, que vive a la sombra —con cierta amargura— del éxito de autores como Lope de Vega, pero que, con el tiempo, se ha alzado con el triunfo total en el Parnaso literario gracias a la genialidad de su *Don Quijote*, que no fue entendido, realmente, entre sus contemporáneos. Y así hasta nuestros días. Esta imagen romántica se consolida en las primeras páginas de las biografías cervantinas inaugurales, las que a finales del siglo XVIII llenaron los mitos, las leyendas y los lugares comunes de los primeros documentos, como son la de Vicente de los Ríos (1780) y la de Juan Antonio Pellicer (1797-1798). Y así los primeros biógrafos se empeñaron en rescatar del olvido al escritor Cervantes, al autor del *Quijote*, que ya triunfaba en Europa, olvidándose del Cervantes hombre, del Cervantes que vivió en ese momento fascinante que fueron los Siglos de Oro.

Con estas palabras comienza Vicente de los Ríos su "Vida de Miguel de Cervantes Saavedra", en el primer tomo de la edición canónica que imprime Joaquín Ibarra en Madrid, auspiciada por la Real Academia Española en 1780:

> Entre los ingenios españoles ninguno merece más aprecio que Miguel de Cervantes Saavedra. Este ilustre escritor digno de mejor siglo, y acreedor a todas las recompensas debidas al valor, a la virtud y al talento, vivió pobre, despreciado y miserable en medio de la misma nación que ilustró en la paz con sus obras, y a cuyas victorias había contribuido con su sangre en la guerra, y murió sin lograr después la fama póstuma que merecía. Destino infeliz y singular aun entre los grandes hombres desgraciados, cuyas cenizas son por lo regular objeto de aplauso y honor, que debía haberse tributado a sus personas.

Desde la atalaya del éxito europeo del *Quijote* a lo largo y ancho del siglo XVIII, se impone esta imagen romántica de un autor que no fue entendido ni apreciado en su tiempo, que lo marginaron sus contemporáneos, pero que, a pesar de ello, es capaz de escribir una obra genial, grandiosa, que ha terminado por iluminar la literatura de los siglos posteriores. Un autor «fracasado» que triunfa en el Parnaso del tiempo, siendo merecedor del mayor de los aprecios, del más grande de los elogios. 65 años que quedan oscurecidos, mediatizados, ensombrecidos por sus escritos publicados en los últimos tres años de su vida, sobre todo por esa segunda parte del *Quijote* publicada en 1615, la última de las obras que verá en letras de molde el propio Cervantes, que, junto a la primera parte de diez años antes, le dará fama mundial.

La dicotomía «fracaso» en su tiempo y «éxito» en los siglos posteriores ha terminado por imponerse a la hora de comprender a Cervantes, al autor, al hombre en su entorno, en su tiempo. Y para eso, ha sido necesario demostrar, una y otra vez, el «triunfo de su fracaso»: su paso por las tablas de los corrales de comedias como un fracaso frente al triunfo de Lope de Vega; sus miles y miles de versos como simples ensayos pues no gozó de la «gracia» que no quiso darle el cielo, al contrario de otros grandes poetas como el propio Lope de Vega o Luis de Góngora; y por último, sus empeños como escritor de novelas, que siempre quedaron eclipsadas por el éxito fulgurante del *Quijote*, que no fue realmente ni entendido ni valorado por sus contemporáneos, incapaces de pasar de la primera capa cómica y adentrarse en la profundidad de su sátira, de su crítica a la sociedad de su tiempo, a ese imperio de luz que ha terminado por oscurecerse con el éxito de ese engendro propagandístico que es la «leyenda negra».

Nada más lejos de la realidad.

Nada más lejos de la realidad de su tiempo y nada más lejos de la realidad de la compleja existencia de un hombre llamado Miguel de Cervantes, de un hombre que nunca buscó en la escritura un medio de vida, y mucho menos, su medio de vida: «las musas rameras», de las que hablaba Lope de Vega, y a las que tuvimos ocasión de visitar en el segundo tomo de nuestra biografía, nunca fueron compañías cervantinas.

¿Dónde radica la comprensión del fracaso de Cervantes? ¿Un fracaso en comparación con qué? ¿Es acaso solo el reconocimiento popular, en los corrales de comedias, en las prensas, en los saraos de nobles, en los salones de los palacios o en las ventas o tabernas el aspecto que permite hablar de éxito o de fracaso de un autor? ¿Acaso estar en el «centro» de la Monarquía Literaria del momento, ser capaz de ostentar algunos de sus cargos, e incluso el cetro de rey ha de considerarse piedra de toque del «éxito»? ¿No es Lope de Vega, imagen mítica de este éxito, en realidad un esclavo de la voz del poder o del pueblo, que no se puede permitir un tiempo de silencio, un tiempo de experimentación, de buscar y de llegar a donde otros nunca habían soñado que era posible ir? ¿Acaso no es un éxito poder vivir en los márgenes, como Cervantes, y ser capaz de hacerlo en el corazón literario del mundo occidental —el Madrid del Barrio de las Musas— ofreciendo un programa literario único en su tiempo? ¿Cuántos Miguel-de-Cervantes experimentaron también en su época, viviendo también como él en los márgenes, y cuyas obras no han pasado de ser manuscritos olvidados o impresos que solo almacenan polvo en las estanterías de las bibliotecas? ¿Qué hubiera pasado con la experimentación cervantina si no hubiera triunfado la lectura inglesa del siglo XVIII que lo alzó como un modelo literario digno de ser imitado? ¿Qué hubiera sido del programa literario ideado por Cervantes y que fue publicando en sus tres últimos años de vida (de los 65 a los 68), de no haber terminado la segunda parte del *Quijote*, la que es, sin duda, la mejor y más experimental y genial de todas sus obras, la que ha tenido más repercusión en el tiempo?

A esta y a otras tantas preguntas se dan respuesta en el tercer tomo de nuestra biografía cervantina, de estos retazos de una biografía en los Siglos de Oro. El tercer volumen que es el más literario, el que contextualiza las obras cervantinas, más allá de los primeros poemas o de la *Epístola a Mateo Vázquez* (primer volumen), o de *La Galatea*, o las primeras obras de teatro (segundo volumen), el que intenta explicar su ámbito de recepción, rescatar las sensaciones de los lectores de su momento, más allá de la construcción mítica que hemos ido entre todos construyendo en estos últimos cuatro siglos.

Cervantes que, poco a poco, se vuelve de papel.

Cervantes que, poco a poco, deja de buscar en este mundo para adentrarse en la originalidad de un programa literario coherente, al que dedicará los últimos años de su vida. Una nueva mirada sobre la obra cervantina, más allá de la simple constatación de la publicación de sus textos a lo largo de los años. Un programa literario que se adentra en los géneros de su tiempo, y que no se deja llevar por los cantos de sirena de las interpretaciones de siglos posteriores, interpretaciones que están en su obra, que la justifican, pero que no corresponde ahora, en una biografía cervantina, su análisis ni comentario. Para eso hay otros géneros y otros momentos, para eso hay otras metodologías. Ese ha sido una de las grandes obsesiones que me han guiado en estos años de escritura, lector curioso, y que hacen que esta biografía de Cervantes, sobre todo este tercer tomo, sea una nueva mirada frente a todo lo escrito anteriormente: no caer en el «pecado original» biográfico cervantino, que instauró Mayans y Siscar en 1738, al intentar comprender, analizar, entender y difundir la vida de Cervantes desde la única perspectiva de comprender dónde radica la genialidad del *Quijote*, de defender, por encima de cualquier otro aspecto, la trascendencia del *Quijote* en la cultura mundial.

Aquí te ofrezco una nueva mirada de papel sobre uno de nuestros autores más exitosos en todos los tiempos, incluso durante su tiempo: un autor que fue capaz de vivir en los márgenes, de mantener una cierta libertad de escritura, que le permitió experimentaciones que, no siendo comprendidas en su tiempo, se han convertido en piedras angulares, en principios ortodoxos de nuestro modo de entender la literatura y el hecho literario en los últimos siglos.

Comienza aquí la última de las aventuras de Miguel de Cervantes, su aventura más conocida, la de su vida en papel. Aquí te la ofrezco para que lo puedas disfrutar, al menos, tanto como yo lo hecho escribiendo, siendo una pieza más en esta maquinaria de papel genial que es la literatura, que es la investigación humanística.

El tercer volumen de mi biografía cervantina está dedicado a los biógrafos cervantinos que viven y de los que tanto he aprendido: Jean Canavaggio, Antonio Rey Hazas, Krzysztof Sliwa, Alfredo Alvar, Javier Blasco y Javier García López. A los que bien podrían añadirse tantos y tantos biógrafos que han sido mis compañeros en los últimos años, con lo que he hablado, discutido y a los que he admirado y sigo haciéndolo, comenzando por el pionero Mayans y Siscar, y siguiendo por Vicente de los Ríos, Juan Antonio Pellicer, el gran Martín Fernández de Navarrete, Jerónimo Morán, etc. etc. Llega al final este largo y proceloso esfuerzo que comenzó hace cuatro años gracias a la confianza que puso en mí la editorial EDAF y el empeño continuo y compañero de Melquíades Prieto, que no solo ha sido el responsable de la magnífica edición de los tres volúmenes, sino también amparo y sostenedor del proyecto, incluso en los momentos más complicados y oscuros. Un camino que ha sido mucho más cómodo y placentero por contar con tantos colegas y amigos que me han acompañado con sus lecturas, comentarios y críticas. Este, sin duda, es un libro que nace leído y discutido en muchos de sus capítulos y epígrafes. A todos ellos quiero dar las gracias: Rosario Aguilar Perdomo, Eduardo Aguirre, José Cabello Núñez, Cristina Castillo, Mª Augusta da Costa Vieira, Daniele Cravileri, Claudia Demattè, José Díaz-Pintado Hilario, Carmen y Justo Fernández, José Ramón Fernández, Ruth Fine, Javier Krahe, Lucía Laín, Abraham Madroñal, Emilio Maganto Hilario, Francisco José Marín Perellón, José Martínez Millán, Alfonso Mateo Sagasta, José Montero Reguera, Pablo Moro, Francisco Peña, Caterina Ruta, Vicente Sánchez Moltó, Aldo Ruffinatto, Eduardo Torres, Andrés Trapiello y Germán Vega García-Luengos.

Y entre todos, para terminar, me gustaría destacar también a Luis María Anson, a quien va dedicado también este tercer tomo de la biografía cervantina, por haber apoyado este proyecto desde un inicio, por las amables y cariñosas palabras que siempre tiene dispuestas cuando habla del libro, y por su generosidad sin límites. Sin duda, este tercer tomo no llegaría a tus manos, lector ocioso, como lo está haciendo en estos momentos sin su apoyo y sus ánimos.

A ellos les debes lo mejor que encontrarás en él. A mí solo me queda seguir leyendo, seguir aprendiendo, seguir indagando en los archivos en búsqueda de nuevos hilos que nos permita tejer el verdadero tapiz del hombre Miguel de Cervantes, ese que tenemos la obligación se seguir iluminando con nuestras investigaciones y lecturas.

Vale.

1. Una época de cambios y de traslados: «Yo os diré lo que vi»

Un nuevo siglo, un nuevo reinado, una nueva Corte, una nueva vida

¿Podemos hablar de dos Cervantes, el que vive en el siglo XVI y aquel otro que ahora se abre al XVII, en una época que parece que inaugura un nuevo mundo, una nueva forma de hacer política, de dar respuesta a los problemas acumulados por la Monarquía Hispánica, a nuevos modos de ir construyendo la figura del escritor profesional?

Son muchos los cambios que se vivieron en Castilla, y no solo en Castilla, a finales del siglo XVI, cuyas consecuencias solo se vislumbrarán en los próximos decenios, justo en esos años en que Cervantes dará a conocer la mayor parte de su obra narrativa, poética y dramática, esa obra que ha convertido su nombre en sinónimo de la universalidad de la lengua española, en el mito que nos convoca más allá de los cuatrocientos años de su muerte. ¿Fue consciente Miguel de Cervantes, como tantos otros de sus contemporáneos, que con el siglo se estaban abriendo las puertas a una nueva época, a una nueva era? Difícil adentrarse en sus pensamientos y sensaciones, pero lo cierto es que solo en este contexto de cambios, de posibilidades en todos los ámbitos de la vida pública y privada, se pueden entender los últimos años de Miguel de Cervantes, los últimos años en que brillan sus obras literarias y donde comienza a apagarse la luz de su vida.

En 1598 muere Felipe II. Pero su muerte no solo es la muerte de un rey, que tiene ya preparado su reemplazo institucional. Constituyó la muerte de una forma de entender el mundo y de gestionar la política, la *res* pública. Felipe III, con tan solo veinte años, se hace cargo de un imperio que ya es ingobernable con las reglas del pasado. El complejo universo de las facciones políticas, de los ebolistas y albistas, de los castellanistas y papistas, que habían ido tejiendo una red de relaciones clientelares en los distintos consejos, dará paso al sistema de los validos, en que triunfará con luz propia el Duque de Lerma, como Richelieu por estos mismos años lo hará en Francia. Pero la Monarquía Hispánica es otra cosa. Nada comparable a los estados europeos que buscan en las debilidades de sus enemigos sus posibilidades de engrandecimiento, de expansión. El Duque de Lerma ha de trabajar duro para conseguir el máximo poder en una Corte acostumbrada a las luchas partidistas. Y lo hará siguiendo el manual de todo arribista: por un lado, alejando de la Corte, de la influencia del rey a los antiguos hombres fuertes de Felipe II, como Moura y Vázquez de Arce; y por otro, colocando a hombres de confianza en los puestos más sensibles de la toma de decisiones: su cuñado Miranda será destinado a la Presidencia del Consejo de Castilla, y a su tío, el Cardenal Sandoval y Rojas, le hace nombrar arzobispo de Toledo. Durante 19 años estará el Duque de Lerma al frente de los destinos de la Monarquía Hispánica, justo los últimos años de la vida de Miguel de Cervantes.

Pero controlar el poder político, la confianza del monarca y los órganos de toma de decisiones no era suficiente. No fue suficiente para el Duque de Lerma. El dinero, enriquecerse él y enriquecer a sus más allegados de una manera desmesurada se convirtió en uno de los ejes de su política, una riqueza corrupta que se llevará a cabo en un momento de crisis económica. Sus principales consejeros, Pedro Franqueza y Rodrigo Calderón, fueron condenados, con el paso del tiempo por malversadores y especuladores. El responsable de las finanzas reales, Pedro Franqueza, será juzgado en 1607, y después de ser torturado y demostrados sus delitos, tuvo que devolver todo el dinero que había desviado en su propio beneficio. Por su parte, Rodrigo Calderón se mantendrá en el poder tanto como el Duque de Lerma, que lo arrastra en su caída veinte años después. Con la llegada del nuevo rey Felipe IV, terminará sus días en el cadalso. Con estos mimbres tejía el Duque de Lerma su imperio, la conocida como *Pax Hispanica*, que terminó siendo una pesadilla para muchos ciudadanos.

¿Y qué podían hacer el responsable de las finanzas y demás consejeros y personas de confianza del Duque de Lerma que seguir el ejemplo corrupto de su señor? En tan solo tres años, consiguió el nuevo valido amasar una de las mayores fortunas de España. En tan solo tres años, en una época de grandes miserias económicas para la mayor parte de la población, cuando los pretendientes y pleiteantes se multiplicaban por las calles de la Corte en Madrid encontrando cerradas las puertas de los Consejos a sus peticiones y súplicas, y sin poder contar por unos meses entre 1598 y 1599 con la posibilidad de olvidarse de sus penas en los corrales de Comedias, cerrados por el luto real. El Duque de Lerma no perdió el tiempo: en 1602 cuenta con una renta anual de 200 000 ducados (recuérdese que 500 eran los que se pidieron por el rescate de Miguel de Cervantes en Argel). Una renta anual que provenía de sus títulos, de los feudos y sus prebendas que le otorga el rey, así como del permiso de quedarse cada año con parte del oro que provenía de América. Y no fueron estas, sin duda, las únicas fuentes de su enriquecimiento.

Y mientras tanto, buena parte de la población se moría de hambre.

Un nuevo rey. Un nuevo proyecto político. Un nuevo modo de organizar los círculos clientelares. Y una nueva Corte. Como ya se explicó en el segundo volumen de la biografía cervantina, el 20 de marzo de 1601, parte de Madrid «la cárcel y sello real para Valladolid, muy a la sorda y sin ruido, y el sello, en un macho», según palabras fúnebres del escribano municipal, el madrileño Francisco Testa (II, p. 370). ¿Era necesario el cambio de Corte en esta nueva era, con la llegada de un nuevo rey? Era necesario e imprescindible y fue uno de los golpes de efecto político (y económico) más brillantes del Duque de Lerma. La versión oficial justificaba el cambio de la sede de la Corte por la delicada salud del rey Felipe III, que sufría mucho con los fríos invernales de Madrid, y a quien vendrían mejor los aires de Valladolid. Pero detrás de estos buenos propósitos se escondían las dos líneas básicas de actuación política del Duque de Lerma en sus primeros años como valido. Por una lado, el traslado de la Corte permitía poner distancia —real y metafórica— entre el rey y su abuela, la emperatriz María de Austria, contraria a los intereses del Duque de Lerma, que vivía en el Monasterio de las Descalzas Reales en el centro de Madrid. Y por otro lado, el traslado a la Corte a Valladolid le permitió obtener al Duque, y a sus consejeros más allegados, sus buenos beneficios. Sin contar los 40.000 ducados que los responsables de la nueva Corte le entregaron como pago por su mediación, fueron muchos los palacios que compró el Duque de Lerma antes de la llegada de la Corte y que vendió a precio de oro a los nobles que no quisieron estar alejados del rey y de su influencia. Un pelotazo económico —y corrupto— que se repitió unos años después cuando en 1606 vuelve la Corte a Madrid: además de los miles de ducados que le entregaron los regidores madrileños agradeciéndole las gestiones realizadas para la vuelta de la Corte; muchos de los palacios que compró a bajo precio en los años anteriores, ahora se los vendía a sus antiguos propietarios a precios desorbitados. Historias de especulación con el ladrillo de ayer y hoy.

Junto a los cambios políticos y geográficos, también en este paso de siglo se van a dar y consolidar tendencias que tienen que ver con la industria cultural hispánica, que no debemos olvidar. Por un lado, nos encontramos con el proceso de consolidación de los corrales de comedias como uno de los motores económicos de la literatura del momento, uno de los baluartes que permite consolidarse la figura del «escritor profesional», aquel que es capaz de vivir de las ganancias que obtiene por su trabajo literario. No me detendré en ello porque ya lo analizamos con detalle en el segundo volumen de la biografía (II, pp. 176-196). Pero sí que merecen unas palabras el otro gran cambio que se va a producir en los últimos años del siglo XVI: la demostración de que la imprenta puede ser también un negocio económico, al margen de los privilegios de impresión de pragmáticas y textos legales, los encargos de instituciones religiosas o laicas, o la financiación personal de las mismas cuando el autor cuenta con el dinero necesario. El *best-seller* se convierte en una realidad con la publicación de la primera parte del *Guzmán de Alfarache* de Mateo Alemán en la imprenta madrileña de Várez de Castro en 1599. Un magnífico ejemplar en cuarto que gozó de casi veinte reediciones en sus primeros cinco años de difusión, como veremos más adelante. Ninguna otra obra se le puede comparar. Ninguna. Por eso no extraña que el alférez Luis de Valdés saque pecho en el «Elogio» a Mateo Alemán en la segunda parte de la obra en 1604: «¿De cuáles obras en tan breve tiempo se vieron hechas tantas impresiones, que pasan de cincuenta mil cuerpos de libros los estampados y de veinte y seis impresiones las que han llegado a mi noticia que se le han hurtado, con que muchos han enriquecido?». Madrid, Barcelona, Zaragoza, Bruselas, Lisboa, Coimbra, París, Sevilla, Tarragona, Milán o Bruselas serán algunas de las ciudades que vieron cómo sus prensas se pusieron a sudar para dar respuesta a la creciente demanda de compradores de *El pícaro*. Nunca antes se había visto una cosa así y nunca nadie en estos primeros años del siglo XVII lo volverá a conseguir. Y no faltaron las propuestas y las búsquedas de nuevos éxitos de ventas: Francisco de Robles lo intentó con *El viaje entretenido* de Agustín de Rojas (1603), en un formato más de libro de bolsillo como lo es el 8º; Clemente Hidalgo imprimirá al año siguiente *El peregrino en su patria* de Lope de Vega; y en 1605 le tocará el turno al *Libro de entretenimiento de la pícara Justina* de Baltasar Navarrete, impreso en Medina del Campo, y de la primera parte de *El ingenioso hidalgo don Quijote de la Mancha* de Miguel de Cervantes, la gran apuesta editorial de Francisco de Robles, que obtuvo, como se verá, un relativo éxito, aunque nada comparado al *Guzmán de Alfarache*, al libro que se reeditó con la misma velocidad en estos años como fue olvidado de las prensas pasadas unas décadas; justo lo contrario de lo que le pasó a las obras cervantinas, en especial, a las aventuras de su particular caballero andante.

    Si unos años después defenderá Lope de Vega en su *Arte nuevo de hacer comedias* que el éxito de la nueva industria cultural de los corrales de comedias se basa en el éxito del público: «pues como las paga el vulgo, es justo/ hablarle en necio para darle gusto»; el éxito editorial del *Pícaro* de Mateo Alemán demostró que la imprenta también podía ser una fuente directa de beneficio económico siempre que se dieran al «vulgo» obras que les pudieran entretener, como así se había visto ya con la propuesta de los libros de caballerías de entretenimiento que triunfaron desde mediados del siglo XVI, aunque su formato en folio los volvían inaccesible para ese «vulgo» que no dejaba de leer —y de comprar— estos nuevos artefactos literarios y editoriales que se imprimían en formatos más económicos: el cuarto y el octavo, que utilizaba un número menor de pliegos y, por tanto, podían ser vendidos a un precio más reducido, a pesar de que en su mayoría estuvieran entre las 200 y 300 páginas.

Este es el escenario de cambios y de transformaciones en que se van a desarrollar los últimos años de la vida de Miguel de Cervantes. Tiempos convulsos que contrastan con la vida a la que estaba predestinado nuestro autor después de abandonar Sevilla en 1599. Una vida tranquila en Esquivias, con viajes esporádicos a Toledo y a Madrid, donde permanecen sus hermanas, hasta que se ven en la obligación de trasladarse a Valladolid, siguiendo la estela de la Corte. Allí se reunirá de nuevo la familia, con Miguel, su esposa Catalina, y algunos de sus amigos toledanos, como Juana Gaitán. Pero mientras tanto, en años de silencio vital, los que van desde el verano de 1600 hasta los mismos meses cuatro años después, el momento de mudarse a Valladolid, el nombre de Miguel de Cervantes solo aparece en algunos documentos que hablan de una vida cotidiana de nuestro autor instalado en Esquivias. El 20 de enero de 1602, Juana Gaitán y Miguel de Cervantes ofician de padrinos en el bautizo de María, hija de amigos esquivanos, Bartolomé de Ugena y de Ana de la Peña. Unos días antes, el 15 de enero, Miguel debía encontrarse o en Madrid o en Toledo, pues en una escritura que firma su mujer y su cuñado, el clérigo capellán Francisco de Palacios, para la venta de unas tierras, se indica que se encuentra ausente.

Miguel de Cervantes se instala con su familia en la Corte, en la Valladolid en construcción de 1604. Cuenta ya con 57 años. ¿Un nuevo traslado para construirse de nuevo, ya en la vejez, una nueva vida? ¿Acaso esa nueva vida pasa por querer ser un escritor profesional, sabiéndose fuera de los círculos de poder? ¡Qué lejos está de Lope de Vega, que estará presente en Valencia, cuando se celebren en 1599 los esponsales entre Felipe III y su prima Margarita de Austria, al ser el secretario del Conde de Sarriá, es decir, el futuro Conde de Lemos! Y eso que ante los reyes se representará una obra que lleva por título *Los cautivos de Argel*, que se inspira en *El trato de Argel* cervantino, esa comedia que gozó de cierto éxito en los corrales de comedias madrileños en la década de los años ochenta y noventa. ¿Acaso su relación comercial con Francisco de Robles, que seguramente va más allá de un simple conocimiento entre autor y editor, esté en la base del traslado de toda su familia a Valladolid? ¿Qué negocios se traían entre manos, de los que no se ha descubierto hasta ahora traza documental? Y de querer relanzar su carrera de escritor, de comenzar una nueva construcción personal como un escritor profesional, lo que nunca ha sido hasta entonces, como se indica en muchas de las biografías cervantinas, ¿cómo es que no sigue escribiendo y publicando después del primer éxito del *Quijote* en 1605, aprovecharse de la estela comercial que abre un *best-seller*, que es efímera en su propia naturaleza? ¿Por qué hemos de esperar ocho años para ver su nombre impreso en una portada, en este caso, el de las *Novelas ejemplares*? De nuevo, misterios biográficos alrededor de Cervantes, que nos adentra antes en la espesura de las preguntas que en los claros de las certezas. Una época llena de luces literarias y de sombras de vida, que llenarán de anécdotas y de historias las páginas siguientes.

La casa de Cervantes en Valladolid: de los detalles cotidianos a la construcción de un mito

El traslado de Cervantes y de sus hermanas a la nueva sede de la Corte era solo cuestión de tiempo: allí se habían mudado las clientas de los trabajos de costura de sus hermanas Andrea y Magdalena; allí se encontraban instalados también los agentes de negocios con los que Miguel seguía relacionado, y allí era el lugar donde era posible estar al día de pleitos y de las pretensiones que todo cortesano debía atender.

No fue fácil construir una Corte en Valladolid. Ni la ciudad estaba preparada para recibir a tal cantidad de nuevos habitantes ni tampoco nadie había previsto lo que se les venía encima con el traslado de la Corte. El Duque de Lerma ya tenía suficiente con preparar las estancias reales, con especular con todo palacio y edificio noble al que tuviera acceso y, sobre todo, con poner kilómetros y kilómetros de distancia entre el rey Felipe III y su abuela, la emperatriz María de Austria. En los primeros meses de 1601, con la pretensión de que en Valladolid no se repitieran las escenas madrileñas de calles plagadas de pretendientes y de pleiteantes, además de vagabundos y gentes que hicieron de la Corte madrileña uno de los lugares más peligrosos para extranjeros y locales, se dictaron varias normas para controlar la llegada de nuevos habitantes para que se aplicaran en las cuatro puertas de entrada: el Campo, de Tudela, Río Mayor y Santa Clara. Pero ya en junio de 1601 se vio que las limitaciones eran imposibles, que no tenía sentido poner puertas al campo. Tal era avalancha de todo tipo de habitantes que hizo casi imposible encontrar vivienda en la ciudad ya desde los primeros meses. El cronista Luis Cabrera de Córdoba, que se encontraba en Valladolid desde mayo de 1601, nos dejó este precioso testimonio de lo que sucedía en la Corte en agosto de este mismo año:

> Ha cargado tanta gente en esta ciudad, con todo el cuidado que se pone (en que no se hinche de vagabundos y gente ociosa), que faltan ya casas en que posar; y así, se han encarecido en extremo los alquileres y los mantenimientos y todo lo necesario, que sin duda cuesta la mitad más que en Madrid, y lo que se siente mucho es que se duda para en adelante pueda esta tierra proveer de lo necesario a esta Corte.

El enorme crecimiento de población conllevó que en poco tiempo se dotara a Valladolid de nuevos servicios, entre ellos un nuevo Matadero, o Rastro, enfrente del antiguo, al otro lado del río Esgueva. En estos terrenos, también hubo un espacio para la especulación, dada la enorme demanda de viviendas en la ciudad. Juan de Navas aprovechó unos terrenos que poseía en la zona y comenzó en 1602 a construir cinco casas de dos pisos, que estarían terminadas en agosto de 1604. Una de ellas fue alquilada por Cervantes para albergar a su familia, quizás en julio de este año.

¿Cuándo llegaron los Cervantes, desde Madrid y desde Esquivias, a Valladolid? Como es lógico, no hemos conservado ninguna crónica, documento o relato del momento exacto en que se realizó el traslado. Y nada sabríamos ni de Cervantes ni de sus hermanas, de su casa en Valladolid si no tuviéramos la suerte —desde un punto de vista documental y biográfico— de que sus puertas se convirtieran en el escenario casual de un duelo nocturno que terminó con la muerte del caballero Gaspar de Ezpeleta el 27 de junio de 1605, y que a raíz de este asesinato, como veremos con más detalle más adelante, se lleven a cabo unas averiguaciones para esclarecer el caso.

Gracias a este documento, conservado actualmente en la Real Academia Española, que transcribe los interrogatorios a los habitantes de la casa, conocemos con quién se trasladó Cervantes a Valladolid y quiénes fueron sus vecinos meses después de haberse instalado. Es la primera vez, en toda la biografía cervantina, que contamos con un documento que —con algunos matices— permite vislumbrar detalles de la vida cotidiana de Cervantes y de sus familiares. Nunca hemos estado tan cerca del hombre Cervantes como en este momento, nunca hemos conocido, con tanto detalle, costumbres y cotidianidades tanto de los «Cervantes» como de sus vecinos.

A finales de junio de 1605, los dos pisos de una de las casas nuevas del Rastro, además de la taberna en la parte izquierda del piso inferior, estaban habitados por las siguientes familias, cada una con su historia a las espaldas, cada una con sus sueños y sus deseos de supervivencia en la Corte, todos ellos instalados en la casa alrededor de agosto y septiembre de 1604, fecha de la finalización de las obras.

En el primer piso, a mano derecha vivía Luisa de Montoya, con sus hijos Esteban, Luis y Luisa, y la criada Catalina de Rebenga. Nacida en Toledo, es viuda del cronista Esteban de Garibay, que murió en 1599. En enero de 1606, unos meses

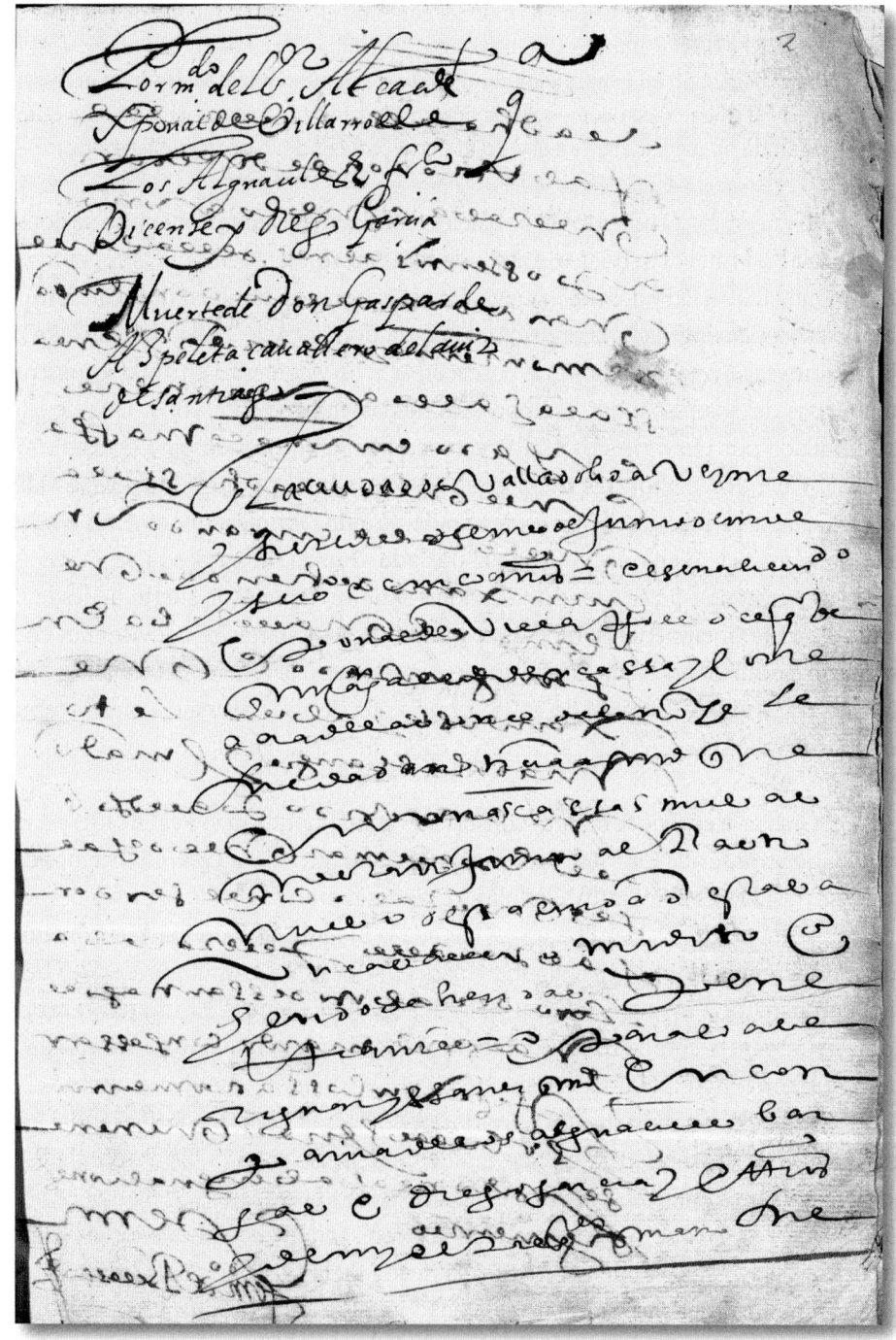

Averiguaciones del caso Ezpeleta (Valladolid, 1605): Real Academia Española (ms. 1)

1.- Taberna   2.- Cervantes y su familia   3.- Luisa de Montoya   4.- Mariana Ramírez
5.- Juana Gaitán   6.- Isabel de Ayala

después de este acontecimiento, ella también muere en Valladolid. Será a su casa a la que lleven el cuerpo herido de Gaspar de Ezpeleta.

En este mismo piso, pero a mano izquierda, se encuentra la vivienda de la familia de Cervantes, en la que, además de Miguel, vivían su mujer —que en los momentos del suceso se encuentra en Esquivias—, su hija Isabel, sus hermanas Andrea y Magdalena, y su sobrina Constanza, así como una criada, María de Ceballos, que entrará a su servicio en 1605.

En el segundo piso, a mano derecha, vive Juana Gaitán y su marido Juan de Hondaro, así como Luisa de Ayala y su sobrina Catalina de Aguilera. Después de la muerte de su marido en marzo de 1605, Juana admitirá como huéspedes a doña María de Argomedo, viuda de Alonso Enríquez, con su criada Isabel de Islallana, y a doña Jerónima de Sotomayor, mujer de Rodrigo Montero, continuo del Duque de Lerma.

A mano izquierda, en este segundo piso, vive Mariana Ramírez, que estaba amancebada con Diego de Miranda, y sus hijas pequeñas.

Por último, el cuarto más alto estaba ocupado por Isabel de Ayala, una beata, que se entremete en todo, viuda del doctor Espinosa.

Este es el espacio cotidiano de Miguel de Cervantes y de su familia. De una familia que va más allá de los más allegados, donde las relaciones de amistad y comerciales y vitales estrechan lazos que, en la mayoría de los casos, no tenemos en cuenta en nuestros análisis al no haber dejado traza documental. Así, el hecho de que en el primer piso y en el segundo comparta Miguel casa con Luisa de Montoya y con Juana Gaitán, no es casual: quizás todos ellos se trasladaran al mismo tiempo a Valladolid cuando conocieron los deseos de la familia de Cervantes de ir detrás de la Corte. Familias con historias y realidades económicas bien diversas, que terminan compartiendo vivienda en una de las zonas de nueva construcción en Valladolid, justo al lado de los mataderos. Juana Gaitán, que había heredado una buena renta de Pedro Laínez (tomo II, pp. 89-93), con su marido, el agente de negocios Juan de Hondaro, ¿no podrían aspirar a una vivienda más digna en la Corte? ¿O acaso estas casas nuevas no serían tan mala vivienda como hemos supuesto al estar en la zona donde se construyeron? ¿O es que primaban los deseos de crear redes de apoyo con viviendas cercanas que la búsqueda por separado de alojamiento —un bien tan escaso— en la nueva Corte?

Luisa de Montoya, viuda del cronista Esteban de Garibay, con el que se había relacionado Miguel de Cervantes, tenía contrato de alquiler en Toledo hasta septiembre de 1604, con lo que Astrana Marín, que sitúa a Cervantes en agosto de este año en la ciudad del Tajo para resolver asuntos antes de mudarse a Valladolid, imagina que pudiera ser en esas fechas cuando convenciera a Luisa para que alquilara la casa que quedaba enfrente de la suya cerca del Rastro. Curiosamente, este hilo biográfico enlazará una vez más a Cervantes y Lope de Vega. El 28 de julio de 1604, el casero Antonio Delmas alquila la casa que el 1 de septiembre va a dejar vacía Luisa de Montoya, a Micaela de Luján, por aquel entonces amante de Lope de Vega: «la cual le alquilo por tiempo de un año, que será su comienzo el primero día del mes de setiembre primero que verná de este presente año, por precio de seiscientos reales, a cuya paga se ha de obligar Agustín Castellanos, sastre, como fiador de la susodicha». Así, en la actual calle de las Sierpes se ha podido identificar la casa donde residió Lope de Vega en Toledo por estas mismas fechas que Cervantes se encuentra en Valladolid.

Cervantes volverá a Esquivias y allí será Juana Gaitán y su marido Juan de Hondaro, con los que su familia mantiene estrechos lazos, los que se interesen en el alquiler de uno de los cuartos vacantes en la casa nueva que acaba de alquilar Miguel de Cervantes. Juana Gaitán terminará viviendo —y enviudando— en la casa del segundo piso encima del de Luisa de Montoya, acompañada de numerosos familiares.

¿Llegaron todos juntos a Valladolid en septiembre de 1604? Así lo imagina Astrana Marín sin más datos que el relato coherente que quiere dar a los momentos biográficos cervantinos de los que nada sabemos. Pero sin más detalles, quedémonos con esta fecha: septiembre de 1604, justo por los días en que se le concede a Cervantes la licencia y el privilegio de impresión de la primera parte del *Quijote*, como la fecha que comienza el periplo vallisoletano de nuestro autor, que estuvo en Valladolid hasta, seguramente, 1606, cuando la Corte vuelve a Madrid.

El hecho fortuito del duelo que el 26 de junio de 1605 a las puertas de esta casa enfrentó al caballero Gaspar de Ezpeleta con otra persona que se dio a la fuga, ha hecho posible no solo conocer detalles de la vivienda que habitó Cervantes, familia y allegados, sino también que se haya preservado en el tiempo, que no haya sido derribada como sí sucederá con todos los vestigios de las residencias de Cervantes en Madrid.

No hemos de olvidar que la casa en la que vivió Miguel de Cervantes y su familia durante su estancia en Valladolid, y la casa natal de Cervantes y de sus her-

Fotografías de la Casa de Cervantes en Valladolid (finales del siglo XIX).

manos en Alcalá de Henares (tomo I, pp. 80-87), son los dos únicos espacios de vida que hemos conservado de Cervantes, destruidas sus casas en Madrid y teniendo en cuenta que la casa del hidalgo que hoy puede verse en Esquivias en realidad perteneció a parientes lejanos de su mujer. Las dos casas cervantinas, la de Alcalá de Henares y la de Valladolid, son ejemplo de la situación económica —siempre en la cuerda floja y siempre en construcción— de la familia Cervantes, las dos fueron residencia de poco tiempo para Miguel, y las dos han sufrido en el siglo XX una serie de obras de remodelación —y falsificación— para adecuar el espacio no a la realidad del hombre Cervantes en los siglos XVI y XVII sino a la grandeza del mito Cervantes que había conquistado ya espacios únicos por estas fechas. Más en Alcalá de Henares que en Valladolid, para ser justos.

El descubrimiento a finales del siglo XVIII del documento de las *Averiguaciones* sobre el caso Ezpeleta, al que volveremos más adelante para conocer detalles de la vida de Cervantes durante estos años, permitió que se mantuviera viva la tradición de que en las casas cercanas al Rastro viviera Cervantes durante unos años entre 1604 y 1606. Pero habrá que esperar al 29 de abril de 1862 para que José Santa María de Hita, Catedrático de la Escuela de Comercio, que había llegado hacía dos años a la ciudad, diera con la situación exacta de las casas, las que ocupan los números 9 y 11. En junio de este mismo año, y después de analizar los datos aportados, la Real Academia Española firma un informe en que da por buenas las investigaciones presentadas. En 1866, el Ayuntamiento coloca una lápida, con el busto de Cervantes, en que da cuenta de la localización de la vivienda cervantina, tal y como se aprecia en las fotografías y grabados de la época que hemos conservado.

Después del descubrimiento, la casa seguía estando habitada por particulares, que acometieron al esfuerzo de adecentarla y de abrir sus puertas a los curiosos que, cada vez más numerosos, querían conocer cómo era, al menos en apariencia, la casa en la que habitó por un tiempo Cervantes con su familia. Este uso de casa particular acabó en 1872 cuando un grupo de vallisoletanos, encabezados por el farmacéutico Mariano Pérez Mínguez, decidieron alquilarla y convertirla en un Ateneo, que, a partir de 1875, se transformó en la Sociedad «La casa de Cervantes». Este será el primer gran cambio que sufrió, pues se decoró «con muebles y objetos antiguos, dando a aquel histórico recinto todo el color posible de época», para así hacerlo más atractivo a los visitantes. Además del «museo», que no dejó de enriquecerse con cuadros, muebles, ediciones españoles y extranjeras del *Quijote* y diversos objetos de la vida cotidiana, se abrió un gabinete de lectura con varios periódicos, y sus salas fueron escenario de numerosos actos literarios en recuerdo de Cervantes. Mariano Pérez Mínguez fue también el promotor para que se erigiera, por suscripción popular, una estatua a Cervantes delante de la casa, que fue inaugurada el 29 de septiembre de 1877.

La Sociedad «La casa de Cervantes» se mantuvo activa hasta 1887, año de la muerte de su impulsor, Mariano Pérez Mínguez. A partir de este momento, entró

La maison de Cervantes (1880), donde se aprecia la estatua dedicada a Cervantes que se inauguró en 1877.

en decadencia: los muebles se fueron vendiendo, desaparecieron muchas de las ediciones, y lo que un día fue un Museo se convirtió en almacén, cuadra, pajar y recogedero de trapos viejos. La casa de Cervantes en Valladolid, después de unos años de esplendor en el siglo XIX, parecía que iba a correr el mismo destino que el resto de las casas cervantinas: el olvido y la destrucción, y eso que Cervantes ya era considerado y tenido como el «príncipe de las letras españolas».

Pero, de nuevo, un nuevo nombre, la voluntad de una persona en concreto fue capaz de cambiar el guion de silencio y olvido al que estaba condenada la casa. Don Benigno, Marqués de Vega-Inclán, visto su estado de deterioro y de destrucción, con su placa, con su enorme letrero en la fachada que recordaba que «Aquí vivió Cervantes», comenzó en 1912 las gestiones para comprar la casa y convertirla en un Museo-Biblioteca en honor de Cervantes, y así salvarla para siempre de la amenaza de ruina. Y para este empeño quijotesco contó con la complicidad del Rey Alfonso XIII y con el millonario estadounidense Archer M. Huntington, presidente de la Hispanic Society de Nueva York. En 24 de octubre el rey Alfonso XIII compra las casas 9 y 11, y, por su parte, Huntington hará lo propio con la dos colindantes para permitir que el futuro Museo cervantino tuviera espacio suficiente para realizar sus actividades. Por su parte, el Ayuntamiento cedió el uso delantero de la casa para impedir que se construyera ninguna edificación que impidiera la vista de la fachada. El 31 de diciembre de 1915, el rey dona la Casa de Cervantes al Ministerio de Instrucción Pública, con lo que la casa, cuando vuelve a abrir sus puertas el 23 de abril de 1916, lo hará ya como institución pública estatal, lo que sigue siendo hoy en día.

Desde un principio, se tuvo claro que el uso primordial de la Casa de Cervantes era el de ser un monumento en memoria de Cervantes y su paso por Valladolid, pero sin olvidar que se convirtiera en un centro cultural, por lo que se le dotó de dos bibliotecas: una Popular, y otra Cervantina, en la que se pretendía conservar el máximo número de ejemplares quijotescos que pudieran reunirse. También como Museo y biblioteca cervantina se concebiría la restauración de la Casa Natal de Cervantes en Alcalá de Henares unos años después.

Si los espacios inferiores, los que ocuparon en la época de Cervantes la taberna y las escaleras, se dedicarían a las bibliotecas, al centro cultural, ¿cómo restaurar, cómo presentar las humildes casas de Cervantes en 1605 para los visitantes que se acercan a ellas a principios del siglo XX en busca del mito Cervantes? Frente a lo que sucedió en la Casa Natal de Cervantes, donde se destruyó en unas semanas lo que se había preservado durante siglos, lo cierto es que el Marqués de Vega-Inclán tenía las ideas muy claras, y así lo dejó escrito:

> Tan honroso como arduo era el problema de habilitar estas modestísimas mansiones con la dignidad, decoro y respeto con que deben contemplarse por las muchedumbres que por ellas desfilen, para rendir un homenaje a Cervantes, al habla castellana y a España, en fin. […] Pero dado mi decidido propósito de evitar restauraciones y disfraces que borran generalmente el carácter de nuestros más preciados monumentos, y con la arraigada creencia y religioso respeto con que consideraba las modestas viviendas, ¿qué orientación ni qué otro procedimiento debía y podía guiarme

más que el de una absoluta austeridad?

El 23 de abril de 1916 se inauguró la Casa de Cervantes en Valladolid con la presencia del rey Alfonso XIII. La prensa de la época destacó que en esta fecha comienzan también las publicaciones de la «Casa de Cervantes», con dos tomos, uno de las *Novelas ejemplares* y otro de dos entremeses. Volúmenes que se ofrecen gratuitamente «a las clases populares, y servirán para propaganda en España y América», por su parte, una tirada más especial y limitada será destinada «a las bibliotecas de aficionados coleccionistas».

Alfonso XIII visita la Casa de Cervantes en Valladolid (mayo de 1921).

Portadas de las primeras publicaciones de la Casa de Cervantes (1916)

Además de la Biblioteca Cervantina, cada vez más nutrida con donaciones particulares, funcionó de una manera estable la Biblioteca Popular, que dio servicios

Lectores en la Biblioteca Popular de la Casa de Cervantes en Valladolid (años 20).

bibliotecarios a centenares de vallisoletanos sin medios económicos, y que tuvo que cerrar sus puertas en 1936, cuando fue afectada por una inundación debida a la crecida de las aguas del Esgueva.

El Museo Casa de Cervantes en Valladolid, tal y como existe hoy, es heredero directo de la reforma efectuada en 1948, después de la guerra civil. El único espacio vital de Cervantes que hemos conservado, de una manera más o menos fidedigna, gracias al buen hacer de una cadena de entusiastas admiradores de la obra y de la vida de Cervantes. Ya veremos cuando lleguemos a Madrid que la historia se puede contar con tintes no tan luminosos.

Detalles de una vida cotidiana: radiografía del caso Ezpeleta

Juan Antonio Pellicer, que será el primero en hablar y utilizar las *Averiguaciones* del alcalde Cristóbal de Villarroel para adentrarse en conocer la vida de Cervantes durante sus años en Valladolid, es el que va a inaugurar también en su edición quijotesca de 1797-1798 una imagen que, con mayor o menor conciencia, hemos mantenido los biógrafos cervantinos hasta ahora, que no es otra que la oposición entre el «éxito» quijotesco de 1605 en la corte vallisoletana y el desprestigio que sufrió a finales de junio nuestro autor cuando tuvo que ir a la cárcel, junto a su familia, al verse involucrados en la muerte del caballero Gaspar de Ezpeleta a las puertas de su casa. Un nuevo giro de la Fortuna, que impide a Cervantes en la vida real los éxitos y triunfos que, aparentemente, está cosechando en su vida de papel:

> Cuando Miguel de Cervantes Saavedra descansaba sobre los laureles y aplausos por decirlo así, que se habían merecido la *Historia de Don Quijote* y la *Relación* de las referidas fiestas reales, experimentó mudado inopinadamente risueño semblante de la Fortuna (p. CXVI).

Pero, ¿sucedió así realmente? ¿Acaso las noticias que se destapan en las *Averiguaciones* de la casa nueva cerca del Rastro donde vivían varias familias, entre ellas la de Cervantes, resultaron tan ignominiosas como para hacerle a Cervantes perder fama y honor? ¿No se ha magnificado, realmente, lo allí narrado para así poder dar sentido a esta particular interpretación romántica del documento? ¿Fueron las *Averiguaciones* realmente conocidas en la Corte, entre los lectores y admiradores del *Quijote*, cuando en ellas no está involucrado ningún personaje principal, pues don Gaspar de Ezpeleta no entra dentro de esta categoría ni número? De ser tan conocido y difundido el *Quijote*, con tanto «laurel y aplauso» en Valladolid, ¿cómo es posible que no se haga alusión a él en las respuestas de los testigos? ¿Por qué nadie, ni incluso Andrea cuando dice que su hermano es escritor, hace alusión a que es el autor de las aventuras del hidalgo manchego? ¿Qué detalles cotidianos, en realidad, narran las *Averiguaciones*? ¿Qué radiografía de la vida particular de Valladolid nos ofrece permitiéndonos, por primera vez, acercarnos al día a día, a los espacios de vida de Cervantes y de su familia? La primera, y la última vez, en toda la documentación cervantina. No lo olvidemos.

Las *Averiguaciones hechas por mandado del señor Alcalde Cristóbal de Villarroel sobre las heridas que se dieron a don Gaspar de Ezpeleta, caballero del hábito de Santiago*, que tal es el título del documento que da cuenta de las pesquisas que realizó el alcalde y del que dejó testimonio escrito el escribano Fernando de Velasco, formó parte del Archivo de la Cárcel Real de Valladolid, hasta que en el siglo XIX fue desgajado y donado a la Real Academia Española, comenzando con este manuscrito su rica biblioteca.

Como pone de manifiesto el documento, las pesquisas policiales se realizaban a partir de los interrogatorios a los protagonistas o testigos, delante de un escribano, que dejaban constancia de todo lo acontecido. Frente a lo que sucede con las informaciones (como la conocida como *Información de Argel*, que estudiamos en el primer tomo,

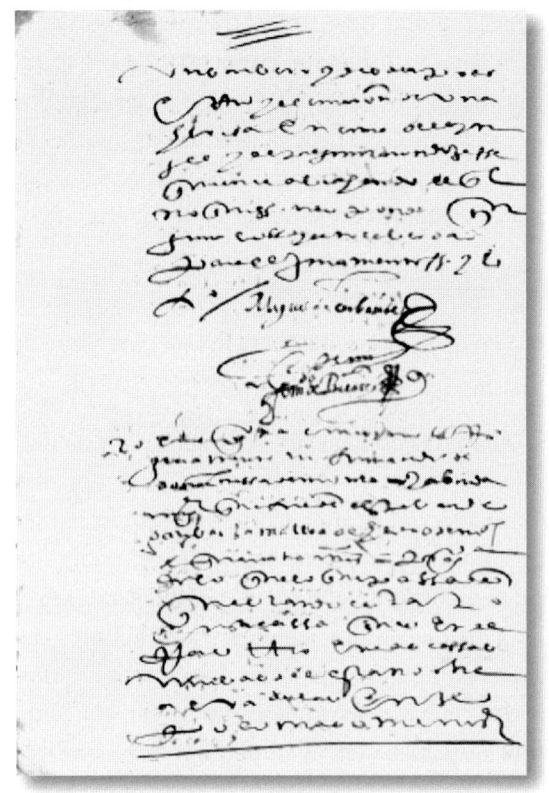

Final de la declaración de Miguel de Cervantes en el caso Ezpeleta (RAE, ms. 1).

pp. 212-222), que están realizadas a petición de una persona interesada en dejar constancia documental de lo allí expuesto, y que él mismo es el responsable de las preguntas y elige a los testigos que tienen que responderlas, en las *Averiguaciones* será el alcalde quien haga las preguntas a los testigos o sospechosos del delito de acuerdo a la marcha de la investigación y de los datos conocidos. Un relato, en principio, más objetivo da cuenta de lo que ha sucedido en realidad. Aunque no siempre la objetividad será la que mueva las decisiones del alcalde, como veremos en las respuestas de los testigos y en las líneas de investigación abiertas y en algunos de sus comportamientos.

27 de junio de 1605. 11 horas de la noche. Los hechos.

En la ciudad de Valladolid, a veinte y siete días del mes de junio de mil y seiscientos y cinco años, el señor licenciado Cristóbal de Villarroel, del Consejo de Su Majestad, Alcalde de su Casa y Corte, a hora de las once de la noche, le fue dada noticia a su merced que en unas casas nuevas que están junto al Rastro Nuevo de esta ciudad estaba un caballero muerto o herido de heridas penetrantes. Y para lo averiguar y saber su merced, en compañía de los alguaciles Vargas y Diego García y otros, y de mí, el presente escribano, fue a la dicha casa nueva del Rastro, donde dijeron que estaba. Y subió a unos aposentos altos de ella en el cuarto donde vive doña Luisa de Montoya, viuda, y en la sala halló a un hombre echado en una cama fecha en el suelo de la dicha sala, que estaba curando un cirujano de heridas que tenía, el cual estaba ensangrentado y quejándose; y habiendo tornado la sangre y curado, fue conocido por el dicho señor Alcalde y por el Marqués de Falces, que estaba con

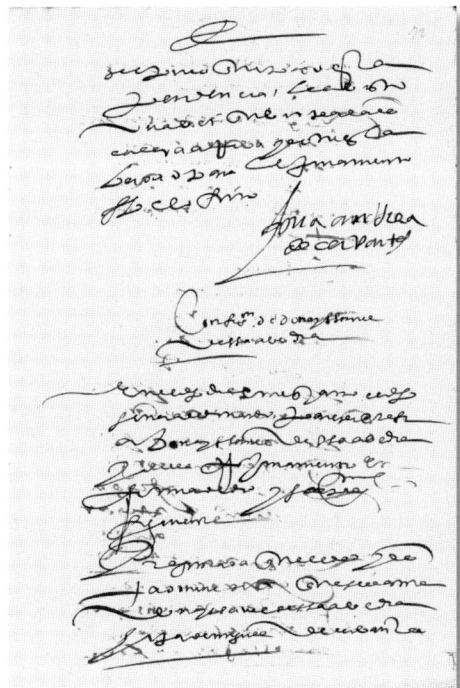

Final de la declaración de Andrea en el caso Ezpeleta.

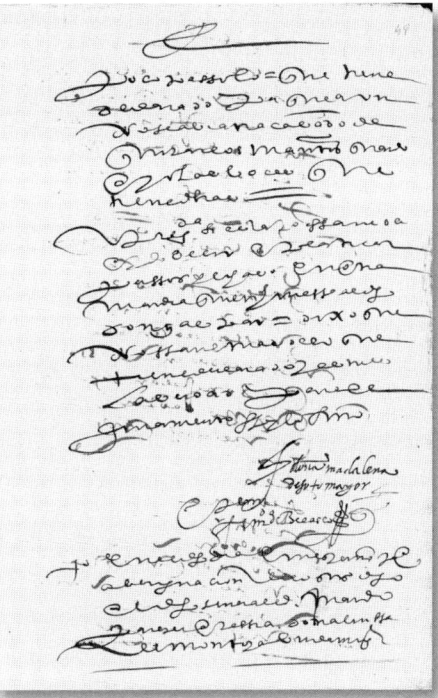

Final de la declaración de Magdalena en el caso Ezpeleta

él, ser D. Gaspar de Ezpeleta, caballero del hábito de Santiago, al cual su merced mandó confesar y recibir los sacramentos, y sobre las heridas que tiene se hicieron las averiguaciones siguientes.

Con estas palabras, el escribano Fernando de Velasco deja constancia del comienzo de la instrucción, de sus protagonistas y del hecho delictivo que ha de

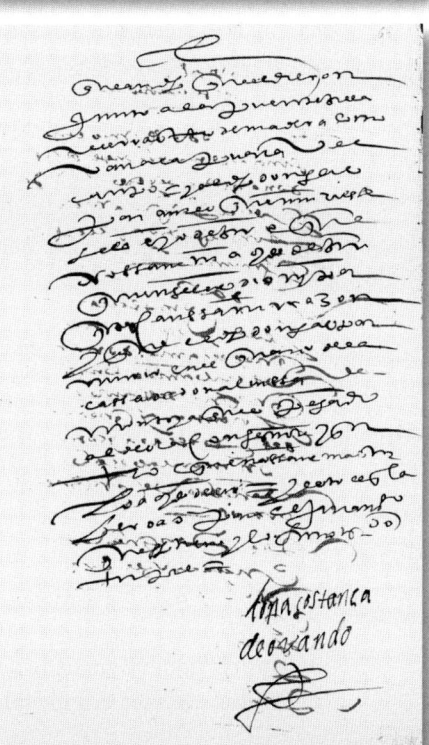

Final de la declaración de Constanza en el caso Ezpeleta

investigarse, que no es otro que esclarecer las causas de las «heridas penetrantes» que presenta un caballero, que ha sido amparado en una de las casas cerca del Rastro Nuevo.

Sebastián Macías, «cirujano y barbero de las guardas viejas y de a caballo de Su Majestad», será el primero en ser interrogado, dejando constancia de la gravedad de las heridas: «la una en el vientre en la parte izquierda encima de la bedija, y la otra herida en el muslo derecho, y de ambas tiene rompido cuero y carne, y la herida del vientre tiene roto el peritonea y por ella le ha salido parte del rédano». Además considera que por ser tan «grandes y penetrantes», han sido producidas por «cosa punzante como es espada, daga o cuchillo».

Aunque muy grave y casi sin fuerzas, Gaspar de Ezpeleta será el segundo en ser interrogado, dando cuenta de lo que le ha sucedido, que no ha sido una reyerta o un intento de robo, o un ataque traicionero aprovechando la oscuridad de la zona, sino un duelo con un caballero al que no ha podido identificar, y que narra con estas palabras:

> y viniendo por el campo adelante, llegado a la esquina del Hospital de la Pasión, que iba por el camino del Rastro, salió un hombre a este que declara, y le dijo que a dónde iba, y este confesante le dijo que para qué lo quería saber. Y este confesante echó mano a su espada y broquel, y el dicho hombre a una espada que traía, y no sabe si tenía otras armas. Y se tiraron de cuchilladas, y andándose acuchillando le hirió de las heridas que tiene. Y que por el paso en que está que no le conoció al dicho hombre ni sabe quién es.

Una sombra que se pierde en la oscuridad.

Tampoco los testigos que han presenciado el duelo en la distancia pueden darle más detalles al alcalde, tan solo que salió huyendo y que llevaba una capa parda. La gran mayoría de las personas que vivían en las casas colindantes, ni escuchó ni vio nada, dado que todos ellos se habían ido pronto a la cama para poder madrugar. Gracias a esta primera ronda de interrogatorios, conocemos que la mayoría de los vecinos de Cervantes eran, como parece lógico, «tratantes del Rastro». También aparecerá como testigo Francisco Nissartar, cochero de los Príncipes de Saboya. Al día siguiente, Isabel de Islallana, criada de María de Argomedo, es capaz de dar muchos más detalles sobre esta sombra, que comienza a tener cuerpo y un poco de barba:

> encontró un hombre pequeño de cuerpo, vestido de negro, que llevaba la capa caída del hombro y estaba envainando su espada, frontero de la puente de madera que

está en Esgueva, antes de llegar al Hospital, el cual iba sin cuello, con una valona blanca y la ropilla negra, abotonado al través, y venía desabotonada la ropilla por lo alto, que se le parecía la camisa blanca, y la ropilla no se determina si era de paño o de seda, y también tenía unos calzones negros que no sabe si eran de paño o seda, el cual iba aguijando paso apresurado. Y a lo que le pareció era un hombre que tenía poca barba, porque le pareció que estaba recién hecha la barba y roja un poco, y le parece a esta testigo que si le viese que le conocería, porque también le pareció que era un poco redondo de rostro.

Después del duelo, sabemos lo que sucedió con todo tipo de detalles gracias a los testimonios de Miguel de Cervantes y de Luisa de Montoya: a los gritos del herido que solicita ayuda, salen de la casa los hijos de Luisa, que gritan a Miguel que les ayude a subir a su casa al caballero herido, al que depositan en la sala donde Luisa mandó hacer una cama. Mientras esperaban al Alcalde, se llamó a un cirujano para que le curara las heridas del cuerpo y a un confesor para que escuchara las del alma.

27 de junio de 1605. Madrugada. La sospecha.

Los siguientes en ser interrogados serán los criados del Marqués de Falces, que confirman la estrecha amistad que había entre su amo y Ezpeleta, que comían, paseaban y cenaban juntos casi todos los días. El testimonio de Francisco de Camporredondo, el criado de 19 años de don Gaspar, permite conocer lo que hizo el caballero aquel lunes, y, sobre todo, tener una primera sospecha de quien pudiera ser aquella sombra que le había herido y la razón última del duelo.

El lunes 27 de junio había pasado en la vida de Gaspar de Ezpeleta sin pena ni gloria. Un día más sin oficio ni beneficio. Durmiendo por la mañana; al mediodía comiendo con el Marqués en su casa, hasta las cuatro o cinco; a la tarde reposando y, por la noche, de paseo a caballo con el Marqués antes de cenar juntos. A las diez, Ezpeleta saldría solo para tratar sus asuntos dejando en manos de su criado las ropas de día (el ferreruelo, es decir, una capa corta, y su espada), y tomando lo que necesitaba para la noche: una capa, espadín de noche y broquel, es decir, un pequeño escudo. Un día cualquiera que no iba a terminar como cualquier otro, como siempre, entre galanteos y amoríos. Más adelante sabremos que, de los tres meses que estuvo en la posada, solo durmió allí unos quince días.

El criado Francisco de Camporredondo no duda cuando el Alcalde le pregunta sobre pendencias o palabras de enojo que estuvieran detrás del duelo:

Preguntado si sabe algo de la pendencia de que ha sido herido el dicho don Gaspar, y que palabras o enojo haya tenido con algunas personas, dijo que el dicho don Gaspar ha tratado y trata amores con una mujer casada, que los nombres y casa ha declarado al dicho señor Alcalde. Y que habiendo venido a noticia del dicho su marido, tiene entendido que han habido y tenido dares y tomares y pesadumbres, porque el dicho don Gaspar entraba y salía de ordinaria en su casa, y muchas noches se quedaba en la dicha casa, y que lo que harían no lo sabe, más de que los amores de ambos eran muy conocidos y sabidos en todos los criados.

La vida licenciosa de don Gaspar de Ezpeleta vendrá confirmada al día siguiente por el testimonio de otros testigos, como la criada Isabel de Islallana, que se lo encontró aquella noche antes del duelo:

> [...] esta testigo, por hallarse sin agua, tomó un cántaro y fue por agua a la fuente de Argales, que está a la Puerta del Campo, y dio un cuarto a un pícaro que halló en la calle para que se le trujese, y junto al Hospital de la Resurrección, cuando iba, topó un hombre embozado a la esquina, que se llegó a esta testigo y le pellizcó, diciéndola si se quería ir con él, y esta testigo le respondió:
> —¡Váyase con el diablo, que debe de ser algún pícaro!
> Y el dicho hombre llamó a esta testigo y entonces le conoció ser el dicho don Gaspar, por haberle visto, como tiene declarado, en casa de sus amas. Y le volvió a decir que se fuese con él, y esta testigo le dijo que no quería, y se pasó adelante y fue por agua, dejando al dicho don Gaspar embozado, que se iba la calle abajo hacia el Rastro.

¿Caso resuelto en la primera noche de interrogatorios en un duelo que parece sacado de un manual? Todo lo contrario. Hasta en dos ocasiones, el escribano deja testimonio que solo el Alcalde conoce la identidad de la mujer amante de Gaspar de Ezpeleta y la de su marido, que debería haber pasado a ser el principal sospechoso. Igual que unas horas antes había dejado testimonio de un hecho curioso, de una prueba que, sin que nadie la leyera, se queda el Alcalde sin comunicar con nadie más:

> Ansimismo se halló en las dichas calzas un papel doblado hecho billete, escrito toda una cara, el cual, sin leerle ninguna persona, tomole dicho señor Alcalde en su poder, de que doy fe.

Los interrogatorios terminan al amanecer en casa de Luisa de Montoya y lo hacen de una manera, cuanto menos, curiosa: en vez de ir a interrogar al principal sospechoso y ver si ha sido herido o si conserva ropas con la sangre de Gaspar de Ezpeleta, ordena a los alguaciles que se dirijan a todas las iglesias y monasterios de Valladolid «y sepan y entiendan si hay en ellas algunos retraídos», así como se informen de aquellas personas que los cirujanos hayan curado aquella noche «y todo lo demás que convenga para averiguar quién hirió al dicho don Gaspar de Ezpeleta».

«Ha declarado al dicho Alcalde»… La identidad de la mujer adúltera y del marido, más o menos consentidor, los conoceremos dos días después, cuando declare por propia voluntad Juana Ruiz, la dueña de la posada de Gaspar de Ezpeleta, que por la mañana recibe a los alguaciles para hacerse depositaria de los bienes del difunto, y por la tarde, enferma de tabardillo (es decir, de insolación), recibe en la cama la visita del Alcalde para dejar constancia de «alguna cosa» que sabe sobre el asunto, contar con detalle la visita que recibió hace un tiempo de la amante de Gaspar de Ezpeleta, que no es otra que Inés Hernández, la mujer del escribano Melchor Galván, que vivía junto al Salvador. Su narración no deja de omitir ningún detalle de la desesperación y tristeza que muestra la dama nada más llegar al aposento:

> […] y aquel propio día vino a casa de esta testigo una mujer tapada y preguntó por el aposento del dicho don Gaspar, y si estaba en él; y esta testigo le dijo que no estaba en esta ciudad, que había ido fuera, y que le estaba aguardando. Y la dicha mujer dijo que le enseñase su aposento, y esta testigo se lo enseñó, y la dicha mujer llorando dijo:
>
> —¡Oh aposento de mis deshonras y de mis desventuras! ¡Oh traidor, que mal pago me has dado! ¡Vive Dios, que me lo tienes de pagar, aunque sea de aquí a cien años, y que me tengo de vengar de ti!

Y la huésped no ceja en su empeño hasta conocer la causa de tanta tristeza, que no es más que «dos sortijas de oro, una de unas memorias con unos diamantes y la otra con unas esmeraldas», que le había dado a Ezpeleta y que le demandaba su marido, por lo que hacía pasar muy mala vida. En el inventario de los objetos que Gaspar de Ezpeleta llevaba en los bolsillos cuando fue atacado, además de algunos reales, llaves pequeñas, un rosario de ébano, «un bolsillo con reliquias» y otro en que «había yesca, pedernal y eslabón», destacan «dos sortijas pequeñas de oro, la una con diamantes pequeños, que es unas memorias que se parten en tres partes, y la otra de tres esmeraldas». ¿Este era el dato que estaba necesitando el Alcalde para cerrar el cerco sobre el escribano y su mujer como principales sospechosos de las heridas mortales de Gaspar de Ezpeleta? Así lo dicta la lógica y el sentido común. Pero son otros los pensamientos y deseos del Alcalde.

28 de junio. Siete de la tarde. Nueva declaración de Gaspar de Ezpeleta y giro en la investigación

El 28 de junio, al día siguiente de ser herido, y después de quedarse solo el Alcalde y el escribano con Gaspar de Ezpeleta, el caballero le cuenta una nueva versión de los hechos, en la que habla de un duelo con alguien habitual a la casa y donde no parece ser tan casual que las cuchilladas se hayan recibido precisamente en este lugar. En todo caso, Gaspar de Ezpeleta se empeña en destacar que fue él quien comenzó el combate por su gran soberbia, y que el caballero que lo hirió lo hizo «como hombre honrado»:

> y llegando un poco más abajo de donde se hace el pilón, oyó una música, la cual se paró a escuchar; y pasada, queriéndose ir la calle adelante, vio un hombre de mediana estatura con un ferreruelo negro, largo, que le dijo que se fuese de allí, que qué hacía allí. Y este confesante le había dicho que tarde se iría de allí, y que sobre esto se habían trabado. Y este confesante, visto que todavía porfiaba de echarle de allí, había echado mano a la espada que tenía y a un broquel que llevaba, y que ambos a dos se habían acuchillado, y que él se había metido tanto con el que el dicho hombre le había herido de las heridas que tenía; y que ambos a dos habían reñido bien, y que no vio qué armas más trujese el dicho hombre de su espada. Y que cuando reñían, había caído en el suelo y se había levantado, y entonces le había herido. Y que no sabe más de que luego que se fue huyendo la calle arriba hacia la puerta del Campo.

La investigación que parecía encaminada —a pesar de los deseos contrarios del Alcalde— a descubrir la identidad del marido cornudo o pariente deshonrado que hubiera atacado por la noche a Gaspar de Ezpeleta para limpiar el honor de su familia, cambia de eje, y, a partir de ahora, interesa conocer las personas que visitan habitualmente la casa para así descubrir quién podía haber salido de la casa y requerir a Gaspar de Ezpeleta las razones de su presencia allí. Unas averiguaciones que parecen justificarse pues el Alcalde había sido informado «que en las casas nuevas que están enfrente del Rastro de esta ciudad, y particularmente en la casa donde entró herido el dicho don Gaspar de Ezpeleta, viven algunas mujeres que en sus casas admiten visitas de caballeros y de otras personas de día y de noche, adonde así mismo entraba el dicho don Gaspar de Ezpeleta, de que en la vecindad hay grande murmuración y escándalo».

Y esta línea de investigación se agrava cuando llegan noticias que el día 29 de junio, miércoles, a las seis de la mañana, muere el caballero del hábito de Santiago

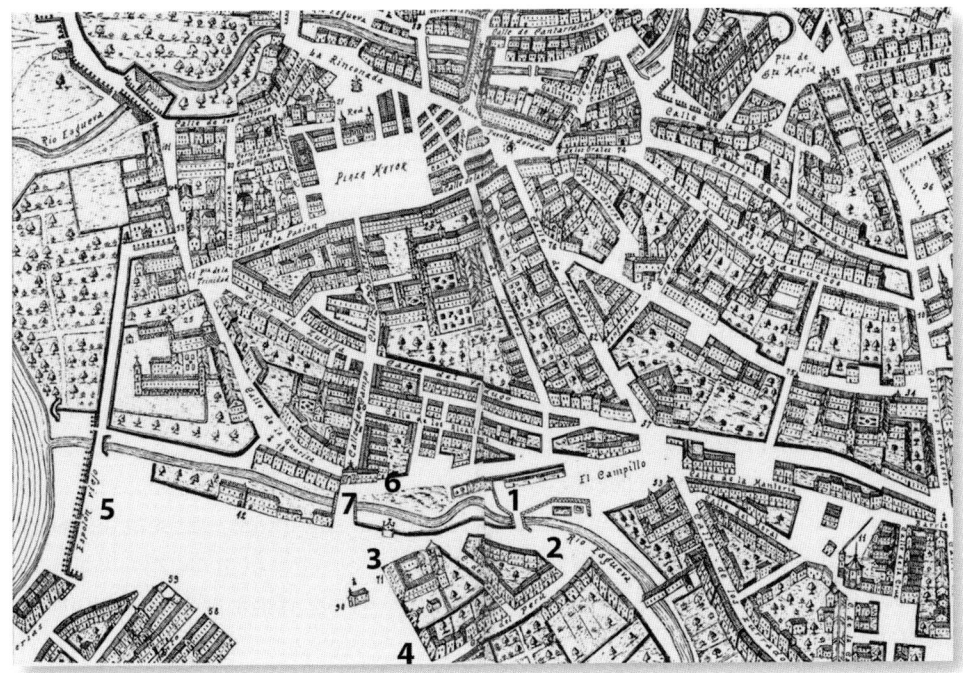

Valladolid, por Ventura Seco (1738).
1.-Vista del río Esgueva, con la Puentecilla del Rastro de madera en donde fue asesinado el caballero Don Gaspar de Ezpeleta, (actual C/ de Miguel Iscar).
2.-Calle del Rastro.
3.-Hospital de la Resurrección (actual Casa de Mantilla).
4.-Convento de Agustinos Recoletos (hoy casas de la Acera de Recoletos).
5.-Espolón Viejo (se extiende desde el templo de San Lorenzo hasta las Tenerias).
6.-Hospital de San Juan de Dios.
7.-Puerta del Campo (situada a la entrada de la C/ del Campo, último tramo de la actual C/ Santiago)

por las heridas recibidas la noche del lunes, para lo que se cuenta con el testimonio de Luisa de Montoya y del cirujano Sebastián Macías, que no pudo hacer mucho más por salvarle la vida que preguntarle, una vez más, por la identidad de su agresor, «el cual dijo que no le cansasen, que no tenía más que declarar ni decir de lo que tenía dicho, y con esto el susodicho expiró».

29 de junio. Segunda ronda de interrogatorios: una vida al descubierto.

Giro total en la investigación. En la segunda ronda de interrogatorios, que deja a un lado a Gaspar de Ezpeleta —y con él al escribano cornudo y la mujer deshonrada—, el Alcalde Cristóbal de Villarroel quiere conocer el nombre de las personas que visitan los cuartos de la casa nueva y las razones de estos continuos encuentros. Se da la circunstancia de que Miguel de Cervantes, «con más de cincuenta años», es el único hombre que vive en aquella casa, rodeado de mujeres y de niños. «Murmuración y escándalo».

¿Quiénes declararán? Primero, el joven Esteban de Garibay, de tan solo 12 años, luego las criadas de las casas —igual que en los interrogatorios iniciales había comenzado el Alcalde con los criados del marqués de Falces y de Gaspar de Ezpeleta—, después algunas de las mujeres que viven en los cuartos, Luisa de Montoya, Magdalena de Cervantes y Jerónima de Sotomayor; y, por último, Isabel de Ayala, la beata que vive en el cuarto más separado del resto, y que será una mina de datos y de cotilleos para el Alcalde. Una tarde de interrogatorios en que aparecen, una y otra vez, los mismos nombres de caballeros y agentes de negocios que entran en las casas de los Cervantes y de Juana Gaitán. En esta última, los nombres que se repiten son los de algunos jóvenes nobles, calaveras y bien conocidos por la justicia vallisoletana por sus juergas y desmanes, todos ellos alrededor de los veinte años: el Duque de Pastrana, el Duque de Maqueda, el Conde de Concentaina, e incluso Gaspar de Ezpeleta visitó la casa en el mes de mayo. En el caso, del «cuarto de las Cervantas», que así las denomina el niño Esteban de Garibay sin ninguna intención despectiva, como luego ha destacado erróneamente la crítica, serán los nombres de Hernando de Toledo, señor de Higares, Agustín Regio y del portugués Simon Mendez los que aparecerán en la mayoría de las declaraciones. A estas hay que sumar, las visitas de don Diego de Miranda, que entra habitualmente en el cuarto donde viven Mariana Rodríguez con sus hijas pequeñas, y que, según la criada Catalina de Rebenga, «el cual es público en la casa que se ha de casar con la dicha doña Mariana, y de la entrada de este don Diego en la casa de la dicha doña Mariana ha habido y hay murmuración, y que la postrera vez que le vio entrar no tiene noticia cuando fue, y le parece que habrá un mes, poco más o menos, que le vio dentro en su cuarto con ella».

¿Cuál es la razón o razones para estas visitas? En un caso, los encuentros no serán con las mujeres cervantinas sino con Miguel de Cervantes, pues todos ellos tienen negocios en común. En el caso de los nobles que entran en la casa de Juana Gaitán, como recuerda Luisa de Montoya, «ha oído decir a la dicha doña Juana Gaitán que venían a tratar de un libro que había compuesto un fulano Laínez, su primer marido; pero que de las visitas que ha habido se ha dado ocasión a que se murmure entre los vecinos».

La beata Isabel de Ayala, la última de las interrogadas, ofrece una versión bien diferente de lo que pasa en sus casas, donde los caballeros entran y salen de noche y de día con toda libertad, a excepción del cuarto primero, donde vive Luisa de Montoya con sus hijos, «que es gente honrada y recogida». Y, precisamente ella, que es beata y viste con los hábitos, no tiene trato con ninguna de las mujeres de su casa «porque, como dicho tiene, siempre le ha parecido mal y causado escándalo las demasiadas conversaciones y libertades con que viven».

En el caso de la casa de Cervantes, indica que conoce —de buena tinta se diría en la actualidad— que las visitas de Simon Mendez al cuarto no es por hacer negocios con Miguel de Cervantes, sino porque está amancebado con su hija bastarda, Isabel:

> Y especialmente entra un Simon Mendez, portugués, que es público y notorio que está amancebado con la dicha doña Isabel, hija del dicho Miguel de Cervantes. Y esta testigo se lo ha reprendido muchas veces al dicho Simon Mendez, aunque él decía que no entraba si no por buena amistad que tenía en la dicha casa. Y sabe esta testigo, por lo haber oído decir públicamente, que dicho Simon Mendez la había dado un faldellín que le había costado mas de ducientos ducados.

Ratifica también que viven en amancebamiento Mariana Ramírez con don Diego de Miranda, y añade algún dato más: «y dicen que se quiere casar con ella, y que sobre esto han estado presos, y después acá todavía se tratan».

Pero los datos más sabrosos, la imagen más buscada por el Alcalde Cristóbal de Villarroel, la obtendrá cuando relata la vida que, según ella, se vive en el cuarto alquilado por Juana Gaitán, habitado tan solo por mujeres en aquel momento:

> Y que en otro cuarto alto, que cae encima de la dicha doña Luisa, vive doña Juana Gaitán, y doña María de Argomedo y doña Catalina, mujer soltera, sobrina de la dicha doña Juana Gaitán, y doña Luisa, también moza soltera, hermana de la dicha doña Juana Gaitán; y estas dichas mujeres admiten muchas visitas, de día y de noche, de caballeros, como son el duque de Pastrana y Maqueda, y ha oído decir que el conde de Cocentaina y el señor de Higares, que ha oído decir se llama don Fernando de Toledo, y otros muchos caballeros, que no conoce.

Este último testimonio de quien no se relaciona con el resto de sus vecinos, será determinante para el auto, que firma el Alcalde este mismo día 29, y que condena a ir a la cárcel a la mayoría de los habitantes de la casa, algunos de ellos sin haber oído todavía su declaración:

> Vistas estas averiguaciones por el señor Alcalde Cristóbal de Villarroel, mandó se prendan y lleven a la Cárcel Real de esta Corte a Miguel de Cervantes y doña Isabel,

su hija, y doña Andrea y doña Costanza, su hija, y Simon Mendez, y doña Juana Gaitán, doña María de Argomedo y su hermana y sobrina, y doña Mariana Ramírez y don Diego de Miranda. Ansí lo proveyó y mandó.

Si el padre de Miguel de Cervantes, el cirujano Rodrigo estuvo en la misma cárcel por asuntos de deudas, sus hijos y otros familiares lo estarán por habladurías. Y allí permanecerán durante dos días. El 30 de junio será el de las declaraciones de algunas de las voces que todavía no habían sido escuchadas en estas averiguaciones: las de Constanza de Ovando, Andrea de Cervantes, Isabel de Saavedra, Catalina de Aguilera, Luisa de Montoya, María de Argomedo, Juana Gaitán, Mariana Ramírez y Don Diego de Miranda. Todos ellos, con más o menos detalles, niegan las acusaciones de la beata Isabel de Ayala, y se ratifican en las razones por las que aquellos caballeros entran y salen de sus casas —siempre de día y nunca de noche—: con esa famosa y repetida frase de Andrea de Cervantes al hablar de su hermano Miguel: «dijo que algunas personas entran a visitar al dicho su hermano por ser hombre que escribe y trata negocios y que, por su buena habilidad, tiene amigos», y lo mismo repetirá Juana Gaitán cuando habla de las causas de las visitas a su casa, donde recuerda a su primer marido y los dos libros que tiene dedicados al Duque de Pastrana, «y que era a darle las gracias d'ello».

1 de julio. Sentencias y final de las averiguaciones

¿Quién mató a Gaspar de Ezpeleta? Parece que a cuatro días de su muerte a nadie le interesa conocer este particular. Al final, los alcaldes (el citado Villarroel junto a Diego García y Francisco Vicente) reunidos para acordar la sentencia del caso a partir de las averiguaciones de Diego de Villarroel, se han centrado en los delitos de amancebamiento que creen demostrados a partir de testimonios tan poco fiables como los de la beata Isabel de Ayala, olvidándose de la causa inicial del duelo por el que murió Ezpeleta. Y así, Simon Mendez será condenado a que «no entre en esta casa, ni hable en público ni en secreto con esta mujer», y por su parte, la pena de Diego de Miranda, al ser reincidente, será mayor: «dentro de quince días se despache y salga de esta Corte y no se junte en público ni en secreta él ni doña Mariana Ramírez, pena de ser castigados por amancebados, y dejen los dichos don Diego y doña Mariana seis ducados para pobres y gastos». ¿El resto? Pueden volver a sus casas, pero han de permanecer allí como en la cárcel. Sentencia, que después de mucho solicitar, se levantará el 8 de julio. Nada más ni nada menos. Por eso, el calificativo de las

«Cervantas», como así las nombró el joven de 12 años Esteban de Garibay, tiene que dejar de ser utilizado como una expresión despectiva, como si detrás de ella se escondiera un juicio moral que fuera aceptado y utilizado por el Alcalde Diego de Villarroel. Nada más lejos de la realidad. De esa realidad biográfica que, sin quererlo, seguimos escribiendo a golpe de mitos y de lugares comunes.

Los bienes de Gaspar de Ezpeleta se vendieron en almoneda pública, para así hacer frente el Marqués de Falces a lo indicado en su testamento. Y poco más. Su muerte no mereció ni un comentario en las *Relaciones de las cosas sucedidas en la Cortes desde 1599 hasta 1614* que por aquel entonces estaba escribiendo Cabrera de Córdoba, que daba cuenta de los detalles más particulares y peculiares de lo sucedido en Madrid y en Valladolid, ni tampoco mereció ni un comentario a Tomé Pinheiro da Veiga en su *Fastiginia*, que justo el día 28 de junio de 1605, el día de la muerte de Gaspar de Ezpeleta, relata una nueva broma que se vivió a las afueras de Valladolid, con don Quijote como protagonista, un don Quijote «vestido de verde, muy maltratado y alto de cuerpo» que, al ver a unas mujeres al pie de un álamo, «se puso de rodillas a enamorarlas». La broma no terminó bien para el improvisado hidalgo, pues dos bellacos repararon en su presencia y convocando a otros tantos, llegaron a juntarse «doscientas personas diciendo chistes y gritando contra él». Solo hasta que llegó uno de los alguaciles de la Corte, se pudo despejar el camino y seguir cada uno con sus diversiones.

¿Acaso Luis Cabrera de Córdoba y Tomé Pinheiro callaron en sus obras tanto la muerte de Gaspar de Ezpeleta como el paso de Cervantes y parte de su familia por la Cárcel Real para no amargarle «el éxito de la novela inmortal», como defiende Astrana Marín? En realidad, no lo narraron porque no tenía ningún interés. Ni por la muerte del personaje —uno más de los cientos que deambulaban por las calles de la Corte y una más de las rencillas de celos que terminaban en un duelo—, ni tampoco por los habitantes de la casa, pues el triunfo del *Quijote*, del libro y del personaje, que se vendía muy bien y que aparecía en todo tipo de fiestas y celebraciones, no lo es de Cervantes como escritor. *El ingenioso Hidalgo don Quijote de la Mancha* a la altura de 1605 está muy lejos de ser una «novela inmortal». Ahora se conforma con ser un *best-seller* y con entretener a todos los que se acercan a él, ya sea en las páginas de los ejemplares que ha puesto a la venta Francisco de Robles en su librería, ya sea en los cortejos en la Plaza Mayor o en las praderas, donde seguiría paseando el Marqués de Falces, ahora con nuevos amigos, después de haber muerto en un duelo Gaspar de Ezpeleta a las puertas de una de las casas nuevas cerca del Rastro de los Carneros, justo donde vivió durante un tiempo Miguel de Cervantes.

Las averiguaciones —más parciales que objetivas— que lleva a cabo el Alcalde Diego de Villarroel en los pocos días de instrucción del caso Ezpeleta, los testimonios de la familia de Cervantes y de sus vecinos, han permitido rescatar unos momentos de vida que nunca aparecen en las crónicas ni en las relaciones. Un momento de vida cotidiana que habla, una vez más, de las dificultades de ser mujer, de la vulnerabilidad de las mujeres durante los Siglos de Oro. Una radiografía de la realidad que muestra cómo los núcleos familiares —organizados siempre alrededor de una figura masculina, un padre, hermano o marido— van más allá de los lazos de sangre. *Las averiguaciones del caso Ezpeleta* han permitido rescatar un espacio de vida cotidiana pero también de solidaridad, un espacio en que las distintas familias que habitan la casa cerca del Rastro están unidas, al margen de la beata del cuarto más alto, que a todos mira con desprecio y con ninguno se relaciona, y de Mariana de Ramírez, que ha formado su propio núcleo familiar —débil y peligroso— con don Diego de Miranda, con el que espera un día casarse. Núcleos familiares, núcleos de amistad y de relaciones que explican, en muchos casos, algunas decisiones, algunos misterios biográficos durante los Siglos de Oro de tantos seres anónimos, como el propio Miguel de Cervantes. Núcleos y explicaciones que están ahí, que estuvieron ahí, pero que hoy hemos perdido sin que haya perdurado ninguna huella de ellos. Las diferentes preguntas del Alcalde, las respuestas de cada uno de los habitantes de la casa nueva en el Rastro de Valladolid han permitido abrir una rendija a la realidad cotidiana que vivió Cervantes y su familia. Ni lo habíamos encontrado antes ni lo volveremos a encontrar en otro documento de Cervantes. De ahí el gusto de recrearnos en cada uno de sus detalles.

¿Se conocieron Miguel de Cervantes y William Shakespeare en Valladolid?

Los meses de mayo y junio fueron de fiestas y de esplendor en Valladolid. La primera vez en que la Corte podía demostrar su grandeza, agasajar al rey y a sus invitados con las fiestas, desfiles, torneos y toros de los que tanto gustaban. El 25 de mayo llegaba a la Corte el arzobispo de Toledo, el cardenal Sandoval y Rojas para bautizar al príncipe, el futuro Felipe IV, y un día después entraba en la ciudad la comitiva del embajador de Inglaterra, Lord Charles Howard of Effingham, que venía a ratificar de manera solemne los acuerdos de paz entre la Monarquía Hispánica e Inglaterra que se habían firmado en Londres el 2 de agosto de 1604. Nuevos reyes y nuevos intereses. Nuevas formas de encarar la política y la necesidad compartida de un período de paz para afrontar nuevos desafíos y las guerras y luchas de siempre. Unas paces que comenzaron con la Francia de Enrique IV y que continuarán en 1609 con unas treguas por doce años con Holanda.

El recibimiento que tributó Londres en 1604 al enviado de la corona española, Juan Fernández de Velasco, duque de Frías y Condestable de Castilla, fue alabado en todas las cartas que llegaron a la corte vallisoletana. Tanto el enviado del rey como dos españoles de su séquito fueron alojados en la residencia real de Somerset House, que, según nos recuerda el I Conde de Villamediana, presidente de la delegación hispánica, «estaba muy bien aderezada con colgaduras y aderezos del Rey». Como ayudas de cámara, se les asigna a los nueve componentes de la conocida como compañía de *Los hombres del rey* (*the King's Men*) nombrada por el rey Jacobo I el 19 de mayo de 1603. El detalle no deja de ser tan solo eso, un detalle erudito, si no se diera la circunstancia que entre los actores que estuvieron junto a la delegación española durante los meses que duró la negociación de paz se encontraran los nombres de Fletcher y de Shakespeare. «Acompañar y servir» como ayudas de cámara fue el trabajo de los nueve actores de la Compañía y por ello cobraron 21 libras y 12 chelines. ¿Actuaron ante la delegación española? Seguramente no. ¿Hablaron de literatura, de las novedades que triunfaban en la Corte de Valladolid, en el Madrid de los últimos años, de lo que podía leerse o verse en los teatros londinenses? Seguro que fue tema de conversación entre ellos, aunque seguramente no tanto entre los actores y el Condestable como entre aquellos y sus traductores, en especial Luis Tribaldos de Toledo.

Nada se dejó al azar en la ratificación de los acuerdos de paz en Valladolid en 1605. Jacobo I tenía que demostrar que había sido un acuerdo justo, entre dos potencias —a pesar de las diferencias entre ellas— que debían repartirse el poder. Por eso, no será casual que el embajador elegido para representarle sea Lord Charles Howard. Aunque para muchos hoy en día este nombre nada tiene de especial, no sucedía así a la gran mayoría de los habitantes de Valladolid de aquel entonces ya que, junto con Essex, Lord Howard había sido el almirante inglés que había devastado Cádiz nueve años antes, y que Cervantes —como tantos otros escritores— había dejado por escrito en un soneto (tomo II, pp. 225-239). Y este recuerdo de su victoria venía acompañado de una demostración de poder: un séquito multitudinario, compuesto por 506 ingleses, entre caballeros, pajes y arqueros. Y seguramente muchos pensaron que era demasiada gente para poder controlarla; de ahí que la noche del 26 de mayo se diera a conocer un pregón en la Corte por el que se prohibía que ninguna mujer saliera de noche sin llevar a su marido del brazo, para así «evitar la comunicación con los herejes». Todos en su sitio. Este solo era el principio de un nuevo período de relaciones, pero era necesario recordar, una y otra vez, el pasado más reciente, el enfrentamiento que había causado miles de muertos y cuantiosas pérdidas económicas.

El espectáculo de su entrada a Valladolid fue extraordinario, como era de esperar del acontecimiento histórico que se iba a vivir unos días después. Detalles que conocemos gracias a dos particulares relaciones de sucesos, dos crónicas del momento: la *Fastiginia* del escritor portugués Tomé Pinheiro da Veiga y la *Relación de lo sucedido en la ciudad de Valladolid* (Valladolid, Godínez de Millis) del cronista Antonio de Herrera, que desde Pellicer algunos investigadores han atribuido al propio Miguel de Cervantes, del que se tiene noticia indirecta que escribiera otra relación de los mismos sucesos que él vivió en primera persona. Tal fue la cantidad y calidad del cortejo inglés que, no sin cierta ironía, lo describe así el autor de la *Relación*: «vinieron tantos, por la comodidad del pasaje, y que los ingleses son naturalmente tan amigos de ver, que si se detuviera, se despoblara Inglaterra».

¿Fue William Shakespeare uno de los 506 miembros del séquito inglés? ¿Quiso venir a conocer la que era una de las cortes europeas más influyentes, el epicentro del poder de la época? Y de haber venido, ¿tuvo noticia del éxito del primer *Quijote*, que comenzó su andadura risueña por estos meses? ¿Quiso conocer al autor de una obra tan celebrada y reída por todos en Valladolid? ¿Llegaron a encontrarse, a hablar, a compartir parte de sus pasiones literarias Cervantes y Shakespeare? La escena es tan atractiva, la posibilidad tan literaria y el encuentro tan fascinante, que son muchos los que no han sido capaces de sustraerse de convertir en realidad, posibilidad o ficción este hipotético encuentro entre quienes no eran más que nombres comunes o (casi) anónimos en la muchedumbre de escritores de su época. El encuentro de los dos mitos de la literatura, en cualquier caso, tendría que esperar bastantes años en producirse, y lo será no en sus biografías reales sino en las vidas paralelas de sus biografías de papel. Luis Astrana Marín, no solo uno de los mejores biógrafos cervantinos sino uno de los traductores más copiados de la obra de Shakespeare, no podía dejar pasar esta oportunidad de unir en sus sueños ensayísticos sus dos grandes pasiones de escritor, y así en el último de los tomos de su biografía se pregunta:

> ¿es posible que un hombre tan curioso como Cervantes y con tantas pruebas de su amor no solo por Inglaterra sino ¡hasta por la reina Isabel!; es posible, digo, que no preguntase a alguien, fuese a los hombres que volvieron de Londres con Juan Fernández de Velasco, condestable de Castilla y escritor, fuese a los ingleses traídos por Lord Howard a Valladolid, qué autores o qué obras privaban en Inglaterra? Per-

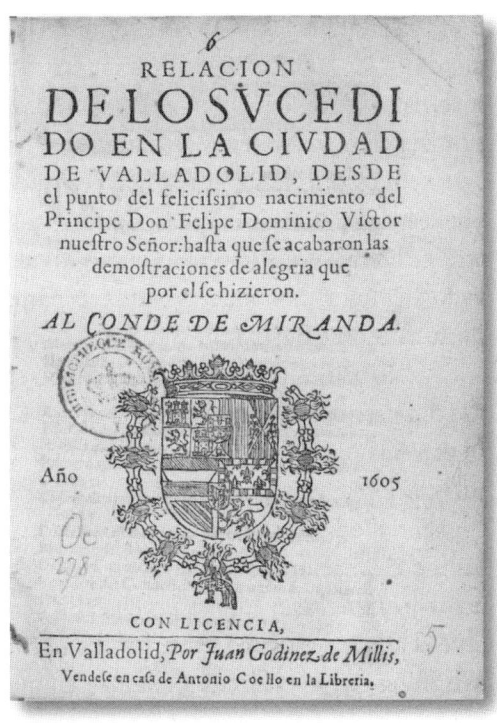

Relación de lo sucedido en la ciudad de Valladolid (Valladolid, 1605), que se ha atribuido a Miguel de Cervantes

mítaseme rechazarlo. A los escritores siempre nos gusta saber de los compañeros y libros de otros países.

Pero si el nombre de William Shakespeare poco decía o poco podía decir en los ambientes de los corrales de comedias o en las academias literarias españolas, donde los *autores* se peleaban por contar en el repertorio de sus compañías al menos una obra de Lope de Vega, lo cierto es que el *Quijote* fue conocido en Inglaterra desde el mismo año de 1605. Sin duda, más de uno de los 506 miembros del séquito inglés, lo pudo conocer, hojear y, aquellos que supieran español, leer y disfrutar en Valladolid. Muchos de ellos, aunque solo fuera de oídas, de lo que contaran los otros, pudieron tener noticia de la locura quijotesca dado que, como se verá, en las mismas fiestas de 1605 aparece ya por primera vez un Don Quijote en medio de la plaza pública.

Lo que sí sabemos, gracias a una carta que le envía el conde de Gondomar, embajador de España en Lon-

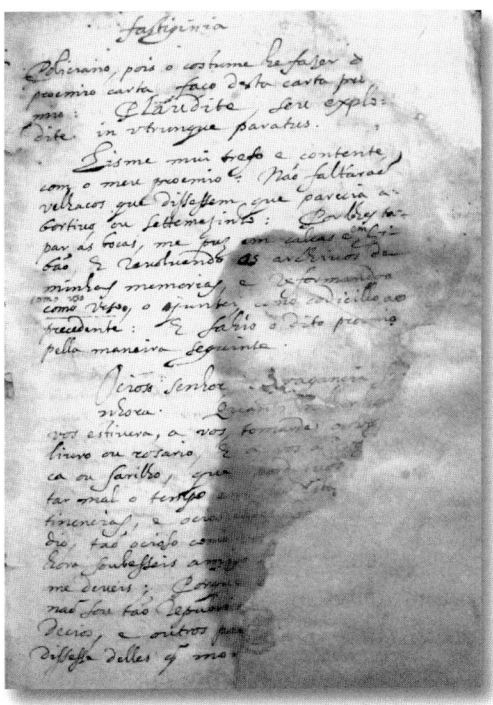

Tomé Pinheiro da Veiga, *Fastiginia* (copia manuscrita)

dres, a su bibliotecario en diciembre de 1605, es que el *Quijote* le sirvió a él, y a otros tantos en las habituales lecturas compartidas, para pasar entre risas las largas tardes invernales londinenses. En el inventario de su biblioteca hay ejemplares tanto de la primera como de la segunda parte.

Por otro lado, si lo lógico es que Cervantes no conociera ni el nombre de Shakespeare, a fin de cuentas, Londres y su teatro estaba en los márgenes de los intereses literarios europeos, lo cierto es que el escritor inglés sí que estuvo familiarizado y conoció la obra cervantina, o parte de su obra, aunque difícilmente a partir de su versión en español.

Sabemos que una obra de teatro con el título de «Cardenna» o «Cardenno» fue representada por la compañía de los King's Men, de la que era uno de los miembros William Shakespeare, en mayo de 1613, y que volvió a ser representada en julio. Y los sabemos por los *Libros de cuentas* del Tesorero de la Cámara del Rey de Inglaterra, en que consta los pagos realizados a la Compañía de los King's Men por las representaciones realizadas en estas fechas. El 20 de mayo de 1613 se le paga al actor y empresario John Heminges la cantidad de 60 libras por la representación ante el rey de seis obras, entre las que se cita «Cardenno»; y un mes y medio después, seis libras, trece chelines y cuatro peniques por la representación de una obra llamada «Cardenna» ante el embajador del Duque de Saboya, huésped del rey de Inglaterra. La obra fue escrita a cuatro manos por Fletcher y Shakespeare, lo que es habitual en el panorama teatral europeo donde varios autores se unen para escribir una obra repartiéndose actos y partes. Se ha perdido el texto original al no ser incluido en el *First Folio* de las obras shakesperianas (1623), y solo se ha conservado en una versión retocada por Lewis Theobald: *La doble impostura o los amantes afligidos*, en su edición canónica de 1733 de las *Works of Shakespeare*.

La fecha no es casual: un año antes, en 1612, el editor Edward Blount publicaba la traducción del *Quijote* que Thomas Shelton había hecho al inglés. La primera de las traducciones que se hace de la obra cervantina. A partir del *Quijote*, Blount que había abierto una colección de traducciones, dará a la prensa otros textos de escritores españoles: Luis de Granada (*The Sinner Guide*, 1614) o Mateo Alemán (*The Rogue*, 1622), así como gramáticas y diccionarios, como la gramática española e inglesa de César Oudin (1622) o el diccionario español-inglés de Richard Perceval, revisado y aumentado por John Minsheu (1623).

Ningún dato documental ni ningún indicio pueden llevar a defender el conocimiento directo de Miguel de Cervantes y William Shakespeare en Valladolid. Tampoco sabemos hasta qué punto Shakespeare conoció y leyó la primera parte del *Quijote*, si en su totalidad o solo algunos episodios, aquellos que le permitieran con Fletcher dar

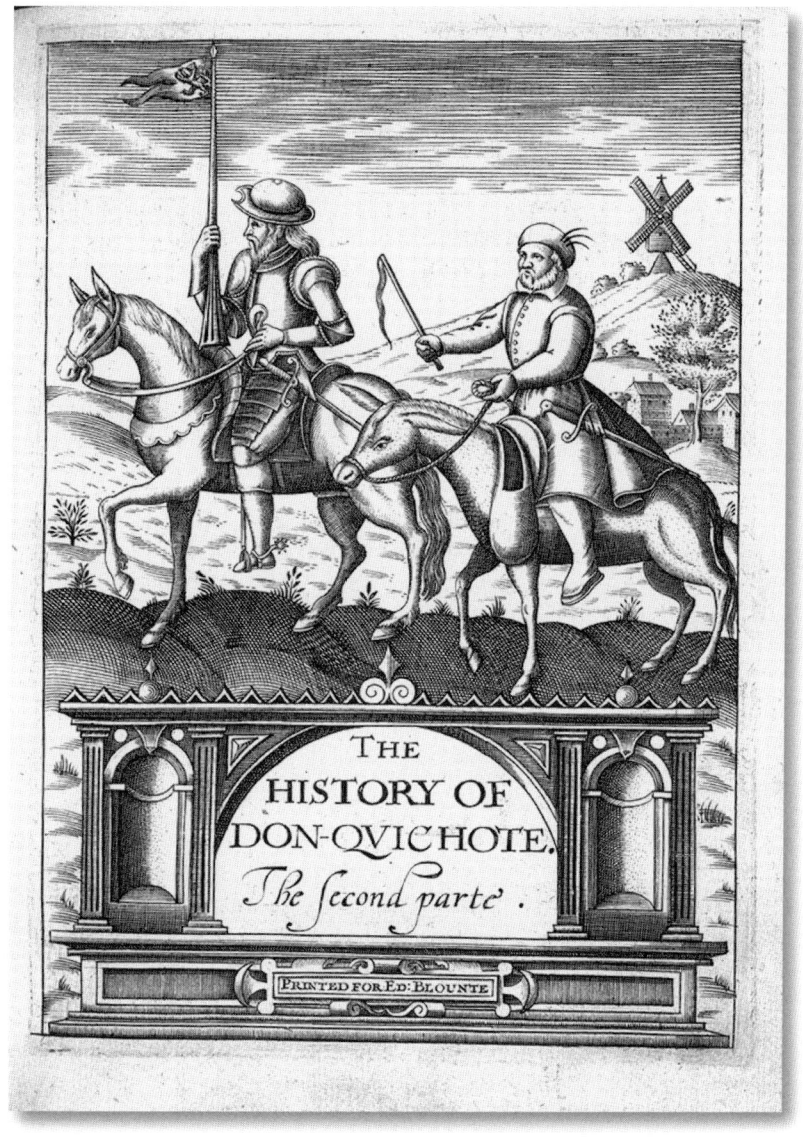

Segunda parte de *History of don Quichote*, Londres, Edward Blount, 1620, BNE.

forma a una de las continuas y habituales comedias a cuatro manos que se estrenaban en los teatros controlados por los King's Men. No hemos de olvidarnos, como pone de manifiesto los datos de edición de Blount, cómo la literatura española (picaresca y caballeresca) va a gozar de éxito en estos primeros años de la paz entre la Monarquía Hispánica e Inglaterra. Una paz que tampoco fue bien vista por todos, como deja de manifiesto un soneto que se escribió en 1605 y que Juan Antonio Pellicer en el siglo XVIII atribuyó a Góngora. Un soneto en que la visita de la delegación inglesa en Valladolid se une literariamente con los nombres de Don Quijote, Sancho y su jumento:

> Parió la Reina; el Luterano vino
> con seiscientos herejes y herejías;
> gastamos un millón en quince días
> en darles joyas, hospedaje y vino.
>
> Hicimos un alarde o desatino,
> y unas fiestas que fueron tropelías
> al ánglico legado y sus espías
> del que juró la paz sobre Calvino.
>
> Bautizamos al niño Dominico,
> que nació para serlo en las Españas;
> hicimos un sarao de encantamento;
>
> quedamos pobres; fue Lutero rico;
> mandáronse escribir estas hazañas
> a Don Quijote, a Sancho y su jumento.

Un ejemplo más de la rapidez con que las aventuras quijotescas se entrelazaron con la lectura más burlesca y cómica de la realidad, que es la que triunfa en su época.

2. Los inicios de la plenitud de Cervantes: *El ingenioso hidalgo don Quijote de la Mancha* (1605)

Los libros de caballerías en la época de Cervantes: ¿son todos una «mesma cosa»?

No hay un comentario crítico nacido de la boca de papel de un personaje de ficción que haya tenido más fortuna teórica que las palabras con que comienza el canónigo de Toledo su largo discurso sobre la naturaleza de los libros de caballerías en el capítulo 48 de la primera parte del *Quijote*.

> —Verdaderamente, señor cura, yo hallo por mi cuenta que son perjudiciales en la república estos que llaman libros de caballerías; y, aunque he leído, llevado de un ocioso y falso gusto, casi el principio de todos los más que hay impresos, jamás me he podido acomodar a leer ninguno del principio al cabo, porque me parece que, cuál más, cuál menos, todos ellos son una mesma cosa, y no tiene más este que aquel, ni estotro que el otro.

Recordemos la escena donde se inserta esta afirmación. Después de no pocos esfuerzos, el cura y el barbero han conseguido llevar a buen término su plan de hacer volver a don Quijote a su lugar con la intención de tenerlo allí un tiempo para que, con cuidados y buena conversación, abandone su locura de vivir en un libro de caballerías por tierras manchegas. Don Quijote va enjaulado, creyéndose encantado. En el camino, una cuadrilla de seis o siete hombres a caballo les dan alcance. El canónigo de Toledo, señor de todos ellos, no deja de sorprenderse de ver al hidalgo manchego en una jaula, aunque piensa que será «algún facinoroso salteador, o otro delincuente cuyo castigo tocase a la Santa Hermandad». Pero nada que ver: el propio Don Quijote le saca del error y le confiesa, con mucha pesadumbre y no poca sabiduría, ser un desdichado caballero andante que ha sido encantado «por envidia y fraude de malos encantadores; que la virtud más es perseguida de los malos que amada de los buenos». Adelantándose un poco, el cura le relata los pormenores y origen de la locura de su convecino, a lo que el canónigo no deja de emitir su juicio sobre los libros de caballerías anteriormente citado.

Con el «mesma cosa» de la cita cervantina la mayoría de los estudiosos han barrido de un plumazo casi noventa obras diferentes desde finales del siglo XV hasta bien entrada la década de los años veinte del siglo XVII (el último libro de caballerías se data con posterioridad a 1623), de los que se hicieron cientos de reediciones impresas a lo largo del siglo XVI y de los que hemos conservado más de treinta copias manuscritas, algunas de ellas de textos que solo se difundieron gracias a copias realizadas a mano. ¿Realmente es posible pensar que un género literario, nacido en los albores del Renacimiento y acabado con los estertores del Barroco, con más de un siglo de existencia y con casi noventa obras, escritas en momentos y lugares bien diversos, con intenciones variadas y por escritores de muy diferente altura y capacidad, son «una mesma cosa»?

Nada más lejos de la realidad.

Sebastián de Covarrubias, en su *Tesoro de la Lengua Castellana*, que se publica en Madrid en 1611, habla de los libros de caballerías en estos términos: «los que tratan de hazañas de caballeros andantes, ficciones gustosas y artificiosas de mucho entretenimiento y poco provecho, como los libros de Amadís, de don Galaor, del Caballero del Febo y de lo demás». Esta definición es una excelente radiografía de la opinión que los propios lectores del *Quijote* podían tener de los textos caballerescos, entre los que se destacan tan solo dos obras: el *Amadís de Gaula*, refundido por el medinés Garci Rodríguez de Montalvo a finales del siglo XV a partir de las aventuras medievales del *Amadís* (que a su vez, nacen de la difusión de la materia artúrica por tierras hispánicas a principios del siglo XIV), y el *Caballero del Febo*, que no es otro que el *Espejo de príncipes y caballeros* de Diego Ortúñez de Calahorra, que se publica en Zaragoza en 1555. La elección para un lector moderno puede ser arbitraria, pero no así para un lector de la época. Tanto las reediciones del *Amadís* (y de su saga que llega a completar en español hasta doce libros) como las del *Espejo de príncipes y caballeros* (que será completado por dos continuaciones en los años ochenta), constituyen la columna vertebral de las reediciones caballerescas en las imprentas hispánicas y los textos más habituales en las librerías a finales del siglo XVI y principios del XVII. Justo los libros con los que tendría que competir el *Quijote* en el mercado editorial de su tiempo.

No olvidemos que la última reedición de los cuatro libros de *Amadís* de Montalvo es la de Sevilla en diciembre de 1586, impresa por Fernando Díaz a costa de Alonso de Mata, mientras que el *Amadís de Grecia* de Feliciano de Silva se imprime por última vez en Lisboa en 1596, y en Zaragoza se imprimirán los últimos infolios caballerescos conocidos: en 1617 la primera parte y segunda parte del *Espejo de príncipes y caballeros*, y en 1623 la tercera (transformada editorialmente en tercera y cuarta partes).

Por otro lado, en las librerías mejor surtidas de la época, no escasean ejemplares de libros de caballerías, precisamente de los rescatados por Covarrubias, como se aprecia en la librería de Benito Boyer en Medina del Campo en 1592, que ofrece un total de 281 ejemplares con un valor de casi 187.000 maravedís, lo que corresponde a unos 500 ducados (el precio del rescate de Cervantes en Argel, sin ir más lejos), entre los que destacan, como no podía ser de otro modo, los 103 de los ejemplares del ciclo de *Amadís de Gaula*, o los 64 del ciclo del *Espejo de príncipes y caballeros*, sin olvidar otros libros de éxito de

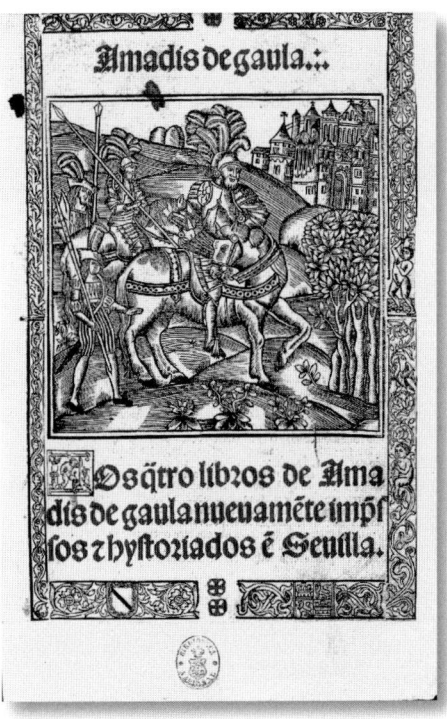

Los cuatro libros de Amadis de Gaula nuevamente impresos [e] historiados en Sevilla en la imprenta de Juan Cromberger, 1531

la época como 113 ejemplares del ciclo de *Palmerín de Oliva* o los 122 del ciclo del *Espejo de caballerías*.

Pero la cita de Covarrubias, además, contiene una alusión bien curiosa, pues habla de «ficciones gustosas y artificiosas de mucho entretenimiento y poco provecho», que la relaciona directamente con las palabras y el juicio del canónigo toledano. ¿Hacen alusión al conjunto de los libros de caballerías, a los más de noventa títulos del género o, más bien, a los libros de caballerías que triunfaban en la época de Cervantes, y con los que tenía que disputar en los combates editoriales, a los que tenía que superar para convertir el primer *Quijote* en el *best-seller* con el que soñaba Francisco de Robles?

¿Cómo serían esos libros de caballerías que triunfaban en la época de Cervantes y que habían constituido un paradigma particular conocido como libros de caballerías de entretenimiento, a partir de la propuesta de Diego Ortúñez de Calahorra y su *Espejo de príncipes y caballeros*, triunfantes desde 1555? Será, precisamente, el canónigo de Toledo, quien ha leído la gran mayoría de estos textos caballerescos que triunfan en su momento el que ofrezca un meditado resumen de su contenido, en que se destaca que son «fábulas milesias», es decir «cuentos disparatados, que atienden solamente a deleitar, y no a enseñar», pero que él poca diversión y entretenimiento encuentra en ellos por la hipérbole y exageración en las aventuras narradas:

> ¿qué hermosura puede haber, o qué proporción de partes con el todo y del todo con las partes, en un libro o fábula donde un mozo de diez y seis años da una cuchillada a un gigante como una torre, y le divide en dos mitades, como si fuera de alfeñique; y que, cuando nos quieren pintar una batalla, después de haber dicho que hay de la parte de los enemigos un millón de competientes, como sea contra ellos el señor del libro, forzosamente, mal que nos pese, habemos de entender que el tal caballero alcanzó la vitoria por solo el valor de su fuerte brazo?

Y tampoco en las escenas amorosas y sexuales que abundan en este tipo de literatura, y que van ocupando más páginas a medida que el público femenino se convierte en el más leal y habitual de este tipo de historias, así como la maravilla, que va protagonizando la mayoría de los pasajes de la obra, convirtiendo a los héroes es simples piezas del fantástico combate protagonizado realmente por los encantadores:

> Pues, ¿qué diremos de la facilidad con que una reina o emperatriz heredera se conduce en los brazos de un andante y no conocido caballero? ¿Qué ingenio, si no es del todo bárbaro e inculto, podrá contentarse leyendo que una gran torre llena de caballeros va por la mar adelante, como nave con próspero viento, y hoy anochece en Lombardía, y mañana amanezca en tierras del Preste Juan de las Indias, o en otras que ni las descubrió Tolomeo ni las vio Marco Polo?

Junto a la hipérbole y la aparición cada vez más habitual de la maravilla (que alejan el texto caballeresco de un relato verosímil), y el protagonismo de las escenas amorosas (y eróticas), hay otro elemento que caracteriza a los libros de caballerías de entretenimiento: el humor, la aparición habitual de personajes secundarios que se comportan de una manera no acorde a su naturaleza: caballeros cobardes, ancianos enamorados, doncellas monstruosas que se creen las más hermosas…. ¿Y por qué no también hidalgos ancianos y pobres que deciden saltarse todas las reglas sociales y salen una madrugada por el corral de su casa para ir a protagonizar las aventuras caballerescas que han llenado su fantasía durante horas y horas de lectura y de vigilia?

Historias que se recrean en los motivos y en los tópicos, escritas muchas de ellas por autores principiantes que no son capaces de alejarse de sus modelos, de las obras que imitan, obras realizadas, algunas de ellas, por encargo editorial (como seguramente suceda con la tercera parte del *Espejo de príncipes y caballeros* que escribe Marcos Martínez, y que se imprime en la imprenta alcalaína de Juan Íñiguez de Lequerica en 1587, y que es financiada por el librero Diego Martínez) o para conseguir una mayor presencia en los círculos nobiliarios, como parece que fue la razón por la que Juan de Silva y de Toledo escribiera el *Policisne de Boecia*, impreso en Valladolid en 1602, siendo el último libro original que pase por las prensas y que lo haga en el formato folio que era el conocido y esperado por sus lectores. El juicio final del canónigo de Toledo no puede ser más acertado ni más convincente:

> No he visto ningún libro de caballerías que haga un cuerpo de fábula entero con todos sus miembros, de manera que el medio corresponda al principio, y el fin al principio y al medio; sino que los componen con tantos miembros, que más parece que llevan intención a formar una quimera o un monstruo que a hacer una figura proporcionada. Fuera desto, son en el estilo duros; en las hazañas, increíbles; en los amores, lascivos; en las cortesías, mal mirados; largos en las batallas, necios en las razones, disparatados en los viajes, y, finalmente, ajenos de todo discreto artificio, y por esto dignos de ser desterrados de la república cristiana, como a gente inútil.

Los libros de caballerías de entretenimiento son el modelo editorial con el que tendrá que competir Miguel de Cervantes a principios del siglo XVII, el modelo triunfante entre los lectores que desea que lean (y compren) su particular libro de caballerías. Pero, ¿es este también su modelo literario? Todo lo contrario. Miguel de Cervantes tiene su vista puesta en el paradigma inicial, de corte idealista, que comienza con la refundición de Garci Rodríguez de Montalvo de un texto medieval, y que se termina de escribir y difundir a finales del siglo XV con el título de *Los cuatro libros cumplidos de Amadís de Gaula*, del que su testimonio más antiguo es un único ejemplar conservado de la edición zaragozana de 1508. El abismo que separa este paradigma caballeresco donde la verosimilitud y la enseñanza prevalecen y, que no olvidemos se sigue reeditando y leyendo a finales del siglo XVI, del paradigma triunfante en estos momentos de los libros de caballerías de entretenimiento, es descrito de manera admirable por Cervantes al inicio del escrutinio de la biblioteca de Alonso Quijano en el capítulo 6 de la primera parte. El primero de los libros que tendrá en las manos el barbero será precisamente el *Amadís*. El cura, que considera también que todos los libros de caballerías son una «mesma cosa», lo sentencia a muerte:

> —Parece cosa de misterio esta; porque, según he oído decir, este libro fue el primero de caballerías que se imprimió en España, y todos los demás han tomado principio

y origen de este; y así, me parece que, como a dogmatizador de una secta tan mala, le debemos, sin escusa alguna, condenar al fuego.

Pero será el barbero, Maese Nicolás, mucho mejor lector que el cura, quien dejará claro que este libro merece ser salvado de la hoguera (y convertirse en modelo literario del libro de caballerías que recién están comenzando a leer los lectores del *Quijote*), con estas palabras: «—No, señor —dijo el barbero—, que también he oído decir que es el mejor de todos los libros que de este género se han compuesto; y así, como a único en su arte, se debe perdonar». ¿Qué le hace ser tan «único en su arte»? Volvamos a la guía literaria que constituye el discurso del canónigo de Toledo sobre los libros de caballerías: si con anterioridad ha criticado a los libros de caballerías de entretenimiento, ahora es el momento de defender al género caballeresco y poner las bases poéticas a su propio libro de caballerías, explicar cómo era el paradigma inicial del *Amadís* y cuáles han sido los engranajes que le han permitido a él adentrarse en la selva procelosa del género. Tres serán los principios narrativos que ahora se van a explicar: sujeto, forma y finalidad.

¿El sujeto? La narración de las aventuras bélicas y amorosas de caballeros y damas que ofrecen una imagen «ideal» del mundo de la caballería, siguiendo el modelo de la biografía caballeresca.

> con todo cuanto mal había dicho de tales libros, hallaba en ellos una cosa buena: que era el sujeto que ofrecían para que un buen entendimiento pudiese mostrarse en ellos, porque daban largo y espacioso campo por donde sin empacho alguno pudiese correr la pluma, descubriendo naufragios, tormentas, rencuentros y batallas; pintando un capitán valeroso con todas las partes que para ser tal se requieren, mostrándose prudente previniendo las astucias de sus enemigos, y elocuente orador persuadiendo o disuadiendo a sus soldados, maduro en el consejo, presto en lo determinado, tan valiente en el esperar como en el acometer; pintando ora un lamentable y trágico suceso, ahora un alegre y no pensado acontecimiento; allí una hermosísima dama, honesta, discreta y recatada; aquí un caballero cristiano, valiente y comedido; acullá un desaforado bárbaro fanfarrón; acá un príncipe cortés, valeroso y bien mirado; representando bondad y lealtad de vasallos, grandezas y mercedes de señores. Ya puede mostrarse astrólogo, ya cosmógrafo excelente, ya músico, ya inteligente en las materias de estado, y tal vez le vendrá ocasión de mostrarse nigromante, si quisiere. Puede mostrar las astucias de Ulixes, la piedad de Eneas, la valentía de Aquiles, las desgracias de Héctor, las traiciones de Sinón, la amistad de Eurialo, la liberalidad de Alejandro, el valor de César, la clemencia y verdad de Trajano, la fidelidad de Zopiro, la prudencia de Catón; y, finalmente, todas aquellas acciones que pueden hacer perfecto a un varón ilustre, ahora poniéndolas en uno solo, ahora dividiéndolas en muchos.

¿La forma? Una estructura narrativa muy elaborada, con estilo apacible y donde reine la verosimilitud:

> Y, siendo esto hecho con apacibilidad de estilo y con ingeniosa invención, que tire lo más que fuere posible a la verdad, sin duda compondrá una tela de varios y hermosos lazos tejida, que, después de acabada, tal perfección y hermosura muestre.

¿La finalidad? Crear una «historia fingida», una obra en donde sea posible el didactismo, la defensa de una determinada visión del mundo, lo que se consigue gracias a una elaborada forma:

> que consiga el fin mejor que se pretende en los escritos, que es enseñar y deleitar juntamente, como ya tengo dicho. Porque la escritura desatada de estos libros da lugar a que el autor pueda mostrarse épico, lírico, trágico, cómico, con todas aquellas partes que encierran en sí las dulcísimas y agradables ciencias de la poesía y de la oratoria; que la épica también puede escribirse en prosa como en verso.

A estas alturas de principios de siglo, Cervantes entra de lleno con estas palabras en los debates académicos que intentaban imbricar a la narrativa dentro de los géneros canónicos a partir de la *Poética* de Aristóteles.

¿Son todos los libros de caballerías una «mesma cosa» para el canónigo de Toledo? En absoluto. Son todos una «mesma cosa» los libros de caballerías de entretenimiento, nada que ver con un libro de caballerías que se escriba «siguiendo estos principios», que nacen de la atenta lectura de los textos caballerescos del paradigma inicial con el *Amadís* como ejemplo. Y así, el propio canónigo termina por confesar que «he tenido cierta tentación de hacer un libro de caballerías, guardando en él todos los puntos que he significado; y si he de confesar la verdad, tengo escritas más de cien hojas». Y más de cien hojas tendría también escritas Cervantes de su particular libro de caballerías en este mismo momento de la narración.

Al hablar del *Amadís de Gaula*, de la lectura que Garci Rodríguez de Montalvo realizara de un texto caballeresco medieval, se indicaba cómo había conseguido insuflar nueva vida a un género por todos conocidos, siendo capaz —aunque no fuera en absoluto su voluntad— crear un nuevo género (libros de caballerías) a partir de la materia caballeresca medieval.

Idéntica situación es la que se debió vivir a principios del siglo XVII. Los libros de caballerías que se leían, los que aún gozaban del predicamento del público eran los que habían otorgado protagonismo al entretenimiento. Atrás había quedado el «idealismo», el «realismo», la complejidad narrativa y estructura inicial. La mezcla de géneros, el buscar en la síntesis la fórmula ideal para agradar al mayor número de lectores, desde la prosa a la poesía, desde la aventura bélica a la erótica, desde la maravilla a la escena pastoril, desde el engaño y el disfraz hasta el papel cada vez más protagonista de sabios y magos, que llegan a convertir a los caballeros y damas en meras piezas de un gran tablero de juego, desde la altivez cortesana a la presencia de personajes secundarios, que se salen fuera de las normas establecidas, son elementos que dominan en el modelo de los libros de caballerías de entretenimiento que se leían, que se escribían y que se disfrutaban en los saraos de la nobleza, en las habitaciones de la corte, en las antesalas de los palacios o en las ventas de los caminos en aquel momento. En este contexto, que no en el que ve nacer el *Amadís de Gaula* a finales del siglo XV, la publicación del *Quijote* de Miguel de Cervantes tuvo que causar una sensación similar: estaban leyendo algo conocido (las aventuras —en este caso, humorísticas— de un caballero, las aventuras típicas y tópicas de un caballero andante junto a su escudero), pero a su vez, era algo distinto: ni el caballero era tal ni las aventuras terminaban como se esperaba. El *Quijote*, como libro de caballerías, puede calificarse como una «feliz síntesis» de la tradición caballeresca del siglo XVI; pero al mismo tiempo, nace partiendo de «unas nuevas pautas expresivas, narrativas e ideológicas», esas mismas que permitirán su lectura seria en Inglaterra y en Alemania durante el siglo XVIII, la que intentarán sus primeros comentadores rescatar en España a finales de la centuria y en los primeros años del XIX. Una vez más, los caminos del sincretismo terminan por confundirse en el *Quijote*: un libro de caballerías que, escrito teniendo en cuenta la literatura de entretenimiento triunfante en su momento, vuelve sus ojos al «sujeto, sentido y finalidad» que ofrece el *Amadís de Gaula*, dando como resultado el libro de caballerías más realista, más verosímil de los que se hayan escrito. Idealismo, realismo y entretenimiento se dan cita en el texto cervantino, tres de las grandes líneas de evolución y transformación del género caballeresco a lo largo del siglo XVI. Por este motivo, el *Quijote*, como antes se había indicado con el *Amadís de Gaula* y con el *Espejo de príncipes y caballeros*, puede ser considerado como el modelo de un tercer paradigma caballeresco, que comienza su andadura a principios del siglo XVII, y que solo triunfará un siglo después, en las nuevas propuestas narrativas de continuaciones y imitaciones inglesas. Un libro de caballerías que, de la mano certera de un escritor en su plenitud, llega a romper los límites del propio género caballeresco; llega a abrir nuevos caminos a la ficción que ni Garci Rodríguez de Montalvo, Feliciano de Silva o Diego Ortúñez de Calahorra pudieron ni soñar, aunque en algunos casos se acercaron de una manera notable y genial, como la lectura de sus textos pone de manifiesto.

Nadie a principios del siglo XVII estaba ajeno a la materia caballeresca, que, además de los libros de caballerías, era conocida en las capas más populares gracias a los romances, los pliegos de cordel, las historias caballerescas breves o en algunas de las comedias —cada vez más abundantes— que se representaban en los corrales y que se basaban en episodios caballerescos procedentes de diferentes libros de caballerías. Pero los libros de caballerías también gozaban del predicamento de la nobleza, que seguía siendo plato habitual de sus torneos, fiestas, saraos, lecturas e incluso representaciones palaciegas. No estaba descaminado Miguel de Cervantes —o el librero Francisco de Robles— en apuntar a las aventuras caballerescas cuando imaginaron un producto editorial que pudiera competir con el *Guzmán de Alfarache*, que se había alzado con la corona de las ventas a partir del éxito de un género que vivió en estos años una resurrección literaria: la novela de pícaros. Frente al pícaro, el caballero. Frente al caballero de fantasía, el de carne y hueso, el que cualquiera pudiera encontrarse al doblar una esquina. Ya fuera al doblar una página. Ya fuera al pasear por las afueras de Valladolid, o a asistir a algunas de las fiestas cortesanas más solemnes en la Corte.

Los lectores de los libros de caballerías: el público soñado por Miguel de Cervantes

Los libros de caballerías castellanos constituyeron con su éxito sostenido en la primera mitad del siglo XVI uno de los pilares del mercado editorial hispánico, que, ajena a la floreciente industria del «libro internacional», nunca dejó de ser marginal dentro de Europa (dominada por los centros editoriales y de libreros alemanes, holandeses, italianos y, en menor medida, franceses). Los extensos impresos en folio, de gran tamaño, que tenían que utilizar una gran cantidad de pliegos de papel, y que, gracias a diferentes estrategias editoriales, podían llegar a ser adquiridos por públicos muy diversos, a los que se les ofrecía productos de gran calidad como otros realizados con papel y

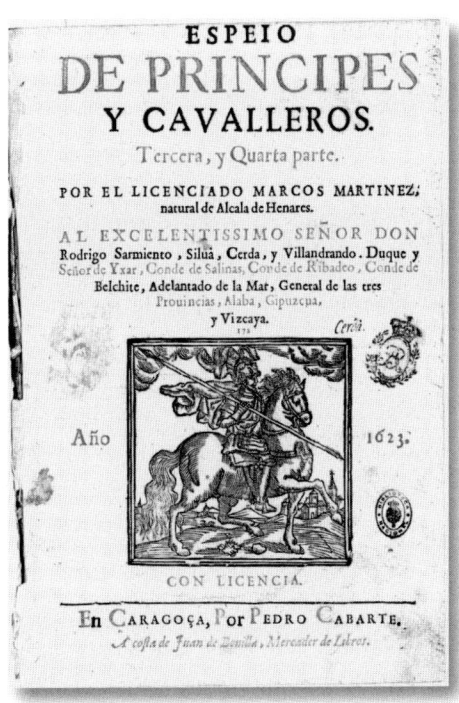

Tercera y cuarta parte del *Espejo de príncipes y caballeros* (Zaragoza, 1623), el último libro de caballerías impreso.

tipos de segunda fila, fueron una de las columnas vertebrales sobre las que se asentó el negocio editorial en la Monarquía Hispánica en castellano. El éxito comercial de los libros de caballerías estaba garantizado. No hay imprenta importante ni ciudad editora que se preciara, que no tuviera su edición caballeresca, como se aprecia en el siguiente gráfico, donde se recogen informaciones de 171 ediciones diferentes, desde 1496, la fecha en que los estudiosos han establecido que pudo imprimirse la primera edición del *Amadís de Gaula* de Garci Rodríguez de Montalvo, y de la que no hemos conservado ningún ejemplar, hasta 1623 cuando en Zaragoza se reedita la tercera (y cuarta) parte del *Espejo de príncipes y caballeros* de Diego Ortúñez de Calahorra. Dejamos fuera los talleres de Portugal, Italia y Flandes, que poseen sus propias características y circunstancias, aunque en algunos de ellos también se dieron a conocer a lo largo del siglo XVI ediciones castellanas de libros de caballerías.

CIUDAD	FECHAS	Nº TALLERES	Nº EDICIONES
ALCALÁ DE HENARES	1563-1588	6	12
BARCELONA	1531-1576	3	3
BILBAO	1585	1	1
BURGOS	1498-1587	7	10
CUENCA	1530	1	1
ESTELLA	1564	1	2
MEDINA DEL CAMPO	1535-1586	4	9
SALAMANCA	1510-1575	5	10
SEVILLA	[1496]-1586	13	77
TOLEDO	1515-1580	9	23
VALENCIA	1516-1540	5	8
VALLADOLID	1501-1602	7	11
ZARAGOZA	1508-1623	11	14

Cuadro de los talleres de impresión hispánicos de libros de caballerías castellanos (1496-1623).

Una de las causas que explican el éxito y la capacidad de pervivencia editorial de los libros de caballerías a lo largo de la primera mitad del siglo XVI es el uso que la dinastía de los Cromberger, familia de impresores sevillanos, hará de este tipo de ediciones, que marca las reglas del juego del resto de las imprentas hispánicas y que impone un modelo externo. Este modelo es el que permite hablar de los libros de caballerías como un género editorial, fácilmente identificable por sus lectores: ediciones en folio, con un grabado xilográfico en la portada que representa a un caballero, de una determinada extensión y escrito a doble columna. En esta época todos lo harán en letra gótica y, solo a mediados del siglo XVI, como sucede con la mayoría de los talleres hispánicos que sobreviven, lo harán en letra redonda. Solo unos pocos aparecerán con ilustraciones interiores, todas ellas xilográficas. Un ejemplo de esta identificación sociológica de un determinado género con un formato y unas características externas lo encontramos —como parece que no podía ser de otra manera— en el propio *Quijote*. Cuando llegan el cura y el barbero a la biblioteca de Alonso Quijano, se encuentran con «más de cien cuerpos de libros grandes, muy bien encuadernados, y otros pequeños». Los grandes son los de caballerías y los pequeños de poesía, como así lo indica el cura en el momento en que se dispone a abrir un ejemplar de la *Diana* de Jorge de Montemayor, uno de los libros de pastores que está en el origen de la *Galatea* de Cervantes:

—Así será —respondió el barbero—; pero, ¿qué haremos de estos pequeños libros que quedan?
—Estos —dijo el cura— no deben de ser de caballerías, sino de poesía.

Cualquier lector del momento sabría muy bien de lo que se estaba hablando. Curiosamente, la dinastía de los Cromberger, que llegaron a imprimir hasta 47 libros de caballerías desde 1507 a 1553, la gran mayoría vinculados al ciclo de *Amadís de Gaula*, en pocas ocasiones se arriesgó con primeras ediciones. Lo suyo era hacerse con el éxito editorial y sacarle el máximo rendimiento económico.

Esta estrecha vinculación de los libros de caballerías con la industria editorial hizo caer a los investigadores en un error: entender que la paulatina desaparición de la edición de libros de caballerías a partir de la década de los años sesenta del siglo XVI mostraba un declive de su estrella entre los lectores, que otros géneros narrativos (pastoril, picaresca, morisca y luego de aventuras) atraían más la atención de los nobles y que el ritmo de la edición de nuevos títulos mostraba la lenta agonía de un género que, con la puntilla del éxito del *Quijote*, terminaría por desaparecer. Además los acontecimientos históricos pareciera que acompañaban de una manera exacta al devenir de los datos editoriales, pues el cambio se produce justo en el momento de la llegada a la corona de Felipe II en 1556, lo que mostraba también un cambio de gustos y de paradigmas culturales, dejando atrás los gustos del emperador Carlos V, y de Isabel de Portugal por este tipo de literatura. Luis Zapata en su *Miscelánea* relata la siguiente anécdota que muestra la presencia constante de los textos caballerescos en la corte de Carlos V, lo que se siente impensable en la de Felipe II. Un día, como tantos otros, Doña María Manuel, una de las damas de la emperatriz, que se encargaba de leer libros de caballerías al emperador Carlos V y a su mujer durante la siesta, comenzó su lectura con las siguientes palabras

> Capítulo de cómo don Cristóbal Osorio, hijo del Marqués de Villanueva, casaría con Doña María Manuel, dama de la Emperatriz, reina de España, si el Emperador para después de los días de su padre le hiciese merced de la encomienda de Estopa.

La escena, llena de intención, terminará con un final feliz, de corte caballeresco. Todos los presentes, lectores habituales de literatura caballeresca, disfrutarán con la continuación de la lectura del libro:

> El Emperador dijo:
> —Torna a leer ese capítulo, Doña María.
> Ella tornó a lo mismo, de la misma manera, y la Emperatriz añadió, diciendo:
> —Señor, muy buen capítulo y muy justo es aquello.
> El Emperador dijo:
> —Leed más adelante, que no sabéis bien leer, que dice: «Sea mucho enhorabuena».
> Entonces ella besó las manos al Emperador y a la Emperatriz por la merced.

Pero los datos se esfuerzan en ser más complejos. Lo que se va a vivir en las últimas décadas del siglo XVI, siguiendo el guion establecido de las continuas bancarrotas de la Monarquía Hispánica, es la decadencia de la industria editorial española, que no va a poder competir con la europea, con lo que las ediciones caballerescas en folio, que conllevan una gran inversión económica por la gran cantidad de pliegos de papel utilizados, van a ser cada vez más escasas en las imprentas hispánicas. Pero esta desaparición paulatina —que solo remontará con éxito de ventas de los libros de caballerías de entretenimiento y la reedición del *Amadís*— se compensará recuperando la transmisión manuscrita, que durante el siglo XVI había quedado vinculada a la poesía y a las obras que no pudieran pasar la censura (panfletos, pornografía, textos religiosos heterodoxos...). De ahí, que nuestras bibliotecas hayan conservado más de treinta copias manuscritas de obras caballerescas, algunas imitando la forma externa de las impresiones, como sucede con el ejemplar de *Flor de caballerías* conservado en la Real Biblioteca de Madrid, y que se data a finales del siglo XVI.

Sin olvidar que no solo se lee lo que se imprime sino también era costumbre habitual de la época el alquiler de ejemplares. Y los caballerescos, precisamente, serán de los más solicitados, como lo recuerda Mateo Alemán en su *Guzmán de Alfarache*, en especial los libros de caballerías de entretenimiento:

> Otras muy curiosas, que dejándose de vestir, gastan sus dineros alquilando libros y, porque leyeron en *Don Belianís,* en *Amadís* o en *Esplandián*, si no lo sacó acaso del *Caballero*

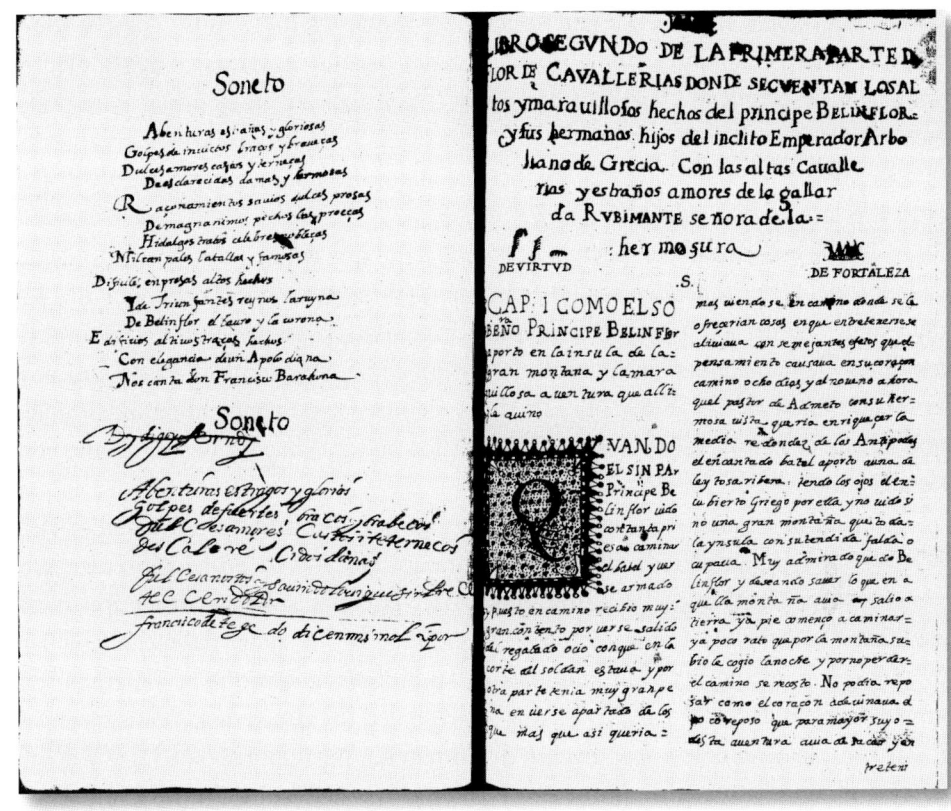

Flor de caballerías (finales del siglo XVI), Real Biblioteca, Madrid.

del Febo, los peligros y malandanzas en que aquellos desafortunados caballeros andaban por la infanta Magalona, que debía de ser alguna dama bien dispuesta, les parece que ya ellas tienen a la puerta el palafrén, el enano y la dueña con el señor Agrajes, que les diga el camino de aquellas espesas florestas y selvas, para que no toquen a el castillo encantado, de donde van a parar en otro, y, saliéndoles a el encuentro un león descabezado, las lleva con buen talante donde son servidas y regaladas de muchos y diversos manjares, que ya les parece que los comen y que se hallan en ello, durmiendo en aquellas camas tan regaladas y blandas con tanta quietud y regalo, sin saber quién lo trae ni de dónde les viene, porque todo es encantamento. (II, libro III, cap. 3).

Y los ejemplos en la vida real se multiplican y no solo entre las que no tenían rentas, sino también entre «damas de la corte». En dos recibos de gastos fechados en el Alcázar madrileño en 1567 de Isabel de Valois se especifica que se ha de pagar al barrendero Pedro de Valdivielso la cantidad de «doce reales que costó de alquilar un libro del *Caballero del Febo* que tuvieron las damas cierto tiempo» y otros «doce reales que han costado ciertos libros de caballerías que las damas han alquilado», sin llegar a especificar ningún título. ¿Es necesario poseer un ejemplar para poder leerlo, citarlo o utilizarlo como fuente en una obra? Todo lo contrario. Cervantes no necesita poseer una biblioteca de infolios caballerescos para haberlos leído y disfrutado a lo largo de su vida.

Desde esta nueva perspectiva que nada tiene que ver con un momento de decadencia del género caballeresco en el momento de la escritura y la primera difusión del *Quijote*, como se repite con demasiada frivolidad, ¿quiénes eran los lectores de los libros de caballerías? ¿Qué episodios y anécdota conocemos de esta época de lectores similares a Cervantes, que, sin duda, demuestra un conocimiento del género más allá de la lectura del «principio de todos los más que hay impresos», como confiesa el canónigo de Toledo?

La nobleza seguirá siendo lectora de este tipo de obras, como ya hemos visto al hablar de los ejemplares prestados. Lectura que se concreta en petición de títulos para pasar mejor las largas y calurosas tardes de verano en sus casas de campo, como así le solicita Pedro de Acuña, Conde de Gondomar, a Constanza de Avellaneda para que les envíe un *Clarián* y un *Morgante* de su biblioteca «porque no tenemos aquí en qué leer», o libros de caballerías que aparecen en los saraos de la nobleza, en sus momentos de diversión y ocio. El caso de Román Ramírez, morisco de Daza y dueño de más de una veintena de libros de caballerías que oía leer de niño a su padre y que luego él declamaba ante los nobles, lo conocemos gracias a la intervención de la Inquisición al ser acusado de estar poseído por el diablo al saberse de memoria libros de caballerías. Conocemos detalles de su «espectáculo» —como tantos otros que han permanecido en el silencio de los documentos— gracias a uno de los testigos que había participado en una de las fiestas en 1595:

> la noche de antes, hallándose el dicho Román en casa de Antonio del Río, unos caballeros que estaban allí jugando y folgándose en casa del Oidor don Gil Ramírez de Arellano, algunos de los que allí estaban que le conocían dijeron al dicho Román: «Ca, díganos un pedazo de tal libro de caballerías», que allí le señalaron, y de tal capítulo de él; y el dicho Román sacó un papel en blanco de la faldriquera y, mirando a él como leyendo esa escritura, dijo un gran pedazo del libro y capítulo que le señalaron.

¿De dónde le procedía esta prodigiosa memoria al morisco? El abogado de Soria, el licenciado Bonifacio, le hizo esta misma pregunta a Román Ramírez, y esta fue su respuesta, según se puede leer en el proceso inquisitorial:

y preguntándole este testigo al dicho Román Ramírez por qué tuviese tanta memoria, respondió el dicho Román Ramírez que él no lo sabía ni había tomado para ella ninguna cosa; pero que sospechaba que por haberse criado en casa de Juan de Luna, su agüelo y así mismo cristiano nuevo, natural del Reino de Aragón, del cual este testigo conoció que era grande herbolario y médico, le había dado alguna cosa para tener tan gran memoria, pero que él no lo sabía y que los libros que lee dice haberlos leído o oído leer en tiempos de muchacho o que este testigo le ha visto faltar en muchos de los que ha leído a la letra de ellos.

Pero no se trata de un ejemplo más de los famosos memoriones que se convirtieron en una de las plagas de numerosos autores de comedias durante los Siglos de Oro, sino de un caso excepcional de difusión de los libros de caballerías castellanos al margen de cualquier modalidad libresca, ya fuera esta impresa o manuscrita. Según se iba desarrollando el juicio inquisitorial y ante el miedo de perder la cabeza antes que el empleo, Román Ramírez decide desvelar su «secreto»:

> Dijo que él quiere decir y revelar el secreto de este negocio y el orden de cómo leía, cosa que no la ha dicho a ánima viviente ni lo pensaba decir; y que si otra cosa hay en ello más de lo que dijere mal fuego le queme. Y que lo que pasa es que este confesante tomaba en la memoria cuantos libros y capítulos tenían el libro de *Don Cristalián* y la sustancia de las aventuras y los nombres de las ciudades, reinos, caballeros y princesas que en dichos libros se contenían, y esto lo encomendaba muy bien a la memoria; y después, cuando lo recitaba, alargaba y acortaba en las razones cuanto quería, teniendo siempre cuidado de concluir con la sustancia de las aventuras, de suerte que a todos los que le oían recitar les parecía que iba muy puntual y que no alteraba en nada de las razones y lenguaje de los mesmos libros, y que en efecto de verdad, si alguien fuese mirando por el libro de donde este recitaba, vería que, aunque no faltaba en la sustancia de las aventuras ni en los nombres, faltaba en muchas de las razones y añadía otras que no estaban allí escritas; y que esto lo puede hacer cualquier persona que tenga buen entendimiento, habilidad y memoria y que no hay otro misterio en esto. Y que, como este confesante comenzó a cobrar fama de hombre de mucha memoria y a tener cabida con caballeros y señores en razón de entretenerlos con estas lecturas y se lo pagaban o hacían mercedes y le llevaban a saraos de damas y a otros entretenimientos, se dio este confesante más a ello y lo estudiaba con más cuidado.

Y si alguna duda quedaba de su profesión, que no es otra que la de «juglar de libros de caballerías», prosigue el citado relato inquisitorial:

> Y luego recitó de memoria el capítulo primero del segundo libro de *Don Cristalián*, y el capítulo segundo, refiriendo unas batallas y pareció ser cuentos de caballerías;

y dijo el dicho Román Ramírez que pudiera alargar aquellas batallas y el cuento de ellas cuatro horas y que era más la traza e inventiva que este confesante tenía que no lo que sabe de memoria de los dichos libros; y que su señoría podía hacer la experiencia, mandando traer el dicho libro de *Don Cristalián* y viendo por él lo que este recita de memoria y que así hallaría su señoría que este confesante dice la sustancia de las aventuras, y añade y quita razones como le parece.

Otro de los motivos de la permanencia y éxito de los libros de caballerías hay que buscarlo en la fidelidad de las mujeres como lectoras habituales de sus aventuras. Por eso no extraña cómo a finales del siglo, cada vez sean más mujeres las destinatarias de las dedicatorias de los libros, e incluso el narrador haga alusión a ellas en el cuerpo de los relatos. Solo tenemos que recordar algunas críticas de moralistas de finales del siglos XVI y hasta mediados del XVII para hacernos una idea de que los libros de caballerías seguían siendo afición habitual de las mujeres en época de Cervantes (como el propio *Quijote* muestra con los ejemplos de Luscinda, Dorotea, la hija del ventero o Maritornes, en una amplísimo y acertado abanico social). Pedro de Vega publica en 1599 su *Declaración de los siete salmos penitenciales* y allí encontramos esta advertencia del mal oculto que se encuentra en los libros de caballerías:

> Muchos varones doctísimos, celadores del bien de las almas, deseando desterrar de las manos de la doncella, de la viuda, y a veces de la monja y de muchos otros las Dianas, Amadises y demás libros profanos (de los cuales no menos dañosos están llenos de vanidad y mentiras), han escrito traslados santos en nuestra lengua vulgar.

Pero entre todos los peligros que les acecha a las lectoras de libros de caballerías se repite como una letanía el de convertir estos textos en puerta por las que las doncellas conocen la sexualidad y las viudas y casadas la añoran. Un nuevo aguijón contra los libros de caballerías de entretenimiento. No hay mejor imagen que la que Benito Remigio Noydens retratara en su *Historia moral del Dios Momo*, de 1666, que lleva por subtítulo «Enseñanza de príncipes y súbditos y destierro de novelas y libros de caballerías», y que muestra cómo el *Quijote* ni vino a acabar con los libros de caballerías ni puede decirse que lo consiguiera, aunque este no fuera su propósito:

> No miren las doncellas a los que las miran dos veces, y cuando no pueden retirarse de la conversación con la modestia de su rostro, con la madurez en sus acciones y atención a sus palabras, detengan sus afectos y estorben sus atrevimientos, huyan de los libros, de las novelas y caballerías, llenos de amores, estupros, de encantos y

estragos. Son unas píldoras doradas que con capa de gustoso entretenimiento lisonjean los ojos, para llenar las bocas de amarguras y tosigar el alma de veneno. Yo me acuerdo haber leído de un hombre sumamente vicioso que, hallándose amartelado de una y sin esperanza de conquistarla, por fuerza se resolvió a cogerla con engaño y maña y, haciéndole poner los ojos en uno de estos libros con título de entretenimiento, le puso en corazón tales ideas de amores que, componiéndola a su ejemplo, descompusieron en ella y arruinaron el honesto estado de su recato y de su vergüenza.

El hecho de que a partir de 1623, la fecha de la publicación en Zaragoza de la tercera (y cuarta) parte del *Espejo de príncipes y caballeros*, se escribiera un nuevo libro de caballerías: la *Quinta parte*, de la que hemos conservado dos copias manuscritas, y que entra de lleno en el paradigma de los libros de caballerías de entretenimiento, indica cómo una buena parte de los lectores caballerescos —que leyeron e incluso poseyeron ejemplares de los *Quijotes* cervantinos y del *Quijote* de Alonso Fernández de Avellaneda— siguieron gustando de las aventuras caballerescas tal y como toda la vida las habían leído, sin atender a las nuevas propuestas de lectura que ofrecía el *Quijote* cervantino de 1605, que es al tiempo un libro de caballerías y una crítica frontal a la literatura de entretenimiento de su tiempo, sus competidores editoriales (y no solo literarios) más cercanos. Pero también es cierto que esta

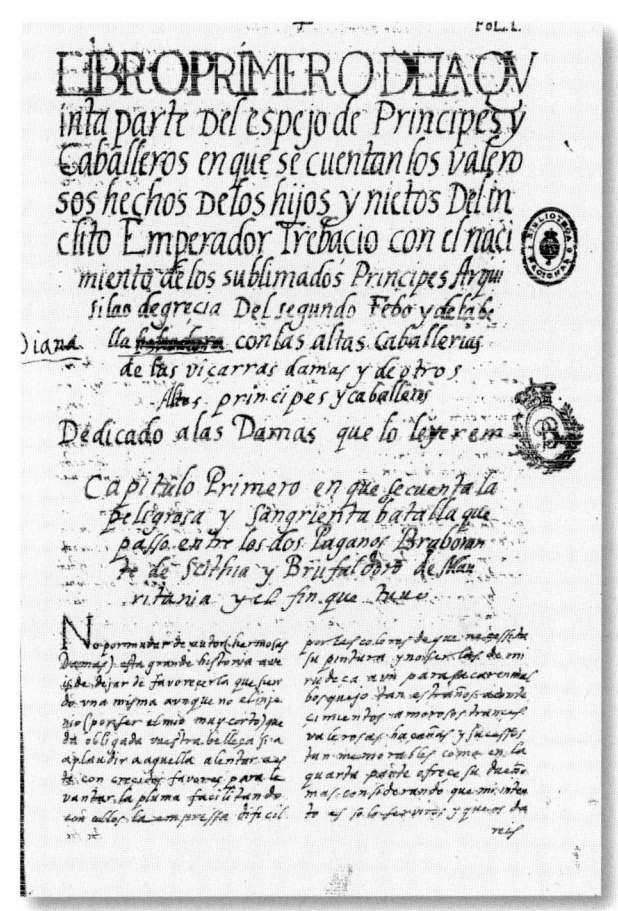

Quinta parte del espejo de príncipes y caballeros (post. 1623), último libro de caballerías fechado.

crítica fue abriéndose paso, hasta llegar a convertirlo en un modelo habitual de lectura. Un lector del siglo XVII en un ejemplar de la tercera parte del *Florisel de Niquea*, impreso en Évora hacia 1580 por los herederos de Andrés de Burgos conservado en la Biblioteca Nacional de España, al llegar a dos parlamentos amorosos escritos por Feliciano de Silva en su particular estilo («O desengaño para mayor engaño del amor que yo le tengo buscando con desamor para con desamor para contigo y mi, en la obligación que a mi grandeza soy deudora» y «no dejarla sin razón la sinrazón de amor como en el amor las sinrazones por razones sean acatadas»), ha escrito en sus márgenes: «Que lo entienda D. Quixote» y «Aquí entra don Quixote que lo entiende y no otro».

El lector de los libros de caballerías, que en ningún caso está marginado ni en peligro de extinción a principios del siglo XVII, será el público buscado por Cervantes (y por Francisco de Robles) para su particular libro de caballerías, que no es otro que el *Quijote*. ¡Y bien que lo consiguió! Y lo hizo siendo capaz de poner distancias con los libros de caballerías de entretenimiento que son los que triunfaban en aquel momento, los únicos que habían conseguido hacerse un hueco en la malparada industria editorial hispánica, que solo a principios del siglo XVII comienza a dar síntomas de recuperación. Será en este ambiente, en estas circunstancias en que cobra todo su sentido la publicación de la primera parte del *Quijote*.

El origen del personaje de don Quijote de la Mancha: Cervantes entre la ficción y la realidad

Sin duda, uno de los caminos más transitados —y extravagantes— de la investigación cervantina, de la científica y de la que se deja llevar por el entusiasmo desmedido de la lectura del *Quijote*, es la que ha puesto su foco en la búsqueda de referentes reales de los personajes, espacios y aventuras que se narran en sus obras. Cervantes, a la luz —o más bien sombras— de estas investigaciones se presenta antes como un cronista de su época, un historiador que transcribe en palabras fielmente lo que ve y lo que vive (o han visto o vividos otros y que se lo han contado), que como un escritor, un poeta que escribe dentro de las tradiciones literarias que comparte con sus lectores, esa comunidad de recepción que da sentido a la gran mayoría de sus obras y que explica gran parte de sus decisiones literarias. La distancia que, con el paso del tiempo, se ha ido imponiendo entre autor y lector ha permitido enriquecer el texto con nuevas lecturas a partir de las nuevas estéticas y gustos de los lectores. Pero con el paso de los siglos, el texto cervantino —como el de toda obra clásica— al tiempo que se enriquece con nuevas interpretaciones se aleja con idéntica velocidad de su primer ámbito de escritura a principios del siglo XVII, aquel que le dio sentido tanto a Cervantes como a sus primeros lectores. La novela que corría libremente por las antecámaras de los señores en manos de los pajes, poco a poco, se ha tenido que ir llenando de notas a pie de página para poder descifrar las referencias de la época, de su época, los detalles cotidianos que han dejado de serlo, las lecturas que ya no se comparten, las referencias cristalinas que se han convertido en piedras de toque para los eruditos. Es inevitable. La distancia entre el texto original y el lector moderno es el campo de cultivo para todo tipo de teorías y especulaciones, incluso las más extravagantes.

Los cervantistas desde el siglo XVIII se empeñaron en buscar en la realidad comportamientos similares a los que demuestra Alonso Quijano en el primer capítulo de la novela: una locura compartida por la lectura desmedida de los libros de caballerías. Marcelino Menéndez Pelayo en 1905, en un discurso leído en el Paraninfo de la Universidad Complutense de Madrid, recuerda algunas de estas anécdotas que, para él, bien pudieran estar en el «punto de partida de la concepción primera» de la obra. Aunque son bien conocidas, vale la pena recordar algunas de ellas. Francisco de Portugal en su *Arte de la galantería* (1670) recuerda cómo un caballero portugués llegó a su casa y encontró a su mujer, hijos y criados llorando desconsolados. Se sobresaltó pensando en que algún familiar había muerto y casi sin voz les preguntó: «Pues, ¿por qué lloráis?». A lo que le respondieron: «Señor, hase muerto Amadís». Por su parte, Alonso de Fuentes, en su *Summa de philosophía natural* (1547), recuerda a un caballero que se sabía de memoria el *Palmerín de Oliva*, de cuyo ejemplar nunca se separaba; sin olvidar el ejemplo que ofrece Gaspar Garcerán de Pinos, conde de Guimerán, fechado en 1600, de un estudiante de Salamanca que «en lugar de leer sus liciones, leía en un libro de caballerías, y como hallase en él que uno de aquellos famosos caballeros estaba en aprieto por unos villanos, levantóse de donde estaba, y empuñando un montante, comenzó a jugarlo por el aposento y esgrimir en el aire, y como lo sintiesen sus compañeros, acudieron a saber lo que era, y él respondió: «Déjenme vuestras mercedes, que leía esto y esto, y defiendo a este caballero. ¡Qué lástima! ¡Cuál le traían estos villanos!». Locura compartida por muchos de los lectores de libros de caballerías al entender que no se encontraban ante «historias fingidas» sino realidades históricas que pasaron en un tiempo remoto. Así lo expresa el ventero quijotesco, y así también lo recuerda Melchor Cano en el libro IX de su *De Locis Theologicis*, haciendo suya una de las mayores críticas que se repetía entre los moralistas del siglo XVI contra la lectura de los libros de caballerías:

Nuestra edad ha visto un sacerdote que se hallaba muy persuadido de que cosa que salía de la imprenta no podía ser falsa, porque —según decía— los ministros de la república no habían de cometer tan gran maldad que no solo permitiesen publicarse mentiras, sino que también las autorizaran con su privilegio para que más seguramente se esparciesen por los entendimientos de los hombres. Y basado en este argumento, llegó a creer que Amadís y Clarián obraron realmente aquellas cosas que se cuentan en sus libros mentirosos [...]. Yo, ciertamente, por lo que a mí respecta, con sentimiento y dolor de mi alma digo que, con grande daño y ruina de la Iglesia, se procura solamente que los libros no estén salpicados contra la fe, sin cuidar si son dañosos a las costumbres. Y no me refiero únicamente a esas novelas que poco ha nombré, aunque escritas sin erudición y tales que nada enseñan ni para vivir bien y dichosamente, ni siquiera para formar buen juicio de las cosas humanas. Porque ¿qué pueden aprovechar esas vanas y estúpidas frivolidades, fingidas por unos hombres ociosos y tratadas por ingenios viciosos y corrompidos?

«Vanas y estúpidas frivolidades fingidas»... Pero la locura de Alonso Quijano va más allá de la lectura desmedida —de claro en claro y de turbio en turbio— de libros de caballerías, de creerse histórico y real todo lo allí narrado, rompiendo los límites entre la realidad y la ficción, como se ha visto en los ejemplos anteriores y en otros tantos que pueden añadirse y que ha recogido la crítica en los últimos años. Alonso Quijano no se conforma con «leer» libros de caballerías ni tampoco le vale tener intención de dar continuación escrita a algunas de sus aventuras sin fin, como las de Belianís de Grecia. La genial locura literaria de Alonso Quijano es la de tomar la decisión de abandonar su biblioteca para dejar de leer libros de caballerías y comenzar a «vivir» uno de ellos. Y también para esta locura se han encontrado referentes en personas de la realidad, como el caballero que recuerda Luis Zapata en su *Miscelánea* (1599), que, siendo cuerdo y honrado en su tierra, abandona su casa para imitar las hazañas de Orlando, tal y como lo haría también don Quijote en los episodios de Sierra Morena: «arroja por ahí sus vestidos, queda en cueros, mató a un asno a cuchilladas y andaba con un bastón tras los labradores a palos». Una triste cosecha de aventuras frente a las protagonizadas por el hidalgo manchego.

Estos episodios, estas anécdotas recogidas por numerosos críticos, y muchas más que se contarían en los mentideros, en las tabernas o en los corrales de comedias en la época de Cervantes, han sido consideradas como la «chispa que encendió esta inmortal hoguera», en palabras de Menéndez Pelayo en el citado discurso de 1905, año también mítico donde los haya para las conmemoraciones quijotescas.

Luis Astrana Marín, entre otros tantos investigadores de todos los tiempos, va más allá en este camino que rompe los límites y la relación entre la ficción y la realidad. Frente a las anécdotas y ejemplos del pasado —chispa de una hoguera futura—, defiende que detrás de la creación del personaje de Alonso Quijano, del hidalgo manchego que vive en su lugar rodeado de libros, existe una persona real, de carne y hueso, emparentada con su mujer: Alonso Quijada de Salazar, hidalgo de Esquivias. Astrana Marín no fue el primero, pero sí el más firme defensor de esta teoría, que fue expuesta por primera vez por Manuel Víctor García, «humilde admirador de Cervantes», en 1867 en el artículo «¿Quién fue don Quijote?», publicado en *El Museo Universal*. Allí retoma una leyenda de Esquivias, que pone cuerpo (¿y alma?) al personaje cervantino a partir de una anécdota biográfica del propio Cervantes:

> Dice la tradición esquiviana: «En el tiempo en que Cervantes residió y se casó en este pueblo, había entre sus vecinos un don Alonso de Quijana (pariente inmediato de doña Catalina Palacios) que, a su cualidad de oriundo de Valdepeñas (es decir, manchego) reunía las de hidalgo preciado de sí mismo y muy dado a las lecturas caballerescas, y que era pobre hombre y bonachón, además, hasta el punto de que le viniera como de molde el calificativo de bueno que da Cervantes a su héroe, al terminar su obra inmortal.
> Pues (continúa la tradición) esta notabilidad hidalguesa, a título de pariente y protector oficioso de doña Catalina, opuso una injustificada y tenaz resistencia al matrimonio de esta con Cervantes; por efecto de cuya circunstancia, este se propuso humillar al don Alonso de una manera digna de su ingenio, haciéndole aparecer caricaturizado en una obra cuya concepción le inspirarían la oposición a sus amores, y la ridículas pretensiones de sabio y valiente por parte del opositor» (30 de junio de 1867, p. 206)

El Alonso Quijano contemporáneo de Cervantes murió el 6 de septiembre de 1604, con lo que no pudo en realidad verse en boca de nadie después de la publicación del primer *Quijote*. La obra literaria se convierte a la vista de los estudiosos del siglo XIX en una herramienta por la que Cervantes rinde cuentas con su biografía: una venganza en papel contra quienes le hicieron daño en la vida real. Se pregunta Manuel Víctor García en otro momento del artículo si el origen manchego del héroe no le facilitaba a Cervantes «el medio de ridiculizar, al propio tiempo que al don Alonso, a los hidalgos (quizás parientes de este) que le maltrataron y apresaron en Argamasilla», dato biográfico del que ya se habló en el tomo II (pp. 347-359), y que solo llegó a vivirse en la biografía mítica de Cervantes escrita a principios del siglo XIX.

Pero Esquivias, el lugar en que Cervantes pasa buenas temporadas que no podemos precisar en el tiempo pues no han dejado traza documental más allá de participar como testigo en algunos de los actos religiosos que se realizan en la Iglesia parroquial (bautizos y bodas), no se agota con este personaje, sino que por sus calles (ahora en sus documentos parroquiales) pasearían otras tantas personas que sirvieron de inspiración para otros tantos personajes cervantinos: el cura Pedro Pérez (que será el nombre del cura amigo de Alonso Quijano), Mari Gutiérrez y Juana Gutiérrez (nombre de la esposa de Sancho Panza), el apellido Ricote será habitual en Esquivias, y también los Carrasco (como el bachiller) o los Alonso (como Pedro Alonso, que recoge a don Quijote después de su primera salida), así como es conocido en la época el mayorazgo Gaspar de Gardoña, que bien puede remitir al Gaspar de Gregorio que acompaña al amigo morisco de Sancho Panza. A estos nombres, Luis Astrana Marín añade el de Lorenzo, que es apellido común en Esquivias y no en El Toboso, donde ha sido buscado sin llegar a ningún resultado. ¿Y por qué situar entonces a Aldonza Lorenzo en el Toboso? La explicación que da Astrana Marín en su biografía cervantina merece ser copiada, pues muestra las carambolas que tiene que hacer el investigador que quiere establecer una línea clara de dependencia de la ficción a partir de datos documentales, aunque estas líneas al final las encuentra y escribe:

> Y si bien Cervantes quiso hacer a Aldonza Lorenzo de El Toboso, pudo no pasar ello de un capricho de su fantasía, o por no nombrar a Esquivias, pues en la realidad resulta incuestionable que el apellido Lorenzo es en Esquivias donde aparece, y allí forzosamente tuvo que conocerlo. De ahí que, quizá para encubrirlo, recurriera al cubileteo de forjar tan extrañamente el nombre de su heroína, pues si, como dice en el capítulo XXXV de la Primera Parte del *Quijote,* era hija de Lorenzo Corchuelo y de Aldonza Nogales, lo natural hubiera sido llamarla Aldonza Corchuelo, o Aldonza Nogales, y no Aldonza Lorenzo, sacando de un nombre un apellido. Ahora, como el de Lorenzo existía en Esquivias, y no el de Corchuelo ni el de Nogales, se despistaba ingeniosamente. No hay que decir que tampoco los Corchuelos ni los Nogales aparecen entre los apellidos de El Toboso. Y así, por todas partes surge la gran aportación de Esquivias a la novela inmortal. De donde bien podemos tener por feliz y venturosísimo el casamiento de MIGUEL en Esquivias, pues sin el conocimiento de este lugar, que quizá con misterio llama «por mil causas famoso», no hubiera brotado de su imaginación la idea del *Quijote.* Así, los tres hechos decisivos en la vida y en la obra de CERVANTES fueron: el primero, su estancia en Italia; el segundo, su cautiverio en Argel; el tercero, su casamiento en Esquivias.

Otros investigadores se alejan de la «real» Aldonza Lorenzo y se empeñan en seguir rastreando el origen de Dulcinea del Toboso, que encuentran personificada en Ana Martínez Zarco de Morales, vecina de El Toboso, coetánea de Cervantes y perteneciente a una de las familias más solariegas e importantes de la ciudad, y de la que cuenta la leyenda que Cervantes estuvo enamorado. Su casa familiar es la que se ha rehabilitado como Museo, y abrió sus puertas de nuevo en el 2015 después de una amplia remodelación. Azorín, en su famoso viaje por la ruta cervantina en 1905, para conmemorar los primeros trescientos años de la publicación del *Quijote*, se quejaba de la situación de abandono en que se encontraba la casa, con el escudo de armas de la familia en el suelo.

Pero la historia no acaba aquí. Ni tampoco la ficción crítica. El 3 de noviembre de 2013 salta la noticia, con el siguiente titular: «Hallan la que puede ser el acta de bautismo de Sancho Panza» (*ABC*). Se da cuenta en la noticia del hallazgo realizado por Sabino de Diego en los archivos parroquiales de Esquivias del acta de bautismo de Sancho Gaona,

Casa de Dulcinea (Campúa, 1929)

hijo de Hernando de Gaona y Luisa de Godoy, siendo sus padrinos Juan de Palacios, tío de la mujer de Cervantes, y Ana de Rojas. El acta es del 20 de junio de 1569. El descubrimiento es asombroso: se trata de la primera partida de bautismo de un personaje de ficción.

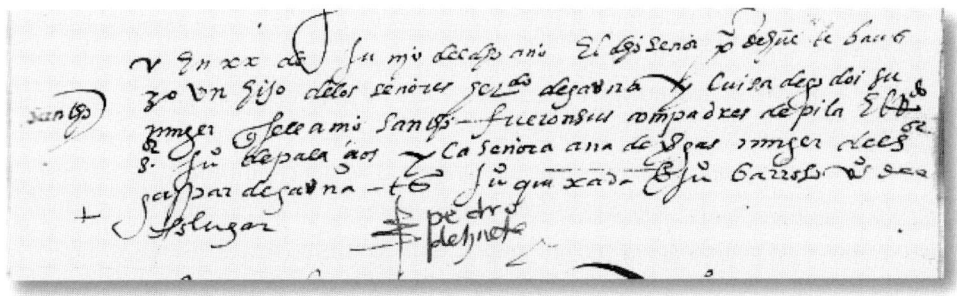

Partida de bautismo de Sancho Gaona en Esquivias (20 de junio de 1569).

La búsqueda de personas reales que puedan estar en la base de personajes cervantinos se realiza de manera paralela al de la identificación espacial en la geografía manchega del «lugar de la Mancha», patria chica del personaje de ficción Alonso Quijano. Para Astrana Marín, como es lógico en su razonamiento al defender que detrás del personaje ficticio se encuentra la persona real del pariente de su mujer Catalina, el «lugar» no puede ser otro que Esquivias, del que no quiso acordarse no tanto porque tuviera malos recuerdos de él («como erróneamente han interpretado los desconocedores de la fraseología del tiempo»), sino porque no quería decirlo, debido a su propia vecindad, inventándose la genial relación entre don Quijote y Homero, unidos por la universalidad de su patria: «por dejar que todas las villas y lugares de la Mancha contendiesen entre sí por ahijársele y tenérsele por suyo, como contendieron las siete ciudades de Grecia por Homero». Y este deseo se ha convertido en una profecía, pues más de siete han sido los «lugares» manchegos que se disputan el privilegio de haber sido patria de un personaje de ficción. A los que Astrana Marín en los años cincuenta comentaba: Argamasilla de Alba, Miguel Esteban, Villaverde, Tirteafuera, Quintanar de la Orden, Argamasilla de Calatrava o Esquivias, hay que añadir en los últimos años los de Villanueva de los Infantes (Francisco Parra) o de Mota del Cuervo (José Manuel González Mujeriego).

Y en los últimos años, también la documentación ha llevado a relacionar anécdotas con episodios quijotescos. Javier Escudero lleva varios años trabajando en diferentes archivos en busca de «realidades documentadas» que permitan conocer el origen de aventuras quijotescas. El 16 de octubre de 2016 se dio a conocer en la prensa el descubrimiento de un documento del Archivo Diocesiano de Cuenca donde se hablaba de Agustín Ortiz, un hidalgo que había atacado un molino en El Toboso en 1594 o 1595, y que es juzgado por la Inquisición cinco años después. Los hechos relatan la afrenta entre Agustín Ortiz, un hidalgo venido a menos, que había ido a moler trigo al molino, y dos vecinos con los que discutió. La disputa terminó con Ortiz, espada desenvainada, acercándose a una cruz de madera que había junto al molino, a la que corta por su base y, arrimándola a la pared del molino, termina por hacer astillas.

A pesar del titular y de los intentos del investigador, poco o nada tiene que ver esta «aventura» (como tantas otras en las que aparecen molinos de viento en la documentación de la época) con la aventura narrada en el capítulo VIII de la primera parte del *Quijote*, escrita según el guion, bien conocido por los lectores de su tiempo, de los enfrentamientos del héroe con gigantes en los libros de caballerías, una de las aventuras más habituales y reconocidas. «—Non fuyades, cobardes y viles criaturas, que un solo caballero es el que os acomete».

Documento inquisitorial donde se da cuenta de un pleito entre Agustín Ortiz y dos vecinos de El Toboso (1594 o 1595).

Como se ha indicado, durante los años de composición del *Quijote* y de su publicación a principios del siglo XVII, los libros de caballerías que triunfaban eran los de entretenimiento, aquellos que habían hecho de la hipérbole, el amor (¿por qué no llamarlo erotismo?) y el humor los tres ejes de su desarrollo, contra los que se alzará Cervantes en su propio libro de caballerías. Un particular libro de caballerías, como ya se ha indicado. Y en este camino, como no podía ser de otro modo, Cervantes como escritor no estaba solo, no partía de una realidad biográfica tan solo vivida por él (viajes por Andalucía como Comisario real de abastos, matrimonio en Esquivias, conocimiento de diferentes personas y tradiciones locales…), sino que se insertaba en una tradición literaria que compartía con sus lectores, con aquellos lectores de 1605 con los que tenía que establecer un diálogo fructífero y fluido para hacer del *Quijote* un éxito de ventas, como soñaba Francisco de Robles; un libro que pudiera competir con ese «monstruo de naturaleza» editorial que había sido el pícaro *Guzmán de Alfarache*.

¿Existe una tradición literaria de la época que pueda haber servido de inspiración al *Quijote*? Sin duda. Una tradición que podía ser conocida por sus lectores y que haría de la obra cervantina ese texto que deseaba un éxito en su momento y no encerrar mensajes ocultos, esotéricos, vinculados a su biografía para ser desmenuzados al detalle con el paso de los siglos.

Adolfo de Castro en 1874 relacionó por primera vez la génesis de la obra cervantina con el *Entremés de los romances*, que salió impreso en la tercera parte de las *Comedias de Lope de Vega y otros* (Barcelona, 1612), pero que fue escrito y difundido en los años de la gestación del *Quijote*. Menéndez Pidal, uno de sus más fervientes defensores, fue el primero en situarlo en el tiempo, en 1597, para ser más exactos. La trama cómica, propia del género, no puede ser más sencilla: Bartolo, un labrador recién casado con Teresa se vuelve loco después de leer romances, y se cree caballero, por lo que sale de su lugar con el propósito de vencer a Inglaterra, como anuncia al principio de la obra su amigo, con quien había compartido sus deseos:

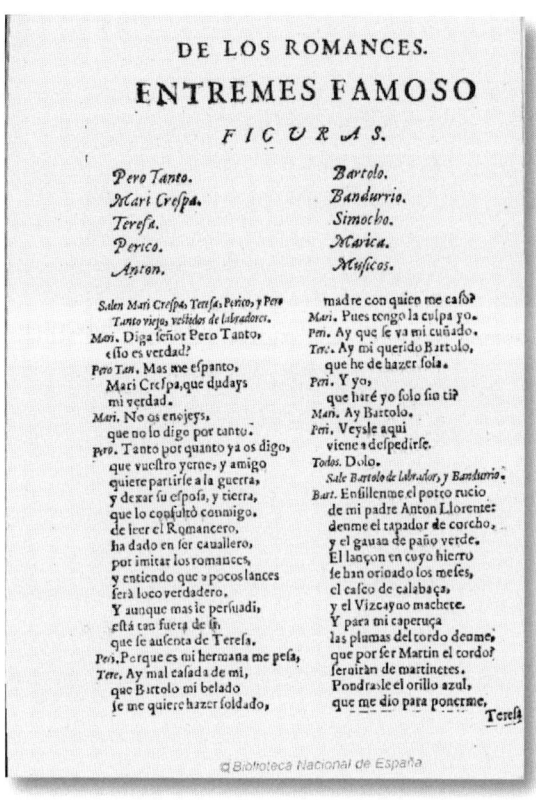

Portada de *El entremés de los romances*, BNE, R/14096.

> PERO TANTO: Tanto por tanto, ya os digo
> que vuestro yerno y amigo
> quiere partirse a la guerra,
> y dejar su esposa y tierra,
> que lo consultó conmigo.
> De leer el romancero,
> ha dado en ser caballero,
> por imitar los romances,
> y entiendo que, a pocos lances,
> será loco verdadero.
> Y aunque más le persuadí,
> está tan fuera de sí
> que se ausenta de Teresa. (vv. 6-18)

El desarrollo del entremés no puede ser más sencillo: a las lamentaciones de los familiares de Bartolo por su locura le sigue la única aventura protagonizada por el recién inventado caballero que aparece en escenario con esta acotación: «Sale Bartolo armado de papel, de risa, y en un caballo de caña». Se encuentra con Simocho y Marica, dos pastores que tienen riñas de amores, y, siguiendo el guión trazado por el romance morisco «Mira Tarfe que a Daraja» intenta defender a la pastora y termina en el suelo molido a palos. En su lamentación, el recién vencido caballero echa la culpa a su asno, y comienza a recitar el *Romance del Marqués de Mantua*, creyéndose el enamorado Valdovinos, como así también lo hará don Quijote cuando sea apaleado por los mercaderes toledanos en el capítulo 5 de la primera parte del *Quijote*.

«¡Lleve el diablo el Romancero, / que es el que te ha puesto tal!», grita Pero Tanto, su vecino, al final de la obra. «¡Malditos estos libros de caballerías que tal han parado a vuestra merced!», exclama el ama cuando ve llegar herido a su señor después de su primera salida.

Y justamente en los libros de caballerías, género en que se inserta el *Quijote* y como tal fue leído por sus primeros lectores, encontrará Cervantes esos referentes literarios que le permiten una comunicación continúa de risas y carcajadas en su primera recepción. Desde el *Amadís de Gaula* («el mejor de todos los libros que de este género se han compuesto»), hasta los libros de caballerías de entretenimiento que no dejaron de escribirse y leerse hasta mediados del siglo XVII.

Pocos serían los lectores del *Quijote* en 1605 que no recordaran el inicio de los cuatro libros de *Amadís de Gaula* de Garci Rodríguez de Montalvo, obra que, publicada a finales del siglo XV, no había dejado de ser reeditada hasta las últimas décadas del XVI, y que era obra inevitable en cualquier biblioteca caballeresca que se preciara:

> No muchos años después de la pasión de Nuestro Redentor y Salvador Jesucristo, fue un rey cristiano en la pequeña Bretaña por nombre llamado Garínter, el cual siendo en la ley de la verdad de mucha devoción y buenas maneras acompañado...

Si se sitúa este texto como telón de fondo de las primeras líneas del inicio del primer *Quijote*, nadie en su momento dejaría de sonreír y de sorprenderse: frente a la época heroica de los libros de caballerías, el tiempo coetáneo del *Quijote*; frente al rey como protagonista, un hidalgo pobre; frente a nombres plagados de aventuras (Bretaña, Trapisonda...), las más lujosas cortes y ciudades majestuosas, «un lugar de La Mancha». El festín literario humorístico está ya servido.

Un festín literario que en la época de la escritura y difusión del primer *Quijote*, estaba dominado por el éxito de los libros de caballerías de entreteni-

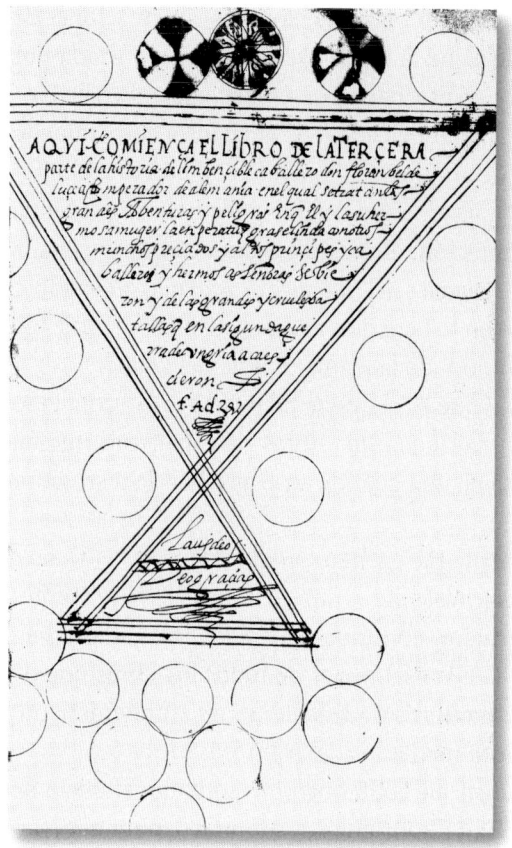

Portada de la tercera parte de *Florambel de Lucea*, de Francisco de Enciso (copia manuscrita que nunca llegó a la imprenta). Real Biblioteca de Madrid.

miento, de esas «fingidas y disparatadas historias de los libros de caballerías», que habían convertido el humor, siguiendo la estela genial de Feliciano de Silva y de algunos de sus personajes más reconocibles y valorados, como el gracioso encantador Fraudador de los Ardides, en uno de los centros de su poética. Un centro siempre en los márgenes, pues en los libros de caballerías solo los personajes secundarios y nunca los verdaderos protagonistas se dejan llevar por ese mundo paralelo y humorístico en que actúan alejado de los prototipos conocidos y esperados por todos.

Enciso, en su tercera parte de *Florambel de Lucea*, libro que nunca llegó a imprimirse y que se ha conservado en un manuscrito de finales del siglo XVI, nos regaló el personaje de la Duquesa Remondina que tiene muchos paralelismos con la construcción del personaje de don Quijote (y grandes diferencias). En primer lugar, la duquesa Remondina se crea a partir de un motivo cada vez más habitual dentro de los libros de caballerías de entretenimiento: la doncella lasciva, jóvenes hermosas que, al no contar con padres ni hermanos, han sido educadas solo para satisfacer sus deseos, entre los que los sexuales se convierten en prioritarios con la llegada de los héroes. En el caso de la duquesa Remondina, su locura no nace de la lectura de libros donde se narren estas aventuras, sino en sus datos biográficos que le llevarían, de manera inevitable, a encarnar este personaje... a no ser por un detalle no menor, como le comenta una doncella a los Caballeros Resplandecientes, protagonistas de la obra:

—Agora sabed, mis buenos señores, que en esta tierra hay una muy gran señora, doncella de muy alta guisa, que ha nombre la duquesa Remondina, la cual de muy niña heredó un gran estado que por fallecimiento de sus padres les sucedió y con él la creció tanta locura y vanagloria que, con ser la más fea y disforme doncella que hay en este reino, cuida que es la más bella y apuesta de cuantas nacieron y ansí con este vano pensamiento, como con las grandes riquezas que posee, es tan grande la presunción y sandez que cuida que no hay en este reino ni aún en muchas partes del mundo caballero que la merezca, y juntamente con esto es tanta su inocencia que cuida que no hay caballero que la vea que luego no es vencido y ferido de sus amores; por lo cual y por emplearse según que ella piensa que merece, mandó establecer una costumbre que es una de las mejores aventuras que hay en este reino.

La aventura no es otra que un paso caballeresco guardado por doce defensores que obligan a todo caballero enamorado que por allí pase a reconocer que la duquesa Remondina es más hermosa que su señora o combatir contra ellos.

La locura de la doncella (creerse lo que no es ni puede ser por mucho que lo desee, es decir, llegar a ser una doncella lasciva) se une a su inocencia (no se trata de un engaño sino de una ficción, que viene apoyada por la forma en cómo se comportan los caballeros y damas a su alrededor), creando un personaje lleno de matices. Lo que podía haber sido solo una aventura más, protagonizada por una doncella lasciva, como sucede en otros tantos libros de caballerías de entretenimiento, se convierte de la mano de Enciso en uno de los personajes más recurrentes y divertidos de la obra, ya que, la Duquesa Remondina, en vez de quedarse en su castillo acabado el combate y vencidos sus caballeros, decide acompañar a los Caballeros Resplandecientes (los hermanos gemelos Lindoniso y Florián), en sus aventuras, por cortes y florestas. Y así, poco a poco, se va construyendo un doble universo literario: por un lado, el de la realidad, el de los personajes que se encuentran en los caminos o en la Corte con el cortejo que acompaña a la Duquesa, y que no puede dejar de admirarse por su fealdad y de reírse por su locura; y por otro, el universo de la propia Duquesa, que no entiende otra realidad que la que le han enseñado y en la que vive, y que continuamente se ve apoyada por las victorias de los Caballeros Resplandecientes contra todos aquellos que se burlan de ella. Valga una aventura como ejemplo. Como en otras ocasiones, al llegar la Duquesa Remondina a una fuente, donde descansaban varios caballeros y una dama; al ver la dama la apostura y figura de la Duquesa, y no puede dejar de gritar entre risas:

—Agora vos digo que he visto la más fermosa y donosa cosa que jamás pensé ver, así de apuestos caballeros como de fea doncella; y lo que peor me parece de ella es que, según su fermoso traje y arreo y lo mucho que se precia, aun creo que cuida que tiene alguna parte de fermosura.

Ante estos insultos, la Duquesa Remondina pide un mayor respeto a sus caballeros, porque, en caso contrario, pedirá a los suyos que los castiguen «de tal guisa que todo el mundo pueda tomar ejemplo porque otro día no tengades tan loco atrevimiento de facer escarnio ni enojar a quien no merecíades servir ni descalzar». Los caballeros, instalados en el plano de la realidad, no pueden dejar de dar testimonio de lo que ven, por más que la Duquesa Remondina hable desde la atalaya de la ficción de sus deseos:

—No tenedes razón, señora doncella, en facer castigar a la nuestra porque haya dicho lo que diría cualquiera que os viere, porque de mí vos os sé decir que, aunque he andado muchas partes del mundo, nunca otra tan fea ni tan disforme la vi como a vos.

¿Resultado inevitable de la aventura? Los Caballeros Resplandecientes combaten contra los otros caballeros, a los que vencen, y les obligan a pedir perdón por sus risas que viene a justificar (por su verosimilitud) la alegría de la doncella y su convencimiento de ser una de las mujeres más hermosas del mundo, así como la diversión de todos los que presencian la escena. Risa y diversión nacida de contraponer el mundo real con el de la ficción que nos recuerda algunos de los episodios más divertidos vividos con los duques en la segunda parte del *Quijote*:

Mas sobre todos era el placer que la duquesa Remondina tenía cuando vido vencidos a los caballeros y que la venían a demandar perdón desdiciéndose de lo que le habían dicho, y la doncella también, de lo cual quedó tan ufana y gloriosa y les dijo tantas sandeces y soberbias que sería nunca acabar si todas las hubiésemos de contar; y los buenos caballeros y sus señoras se folgaban tanto de la oír que nunca quisieran que callara; y despidiéndose de los caballeros y doncellas se fueron ellos a buscar sus aventuras y los otros fincaron muy espantados de los que les aviniera (fols. 390v-391v).

En el complejo y amplio entramado narrativo de los libros de caballerías, conformado por miles y miles de personajes y de líneas argumentales, la construcción del personaje de Don Quijote estaba ya vislumbrado y así lo debieron entender los primeros lectores del *Quijote*. Pero lo cierto, es que todos ellos —como nosotros— no pudieron esconder su admiración —y algunos, sin duda, su desagrado— por la genialidad narrativa de Cervantes al colocar a uno de esos personajes secundarios —por más que ocupen decenas y decenas de páginas, como le sucede a la Duquesa Remondina— en el centro de su historia, en el protagonista de la misma, siguiendo la estela de todos los Bartolos que podían enloquecer con la lectura desmedida de un tipo de literatura, de romper los límites entre la ficción y la realidad. Y sobre este modelo se levantarán muchas imitaciones inglesas de los siglos XVII y XVIII, que criticarán otras tradiciones literarias.

¿Es el *Quijote* un trasunto de la biografía cervantina, en que se pueden encontrar en los archivos o en los estudios sobre la caminería o la geografía manchega claves para poder entender la génesis de sus personajes, espacios o aventuras? Me resulta muy difícil transitar este espacio que va de la realidad de su época a la construcción de una ficción universal; me resulta muy poco atractivo conocer, si realmente es posible saberlo, quién estaba detrás de algún personaje o acción o lugar de la novela —de esta y también de cualquier ficción actual. El *Quijote* es una ficción que habla de ficciones y de realidades, del peligro —o de la necesidad— de romper los límites entre la ficción y la realidad, entre las imposiciones sociales y los sueños personales. Por eso, desde la tradición literaria, desde la literatura de su época, desde las expectativas de los lectores de su tiempo debe afrontarse el estudio de su literatura, de esa «vida en papel» que va construyendo y dando a conocer en los últimos años y que han puesto las bases para convertir al hombre de Miguel de Cervantes en un mito. Más cercano me encuentro y se encuentran estas páginas de los postulados de Bruce W. Wardropper, antes de los que se empeñan en buscar gigantes entre las líneas de tantos documentos o justificaciones a sus teorías inoportunas gracias a gráficos y estadísticas:

> El *Quijote* es un compendio de todos los géneros literarios anteriores, y supone la continua eliminación de fronteras imprecisas, al mismo tiempo que desdibuja los límites entre la historia y la ficción. Esta es la principal intuición sobre la que Cervantes construye su novela. El comprender esta intuición es hallar respuesta a la más inquietante pregunta que cabe hacerse sobre la obra: ¿cómo es que a través de los siglos no haya podido haber dos personas de acuerdo sobre el sentido del *Quijote*?

Pero que sea una obra abierta a toda interpretación, tampoco hemos de admitir que toda locura valga, que tenga sentido su difusión. La ciencia y los datos no pueden dejarse en un segundo plano, a no ser que queramos alejarnos de la realidad del conocimiento y zambullirnos en la ficción de la imaginación.

El *Quijote* antes del *Quijote*: ¿cuándo comenzaron a difundirse las aventuras del hidalgo manchego?

Los primeros ejemplares del *Ingenioso Hidalgo don Quijote de la Mancha*, impresos por Juan de la Cuesta y financiados por el librero Francisco de Robles, pudieron comprarse y leerse en los primeros meses de 1605 —e incluso algunos privilegiados lo pudieron hacer en la Corte en Valladolid en los últimos días del mes de diciembre de 1604. Pero, ¿se conocieron las aventuras caballerescas del hidalgo manchego antes de su difusión impresa?

Tres testimonios de 1604, que la crítica ha analizado desde muy diferentes perspectivas, parece que nos obligan a tener que contestar afirmativamente a que se difundió un *Quijote*, un particular *Quijote* antes del *Quijote* impreso por Cuesta y financiado por Robles, el *Quijote* tal y como hoy lo conocemos y leemos.

Adolfo-Federico de Schack dio a conocer en 1854 una carta de Lope de Vega fechada en agosto de 1604, en que hablaba ya del *Quijote* y de Cervantes, una pieza más del enfrentamiento entre los dos escritores, que había comenzado unos años antes (tomo II, pp. 240-250). En ella, entre otras noticias, escribe lo siguiente:

Portada de la primera edición de la novela picaresca: *La pícara Justina* (Medina del Campo, 1605).

> De poetas no digo: buen siglo es este. Muchos en cierne para el año que viene, pero ninguno hay tan malo como Cervantes, ni tan necio que alabe a don Quijote.

No me interesa ahora entrar en detalles sobre la autenticidad o no de la carta (Astrana Marín la data al año siguiente), que es la primera de las conservadas de Lope de Vega y una de las pocas que no envía al Duque de Sesa, sino constatar el hecho de su existencia y del aviso a los poetas que pudieran estar convocados por Cervantes para participar en los poemas preliminares de la obra, que, en un giro genial cervantino, se transformarán en personajes de los propios libros de caballerías, en instancias de papel al que ni el propio Lope tenía el poder de atacar, criticar o silenciar.

Por su parte, *La pícara Justina*, una curiosa novela picaresca impresa en 1605 en Medina del Campo y terminada de escribir en agosto de 1604, saldrá acompañada de una serie de poemas preliminares, entre los que destaca un poema de cabo roto, en esa composición métrica atribuida su invención al poeta sevillano Alonso Álvarez de Soria a principios del siglo XVII, y que debió ser muy popular en la época, pues aparece tanto en los preliminares del *Quijote* como en el poema satírico contra Lope atribuido a Góngora (tomo II, pp. 245-247). Poema que llama la atención porque coloca el éxito del *Quijote* al mismo nivel de los grandes *best-sellers* del momento, las novelas más conocidas, como son *Lazarillo de Tormes, Guzmán de Alfarache* y la *Celestina*:

> Soy la rein- de Picardí-,
> Más que la Rud- conoci-,
> Más famo- que doña Olí-,
> Que Don Quijo- y Lazari-,
> Que Alfarach- y Celesti-

Por último, Jaime Oliver Asín en 1948 dio a conocer un tercer testimonio, que habla del posible conocimiento del *Quijote* en 1604. El morisco Ibrahim Taibilí (Juan Pérez en España) escribió en Tazator o Tazatores (hoy Testour) en 1637 un libro titulado *Contradicción de los catorce artículos de la fe cristiana, misa y sacrificios, con otras pruebas y argumentos contra la falsa Trinidad*. En el prólogo, recuerda un episodio vivido en agosto de 1604 en una librería de Alcalá de Henares, cuando con un amigo se acerca para hacerse con las últimas novedades editoriales, llegando a comprar seis libros, entre los que recuerda los *Césares* de Pedro Mejía, el *Reloj de Príncipes*, y las *Epístolas* de Guevara. Ante estas compras, y otros tantos libros que iba hojeando por la librería, su amigo no puede dejar de exclamar:

> —¡Por Dios, señor Juan Pérez!, que si va a decir verdad, yo no he visto cosa de gusto ni he entendido nada en lo que he leído. Si V.M. comprara al *Caballero del Febo, Amadís de Gaula, Palmerín de Oliva, Don Belianís de Grecia*, y otros semejantes que tienen honra y provecho, y ver aquel valor de aquellos caballeros y aquellas hazañas tan famosas…!

La escena termina entre risas gracias la intervención de un estudiante allí presente que lo ha escuchado todo:

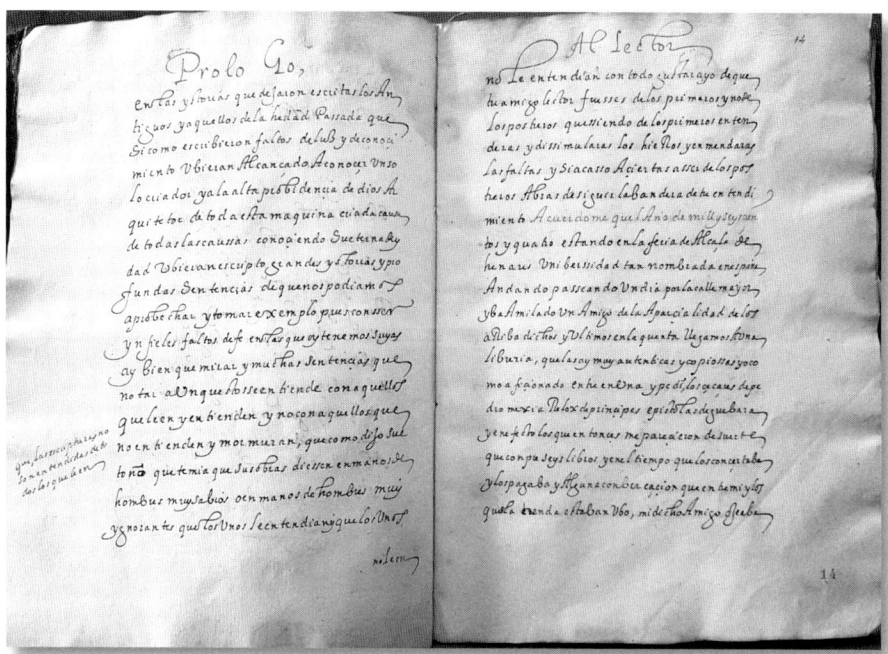

Ibrahim Taibilí (Juan Pérez en España), *Contradicción de los catorce artículos de la fe cristiana, misa y sacrificios, con otras pruebas y argumentos contra la falsa Trinidad* (1637).

Estaba un estudiante entonces presente aquí, en riyendo dijo:

—¡Ya nos remanece otro don Quijote! ¿Es usted aficionado a esas caballerías?

Dijo el mozo:

—Señor, parece que dan gusto.

Dijo el estudiante:

—A fe que pasa de gusto V. M., y así será gustoso.

Corriose. Diole alguna matraca el estudiante, como ellos la suelen dar, con que nos despedimos: mi compañero corrido y ellos quedaron con grande risa, de manera que si callara se disimulaba la flaqueza de sus sienes.

«Ya nos remanece otro don Quijote»… todos en la librería ríen la gracia del estudiante porque todos conocen, han leído o han oído hablar de la locura del hidalgo Alonso Quijano, que ha llegado a ser don Quijote por su afición desmedida a leer unos determinados libros de caballerías, que, no olvidemos, constituyen la esencia de lo que conocemos como libros de caballerías de entretenimiento. Siempre los mismos títulos. Siempre la misma reacción de los primeros lectores cervantinos cuando oyen el nombre de don Quijote.

En 1897, Cristóbal Pérez Pastor fue mucho más allá en sus *Documentos cervantinos hasta ahora inéditos*, y llegó a defender que la verdadera edición príncipe del *Quijote* no es la conservada de 1605, descubierta a principios del siglo XIX, sino que sería una que ya debería circular en mayo de 1604. ¿En qué se basaba Pérez Pastor para defender una teoría tan arriesgada? En el documento n° 38, uno de los inéditos que presentaba en su obra, que transcribía los asientos de los ejemplares en capilla de los libros impresos en Madrid que se entregaban a la Hermandad de Impresores de la ciudad para su financiación. El Secretario de la Congregación llevaba un registro diario de todos los ejemplares que le llegaban, la imprenta que lo había entregado y el número de pliegos que tenía cada ejemplar. Los datos de este borrador se pasaban a limpio para entregar las cuentas al siguiente secretario, cuando se rendían el 6 de mayo de cada año, día del patrón de la Hermandad, San Juan Ante-Portam-Latinam. En 1604, el 26 de mayo de 1604 para ser más exactos, fue nombrado Secretario de la Congregación el librero Francisco de Robles. En este acto, el Mayordomo saliente le hace entrega del registro de los libros de capillas que ha recibido. Entre los últimos, sobresale, ni más ni menos, que dos ejemplares de un *Quijote* impreso anterior a esta fecha:

> [...]
> 2 Arcadias de Lope, a 44 pliegos
> 2 Instituciones de la Congregación, a 30 pliegos
> 2 Lugares escriturales, a 39 pliegos
> 2 Catecismos de doctrina cristiana, a 5pliegos
> 2 Don Quixote, a 83 pliegos
> 1 Libro de la Madalena, a 22 pliegos.

El descubrimiento era colosal: se había descubierto la «verdadera» primera edición del *Quijote*, de la que, aparentemente, no se habían conservado ejemplares, que explicaría las referidas muestras de lectura durante 1604. Las críticas al documento no se esperaron, y los más afamados e influyentes cervantistas del momento alzaron sus voces en contra de esta posibilidad, que creaba más problemas de los que venía a resolver: Leopoldo Rius, José María Asensio, Foulché-Delbosc, Fitzmaurice-Kelly...

El propio Cristóbal Pérez Pastor volvió al tema en el segundo tomo de sus *Documentos cervantinos*, que publicó en 1902, y en ellos transcribe completos los cuatro folios del libro de registros de la Hermandad de impresores de Madrid. Ahora, con una transcripción más amplia y cuidada que los apuntes tomados para su edición de 1897, de los folios referidos a los Secretarios de los años 1604 y 1605, es decir, Francisco de Robles y Andrés de Perales, los datos pueden evaluarse de otra manera, abandonando la teoría de una hipotética —y nunca existente— edición del

Quijote impresa en 1604 y con esta fecha en su portada. Una nueva transcripción que evidencia el poco cuidado con que llevó Francisco de Robles su trabajo como secretario, que solo cumplimentó el libro mayor a partir de los borradores en el último momento, por lo que el listado de obras que presenta no hace alusión tanto al comienzo de su trabajo (mayo de 1604), como al periodo total de funciones, que acaba el 11 de junio de 1605, datando el asiento de la entrada de los dos ejemplares en capillas del *Quijote* en mayo de 1605. Andrés de Perales deja constancia cómo en julio de 1605 se vende uno de los *Quijotes* en ocho reales y medio. De haberse conservado el libro de borrador, en donde se dejaba constancia del día concreto en que las imprentas hacían entrega de los ejemplares, podríamos conocer cuándo llegaron los dos ejemplares a la Hermandad de los impresores de Madrid. Libro de registro que pudo transcribir Cristóbal Pérez Pastor a principios del siglo XX en la casa del Fomento de las Artes, y que hoy ha desaparecido, llevándose consigo una fuente esencial para conocer documentalmente el momento final de impresión de los libros impresos en Madrid, justo en estos años esenciales para la configuración del nuevo modelo de negocio editorial. Mayo de 1605 se ha considerado por muchos años el mes concreto en que se puso a la venta la primera parte del *Quijote*, y por esos las celebraciones, las cientos de celebraciones que conmemoraron en 1905 el tercer centenario de su publicación se limitaron temporalmente al mes de mayo. Hoy sabemos que ya a finales de diciembre de 1604 había ejemplares del *Quijote* impreso que se vendían en la librería de Francisco de Robles en Valladolid, y que se difundió, siguiendo el guion establecido de un *best-seller*, a partir de enero de 1605 tanto en Madrid como en las grandes ferias del libro, como muchos de estos ejemplares fueron embarcados para América, como tendremos ocasión de ver más adelante.

Alejado el fantasma bibliográfico de una edición impresa del *Quijote* de 1604 en su portada, ¿cómo pudo conocer Lope, fray Baltasar de Navarrete, el verdadero autor de *La Pícara Justina*, o el estudiante y libreros en Alcalá de Henares, las «locuras» quijotescas antes de su publicación impresa?

El conocimiento por parte de Lope o de Navarrete, o de otros tantos autores, podría explicarse por las lecturas públicas en las Academias literarias, que comenzaron a proliferar tanto en Madrid como en Valladolid en aquella época… pero el testimonio alcalaíno nos lleva a otros ámbitos, a una difusión más amplia y abierta. ¿Acaso es la imprenta el único medio de difusión de las obras literarias a principios del siglo XVII? Ya hemos visto, al hablar de los libros de caballerías en la época de Cervantes, que no todo se reduce a las «letras de molde», que los manuscritos eran un medio mucho más habitual y cotidiano de difusión durante los Siglos de Oro de lo que nos podemos imaginar hoy en día. Como ha recordado Fernando Bouza, los *escritos a mano* eran habituales en muchas modalidades textuales: «tratraditos de preceptiva clerical o cortesana, memoriales, gacetas de avisos —llamadas también folletos—, relaciones de sucesos, poesías, coplas satíricas, escrituras de anticuario, [...] sermones, carteles de justa y desafío, libelos infamantes, breves vidas de santos, testimonios de milagros y éxtasis, profecías, vaticinios, comedias y toda clase de papeles que pudieron o no llegar a la imprenta» (2001), sin olvidar que, con la crisis de la industria editorial, obras que antes se difundían por este medio comenzaron a hacerlo de manera manuscrita en los últimos decenios del siglo XVI: novelas, crónicas históricas, tratados genealógicos, discursos políticos, escritos de naturaleza espiritual o los citados libros de caballerías. ¿Cuántos de estos textos se han perdido o permanecen inéditos en las bibliotecas, encuadernados en misceláneas o en anaqueles sin inventariar? Cervantes dejó un ejemplo de este uso en la primera parte del *Quijote*, en la venta de Palomeque el Zurdo, en la que un huésped había dejado abandonada una maletilla vieja, en que había tres libros grandes, dos libros de caballerías (*Don Cirongilio de Tracia* y *Felixmarte de Hircania*) y una crónica (*Historia del Gran Capitán Gonzalo Hernández de Córdoba, con la vida de Diego García de Paredes*), junto con «unos papeles de muy buena letra, escritos de mano». Este manuscrito, formado «por ocho pliegos escritos de mano», tenía en la primera página en grandes letras el siguiente título: *Novela del curioso impertinente*. En los siguientes capítulos del *Quijote* el cura se dedicará a leer esta novela, ejemplo de papel de una realidad donde la difusión manuscrita y la oral permiten el conocimiento de los textos antes de su impresión (o al margen de las letras de molde).

¿Se difundieron copias manuscritas del *Quijote* tal y como hoy lo conocemos antes de su difusión impresa? Resultaría muy extraño. Pero lo que no sería tan raro —como ha mostrado el propio Cervantes con la *Novela del curioso impertinente*— es que los primeros capítulos del *Quijote*, los que narran la primera salida en solitario del hidalgo manchego, los que tienen como posible fuente de inspiración el *Entremés de los romances*, como defendió en 1920 Menéndez Pidal, pudieran ser en su origen una «novela», y que, como tal, tuviera y gozara de una exitosa difusión manuscrita que, impreso y difundido el libro, desaparecería sin dejar huella. Y no es tan extraño: las decenas de copias manuscritas medievales del *Amadís de Gaula* se destruyeron cuando comenzaron sus aventuras a difundirse en letras de molde a finales del siglo XV. Se convirtieron en papel que se vendía al peso, y que gracias al uso que se le dio a este papel como refuerzo de encuadernaciones, hemos podido conservar fragmentos de un códice medieval del *Amadís de Gaula* y de otro del *Tristán de Leonís*, este último ¡con miniaturas!

Los tres testimonios que hablan de un *Quijote* antes del *Quijote* seguramente sean de un *Quijote primitivo*, de un texto cercano a las «novelas» a las que tan aficionado fue Cervantes durante toda su vida, desde la *Novela del cautivo*, insertada en el *Quijote*, y que algunos investigadores datan hacia 1589, hasta la última revisión que hizo de las que llamó «ejemplares» y publicó en 1613, a su vuelta a las letras de molde después de la difusión del primer *Quijote*. Un *Quijote primitivo*, el que se corresponde con la primera salida del hidalgo manchego, donde cobra todo sentido la frase escuchada en una librería en Alcalá de Henares: «Ya nos remanece otro don Quijote»...

De este modo, es posible pensar en dos momentos muy diferentes en la escritura del *Quijote*: los primeros seis capítulos corresponderían a una «novela», escrita en los años noventa del siglo XVI, mientras que el resto de los capítulos lo serían ya de un «libro de caballerías», que debió componerse después de 1602, año en que se imprimió en Valladolid el *Policisne de Boecia*, el último libro de caballerías original que llegaría a las letras de molde en su formato folio. Los amores de Luscinda, narrados entre los capítulos 28 al 30, para algunos investigadores solo se explican a la luz de lo narrado en este particular libro de caballerías de Juan de Silva. El 11 de septiembre de 1604, se solicita el privilegio de impresión del *Quijote*, con lo que a esta fecha, el libro ya tenía que estar terminado.

¿Acaso Francisco de Robles, el habilidoso librero leyó o conoció la fama de la particular «novela» del *Quijote primitivo*, que se difundía de manera manuscrita, y alentó a Cervantes a que le entregara un libro de caballerías que pudiera imprimir y convertir en un *best-seller*? ¿Fue el mismo Cervantes quien se dio cuenta de la fuerza que tenía su «novela» y de las enormes posibilidades narrativas y comerciales que le ofrecían para poder contar con un texto que pudiera interesar a los libreros y poder vender su privilegio

Códice del Tristán de Leonís del s. XV, conservado en una encuadernación (BNE: mss/22644).

y, con ello, pagar algunos de los gastos que conllevaba su traslado a la Corte en Valladolid?

El ejemplo del *Códice de Porras*, de la particular difusión de algunas de las novelas ejemplares cervantinas antes de su difusión por la imprenta en 1613, al que volveremos más adelante, muestra cómo un *Quijote primitivo*, un *Quijote* solitario en su primera salida, un *Quijote* donde campa a sus anchas la «fabla caballeresca», que sale en busca de aventuras debido a la lectura desmedida de los libros de caballerías, esos mismos libros que se quemarán en la hoguera del escrutinio final, bien pudo conocer y disfrutar del éxito de una difusión manuscrita que no ha dejado traza documental. Un éxito que explicaría no solo las referencias al *Quijote* en 1604, sino su gran difusión en los primeros meses de 1605 y la aparición del personaje en algunas de las fiestas más solemnes que se pudieron disfrutar en 1605, como la del bautizo del futuro Felipe IV en Valladolid. Don Quijote, como personaje de éxito, conocido por muchos, pudo ser anterior al *Quijote* libro, a las aventuras del *Ingenioso Hidalgo don Quijote de la Mancha*, impresas por Juan de la Cuesta y financiadas por el librero Francisco de Robles.

Francisco de Robles, un editor en busca de un *best-seller*

Francisco de Robles va a continuar la saga editorial de su padre, Blas de Robles, relacionado con Cervantes por ser el «mercader de libros» que le compró el privilegio de impresión de *La Galatea* el 14 de junio de 1584 (tomo II, pp. 148-162). A Francisco le tocó en suerte la herencia de un oficio —con sus medios, clientela e influencia—, pero también tuvo la capacidad de ampliarlo, de mejorarlo de acuerdo a los nuevos aires que estaban azotando la industria editorial en los primeros decenios del siglo XVII.

Podemos hablar de Francisco de Robles como librero independiente a la muerte de su padre en 1592, del que heredó algunos de sus privilegios de publicación de disposiciones reales, uno de los grandes negocios de la imprenta del momento. En 1593 ya encontramos la indicación de «Véndese en casa de Francisco de Robles, librero del Rey nuestro señor» en la portada de los *Capítulos generales de las Cortes del año de mil y quinientos y ochenta y ocho publicadas en el noventa y tres*, impreso en Madrid por Pedro de Madrigal.

Los Robles fueron una de las familias más influyentes en la Corte, tanto en Madrid como en Valladolid, en todo lo relacionado con el libro, en especial, con el negocio de la librería como el de la impresión o fundición de tipos de imprenta:

hasta tres Francisco de Robles se han identificado a finales del siglo XVI y principios del XVII, dos ellos libreros y un tercero, fundidor de tipos. Pero ninguno comparado con «nuestro» Francisco de Robles, el vinculado a la impresión de la mayoría de los libros que dará a la luz Miguel de Cervantes en los últimos años de su vida: las dos ediciones del *Quijote* de 1605, la reedición quijotesca de 1608, las *Novelas ejemplares* de 1613 y el *Quijote* de 1615. Solo quedan fuera de su interés una obra poética (*Viaje del Parnaso*, 1614), otra teatral (*Ocho comedias y ocho entremeses*, 1615), y el *Persiles* que será impreso en el mismo taller Madrigal-Cuesta-Quiñones, pero ahora financiado por el librero Juan de Villarroel al año de su muerte.

¿Qué relación vinculaba a Miguel de Cervantes con Francisco de Robles? ¿Tan solo una relación literaria, que es la que más se conoce, y que ha permitido rescatar el nombre de los Robles de la maraña del complejo universo editorial madrileño de aquellos años, o más bien hemos de pensar en una relación mucho más estrecha, en la que Miguel de Cervantes estuviese trabajando para sacar adelante algunas de las impresiones financiadas por el librero? Ya tendremos ocasión de volver sobre este asunto.

Al hablar de la edición de *La Galatea* en 1585 (II, pp. 156-162), destacamos el hecho de cómo la edición de libros era una parte menor dentro de la cartera de negocios del avispado «mercader de libros» Blas de Robles, padre de nuestro Francisco. Negocios en los que destacaba su título de «librero del Rey», que le permitía acceder a la impresión de las pragmáticas y textos legales vinculados a los distintos Consejos, así como a suculentos contratos de encuadernación y de adquisición de ejemplares para la Biblioteca de El Escorial. La edición de libros es muestra de estos privilegios y de los contactos establecidos en la red clientelar de la Corte, pero también una manera de conseguir prestigio, relación con determinadas personas vinculadas a los centros de poder, al grupo de los papistas y de los castellanistas, de ahí su apoyo a Pedro de Padilla y a la literatura pastoril, de ahí la posibilidad de contar con el escudo de los Colonna en la portada de la *Galatea* cervantina…

Y lo mismo, o algo similar, podemos resaltar entre Miguel de Cervantes y Francisco de Robles, y, sobre todo, la publicación de la primera parte del *Quijote*, de ese libro de caballerías con el que el librero no buscaría tanto un prestigio como un éxito de ventas, esa posibilidad económica que el *Guzmán de Alfarache* había convertido en una realidad.

En 1592, Francisco de Robles, como se ha indicado, hereda no solo el negocio y los inmuebles madrileños que había comprado o heredado su padre, sino también el título de «librero del Rey», y muchos de sus privilegios. Pero en parte, el final del siglo XVI y el principio del XVII también va a ser un momento de transición y de cambios en el negocio editorial, se va a vivir una recuperación de la industria, que había sufrido momentos de grave crisis, como la imposibilidad de asumir la edición del Nuevo Rezado emanado del Concilio de Trento muestra de manera más que palmaria. De este modo, no sorprende que Francisco de Robles aumente su negocio editorial, pero sí que Miguel de Cervantes fue uno de los pocos autores modernos al que va a editar sus primeras obras, como se aprecia en el siguiente listado:

AÑO	OBRA	IMPRESOR	FORMATO
1594	Alfonso de Villegas, Flos Sanctorum	Pedro Madrigal	fol.
1597	Francisco de Avilés, Nova diligens expositio	Pedro Madrigal	fol.
1597	Cyprianus Suárez, De arte rhetorica, Libri III	Pedro Madrigal	8º
1598	Gabriel Monterroso, Práctica civil y criminal	Pedro Madrigal	fol.
1599	Ignacio Lassarte, De decima venditionis	Viuda Pedro Madrigal	fol.
1600	Alfonso de Azevedo, Commentariorum... ad leges regias,	Pedro Madrigal	fol.
1602	Alfonso de Vega, Espejo de curas	Pedro Madrigal	4º
1603	Gabriel Monterroso y Alvarado, Práctica civil	Pedro Madrigal	fol.
1603	Agustín de Rojas, El viaje entretenido	Imprenta Real	8º
1604	Johannes Yáñez, Rerum quatidianarum	Typ. Regia,	fol.
1605	Miguel de Cervantes, Don Quijote (2 eds.)	Juan de la Cuesta	4º
1607	Juan Basilio Santoro, Prado espiritual	Juan de la Cuesta	fol.
1608	Miguel de Cervantes, Don Quijote	Juan de la Cuesta	4º
1608	Francisco Lucas, Arte de escribir	Juan de la Cuesta	4º
1608	Ludovico Blosio, Obras	Juan de la Cuesta	fol.
1609	Manera de rezar sus horas los comendadores y caballeros de la orden de Alcántara	Luis Sánchez	fol.
1609	Libro de las leyes de la mesa	Juan de la Cuesta	fol.
1610	Don Diego Hurtado de Mendoza, Obras	Juan de la Cuesta	4º
1611	Juan Gutiérrez, Practicarum questionum	Juan de la Cuesta	fol.
1611	Lorenzo de Zamora, Tercera parte de la Monarquía Mística de la Iglesia	Juan de la Cuesta	4º
1611	Ludovico Blosio, Obras	Juan de la Cuesta	fol.
1613	Miguel de Cervantes, Novelas ejemplares	Juan de la Cuesta	4º
1614	Johannes Yáñez, Rerum quatidianarum	Juan de la Cuesta	fol.
1614	San Agustín, La Ciudad de Dios	Juan de la Cuesta	fol.
1615	Miguel de Cervantes, Don Quijote	Juan de la Cuesta	4º
1615	Antonio de Nebrija, Dictionarum	Juan de la Cuesta	fol.

AÑO	OBRA	IMPRESOR	FORMATO
1617	Lorenzo de Zamora, *Octava parte de la monarquía místicva de la Iglesia*	Juan de la Cuesta	fol.
1619	Ludovico Blosio, *Obras*	Juan de la Cuesta	fol.
1622	Antonio de Nebrija, *Dictionarum*	Juan de la Cuesta	fol.

Junto a las obras de devoción, que siempre contaban con un público comprador, o las de Nebrija, que tenían garantizada su venta en los centros universitarios, Francisco de Robles se acerca a las obras de derecho civil y canónico, que no dejan de venderse a lo largo de todo el siglo XVII. Y en medio de esta maraña de líneas comerciales y editoriales exitosas, aparecen tres obras distintas y dos reediciones de Miguel de Cervantes, y las obras poéticas de don Diego Hurtado de Mendoza (1610) o el intento de hacerse con una obra de entretenimiento como es el *Viaje entretenido* de Agustín de Rojas... Obras que se venderían tanto en las librerías que tenía y mantuvo Francisco de Robles en Madrid, como en las casas que alquiló en Valladolid el 24 de junio de 1601, siguiendo la estela de la nueva sede de la Corte.

¿Se acercó a las diferentes obras de Miguel de Cervantes, el autor al que más empujó y editó, con el deseo de contar con ese éxito de ventas que todo editor del momento estaba buscando? ¿Consiguió Francisco de Robles su objetivo? El 10 de abril de 1623, Manuel Martínez, albacea de la familia, realiza un inventario de sus bienes, dado que nuestro librero había muerto unos días antes. Este interesante documento nos da cuenta, pieza por pieza, del contenido de su librería en el momento de su muerte, con sus 16 420 cuerpos, de los que 9118 son pliegos de *Pragmáticas* (la mayor parte de su negocio), y el resto, 7122, son cuerpos de otras obras. Todo ello será valorado en 58 126,5 reales, una buena cantidad de dinero. Pero además de los detalles concretos de cómo se organiza y se nutre una de las librerías más «copiosas» de Madrid en el momento, interesa porque se sabe cuántos ejemplares conserva de muchas de las obras financiadas por el propio Francisco de Robles.

Y en este sentido, las cifras de la librería constituyen la crónica de un fracaso editorial en relación al *Quijote*. Pues si los ejemplares de la primera edición de la obra fueron vendidos en poco tiempo, y a los pocos meses de 1605 ya comienzan las prensas de Juan de la Cuesta a realizar una segunda edición, lo cierto es que en el inventario de 1623 se cuenta todavía con 145 ejemplares de la reedición de 1605 y con otros 146 de la reedición de 1608. Y menor debió haber sido el interés de la segunda parte del *Quijote*: en la librería todavía quedaban 366 ejemplares para su venta. Nada que ver con el éxito de las *Novelas ejemplares* de 1613, que, a pesar de las diferentes reediciones realizadas en estos años, no queda ni un ejemplar entre los bienes que dejó Francisco de Robles a su muerte.

Curiosa relación de Miguel de Cervantes con sus editores, con Blas y Francisco de Robles, con una de las familias más influyentes del momento, que solo costearon un número muy reducido de ediciones, y entre ellas vamos a encontrar las de nuestro autor. Curiosa relación de Miguel de Cervantes con el *best-seller*, siendo sus *Novelas ejemplares* la obra que más vendió entre sus contemporáneos, aquella que fue mejor entendida y disfrutada, siguiendo la estela de las novelas a la italiana tan de moda en la época. Sin la difusión europea, sin el éxito editorial más allá de Castilla y Aragón, el *Quijote* no hubiera pasado de ser uno de los últimos libros de caballerías impresos durante el periodo de la Monarquía Hispánica, un libro con un cierto éxito inicial, y nada más.

Aún quedan muchos misterios por desentrañar de la importancia que tuvo Francisco de Robles en la composición final y en la difusión de la obra narrativa de Miguel de Cervantes. Una relación que ha quedado eclipsada por un nombre, Juan de la Cuesta, que, como veremos, más que protagonista de la historia editorial de las obras cervantinas, ha de ser considerado un mero personaje secundario.

El expediente de impresión del *Quijote*: «será de gusto y entretenimiento al pueblo»

Todo estaba regulado en los Siglos de Oro. Todo tenía su ritmo y poseía sus reglas. Todo tenía su razón de ser. Desconocer los usos del pasado puede llevarnos a suposiciones que son más bien un reflejo de nuestra realidad que la comprensión de la época que estamos estudiando, en la que queremos adentrarnos. Así sucede en muchos ámbitos del saber y de la vida cotidiana, pero donde sobresale esta fractura entre los usos del pasado y nuestros modos actuales es en el universo del libro impreso. Ya en el segundo tomo de nuestra biografía, dedicamos unas páginas a adentrarnos en un taller tipográfico de la imprenta manual, en concreto al hablar de la primera obra impresa por Miguel de Cervantes, la *Galatea* que vio la luz en Alcalá de Henares gracias a la inversión económica del librero Blas de Robles (tomo II, pp. 135-148). Pero ahora ha llegado el momento de adentrarnos en otro universo, el legal, que es el que regula la verdadera relación entre el autor y su libro en el momento de su impresión y de su difusión posterior. Una relación en la que habrá que esperar siglos para que el autor vea reconocidos sus derechos como creador artístico. El viaje por el tipificado universo legal del libro impreso lo haremos de la mano de los documentos conservados para la edición de la primera parte del *Quijote* en 1605, rescatando su particular expediente de impresión. El único que se conoce de todas las obras impresas por Miguel de Cervantes.

La legislación que estaba vigente en el momento en que en 1604 pidió Cervantes su licencia de impresión al Consejo Real es la *Pragmática sobre la impresión y libros*, que firma Felipe II y se imprime en Valladolid en 1558. En sus escasos folios se da una vuelta de tuerca al control de la Monarquía Hispánica sobre todo lo que se imprimirá a partir de este momento, y también de lo ya impreso, limitando en gran medida su conservación en bibliotecas o difusión en librerías. Las razones de este endurecimiento del control de los contenidos se concreta en los primeros párrafos de la ley: se hace necesario una nueva normativa legal para que las ideas heréticas no encuentren ningún resquicio para seguir introduciéndose en el territorio hispánico, pues, a pesar de las leyes promulgadas por los Reyes Católicos,

Portada de la *Pragmática sobre la impresión y libros* (Valladolid, 1558).

> hay en estos reinos muchos libros, así impresos en ellos como traídos de fuera, en latín y en romance y otras lenguas, en que hay herejías, errores y falsas doctrinas sospechosas y escandalosas y de muchas novedades contra nuestra Santa Fe Católica y religión.

Estos libros han permitido el repunte de las herejías protestantes, en estos años de 1557 y 1558, seguramente después del descubrimiento de comunidades en Sevilla y Valladolid. Por estos motivos, se hace necesario duplicar los deseos controladores porque se ha visto inoperante la norma anterior para el control de obras de materias «vanas y deshonestas» y de «mal ejemplo», que hay que erradicar desde la raíz, desde la raíz de la impresión, desde la raíz de la difusión:

Y otrosí, somos informados que en estos reinos hay y se venden muchos libros en latín y en romance y otras lenguas impresas en ellos, y traídos de fuera, de materias vanas, deshonestas y de mal ejemplo, de cuya lectura y uso se siguen grandes y notables inconvenientes, cerca de lo cual por los Procuradores de Cortes nos ha sido con gran instancia suplicado pusiésemos remedio.

El sistema ideado es muy sencillo, aunque complejas serán sus consecuencias: para que un libro pudiera entrar en la imprenta, pudiera soñar con multiplicarse en cientos de ejemplares gracias a los tipos móviles, era necesario contar con un documento legal imprescindible: la licencia de impresión, que será gestionada en cada reino por una entidad diferente. En Castilla, por ejemplo, la sede institucional encargada de la tramitación de las licencias fue el Consejo Real, mientras que en Aragón serán las Audiencias. La licencia constituía, en realidad, una censura previa de todo lo que se terminaba publicando, como ya establecieron los Reyes Católicos en 1502. Ahora hay que mejorar el sistema de control para tener la seguridad de que lo publicado se corresponde totalmente con lo aprobado. Ahora es necesario no solo presentar el *original de autor* para solicitar la licencia, sino que este fuera rubricado en cada una de sus páginas por el escribano de cámara, y que este documento fuera el único con derecho a ser publicado y difundido.

La licencia, por tanto, era el requisito legal indispensable para que un autor pudiera plantearse la posibilidad de imprimir su libro, es decir, documento esencial para comenzar la búsqueda de la inversión necesaria para llevar a cabo este esfuerzo. Como ya se indicó en el volumen segundo de nuestra biografía, obtenida la licencia de impresión, el autor tenía dos posibilidades: o se hacía cargo de la impresión de su *original de autor*, como así lo hizo el traductor de *Le bagatele* en la segunda parte del *Quijote*, a quien nuestro caballero andante encuentra en el interior de la imprenta barcelonesa; o tenía que contentarse con vender su licencia de impresión (con su correspondiente privilegio, que es de carácter voluntario) a cambio de una cantidad estipulada a un librero o mercader de libros, y que dejaba al autor fuera de la imprenta, del proceso de impresión, pero también del de su difusión. Esta segunda opción será la elegida por Miguel de Cervantes en el conjunto de las obras que terminaría por imprimir a lo largo de su vida.

Pero, como se ha indicado, la *Pragmática* de Felipe II de 1558 da una vuelta de tuerca a este sistema: ¿cómo comprobar realmente que un libro impreso se corresponde con el texto aprobado en el *original de autor*? A partir de esta fecha, para que un libro impreso pudiera ponerse a la venta, es decir, para comenzar a recuperar la inversión económica realizada, era necesario contar con un segundo documento legal imprescindible: la tasa, en que se indicaba el precio del libro, que solo dependía del número de pliegos de papel utilizados. Pero este documento solo se entregaba después de que un escribano de cámara comprobara si el ejemplar impreso que ahora se presentaba estaba «conforme» a lo aprobado en el *original de autor*, rubricado al inicio del proceso administrativo en cada una de sus páginas. Las erratas detectadas —en su mayoría involuntarias e inevitables— se confinaban en una «fe de erratas» al inicio de la obra.

Todos estos documentos legales —aprobación, licencia, tasa y fe de erratas, así como la portada con los datos bibliográficos bien destacados, sobre todo el nombre del impresor y, en segundo plano del librero—, tenían que colocarse al inicio de la obra, con lo que constituían el último de los pliegos impresos. Por esta razón, en su mayoría poseen una numeración diferente a la del cuerpo del texto.

Al margen de la efectividad o no de este sistema de control —al que se sumaban las visitas a las librerías y a las bibliotecas particulares para censurar y controlar los ejemplares ya impresos y a buscar los «libros escritos de mano», los más peligrosos por no depender de este sistema administrativo y legal—, lo cierto es que la *Pragmática* de 1558 creó un sistema burocrático muy complejo, que, en el mejor de los casos, retrasó en meses la impresión y la posterior difusión de las obras… siempre que no estuviera bien engrasada la maquinaria de «persuasión» de los libreros y de sus agentes, que sabían muy bien con quiénes debían hablar para que sus expedientes fueran atendidos con mayor celeridad y los trámites completados en el menor tiempo posible.

Este complejo sistema administrativo —que vuelve falsa la imagen romántica de un escritor con un cartapacio desordenado de hojas que entra en cualquier imprenta al grito de «quiero imprimir mi libro»— comienza con la presentación de un memorial encaminado al Rey en su Consejo Real. Este es el contenido del memorial que pone en marcha la carrera del *Quijote* en la maquinaria administrativa de la Monarquía Hispánica:

> Muy poderoso Señor.
> Miguel de Cervantes, digo que yo he compuesto un libro intitulado *El ingenioso hidalgo de la Mancha*, del cual hago presentación.
> A Vuestra Alteza pido y suplico sea servido de darme licencia y privilegio para imprimirle por veinte años, atento al mucho estudio y trabajo que en componer el dicho libro he gastado y ser de lectura apacible, curiosa y grande ingenio, que en ello recibiré gran bien y merced.
> Y para ello, etc.
> Miguel de Cervantes.

El documento, descubierto por Fernando Bouza en 2008, no solo permite conocer el punto de partida del proceso editorial de la primera parte del *Quijote*, sino adentrarnos en las distintas fases administrativas que tuvo que recorrer hasta que unos meses después el Consejo Real diera la respuesta esperada por el autor (y el editor). En el vuelto del mismo memorial, están recogidas las distintas fases de este proceso administrativo.

En primer lugar, en la parte superior central, el escribano de cámara, Juan Gallo de Andrada, da cuenta de la entrada del documento en la escribanía del Consejo Real, escribiendo la persona que solicita: «Miguel de Cervantes», el escribano que lo tramita, y la fecha en que comienzan los trámites: «En Valladolid a XX de julio de 1604». Y en la parte inferior, la petición concreta que se hace en el memorial: «Pide licencia para imprimir un libro y privilegio».

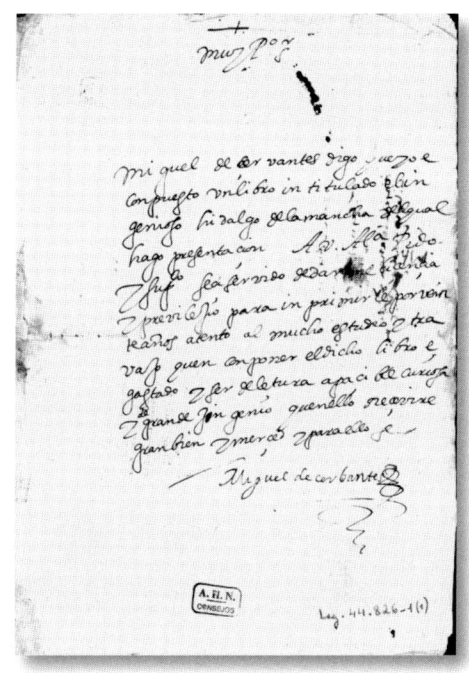

Memorial para la publicación de la primera parte del *Quijote*, 1604: Archivo Histórico Nacional: CONSEJOS,44826,EXP.1

Con este primer gesto, se ha delimitado el espacio administrativo del memorial: entre estas dos frases, se irá dejando constancia de los resultados del proceso.

Cumplimentado este primer requisito, el mismo escribano dedicaría parte de ese día a rubricar cada uno de los folios manuscritos de los que constaba el *original de autor* del *Ingenioso hidalgo de la Mancha*, que se adjuntaría junto al memorial, y que se utilizará tanto para la lectura del censor como, de ser concedida la licencia, para la composición del libro, que llevarían a cabo los cajistas dentro de la imprenta elegida.

A continuación, se le asigna un responsable del expediente, Gil Ramírez de Arellano, que es la persona que tiene que cumplimentar los trámites necesarios, al que en la época se le denomina el «encomendero del expediente». Y será precisamente el encomendero quien, con su puño y letra, escribirá en el documento la persona a la que se le asigna la redacción del informe para aprobar o no su solicitud: «Véale Antonio de Herrera, cronista de su Majestad».

El texto de la aprobación, que no se imprimirá entre los preliminares de la edición de 1605, fue terminado en Valladolid el 11 de septiembre de 1604. Como

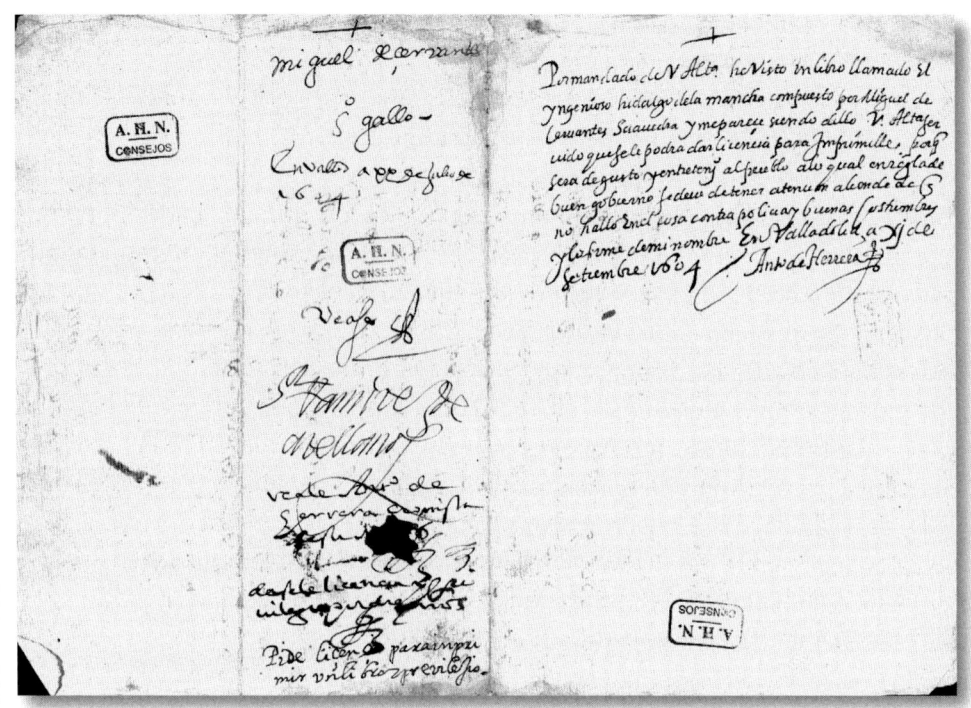

Desarrollo administrativo en el vuelto del memorial para la publicación del *Quijote,* 1604.

suele ser habitual en este tipo de escritos, el censor deja constancia de los méritos del autor, la calidad de la obra y, sobre todo, los beneficios que redundaría en el caso de que fuera publicada:

> Por mandado de Vuestra Alteza he visto un libro llamado *El ingenioso hidalgo de la Mancha* compuesto por Miguel de Cervantes Saavedra y me parece, siendo de ello Vuestra Alteza servido, que se le podrá dar licencia para imprimíllese porque será de gusto y entretenimiento al pueblo, a lo cual en regla de buen gobierno se debe de tener atención, a le onde de que no hallo en él cosa contra policía y buenas costumbres.
> Y lo firmé de mi nombre en Valladolid a XI de septiembre 1604.
> Antonio de Herrera

«Será de gusto y entretenimiento al pueblo»… interesante fórmula utilizada por el censor para valorar los beneficios que ofrecerá su lectura, y, sobre todo, el público lector al que mayoritariamente estaría destinado el texto.

A continuación, el encomendero Gil Ramírez de Arellano, visto el informe favorable del censor, emite su dictamen final: «dásele licencia y privilegio por diez años».

En el año 2004, Marta Cuartas Rivero había descubierto en el folio 316v del *Libro de cédulas reales del año 1598 hasta la fin de 1604* de Juan Gallo de Andrada, que actualmente se encuentra en el Archivo Histórico Nacional, el texto de la licencia de impresión del *Quijote*, última instancia administrativa de este complejo sistema de petición de licencias y privilegios.

El contenido de este último documento legal sí que era conocido, pues, a diferencia de lo que sucedió con la aprobación, fue recogido e impreso entre los preliminares legales de la edición impresa por Juan de la Cuesta.

Solo a partir de este momento, del 26 de septiembre de 1604, pueden comenzar los trabajos de impresión, a partir del *original de autor* rubricado en cada uno de sus folios por Juan Gallo de Andrada; trabajos de impresión que debieron acabar a finales del mes de noviembre, pues el 1 diciembre de 1604 el licenciado Francisco Murcia de la Llana firma su «testimonio de la erratas» en el Colegio de la Madre de Dios de los Teólogos de la Universidad de Alcalá. El 20 de diciembre se concede el último de los documentos legales necesarios para su difusión: la tasa. A partir de este momento, impresos todos estos documentos en un primer pliego, el libro puede comenzar su andadura comercial:

> Yo, Juan Gallo de Andrada, escribano de Cámara del Rey nuestro señor, de los que residen en su Consejo, certifico y doy fe que, habiendo visto por los señores de él un libro intitulado *El ingenioso hidalgo de la Mancha*, compuesto por Miguel de Cervantes Saavedra, tasaron cada pliego del dicho libro a tres maravedís y medio; el cual tiene ochenta y tres pliegos, que al dicho precio monta el dicho libro doscientos y noventa maravedís y medio, en que se ha de vender en papel; y dieron licencia para que a este precio se pueda vender, y mandaron que esta tasa se ponga al principio del dicho libro.

El expediente de impresión del *Ingenioso hidalgo de la Mancha*, el único de los conservados de las obras de Cervantes, esconde además un último dato, que resulta esencial para conocer la génesis de la primera parte del *Quijote*, volver a incidir en algunas de las teorías que sobre su origen se habían planteado a partir de hipótesis desde principios del siglo XX: el memorial del *Ingenioso hidalgo de la Mancha* no fue solicitado por Miguel de Cervantes al Consejo Real, no es el comienzo de una posibilidad de publicación, como sí que sucedió con el memorial perdido de *La Galatea*, que tardó varios meses en conseguir un librero que apostara por su publicación. En el *Quijote*, en la primera parte del *Quijote*, Miguel de Cervantes solo firma el documento enviado al Consejo Real. El verdadero redactor, y quien lo escribe de su puño y letra, es el librero Francisco de Robles, como se ha podido comprobar con otros

Libro de cédulas reales del año 1598 hasta la fin de 1604 de Juan Gallo de Andrada: Archivo Histórico Nacional, CONSEJOS,41056, fol. 316v.

memoriales autógrafos que se han conservado en el Archivo Histórico Nacional: el enviado en 1606 por el que se solicita que se le pague lo que se le debe por «quinientas instrucciones para los pósitos de pan de registro que había de traer a esta Corte» y por la «impresión de la moneda de vellón», o un tercer memorial, ahora de 1612, en que vuelve a pedir que se le abonen los gastos de papel y la impresión de «dos autos del consejo, el uno de los reales sencillos, el otro de los roperos».

Francisco de Robles, el librero Francisco de Robles, actúa como cesionario de Miguel de Cervantes, como agente de edición, para la impresión del *Ingenioso hidalgo de la Mancha*. Y lo hace, como es habitual en la época, cuando un librero o un mercader tiene ya decidido imprimir una obra a su costa. Miguel de Cervantes, el agente de negocios Miguel de Cervantes, el autor de *La Galatea*, que fue impresa veinte años antes, no se encontraba solo en los primeros pasos de impresión de la obra, en el complejo universo administrativo que conllevaba la impresión y difusión de un libro durante la imprenta manual en los Siglos de Oro. ¿Tampoco lo estuvo en su redacción, en el paso de la «novela» que constituyen sus primeros capítulos al

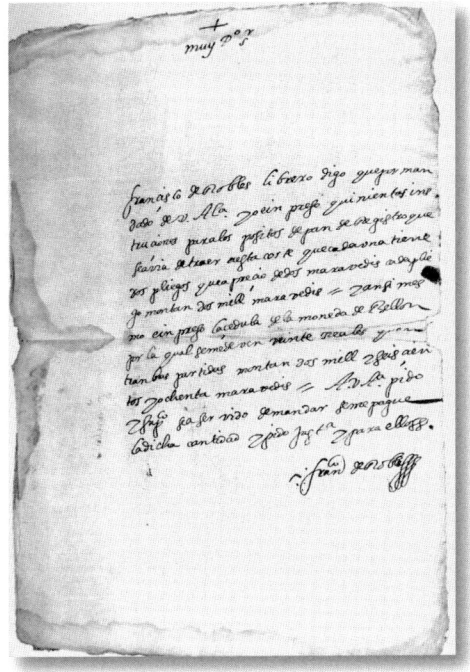
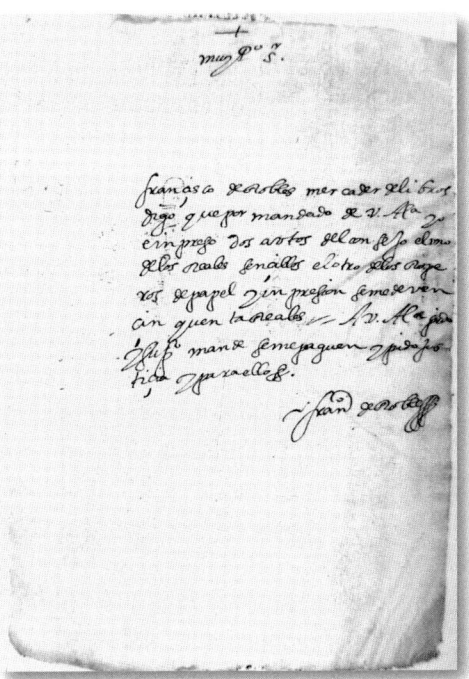

Memorial de Francisco de Robles, 1606: Archivo Histórico Nacional.

Memorial de Francisco de Robles, 1612: Archivo Histórico Nacional.

libro de caballerías que terminaría imprimiendo Juan de la Cuesta a finales de 1604? A tanto no nos permiten llegar los documentos cervantinos descubiertos en los últimos años, aunque esta posibilidad de una relación comercial entre Cervantes y Francisco de Robles que explicara los primeros momentos de creación del *Quijote* cada vez la tengo como más plausible, más acorde a los usos de la época. Una relación comercial que va más allá de la escritura y publicación de unas determinadas obras.

El *Quijote* en la imprenta regentada por Juan de la Cuesta: de Pedro de Madrigal a la Sociedad Cervantina

Miguel de Cervantes, con toda su familia, se encuentra en Valladolid desde agosto o septiembre de 1604, cuando se acaban de construir las casas que ocuparán en el Rastro. A partir del 11 de septiembre pudieron comenzar los trabajos de impresión de la primera parte del *Quijote* en el taller regentado por Juan de la Cuesta en Madrid, y que pertenecía a María Rodríguez de Rivalde, la viuda de Pedro Madrigal.

La elección de la imprenta para imprimir el texto cervantino no es casual. Francisco de Robles, como así lo había hecho su padre Blas hasta su muerte, mantiene una estrecha relación con la familia de Pedro de Madrigal, y su viuda e hijo, desde que se instalara en Madrid en 1586 procedente de Salamanca. Una estrecha relación que se mantendrá en el tiempo, a pesar de las muertes y cambios de vida que sufrirá la familia por estos años: en octubre de 1593 muere Pedro de Madrigal. Su viuda, María Rodríguez de Rivalde, se casa, dos años después, con el librero e impresor alcalaíno Juan Íñiguez de Lequerica, que morirá en el año 1599. Gracias a los trabajos de Jaime Moll y de Laura Puerto Moro, estamos ahora más cerca de conocer los parentescos y relaciones familiares de los protagonistas del taller Madrigal-Cuesta-Quiñones, que será el que imprimirá la mayoría de las obras de Cervantes, bajo la atenta mirada e impulso económico de Francisco de Robles. A partir de 1599 la documentación de la imprenta se llena de los siguientes nombres: Pedro de Madrigal, María de Quiñones y Juan de la Cuesta. Desde las investigaciones de Pérez Pastor a finales del siglo XIX, se ha defendido que Pedro de Madrigal era fruto del primer matrimonio de María Rodríguez de Rivalde, y que se casaría con María de Quiñones, quedándose viuda alrededor de 1602, con lo que contraería matrimonio con Juan de la Cuesta, que ve así correspondido su trabajo en el taller de impresión y el comienzo de su ascenso. Pero nada más lejos de la realidad. Pedro de Madrigal antes que hijo de María Rodríguez de Rivalde se le considera sobrino de una de sus hermanas, lo que explicaría su escasa presencia en los asuntos económicos y de gestión de la imprenta, imposible de haber sido el hijo del impresor fallecido. Por su parte, según se indica en el testamento de María Rodríguez de Rilvalde de 1627, María de Quiñones es su sobrina, «hija de Catalina Çamarra, mi hermana, y de Pedro de Quiñones, difuntos». El 26 de junio de 1602 se casa María de Quiñones con el impresor del taller de su tía, Juan de la Cuesta, y este año Rivalde le nombra gerente del taller situado en la Calle Atocha, más abajo del Hospital de Antón Martín, que hacía esquina con la calle Nueva de los Reyes, la que hoy se conoce como Costanilla de los Desamparados.

Una estrecha relación profesional entre Francisco de Robles y la familia de María Rodríguez de Rivalde, pero también una estrecha relación personal. Francisco de Robles será el padrino de los dos hijos que tuvieron Juan de la Cuesta y María de Quiñones: Juan (el 3 de agosto de 1606, muerto prematuramente) y el segundo Juan (7 de marzo de 1608), el que nace después que su padre abandone Madrid.

El nombre de Juan de la Cuesta ha quedado marcado a fuego en la historia de la imprenta madrileña por ser el impresor de la primera parte del *Quijote*, y así aparecerá en la portada. Pero en realidad, a pesar de que las ediciones aparezcan a

Marca del impresor Pedro de Madrigal.

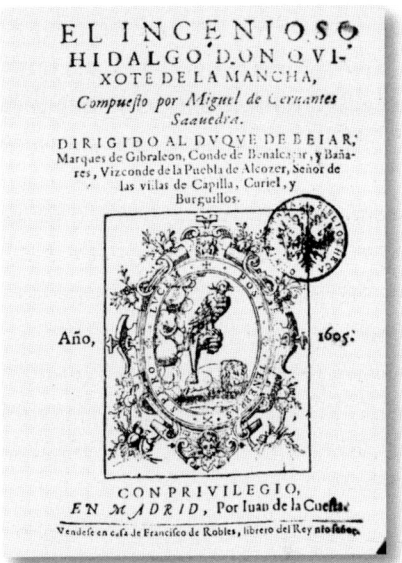

Portada de la primera edición del *Quijote*, Madrid, Juan de la Cuesta, 1605: Innsbruck, Universitäts-und Landesbibliothek Tirol: 207.629.

partir de 1604 con la indicación de su nombre en portada y colofones, y que este nombre se mantenga hasta 1627, lo cierto es que Juan de la Cuesta abandonó Madrid con destino a Sevilla —y de ahí seguramente a América— en diciembre de 1607, dejando a su mujer embarazada y un buen rastro de deudas: 3661 reales a Francisco de Robles y 722,5 reales al Monasterio de El Escorial, en su trabajo como mercader de libros. ¿Quién se quedó como gerente ahora del taller Madrigal-Cuesta-Quiñones, el que se encargaría de la impresión de la tercera reedición del *Quijote* (1608) y de las *Novelas ejemplares* (1613), las *Ocho comedias y entremeses* (1614) o la segunda parte del *Quijote* (1615)? El 4 de diciembre de 1607 otorga Juan de la Cuesta plenos poderes a María Rodríguez de Rivalde y a María de Quiñones para la regencia del taller. Y junto a ellas, que no saben ni firmar, aparece otro nombre: el corrector Jerónimo de Salazar, que Laura Puerto Moro ha colocado en el centro de la historia editorial del taller con mucho acierto, al considerarlo que podría ser el nuevo gerente de la imprenta, en la que trabajaría por más de cuarenta años. Pero si «Juan de la Cuesta» termina convirtiéndose en una marca, que nada dice de su participación en el taller de Madrigal-Cuesta-Quiñones, tampoco la marca tipográfica que aparece en la portada del *Quijote*, ese emblema con el halcón de cetrería, el león dormido y la leyenda: *Post tenebras spero lucem*, que procede del Libro de Job (XVII, 12) es de Juan de la Cuesta. En realidad, se trata de una marca de impresión que ya fue utilizada por Pedro de Madrigal, el iniciador de la imprenta en la calle de Atocha, que la había tomado, a su vez, del impresor flamenco Adrián Ghemart, en Medina del Campo y Salamanca, con quien había trabajado como oficial en sus talleres de impresión antes de instalarse en Madrid. De este modo, en la historia editorial del *Quijote* —y de la mayoría de las obras impresas por Cervantes— el verdadero protagonista fue el librero Francisco de Robles, que invirtió y arriesgó su dinero en las diferentes empresas editoriales en que se embarcó—, y la familia de María Rodríguez de Rivalde, la verdadera dueña de la imprenta, cuyos miembros eran los que realmente mantenían una relación profesional y personal con los Robles. Juan de la Cuesta no deja de ser un nombre ocasional, una «marca empresarial» que solo se relaciona con Cervantes en un espacio de tiempo muy escaso y limitado, a pesar de ser uno de los nombres más recordados y difundidos al hablar del *Quijote* y sus avatares tipográficos.

¿Cómo era la imprenta de Pedro de Madrigal, que, a su muerte, pasará a manos de su viuda María Rodríguez de Rivalde y regentada desde 1602 por Juan de la Cuesta? Gracias a su matrimonio con Juan Íñiguez de Lequerica en 1595, y el inventario de sus bienes que tuvo que presentar, podemos conocer con bastante detalle los materiales con los que contaban en el interior de la imprenta en la Calle Atocha: 6 prensas, 36 cajas tipográficas, 24 chibaletes, 9 bancos de componer, 4 divisorios para colocar los originales, 11 galeras, 11 galerones, 5 ramas pequeñas, 2 grandes, una caja para hacer negro de humo, una saca para recogerle, una grúa para cargar el papel y tablas, piedras, mesas y demás aparejos necesarios para guardar el material, mojar el papel, limpiar las formas y hacer tinta y lejía. A lo que había que sumar las cabeceras, iniciales, escudos y grabados procedentes de impresiones anteriores.

Una buena imprenta. Una de las mejores imprentas de Madrid, como se aprecia por el número de operarios según se detalla en el *Libro de la Hermandad de impresores* de 1604. En la imprenta de Cuesta trabajan 20 personas, solo superada por la de Luis Sánchez (21 operarios), ambas muy por encima de las de Julio de Junti, que lleva la Imprenta Real, con 15 operarios, y la de Miguel Serrano de Vargas, con tan solo 8. En la imprenta de Pedro de Madrigal, desde su establecimiento en Madrid en 1586, hasta la muerte de María Rodríguez de Rivalde en 1624, se han contabilizado hasta 433 ediciones. En todo caso, no serán los años en que estuvo Juan de la Cuesta al frente de la misma (de 1603 al 1606) los de mayor producción editorial en Madrid, dado el traslado de la Corte a Valladolid, así como la prohibición de privilegios, que impidió la aparición de obras nuevas. En todo caso, será el año de 1604 (con 19 ediciones) uno en los que mantuvo por más tiempo trabajando las prensas y a los operarios. El resto de los años se contabilizan tan solo nueve ediciones anuales.

Gracias a los contratos de impresión, conocemos cómo se trabajaba en las imprentas de la época, pues en ellos se estipulaba todo lo relacionado con el reparto de las funciones a la hora de financiar y realizar la impresión de un libro. No hemos conservado el contrato entre Francisco de Robles y Juan de la Cuesta para realizar el *Quijote*, pero no sería muy diferente al firmado por Cuesta con Diego Guillén, «mercader de libros, vecino de Alcalá», para imprimir las obras de Ludovico Blosio, firmado en Madrid el 21 de junio de 1604, y que actualmente se conserva en el Archivo Histórico de Protocolos de Madrid (Juan de Obregón, 1604, Prot. 2433, fols. 651v-653r). El detalle al que se llega en el contrato llama la atención, aunque es lo normal en la época: se estipula el precio de la impresión de cada resma, es decir, quinientos

Obras de Blosio (Madrid, 1605), impresa al mismo tiempo que el *Quijote* por Juan de la Cuesta.

pliegos de papel: siete reales y medio; la impresión que se hará por día: «1750 cuerpos»; el tipo de letra utilizada y ajuste: «letra Atanasia en dos columnas por páginas, y echará en cada columna un renglón más que tiene el original», tipo de letra que será la misma que se usará para imprimir el *Quijote*; y también el número de prensas que se utilizarán y su ritmo de trabajo:

> que ha de comenzar a imprimir el dicho libro con una prensa, desde primer de julio primero que viene de este presente año de seiscientos y cuatro, y asimismo a mediado del dicho mes de julio proseguirá la dicha impresión con una prensa más, y la continuará sin imprimir en las dichas dos prensas obra alguna hasta acabar el dicho libro.

¿Qué pasaría si no se cumpliera con esta cláusula, una de las más importantes, pues permite al editor saber con cierta antelación cuándo podrá tener impreso el texto para finalizar los trámites administrativos y poner a la venta el libro? Por un lado, se rebaja el precio de la resma (a 6'5 reales) y, además, el editor, tenía la potestad de «dar a imprimir todo lo que el dicho libro faltare por hacer a la parte que de ello quisiere».

Y por último, se obliga el impresor a no imprimir más de los 1750 «cuerpos de libros», como solía ser práctica habitual en la época, por lo que la pena es realmente alta: «so pena que si se averiguare que ha impreso o vendido algún libro más desde luego se dé por condenado en cien escudos de oro, la mitad de ellos aplicados al dicho Diego Guillén [...] y la otra mitad para obras pías».

Por su parte, el editor se compromete al pago de la impresión de las resmas de manera escalonada, que es también un sistema de controlar el proceso y los plazos de impresión de la obra:

> Mil reales luego que estén hechos doce pliegos del dicho libro y otros mil reales en estando impresos a cumplimiento de sesenta pliegos; y otros mil reales a cumplimiento de ciento y treinta pliegos y otros quinientos reales a cumplimiento de cuando estuviese acabado de imprimir el postrer pliego.

Además del pago de la impresión, al librero también le compete la compra del papel necesario para la impresión del libro.

Interesa el documento no solo porque nos acerca al contenido del contrato que debió firmar Juan de la Cuesta con Francisco de Robles para la impresión del *Quijote*, sino también porque estas dos obras, el Blosio y el *Quijote*, compartieron prensas y operarios durante unos meses en el taller de la Calle Atocha: el *Blosio* desde el mes de junio, y el *Quijote* a principios del mes de octubre —siempre después del 26 de septiembre—, y terminado sobre el 20 de noviembre, dado que la fe de erratas se firma el 1 de diciembre, y los trámites se demoraban unos once días. Así que la mayoría de los estudiosos, estipulan que el *Quijote* tardó entre cuarenta y cincuenta días en imprimirse en el taller regentado por Juan de la Cuesta. Un ritmo de trabajo que podía asumir la imprenta, pero siempre que se aplazara o disminuyera la impresión del Blosio, que tendrá su fe de erratas el 13 de enero de 1605. De este modo, tres de las prensas del taller de Juan de la Cuesta se ocuparon en estos meses en imprimir los pliegos necesarios para poder cumplir con el contrato, en un ritmo de trabajo en cadena donde no podía dejarse nada al azar, donde los operarios tenían que cumplir con unos plazos muy estrictos, como indica Alonso Víctor de Paredes, dependiendo de las tiradas a las que debían hacer frente:

> En las jornadas de mil y quinientos, dos mil o mil y setecientos y cincuenta, que se tiran dos formas cada día, ha de tener el componedor correcto su blanco a las doce y el tirador acabada su retiración a la misma hora. En las de mil o mil y ciento, que cada día se tiran tres formas, el uno una retiración y dos blancos, el otro dos retiraciones y un blanco, deben las primeras formas estar acabadas [...] a las nueve y las segundas a las dos; y todo lo que se esperaren más de estas horas es cortesía y buena amistad de compañeros.

Este sería el ritmo de trabajo dentro de la imprenta de Juan de la Cuesta, en una tirada de entre 1100 y 1500 ejemplares, que son los que constituirían, casi con toda seguridad, los de la primera edición del *Quijote* de 1605.

¿Dónde se encuentra Miguel de Cervantes, el autor Miguel de Cervantes en el proceso de impresión del *Quijote* en el taller regentado por Juan de la Cuesta? El autor de un libro, cuando ha vendido su licencia y privilegio de impresión, queda fuera del taller de impresión, de las diferentes decisiones editoriales que se tomarán en su interior, y que serán de exclusiva participación del editor, el librero Francisco de Robles, y del gerente de la imprenta, Juan de la Cuesta. Decisiones que van desde el propio título de la obra: del *Ingenioso hidalgo de la Mancha*, al *Ingenioso hidalgo don Quijote de la Mancha*, a la propia división del libro en capítulos, muchos más abundantes en la versión final impresa que en la presentada al Consejo Real para su aprobación. Sin olvidarnos de todas las decisiones técnicas que conlleva la cuenta del original por parte de los componedores, o la posibilidad de una reedición de los cuadernos A y B del libro, seguramente por problemas con la forma tipográfica en el momento de la impresión de los pliegos, que obligó a una nueva composición de las mismas.

¿Cuántas conversaciones mantuvieron Miguel de Cervantes y Juan de la Cuesta en la imprenta en la calle Atocha? No muchas, sin duda. Entre otras cosas, porque el tiempo en que Juan de la Cuesta estuvo al frente de la misma fue escaso y no era habitual que el autor viniera a trastocar los tiempos establecidos dentro del taller, que tenía que funcionar como un verdadero reloj, un engranaje de trabajo en cadena donde no era posible aceptar ningún tipo de distracción o de retraso, incluso cuando el propio autor financiaba la edición de su obra y se convertía en garante de la calidad de lo impreso. Hasta en estos casos, como denuncia Juan Caramuel en su *Sintagma de Arte Typographica*, a principios del siglo XVII, los impresores engañan a los autores para no perder tiempo en el trabajo dentro de la imprenta y seguir con el ritmo de las prensas:

> Se da el caso de que impresores que parecen diligentes son de lo más descuidado. De hecho, mientras se corrige una forma o se envía al autor una prueba, siguen imprimiendo muchos folios, dándose por contentos con que se incluyan las correcciones solo en los últimos. Y así estafan al autor y desde la propia imprenta distribuyen la edición de un mismo libro con unos folios corregidos y otros sin corregir. [...] Yo digo, en consecuencia, que el impresor que procura imprimir los folios antes de que la forma esté corregida, comete pecado y debe repararlo. Le obligan a ello tanto el honor del autor como el beneficio del librero, pues aquel pierde el honor si el libro se publica lleno de errores, y este pierde sus posibilidades de ganancia desde el momento en que el libro se devaluará y pocos querrán comprarlo.

¿Realmente es un negocio la edición de un libro? Hagamos cuentas. Para imprimir un libro como el *Quijote*, un libro de entretenimiento en un formato popular, el cuarto conjugado, con 83 pliegos de papel, con una tirada de unos 1500 ejemplares, que, seguramente, es la tirada que más se acerque a la realidad y costumbre del momento para un texto que aspira a ser un *best-seller*, contamos con los siguientes gastos:

—Impresión: 7'5 reales por resma (unas 250 resmas): 1875 reales
—Compra papel: 12'5 reales (papel burdo de El Paular) por resma: 3125 reales

A este total de 5000 reales, habría que sumarle la compra de la licencia y el privilegio de impresión a Miguel de Cervantes, que no hemos conservado. Si por el *Viaje entretenido* de Agustín de Rojas, se le pagó 1100 reales (más treinta cuerpos del libro), dado que el *Quijote* es mucho más extenso, se ha pensado que podría Francisco de Robles haberle pagado entre 1500 y 1600 reales. Su padre Blas de Robles, recordémoslo, le había pagado a Cervantes 1336 reales por la *Galatea*, y el propio Francisco de Robles les pagará 1600 por las *Novelas ejemplares* años después. Lo que hacen un total de 6500 o 6600 reales de inversión para poder ofrecer el libro al mercado, que puede subir un poco más si tenemos en cuenta otros gastos: el original de autor realizado por un amanuense, las escrituras de Cuesta, Cervantes y el monasterio de El Paular en Segovia, los derechos de corrección y aranceles relacionados con los documentos legales, como la licencia o la tasa… los viajes, el transporte de los ejemplares… etc. etc… lo que puede hacernos pensar en un presupuesto inicial de entre 7000 y 8000 reales para la impresión de una obra como el *Quijote*.

De acuerdo a la tasa, cada ejemplar se ha de vender a 295 maravedís, es decir a unos 8'6 reales. Si mantenemos la hipótesis de una tirada de 1500 ejemplares, estaríamos hablando de unas ganancias de 12 900 reales, lo que da idea del negocio que permite el *best-seller* a los libreros del momento, siempre que las ventas sean rápidas. No hemos de olvidar que el librero va pagando tanto los gastos de la impresión como de la compra del papel en los primeros meses que se está vendiendo el libro. La capacidad de una venta rápida es la clave para mantener el negocio, lo que parece que solo sucedió con la primera edición del *Quijote*, esta edición en el taller de Juan de la Cuesta acabada de imprimir a finales de noviembre de 1604. No así con las reediciones. Pero esa será ya otra historia.

Y un último detalle. Una última historia.

Una mala lectura de Pérez Pastor en la documentación cervantina de finales del siglo XIX ha hecho pensar durante decenios que, a la vuelta de la Corte a Madrid en 1606, la imprenta Madrigal-Cuesta-Quiñones se trasladaría de su localización original desde 1586 en la Calle Atocha a la cercana calle San Eugenio «segunda casa entrando a mano derecha entrando por la calle de Santa Isabel», donde comenzaría a trabajar a partir de 1608. Para que esta hipótesis se convirtiera en dato, en 1905 se colocó una placa que diera cuenta de este descubrimiento. Pero lo cierto es que la imprenta Madrigal-Cuesta-Quiñones siempre se mantuvo en el mismo local de la calle Atocha, un poco reducido su espacio a partir de 1601, por la venta de algunos espacios al colindante Hospital de los Desamparados, con los que no dejó de tener pleitos.. En el mismo año de 1905, en las celebraciones cervantinas del tercer centenario de la publicación del *Quijote*, se colocó en la cercana calle Atocha otra placa en el edificio del Hospital de los Desamparados, dando cuenta del lugar donde se imprimió la primera parte del *Quijote*, la sede inicial de la imprenta de Pedro de Madrigal.

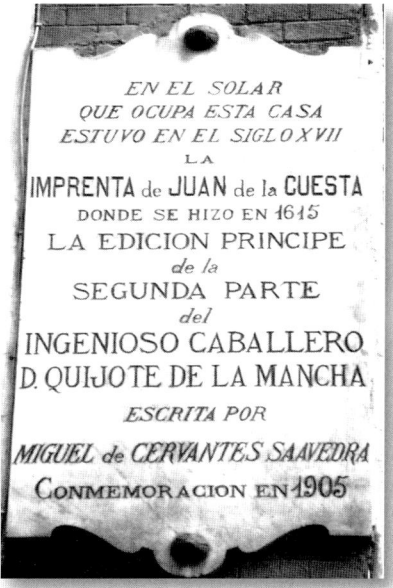

Placa en la calle San Eugenio, que da cuenta de la falsa ubicación de la imprenta Madrigal-Cuesta-Quiñones.

Estas dos placas de 1905, como la que se pusiera en la casa donde murió Cervantes en Madrid y, años después, la que recuerda donde se encontraba la sede del Estudio General de la Villa de López de Hoyos, donde se ha mantenido el error, hasta hace poco, que en ella Cervantes aprendiera a escribir y sus primeros rudimentos de latín, parece que estaban llamadas a ser los únicos vestigios del paso de Miguel de Cervantes por Madrid, la ciudad en la que más tiempo vivió, en la que escribió —o ultimó— la mayoría de sus obras, la que le permitió triunfar en los Corrales de Comedias —y ver cómo lo hacían otros

Placa en el Hospital de los Desamparados en la calle Atocha, donde estuvo siempre ubicado el taller Madrigal-Cuesta-Quiñones.

con el paso de los años—, en la que buscó con ansia una merced o un oficio como secretario, en la que celebró sus esponsales y en la que encontró la muerte. Pero la historia de este silencio cambió el 25 de julio de 1953 cuando se constituye la Sociedad Cervantina, por voluntad y empeño de Luis Astrana Marín que desea, de este modo, preservar uno de los pocos edificios de Madrid que da cuenta del paso de Cervantes por la Villa y Corte: el Hospital de Desamparados, cuya demolición había sido ya aprobada, pero que nunca se llegará a realizar al haberse construido sobre el solar de la antigua imprenta de Madrigal-Cuesta-Quiñones, la que hizo posible la impresión del primer *Quijote*. Así lo confiesa Luis Astrana Marín en una entrevista publicada en *ABC* el 18 de noviembre de 1954: «Hace tiempo que el proyecto andaba por mi cabeza, pero me decidí a llevarlo a cabo cuando me enteré que se iban a derribar los edificios que ocupan el solar donde tuvo su primera realidad tipográfica el *Quijote*».

La Sociedad Cervantina, primero bajo la presidencia de Luis Astrana Marín, y luego, a partir de su muerte en 1959, de otros tantos estudiosos de la obra cervantina, hasta llegar a los actuales responsables, no ha dejado de realizar actividades, de acuerdo a la finalidad de sus creadores, que quedó escrita en el primer capítulo de sus estatutos: «fomentar el conocimiento de la vida y de las obras del inmortal autor del *Quijote*, Miguel de Cervantes Saavedra […] y difundir la Lengua y la Literatura castellanas por cuantos medios se usan para la expresión pública del pensamiento»: actos de homenaje el 23 de abril, concursos literarios, congresos y conferencias, obras de teatro, museo permanente de la imprenta de Juan de la Cuesta, etc., etc. Pero muchas de estas actividades solo se pudieron realizar en la sede actual de la calle Atocha a partir del 14 de diciembre de 1987, cuando fue inaugurada con la presidencia de los Reyes de España, don Juan Carlos I y doña Sofía.

Aunque el local original de la imprenta de Pedro de Madrigal, la regentada por Juan de la Cuesta durante la publicación de la primera parte del *Quijote* ya fuera demolido en el siglo XVII, gracias al esfuerzo de Luis Astrana Marín y de tantos otros que han presidido la Sociedad Cervantina desde su fundación en los años cincuenta, es posible hoy en día contar en Madrid con un espacio en que se rinde homenaje permanente a Cervantes y a su obra más universal, el *Quijote*.

Los primeros ejemplares del *Quijote*: de las hojas de registros a América a los ejemplares conservados

Hay un lugar común que se ha instalado en muchos de los estudios que abordan los primeros meses de la difusión del *Quijote* en 1605: la segunda edición que co-

El edificio de la actual Sociedad Cervantina en ruinas (1981).

menzara a imprimir Juan de la Cuesta en marzo o abril de este año, y que contaría con los primeros ejemplares alrededor de junio o de julio, se debe a que la mayoría de los ejemplares de la primera edición se enviaron a las Indias. Así lo afirmó Francisco Rodríguez Marín en 1911 y así se ha venido repitiendo, hasta no hace muchos años, en la mayoría de los estudios que se han acercado al tema.

Hoy en día sabemos que no fue así. Volver sobre este dato no solo nos permitirá comprender mejor cómo funcionaba la distribución de los ejemplares impresos en los Siglos de Oro, sino también conocer cuántos se han conservado en la actualidad.

Más adelante volveremos sobre el tema de las características de la reedición madrileña de 1605, que conforma el primero de los misterios bibliográficos cervantinos.

El comercio con América quedó regulado entre 1561 y 1566: la Casa de Contratación en Sevilla tenía que organizar cada año dos flotas y una real armada. Una de las flotas iría a Tierra Firme, y su destino serían los puertos de Nombre de Dios y de Portobelo (Panamá); y la otra, la «Flota de la Nueva España» tendría su destino al puerto mexicano de Veracruz. La primera solía partir sobre el mes de mayo y la segunda, en julio. En el año de 1605, la Flota de Tierra Firme, compuesta por 10 naves, partió del puerto de Sanlúcar de Barrameda el 23 de abril, pero tuvo que permanecer en Cádiz hasta el 5 de mayo por problemas con el estado de la mar; llegó a Portobelo el 19 de agosto. Por su parte, la «Flota de la Nueva España», compuesta de 43 naos, partió el 12 de julio de este año, llegando a Veracruz el 16 de septiembre.

Gracias a los diferentes trámites aduaneros que tiene que realizar cada cargador en la Casa de Contratación, contamos con la mayoría de las hojas de registro de las diferentes naves que partieron de Sevilla, y así sabemos los libros que se llevaron a América. Y, como es habitual, junto a los miles de ejemplares de obras devotas y religiosas que se demandaban desde América, también se hacía un hueco a las novedades editoriales, y un avispado librero como Francisco de Robles ya tendría engrasada su red de contactos y relaciones para que sus ediciones, en especial, el *Quijote*, encontraran un hueco en las bodegas de las naos y de los navíos que tendrían que partir con destino a América. En concreto, en cuatro de los diez barcos de la Flota de Tierra Firme se han contabilizado 196 ejemplares del *Quijote* y 172 en la Flota de la Nueva España. Teniendo en cuenta que los trámites de la primera flota se realizaron desde el 25 de febrero hasta los primeros días del mes abril, podemos estar seguros que los casi 200 ejemplares que se embarcaron para América fueron de la primera edición; mientras que los de la Flota de Nueva España, al realizarse los trámites entre junio y julio, bien pudieran ser tanto de la primera edición como de la reedición madrileña de 1605, e incluso, de las reediciones piratas portuguesas de este mismo año.

Entre los ocho cargadores que entre sus cargamentos de libros a América enviaron ejemplares de la primera edición del *Quijote* en la Flota de Tierra Firme destacan los nombres de Diego Correa (100 ejemplares) y Juan de Sarriá (66 ejemplares). El cargador Diego Correa enviará en el navío *El Espíritu Santo* dos cajas con libros, en la primera 84 ejemplares de «Don Quixote», y en la segunda 16, para entregar en Cartagena de Indias, y lo hará en nombre del librero sevillano Antonio de Toro, que apuesta de lleno por el triunfo en América del nuevo libro de caballerías

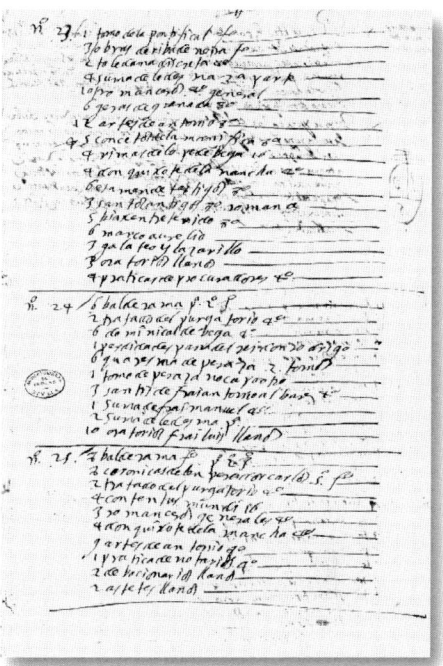

Hoja de registro del cargador Diego Correa (AGI: Contratación 1145A.N.1, fol. 160r).

Hoja de registro de Juan de Sarriá, con 4 ejemplares en la caja 23 y otros 4 en la caja 25 (AGI: Contratación 1145A.N.3, fol. 36v).

financiado por Francisco de Robles. Por su parte, el librero alcalaíno Juan de Sarriá, muy vinculado al librero madrileño, enviará 66 ejemplares en dos naos: 40 en la *Nuestra Señora del Rosario* (capitaneada por Hernando de Urquiza), y otros 26 en la *Nuestra Señora del Rosario* (capitaneada por Juan Rodríguez). Todos ellos estaban destinados para que se enviaran a diversos contactos en Lima.

Estos datos permiten pensar que buena parte de los ejemplares de la primera edición del *Quijote* impresos en Madrid, pudieron ser enviados a Valladolid, para ser vendidos en la librería de Francisco de Robles en los primeros meses de enero, pero otra parte se envió directamente a Sevilla, para que fueran vendidos en las librerías de la ciudad con los que el librero madrileño tenía acuerdos, así como para ser embarcados para América, siempre que se encontraran libreros o mercaderes que se hicieran cargo de ellos. Otra parte se quedaría en Madrid, y serían vendidos tanto en la librería de Francisco de Robles en la antigua Corte, como en diversas librerías en Alcalá de Henares, ciudad bulliciosa y universitaria, donde los libros de caballerías seguían teniendo gran predicamento, como la publicación de las continuaciones del *Espejo de príncipes y caballeros* a finales del siglo XVI ponen de manifiesto, o los comentarios, ya analizados, que en una librería complutense de 1604 se hacían eco del *Quijote* como un libro de caballerías más. En el reino de Aragón, como veremos, se venderían los ejemplares impresos en Valencia, según convenio con el librero Francisco de Robles, y en Portugal, tendrían que competir los ejemplares que llegaran con las ediciones piratas que vieron la luz en los primeros meses de 1605.

El carácter popular de la edición del *Quijote*, en ese formato en cuarto tan propio de obras de entretenimiento, explica que solo se hayan conservado en la actualidad 26 ejemplares de los 1500 que conformaron la primera edición. Gracias al proyecto de investigación *prinQeps*, liderado por Víctor Infantes, hoy en día sabemos, por primera vez, dónde se encuentran los ejemplares conservados del primer *Quijote*, que, en la mayoría, han terminado por llegar a entidades públicas después de un periplo por diversas manos privadas. Gracias al mismo proyecto, sabemos que de la segunda parte de 1615 se conservan 39 ejemplares.

1.- Albí, Médiathèque Pierre-Almaric: 116 Rés
2.- Barcelona, Biblioteca de Catalunya: Cerv. Vitr. I-3
3.- Cambridge (Mass.), Harvard University, Houghton Library: *SC6 C3375 605i v.1
4.- Chicago, The Newberry Library: Case Y 722. C344
5.- Glasgow, University Library: Sp. Coll. Hunterian Dc.2.26
6.- Innsbruck, Universitäts-und Landesbibliothek Tirol: 207.629
7.- Londres, British Library: G.10170
8.- Madrid, Biblioteca Nacional de España: Cerv/118
9.- Madrid, Real Academia Española: R/28
10.- Madrid, Real Biblioteca: I-H-Cerv/123
11.- Madrid, Real Biblioteca: Bienes privados, COL/S.M
12.- Nápoles, Biblioteca Nazionale Vittorio Emanuele III: SQ. XXVI. C.34
13.- New Haven (Connecticut), Yale University Library, Beinecke Library: He53 9
14.- New York, Hispanic Society of America: PQ 6323 A2 1605a Madrid Serís 1
15.- New York, Hispanic Society of America: PQ 6323 A2 1605a Madrid Serís 2
16.- New York, Morgan Library: Heineman 0174
17.- New York, Public Library of New York: Quixote 1605 1st edition, Berg Collection
18.- Oxford, Bodleian Library: Arch. B. e. 53
19.- París, Bibliothèque Nationale de France: Rés. Y2. 831
20.- Philadelphia, Rosenbach Museum and Library: C2.C419d 605
21.- Rouen, Bibliothèque Municipale: O. 650 rés
22.- Toledo, Biblioteca de El Cigarral del Carmen: KR 1378
23.- Versailles, Yvelines, Saint-Germain-de-Laye, Bibliothèque Municipale: Rés. In-4 E 31 e
24.- Washington, Library of Congress: PQ6323.A2 1605 (Rare Book Collection)
25.- Washington, Library of Congress: PQ6323.A2 1605 (Pre-1801)
26.- Wolfenbüttel, Herzog August Bibliothek: LI 54

Casi o nada sabemos de la procedencia de los ejemplares conservados. Tan solo aquellos que entraron en época temprana en una biblioteca nobiliaria o eclesiástica han conseguido —no sin ciertas dificultades— sobrevivir. En todo caso, lo que sí dejan claro algunos de los ejemplares en sus hojas de guarda y en sus exlibris, es que desde un principio, muchos de los ejemplares cervantinos —como de tantas otras obras en castellano— llegaban a las más importantes ciudades de Europa. A Londres llega en enero o febrero de 1605 un cargamento de libros que había encargado Sir Thomas Bodley a su agente libresco John Bill, comprados todos en Sevilla. Entre ellos, estaba el ejemplar de la primera edición el *Quijote* que hoy se conserva en la Bodleian Library de Oxford.

Pero, ¿cuándo se supo que había dos ediciones del *Quijote*, ambas impresas en el taller regentado por Juan de la Cuesta, ambas con la fecha de 1605, ambas financiadas por Francisco de Robles, pero diferentes en sus lecturas. como veremos más adelante, así como en sus preliminares legales, ya que la reedición de 1605 aparece con «Privilegio de Castilla, Aragón y Portugal»?

Portada de la segunda reedición del *Quijote*, terminada de imprimir en 1605 en el taller de Juan de la Cuesta, BNE, Cerv/128.

El reverendo inglés, John Bowle, al que debemos la primera edición anotada del *Quijote*, la publicada en 1780 en Glasgow, escribió una carta a un amigo suyo, el reverendo Percy, donde le da cuenta del ritmo y de sus impresiones sobre el trabajo que le consume su tiempo y sus esfuerzos y lecturas, que se publicó en Londres en 1777. En ella, será el primero en darse cuenta de que, además de las ediciones de Lisboa y de Valencia, «hay otra edición de la primera parte del mismo año y lugar». Sin más detalle. Sin haber sido capaz de ver un ejemplar de cada una de ellas. Habrá que esperar a principios del siglo XIX para instalar, al menos, entre los eruditos cervantinos esta realidad: la existencia de dos ediciones del *Quijote* impresas por Juan de la Cuesta, con la fecha de 1605 en su portada. Martín Fernández de Navarrete, en su biografía cervantina de 1819, que acompaña a la edición del *Quijote* realizada por la RAE, ya habla abiertamente de estas dos ediciones. Pero será Vicente Salvá en 1829 el que comentará y comparará con todo detalle estas dos realidades bibliográficas en el segundo tomo de los fondos puestos a la venta en su librería londinense: *Catalogue of Spanish and Portuguese Books*. Y lo hará con la autoridad de quien puede presumir en aquellos años de contar con ejemplares de ambas ediciones (la de la primera edición se encuentra actualmente en la Hispanic Society of America de New York).

Pero, a pesar de que desde finales del siglo XVIII y principios del XIX, comience a haber conciencia de que existía dos ediciones quijotescas en 1605, lo cierto es que será la reedicion madrilena de 1608, con diversos cambios, la que se considerará desde la propuesta editorial de Pellicer (1797-1798) como la última versión de la obra sancionada por Cervantes y, por tanto, la que es digna de ser rescatada y editada. Y así, las ediciones del siglo XIX reproducirán el texto quijotesco de 1608. Nadie conocerá ni leerá el *Quijote* tal y como lo leyeron los lectores de 1605, los primeros lectores de Cervantes.

Esta situación comenzará a cambiar en los últimos decenios del siglo. En 1863, Juan Eugenio Hartzenbusch imprime el *Quijote* en Argamasilla de Alba. Y lo hará partiendo de las ediciones de 1605, pero, por otro lado, introdujo tantos cambios y enmiendas, que el resultado final fue un texto aún más alejado del escrito por Cervantes. Habrá que esperar hasta la edición facsímil de López Fabra (en 1871), y la edición de James Fitzmaurice-Kelly en 1898 («primera del texto restituido»), para leer de nuevo el texto de 1605 en una edición del *Quijote*.

Misterios e historias bibliográficas que ponen, una y otra vez, ante nuestra mirada la enorme distancia que existe entre lo escrito por Cervantes, lo impreso en el taller regentado por Juan de la Cuesta y lo difundido por Francisco de Robles con lo que se ha leído, se ha interpretado, se ha comprendido del texto cervantino en sus cuatro siglos de difusión.

Por esto y otras tantas razones es importante conocer los usos y costumbres de la época; por eso no deja de sorprendernos por qué la reedición de 1605 impresa por Juan de la Cuesta a partir de marzo o abril de este año no es una mera reedición a plana y renglón de la primera edición. Nos adentramos, casi sin quererlo, en el primer misterio bibliográfico cervantino, el primero de muchos a los que tendremos que enfrentarnos en estas páginas.

Uno de los primeros misterios bibliográficos cervantinos: la reedición madrileña de 1605

Los primeros meses de la difusión del *Quijote* en 1605 siguen el guión establecido del *best-seller*. Por un lado, mientras se despachaban los 1500 ejemplares de la primera edición tanto en las librerías de Valladolid, Madrid, Sevilla o Lisboa, más todos aquellos libreros y mercaderes que conformaban la red de relaciones comerciales de Francisco de Robles, el librero madrileño iba apalabrando la compra del papel, así como de los tiempos de la imprenta regentada por Juan de la Cuesta ante la posibilidad de realizar una reedición lo antes posible.

Crónica de un éxito anunciado, de seguir los usos y costumbres de la época.

Y esta segunda edición del *Quijote* se tendría que hacer con licencia y privilegio de impresión para los reinos de Portugal y Aragón, trámites que se desarrollarán en los primeros meses del 1605. Tan solo hemos conservado la correspondiente al territorio de Valencia, otorgada a Melchor Valenciano de Mendiolaza, «procurador de Michel de Servantes de Saavedra, del regnes de Castella», firmada el 9 de febrero. Pero todos los trámites ya se habían cumplimentado el 11 de abril: este día le otorga Cervantes al librero Francisco de Robles el poder tanto para imprimir y vender «el libro que compuso intitulado *Don Quijote de la Mancha* para los reinos de Portugal, Aragón, Valencia y Cataluña» como todos los «autos y diligencias y pedimientos que sean necesarios y que quisiere hacer para impedir que no se imprima ni venda el dicho libro sin su orden ni consentimiento». Un poder general que se concretará en otro particular para el reino de Portugal que concede Cervantes al día siguiente, el 12 de abril, a favor de Francisco de Ro-

Licencia y privilegio de impresión en Valencia de la primera parte del *Quijote*:
(AHPM 1/1.1/T.001665, f.559r-v).

bles, y de los residentes en Lisboa, el licenciado Diego de Alfaya y Francisco de Mar, dado que «a mí noticia ha venido que algunas personas en el dicho reino de Portugal han impreso o quieren imprimir el dicho libro sin tener, como no tienen, para ello poder ni licencia mía».

Y en efecto, las noticias eran verdaderas. Dos libreros lisboetas aprovecharán los primeros meses del año 1605 para ofrecer sus propias ediciones quijotescas, ya que ni Cervantes ni Francisco de Robles habían solicitado el privilegio de impresión para el reino de Portugal. El más madrugador será el librero Jorge Rodríguez, que realizará su reedición en formato en cuarto —el mismo formato que la edición príncipe madrileña—, con dos portadas diferentes. El 1 de marzo de 1605 será la fecha de la licencia firmada por Marcos Texeira y Ruy Pires Veiga, en nombre de la inquisición portuguesa, después de haber recibido el informe positivo del fraile Antonio Freire fechado en el Colegio de San Agustín de Lisboa el 16 de febrero de 1605, que destaca el «entretenimiento y diversión» que causará su lectura:

> Assí como vay não leva couza algũa dessoante à doutrina Catholica, e polla muita eloquencia, e engenho que o Author nelle mostra me parece se lhe pode dar licença que nestre Reino se imprima para entertimento e recreação.

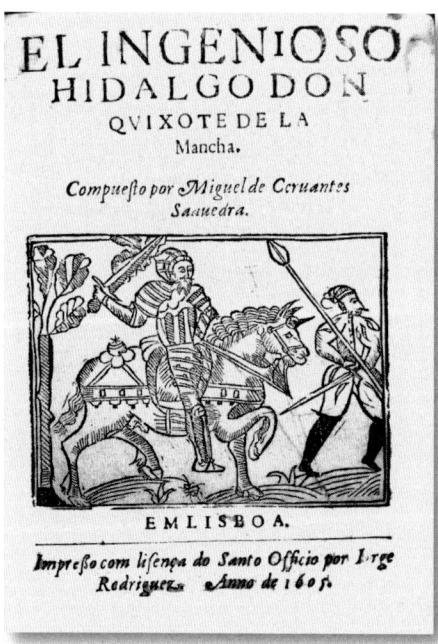 

Emisiones con cambios en la portada de la edición pirata del *Quijote* impresa en Lisboa por Jorge Rodríguez (1605).

Pedro Crasbeck será el segundo impresor portugués en ofrecer una nueva reedición al margen de Cervantes y de Francisco de Robles, en este caso, en formato octavo, un formato más popular y económico. Del 27 de marzo será el informe firmado también por Antonio Freire, en este caso destaca que la obra puede imprimirse «para honesto entretenimiento». Dos días después, la Inquisición le concede su permiso, siempre que «depois de impresso torne a este Conselho pera se conferir, e dar licença pera correr, e sem ella não correta». Hay prisa, muchas prisas para sacar una nueva edición caballeresca ante un público habituado a la lectura de libros de caballerías, cuyo éxito se mantendrá en tierras portuguesas hasta bien entrado el siglo XVIII. Solo hay que comparar las portadas de las reediciones lisboetas con las de Madrid para comprender mejor el ámbito de recepción caballeresco en que se difundió el primer *Quijote* en el reino de Portugal, como así sucederá en la Corona de Aragón.

Portada de la reedición pirata del *Quijote*, impresa en Lisboa por Pedro Crasbeeck (1605) Jorge Rodríguez (1605).

Portada de la reedición del *Quijote* impresa en Valencia por Pedro Patricio Mey (1605).

En el caso del territorio valenciano, se conoce una reedición que costea el librero Iusepe Ferrer en la imprenta valenciana de Pedro Patricio Mey, cuyo informe para el permiso de impresión será firmada por el Doctor Genís Casanova Pabordre, de la Seo de Valencia, el 18 de julio de 1605. En este caso, dado que, a excepción de los libros religiosos, estaba prohibido el tráfico de impresos entre Castilla y Aragón, se hacía necesario que los éxitos castellanos pudieran imprimirse en una imprenta del reino de Aragón, para así satisfacer su propia demanda. De ahí que Francisco de Robles utilizara a su procurador Melchor Valenciano de Mendiolaza, el que conseguirá en nombre de Cervantes la licencia de impresión el 9 de febrero, para alcanzar un acuerdo con el librero valenciano para realizar una reedición en octavo de la obra cervantina. De este modo, la reedición valenciana del *Quijote* entra dentro de las aprobadas por el librero Francisco de Robles, que se llevaría su porcentaje de beneficios. Nada que ver con la primera reedición de Portugal, la primera realmente pirata, al margen del control —y del beneficio— del librero y del autor.

Ya volveremos a hablar de esta imprenta al tratar el *Quijote apócrifo* de 1614, impreso en la imprenta de Mey en Tarragona después de que él se trasladara a Valencia.

Hasta aquí, el guion establecido en las costumbres editoriales de la época, los movimientos administrativos y legales, que han llenado de sorpresas y detalles los archivos. Y aquí tendríamos que incorporar la reedición del *Quijote* en la imprenta regentada por Juan de la Cuesta, y financiada por Francisco de Robles, comenzada hacia marzo o abril, una reedición que, con las prisas para poder contar con nuevos ejemplares que pudieran abastecer los mercados vallisoletanos, madrileños, sevillanos o lisboetas, se tendría que hacer a plana y renglón, es decir, lo más parecida posible a uno de los ejemplares impresos de la *princeps* terminada de imprimir a finales de noviembre de 1604. La reedición a plana y renglón permite un trabajo más rápido y económico al no ser necesario «contar el original» manuscrito, pues se trabaja a partir de un ejemplar impreso, y también hace posible que en su proceso pudieran estar implicados oficiales menos diestros, e incluso aprendices.

Un ejemplo de cómo podría haber sido la reedición a plana y renglón, lo habitual en estos casos de la edición de una obra de entretenimiento en que se tienen que comenzar a recoger los frutos de sus venta rápida, es el inicio del capítulo 23, tanto en el ejemplar de la Biblioteca Nacional de España de la princeps (Cerv/118) como de la reedición de 1605 (Cerv/128).

No hemos de olvidar que el autor, en el momento en que ha vendido su licencia y privilegio de impresión a un librero o a un impresor, queda fuera del proceso tanto de edición como de difusión de la obra. Miguel de Cervantes cobró sus buenos reales por la venta del privilegio del *Quijote*. Y Miguel de Cervantes se encuentra con su familia en Valladolid, a cientos de kilómetros de la imprenta regentada por Juan de la Cuesta en la madrileña calle de Atocha.

Hasta aquí el guion establecido y aquí comienza el primero de los misterios bibliográficos cervantinos: ¿cómo explicar que, a pesar de las prisas con que se quiere

Inicio del capítulo 23: Princeps del *Quijote* (BNE: Cerv. 118).

Inicio del capítulo 23: Reedición del *Quijote* (BNE: Cerv. 128).

trabajar en los primeros meses de 1605, la reedición madrileña no sea realmente una reedición a plana y renglón sino más bien una reedición corregida y aumentada, con el retraso que conllevaba este proceso, las dificultades añadidas? ¿Qué relación unía a Miguel de Cervantes con Francisco de Robles para conseguir estar presente en el proceso de reedición, de participar activamente en el mismo, cuando había vendido su licencia y privilegio? ¿Hasta qué punto el *Quijote* es para Francisco de Robles un mero producto comercial, uno de sus negocios, o tiene una mayor implicación de la que hemos imaginado o pensado hasta ahora? Muchos de los cambios que se realizan en la reedición de 1605 pueden deberse al corrector de la imprenta de Juan de la Cuesta, en especial, la corrección de algunas erratas, de errores de puntuación, o de lecturas que han traído de cabeza a los editores, como el famoso pasaje del primer capítulo:

[1: 1605] Pero acordándose que el valeroso Amadís no solo se había contentado con llamarse «Amadís» a secas, sino que añadió el nombre de su reino y patria **por Hépila famosa**, y se llamó «Amadís de Gaula»

[2: 1605] Pero acordándose que el valeroso Amadís no solo se había contentado con llamarse «Amadís» a secas, sino que añadió el nombre de su reino y patria **por hacerla famosa**, y se llamó «Amadís de Gaula»

En otras ocasiones, parece que el cambio textual se debe a chocar con una lectura que no se considera muy ortodoxa desde un punto de vista religioso y que podría haber tenido sus más y sus menos con la inquisición, como así sucede con la descripción de la penitencia de don Quijote en Sierra Morena, en el capítulo 26, en que los materiales para confeccionar un rosario no se juzgaron los más pertinentes:

[1:1605] «[...] Mas ya sé que lo más que él hizo fue rezar y encomendarse a Dios; pero ¿qué haré de rosario, que no lo tengo?». *En esto le vino al pensamiento cómo le haría, y fue que rasgó una gran tira de las faldas de la camisa, que andaban colgando, y diole once ñudos, el uno más gordo que los demás, y esto le sirvió de rosario el tiempo que allí estuvo, donde rezó un millón de avemarías.*
Y lo que le fatigaba mucho...

[2:1605] «[...] Mas ya sé que lo más que él hizo fue rezar *y así lo haré yo*». *Y sirviéronle de rosario unas agallas grandes de un alcornoque, que ensartó, de que hizo un diez.*
Y lo que le fatigaba mucho...

Pero otros ya no son pequeños cambios, sino que obligaban a una nueva cuenta del original, lo que complicaba los trabajos editoriales dentro del taller de Juan de la Cuesta. Y justamente en el capítulo 23 (como también en el capítulo 30) Miguel de Cervantes va a insertar un nuevo texto que explicará qué ha sucedido con el rucio de Sancho Panza en Sierra Morena, que aparece y desaparece de una manera extraña. Así al inicio del capítulo 25, Sancho se encuentra con su rucio, pero al final del capítulo se lamenta de su pérdida. Para explicar qué ha sucedido, Cervantes va a escribir varias líneas, que se van a incorporar a la reedición de 1605, a partir del fol. 108, que comienzan en ambas ediciones de la misma manera:

Edición *princeps* del *Quijote,* capítulo 23
(BNE: Cerv. 128).

Reedición del *Quijote,* capítulo 23 con adición
(BNE: Cerv. 128).

A partir de la marca blanca superpuesta los dos textos se separan.

De este modo, estas 42 nuevas líneas interpoladas por Miguel de Cervantes en la reedición de 1605 obligaron al componedor a tener que modificar las siguientes páginas para incorporar el nuevo texto. Desde el fol. 108r hasta el 146v todas las páginas de la reedición de 1605 serán diferentes a las de su modelo, la príncipe de este mismo año. Por su parte, en el capítulo 30 se insertarán 28 líneas nuevas, que comienzan en el fol. 171r (cuaderno Y3), y que solo se recuperará hasta el 229r (cuaderno Ff5), cuando las dos ediciones vuelven a ser similares, a ser una reedición a «plana y renglón».

Las adiciones del rucio las incluyó seguramente Cervantes en un ejemplar no encuadernado de la primera edición del *Quijote* —lo que era lo habitual en la época—, donde se marcarían también el resto de las correcciones (ya fueran las textuales que introduciría Cervantes, como las tipográficas, que se realizarían dentro del taller de Juan de la Cuesta. Una corrección que, curiosamente, no le correspondía al capítulo 23 sino al 25, lo que no es prueba de que no las escribiera Cervantes, sino que Miguel de Cervantes no estuvo presente en el taller de Juan de la Cuesta cuando se introdujeron.

Este detalle, tan fuera de lo común en la forma de relacionarse los autores con los editores e impresores de la época, es un indicio de la particular —y estrecha— relación que tuvieron que mantener Miguel de Cervantes y Francisco de Robles. Una relación de la que poco (o nada) sabemos, pero que explicará también el apoyo que el librero le dará a Cervantes cuando se dedique de lleno a su vida en papel, a la publicación de la gran parte de sus obras a partir de 1613, aunque ya no es el autor de éxito con que comenzara el 1605, dado que todavía en su librería quedaban ejemplares de esta segunda edición del *Quijote*, como de la reedición de 1608. La participación de Miguel de Cervantes en la reedición corregida y aumentada de 1605 es un hecho. ¿Cómo lo consiguió? Es todo un misterio o quizás no tanto si tenemos en cuenta que Cervantes pudo trabajar para Francisco de Robles, como veremos en el tercer capítulo.

El primer (y único) éxito del *Quijote*: las primeras apariciones en la plaza pública

A los pocos meses de difundido el *Quijote* impreso por Juan de la Cuesta —algunos meses más si contamos con la difusión manuscrita del *Quijote primitivo*—, hacen su primera aparición en una plaza pública don Quijote y Sancho Panza, pasan de la vida en papel a la de carne y hueso. ¡Y qué mejor ocasión para hacerlo que en las mayores fiestas de cañas y toros que se celebraron en la Corte, en la Plaza Mayor de Valladolid, para seguir festejando el nacimiento del futuro Felipe IV! Ni más ni menos. Y los detalles los conocemos gracias al escritor portugués Tomé Pinheiro da Veiga, al que hemos tenido ocasión de citar en más de una ocasión, y a su famosa *Fastiginia*, cuyo subtítulo merece ser recordado, pues nos habla, una vez más, de la pervivencia de la materia caballeresca justo en el momento de la difusión del *Quijote*: «fastos extraordinarios sacados de la tumba de Merlín, donde fueron hallados junto a la *Demanda del Santo Grial* por el arzobispo D. Turpín, descubiertos y sacados a la luz por el famoso lusitano fray Pantaleón, que los encontró en un monasterio de novatos… a costa de Jaime del Temps Perdut, comprador de libros de caballerías». No podría estar don *Quijote* en mejores páginas que en estas. La obra nunca llegó a imprimirse, pero, como hemos visto el no pasar por las prensas no significa que una obra quedara inédita durante los Siglos de Oro: hoy en día se conoce la existencia de hasta 12 copias manuscritas, sin duda, una pequeña muestra de las que debieron realizarse en su tiempo en tierras portuguesas.

El 10 de junio todo estaba preparado para la «principal fiesta de cañas y toros»: la plaza mayor cubierta de arena, las calles con sus palenques, todas las habitaciones alquiladas e, incluso, se habían quitado las tejas para que pudiera entrar más gente. Tomé Pinheiro habla de hasta cuarenta mil las personas que se dieron cita para disfrutar de tal acontecimiento. A las doce de la mañana, entraron los reyes, y lo hicieron como era de esperar, con un «aparato» y un desfile admirable. Detrás de los «carros y carrozas de mujeres de los grandes y señoras que habían de estar con la reina», venían veinte pajes del rey a pie, y detrás de ellos, «los titulares y señores de la Corte, que eran ochenta», y otros veinticinco caballeros, «vestidos admirablemente de brocado y con toda riqueza que se puede imaginar, cargados de oro, perlas y piedras en las cadenas, botones y cintillos, que para este día reservaron lo mejor, y como hacía gran calor y sol, cegaban a la gente los rayos que salían de las piedras y medallas, que todo lo bueno de España iba en ellos y en las damas».

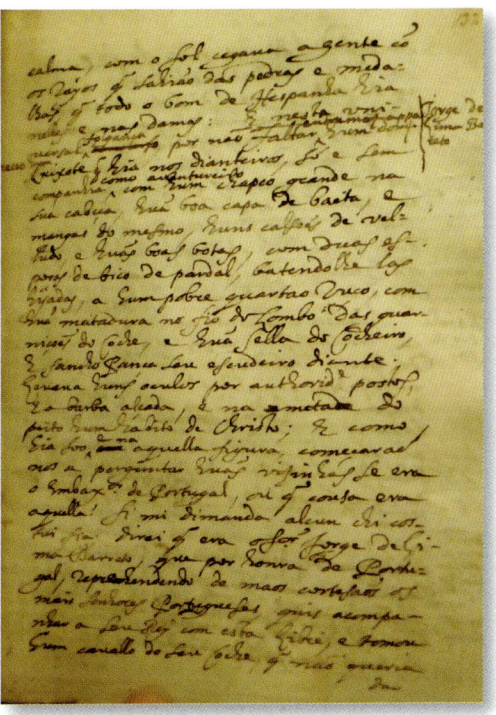

Relato en la *Fastiginia* de Tomé Pinheiro da Veiga de la primera aparición de Don Quijote en la Corte de Valladolid (junio de 1605).

Y en este cortejo, en este momento, en que «todo lo bueno de España» se daba cita, aparece, por primera vez en una fiesta», don Quijote acompañado de Sancho Panza:

> Y en esta universal holganza, para no faltar entremés, apareció un D. Quijote que iba delante como aventurero, solo y sin compañía, con un sombrero grande en la cabeza y una capa de bayeta y mangas de lo mismo, unos calzones de velludo y unas buenas botas con espuelas de pico de pardal, batiendo las ijadas de un pobre cuartago rucio con una rozadura en el borde del lomo, de las guarniciones del carro y una silla de cochero. Y Sancho Panza, su escudero, delante. Llevaba unos anteojos para dar más autoridad y bien puesto, y la barba alzada, y en mitad del pecho un Hábito de Cristo.

Y la gente no puede dejar de preguntarse quién era este caballero, «si era el Embajador de Portugal». Se trata del Sr. Jorge de Lima que, con esta broma, quiso reprender y acusar «de malos cortesanos a la mayoría de los señores portugueses», como acota el propio cronista portugués en su obra.

Detrás de este «entremés», desfilaron los mozos de la reina a caballo, los grandes que están en la Corte, y los principales, y después los escuderos de la cámara y lacayos del rey y de la reina. El rey y la reina vendrán jinetes con sus galas, que describe Tomé Pinheiro con todo lujo de detalles: «venía la reina en una hacanea blanca hermosísima, en un sillón de plata dorada y esmaltado, con algunas piedras engastadas, con gualdrapa de velludo negro, todo bordado de lacarcias de oro y plata y canutillo de oro y guarniciones de lo mismo, y ella con falda ancha o cota de cabalgar, de tela de oro, con bordadura de aljófar…». Detrás de ellos, quince damas de la reina, cuyos vestidos también se describen, y para ponderar su riqueza el cronista no duda en compararlo con lo sucedido en el *Amadís de Gaula*, una prueba más de la pervivencia de la lectura caballeresca en la Corte del *Quijote*:

> que nunca Oriana en su tiempo con más grandeza probó el Arco de los leales amadores, aunque llevara consigo a la señora Dña. Brides y a la señora Dulcinea del Toboso.

Una nueva referencia al *Quijote*, que casi siempre se olvida en los comentarios a este episodio, donde los personajes caballerescos y quijotescos se unen dentro del mismo género, el de los libros de caballerías castellanos, que les vio nacer y les da sentido. El día 28 de junio, en la pradera de Valladolid aparece un nuevo enamorado don Quijote, todo él vestido de verde, como ya hemos visto al recordar el caso de Gaspar de Ezpeleta, que muere justo este mismo día, sin que su muerte ni las averiguaciones merezcan ningún comentario del escrupuloso cronista portugués.

«Para no faltar entremés…», es decir, para que hubiera una pieza cómica y divertida entre tanta solemnidad, apareció don Quijote por primera vez en una fiesta. Y lo hará en junio de 1605, a escasos meses de editadas sus aventuras. No olvidemos el dato. Y esta lectura cómica y jocosa es la que también encontraremos en las distintas fiestas solemnes en que aparezcan los personajes quijotescos, casi siempre de la mano de estudiantes universitarios. Así sucede con las numerosas fiestas que se realizaron en 1616 en varias ciudades españolas, como Baeza, Sevilla, Salamanca o Utrera, para celebrar la Inmaculada Concepción, donde los estudiantes universitarios se divierten con sus mascaradas caballerescas, donde aparece, como un caballero más, don Quijote de la Mancha. Recordemos un ejemplo, lo sucedido en las fiestas de Baeza, donde los participantes se dividen en cuatro cuadrillas, de las que la primera estará dedicada a los caballeros andantes, que tienen como colofón a don Quijote de la Mancha y al Conde Galalón:

> Eran los penúltimos el muy esforzado *Don Quijote de la Mancha*, quintaesencia de aventureros y gloria del Toboso, y el Conde *Galalón*, que por haber tenido fama de traidor, iba tan de mala gana con él el de la Triste Figura. Llevaba el gran desfacedor de tuertos todas armas de cartón, que se podía entender eran las que hizo y estrenó en su primera vocación, a no decir su historia, que las hizo pedazos probándolas. Llevaban él y su Rocinante penachos de papel, y la lanza hierro de cartón [...].

Don Quijote acompañará su disfraz caballeresco con dos motes, uno en el pecho y otro a las espaldas, que hace alusión al motivo de la fiesta que se celebra:

> Del Toboso don Quijote
> ha venido en solo un trote
> a probar qué es cosa llana,
> que de la primer manzana
> María no pagó escote.
>
> Hoy olvida a Dulcinea
> el de la Triste Figura,
> por la que es vida y dulzura.

Risas y diversión en la primera salida a la plaza pública de don Quijote y Sancho Panza en tierras castellanas.

¿Y qué sucede en el resto del mundo? ¿Cómo son los personajes que del papel saltan a la arena pública tanto en América como en Europa por estos años?

«A esta hora, asomó por la plaza el Caballero de la Triste Figura don Quijote de la Mancha, tan al natural y propio de como le pintan en su libro, que dio grandísimo gusto verle». Con estas palabras un anónimo cronista narra el momento, el instante en que don Quijote y otros personajes cervantinos hacen su aparición (teatral) por tierras americanas. Hemos de situarnos en 1607, en Pausa, una ciudad minera de Perú, que está a punto de celebrar con una gran fiesta el anuncio del nombramiento del nuevo virrey en la persona del Marqués de Montesclaros. A la sorpresa por la fecha y el lugar de la difusión del *Quijote*, tan cercana una y tan lejano el otro de los de su primera edición, se unen los detalles de las escenas caballerescas que se vivieron en aquel pequeño pueblo del Virreinato del Perú, gracias a la imaginación y a las lecturas de su Corregidor.

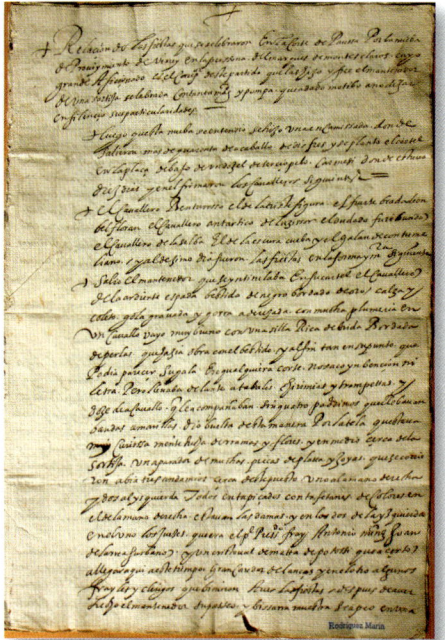
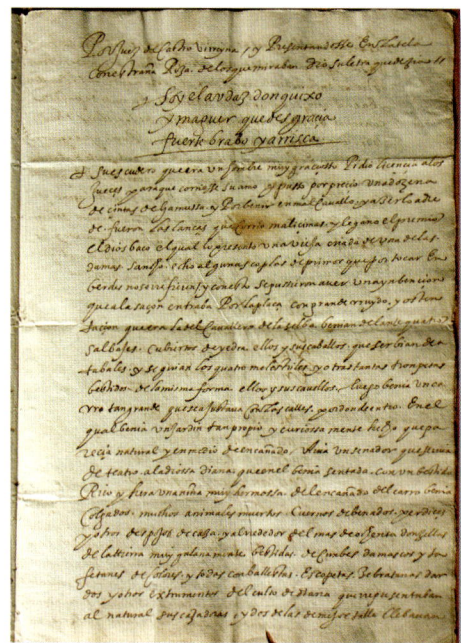

Relación de la sortija caballeresca celebrada en Pausa (Perú) en 1607 (Archivo del CSIC).

Como suele ser habitual en este tipo de festejos, diez días antes de las fiestas se había colocado un cartel en la plaza, para que todos los caballeros que quisieran participar en el torneo pudieran hacerlo. Nueve serán los nombres que aparecerán escritos, todos ellos relacionados con personajes de libros de caballerías: «El Caballero Venturoso, el de la Triste Figura, el Fuerte Bradaleón, Belflorán, el Caballero Antártico de Luzisor, el Dudado Furibundo, el Caballero de la Selva, el de la Escura Cueva y el Galán de Contumeliano». Todos ellos al mismo nivel: los que son invenciones a partir de un imaginario colectivo de los que son trasunto de un personaje de papel de un famoso libro de caballerías; todos caballeros andantes, todos dentro de un género, y entre ellos, el «Caballero de la Triste Figura» como uno más. A los diez días después, estos caballeros se presentan en la plaza ataviados con sus trajes, acompañados de sus fantasías y con sus motes y letras bien visibles, para regocijo de tantas damas y señores que allí se dieron cita. La aparición del Caballero de la Triste Figura (en realidad, un caballero de Córdoba que respondía al nombre de Luis de Galves) fue acogida con aplausos y risas:

> A esta hora asomó por la plaza el Caballero de la Triste Figura, don Quijote de la Mancha, tan al natural y propio de como le pintan en su libro, que dio grandísimo gusto verle. Venía caballero en un caballo flaco, muy parecido a su Rocinante, con unas calcitas del

año de uno, y una cota muy mohosa, morrión con mucha plumería de gallos, cuello del dozavo, y la máscara muy al propósito de lo que representaba. Acompañábanle el Cura y el Barbero con los trajes propios de escudero e infanta Micomicona que su corónica cuenta, y su leal escudero Sancho Panza, graciosamente vestido, caballero en su asno albardado y con sus alforjas bien proveídas y el yelmo de Mambrino.

Todos los presentes reconocieron al momento a los personajes cervantinos; solo era necesario mostrar unos cuantos objetos, convertidos ya en símbolos, y la relación entre el caballero real y el de ficción estaba garantizada, así como el entretenimiento; sobre todo cuando el caballero manchego se dirige a todos con su particular *letra*, un nuevo ejemplo de verso de cabo roto, tan de moda en estos primeros años del siglo XVII:

> Soy el audaz don Quixó-
> y maguer que desgraciá-,
> fuerte, bravo y arriscá-.

La noche les sorprende a jueces, damas y caballeros en medio de la plaza. Y no pocos problemas tuvieron que sortear los jueces para otorgar los premios prometidos de «invención, letra y gala». Ante la destreza que los caballeros habían demostrado durante el día, resolvieron repartir entre tres los premios, recayendo el de invención en el Caballero de la Triste Figura: «por la propiedad con que hizo la suya y la risa que en todos causó verle». Risas y más risas cuando se lee el *Quijote* (tanto dentro como fuera de las antesalas de los señores); risas y más risas cuando aparecen sus personajes en los desfiles, cortejos y fiestas del momento.

Hasta aquí nos hemos detenido en las apariciones de don Quijote en la plaza pública que se describen con palabras, pero en 1614 todo cambiará, y podremos entender, por primera vez, cómo vieron a don Quijote y al resto de los personajes cervantinos sus lectores, aquellos que fueron los que leyeron y oyeron sus historias, aquellos que presenciaron y se sorprendieron con sus apariciones públicas. Durante el 27 y 28 de octubre 1613 se llevaron a cabo en la ciudad alemana de Dessau unas fiestas cortesanas de espíritu caballeresco para celebrar el nacimiento de un nuevo príncipe. Dos días en que debió correr la cerveza y las risas con igual intensidad. Conocemos los detalles de las fiestas cortesanas gracias a la relación que publicó Tobias Hubner un año después en Leipzig; palabras que fueron acompañados por varios grabados realizados por Andreas Bretschneider, que permiten rescatar no solo un momento textual sino también una imagen, la primera imagen que hemos conservado que representa, o quiere representar, a don Quijote y Sancho Panza según el imaginario caballeresco del momento, el ámbito de recepción —lúdica y literaria— con que triunfó el *Quijote* en la Europa del momento.

No es casual, por supuesto, que los mantenedores de las dos fiestas cortesanas sean Sinan Bassa y Mehemet Bassa, dos caballeros turcos «famosos en Asia y en Europa antes de este tiempo y, en especial, por las dos armas grabadas con nuestros blasones que derramaran sangre cristiana en Hungría», ni que tampoco en la contestación al cartel de desafío por parte de los caballeros húngaros en el segundo día de los festejos, se anime a la victoria final en el «entretenido torneo» como profecía de lo que sucederá cuando vuelvan de nuevo a encontrarse en el campo de batalla. La risa está garantizada no solo por el lenguaje utilizado sino también por el origen y naturaleza de los combatientes: el príncipe de Saba «y sus valientes caballeros moros», todos ellos por el «ardiente fuego interior que torna tan negros con sus incesantes vapores nuestros corazones», los campesinos de Vockerode, que se disponen a participar en la sortija después de tomar «una jarrita de cerveza en la tasca de nuestro pueblo», los campesinos de Kleutsch, que, envidiosos del éxito de sus compañeros de Vockerode el día anterior, deciden participar en la carrera y esperan un éxito similar, los tres viejos caballeros de Alemania, que no pueden aceptar que desaparezca la «antigua caballería alemana», para lo que expresan sus principios en 33 puntos, en los que llevan a cabo un verdadero elogio del caballero borracho: «que no se puede esperar mucho de un caballero que no sea capaz de beberse él solo una mesa entera de cervezas y después no sea capaz de ensillar su caballo»… etc. etc., terminando las fiestas en un hilarante discurso de las «seis esposas de los campesinos de Kleutsch», que se quejan por la participación de sus maridos en un torneo caballeresco cuando esperaban encontrarlos en los torneos propios de los campesinos:

> y nos pusimos en camino en busca de nuestros maridos y albergábamos la esperanza de hallarlos quizás en una tasca, participando en un torneo de cerveza de esos en los que se trata de alcanzar con la boca, sucia y embriagada, el enorme jarro, y que es el torneo de caballeros al que están más y mejor acostumbrados.

En este contexto carnavalesco, en estas entretenidas fiestas donde el humor es el protagonista, la presencia de don Quijote se hace inevitable: participa del mismo proceso creativo, en que el humor nace de situar a unos personajes en situaciones que no les corresponde, como caballeros turcos, ancianos e, incluso, campesinos. El cortejo quijotesco se inaugura con «El enano», al que acompañan el «El cura» y «El Barbiera», que portan dos objetos que se relacionan con dos aventuras quijotescas: don Quijote se enfrenta a lo que él considera gigantes, pero que en realidad son molinos de viento y cueros de vino (aquí representado por un tonel); detrás, «La sin par Dulcinea del Toboso», «El ingenioso Hidalgo Don Quixote de la Mancha, cavallero de la Triste Figura», al que acompaña «Sancho Panca Scudiero Don Quixote» y la «Linda Maritornes», con una representación tan cómica similar a la de la princesa de La Mancha, y por último, cerrando el cortejo, encontramos un carro, en que dos bueyes tiran de un castillo tal y como lo imaginaría don Quijote en sus primeras salidas.

Imágenes del cortejo caballeresco presenciado en Dessau en 1613, según grabado de Andreas Bretschneider, publicado al año siguiente en Leipzig.

«Tan al natural y propio de como le pintan en su libro…» escribió el anónimo cronista de la *Relación* de Pausa a la hora de describir la aparición de don Quijote como caballero andante en tierras americanas. Y lo hace destacando su «morrión con mucha plumería de gallos, cuello del dozavo», que, en ningún caso, fueron prendas usadas por el don Quijote cervantino. Y así, también con su morrión y un gran penacho de plumas aparecerá representado en Alemania en 1613. Don Quijote tendrá que esperar unos años, a 1618, para comenzar a ser representado con los atributos propios de su locura (la bacía de barbero) y así lo hará en la portada de la traducción francesa de la segunda parte de la obra. Mientras tanto, el imaginario caballeresco, la forma habitual —y genérica— de representar a un caballero andante a principios del siglo XVII será el modo de representar, de hacer aparecer a don Quijote en la plaza pública.

El año 1605 fue un buen año editorial para el *Quijote*: tres ediciones preparadas por Francisco de Robles (las dos de Madrid y la de Valencia) y otras dos realizadas en Lisboa, sin el control del librero ni del autor. ¿Y el resto de los años? Habrá que esperar a 1607 para encontrar una nueva reedición, esta vez, en Bruselas, en la imprenta de Roger Velpius, que reeditará la obra en 1611, y luego en 1617 junto con la publicación de la segunda parte. Y por su parte, en Milán, Pedro Martir Locarni y Juan Bautista Bidello publican una reedición en español, a partir de la edición valenciana de 1605; y lo harán también en el formato popular y económico del octavo. Esta edición se publica con una nueva dedicatoria de los impresores al Conde Vitaliano, en que se refuerza su carácter de libro de entretenimiento, que puede alternar con las lecturas de obras más serias:

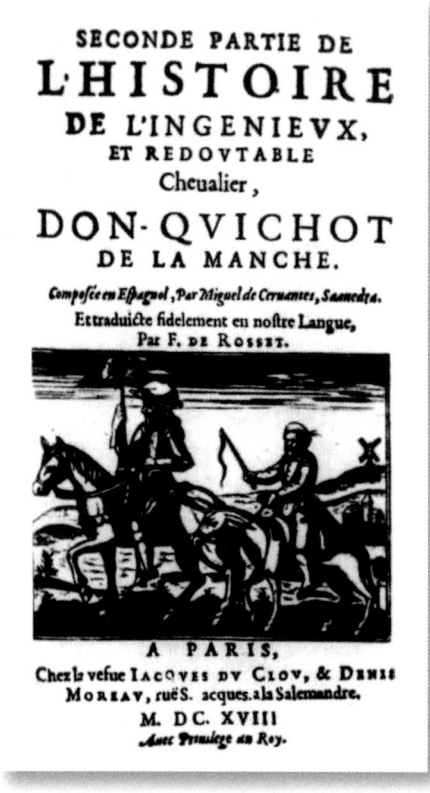

François de Rosset: edición francesa de la segunda parte, 1618.

> y habiendo nosotros sabido que, entre los mas graves estudios en que V. S. Ilustrísima pasa su pueril edad, tiene a las veces gusto de la lengua castellana, ahora hecha muy familiar a los caballeros de esta ciudad tan noble, por esta razón nos atrevemos a dedicar a V. S. Ilustrísima el libro español del *Ingenioso Hidalgo don Quijote de la Mancha*, que de nuevo hemos impreso, sin hacerlo traducir en lengua toscana por no le quitar su gracia, que más se muestra en su natural lenguaje en cualquiera trasladado.

Para el caso de la Corona de Castilla, habrá que esperar a 1608, tres años después de la publicación de la primera edición para contar con una nueva reedición financiada por Francisco de Robles. La estrella editorial del *Quijote* se está apagando en las coronas de la Monarquía Hispánica.

Reedición del *Quijote* en Bruselas (1607).   Reedición del *Quijote* en Milán (1610).

El *Quijote* en tierras castellanas, aragonesas y portuguesas que había ofrecido una imagen de éxito editorial en 1605, comienza a ser una sombra y el libro deja de reeditarse aunque sus personajes siguen siendo habituales en todas las mascaradas y diversiones de las que tenemos constancia en los siguientes años, siempre con una lectura cómica y divertida de sus personajes y aventuras, siempre vinculado a estudiantes o pajes, como así lo escribirá Cervantes: «Y los que más se han dado a su lectura son los pajes: no hay antecámara de señor donde no se halle un *Don Quijote*; unos le toman si otros le dejan; estos le embisten y aquellos le piden».

Otra historia es la que se narrará desde tierras europeas, desde esas tierras en que las aventuras cervantinas fueron rápidamente traducidas y difundidas a lomos del éxito continuado de los libros de caballerías y de la posibilidad que les permite el *Quijote* para reírse y criticar la caballería española. Pero esa será una historia a la que volveremos más adelante. Ahora quedémonos en ese año 1605, el año del triunfo del *Quijote* en la Monarquía Hispánica. El año del triunfo del libro y del personaje, pero no del autor, a quien nadie cita, de quien nadie se acuerda, a quien nadie relaciona con el *Quijote*, aunque se hable de él como «persona que escribe», siguiendo las palabras de su hermana Andrea ante el alcalde Diego de Villarroel. Todavía ha de pasar más de un siglo para que Miguel de Cervantes Saavedra deje de ser una línea tipográfica en las portadas de los libros y se convierta en autor digno de ser imitado, «a la manera de Miguel de Cervantes», un autor digno de ser conocido. No olvidemos que la primera biografía cervantina será la firmada por Gregorio Mayans y Siscar en 1738, encargo editorial de Lord Carteret.

3. Sombras y silencios de la plenitud de Cervantes

Miguel de Cervantes y su familia:
de Valladolid a Madrid siguiendo los pasos de la Corte

Durante el año 1605, ese año tan quijotesco, el Duque de Lerma habría ya decidido la vuelta de la Corte a Madrid. Las presiones y los intereses habían sido muchos, y los meses siguientes se dedicaron a resolver los mil detalles que conllevaba el traslado, desde el abastecimiento de trigo a la limpieza y protección de los caminos. Cinco años estuvo la Corte en Valladolid. Los últimos meses no habían sido fáciles, por la enfermedad de tabardillo que no dejaba de extenderse y las malas cosechas de trigo del año anterior, que hacían presumir dificultades de abastecimiento. Cinco años que habían dejado mil historias, pero ahora se hacía necesario volver a construir una vida en Madrid, devolverle a la villa la majestuosidad que merecía una Corte. Y a este trabajo se empeñó el Concejo en los primeros meses de 1606, cuando el 24 de enero se anunció oficialmente que la Corte mudaba de geografía.

El traslado se hizo de manera escalonada, como era de esperar. En la noche del sábado al domingo 5 de marzo de 1606 entraron los Reyes en la villa y, ahora de nuevo, Corte. A mediados del mes de abril, lo hizo el Sello Real, y el 14 de junio se ordenó que acabaran sus actividades los últimos Consejos que aún permanecían en Valladolid. El 20 de junio lo hacía el último: el omnipresente Consejo de Hacienda. El año 1606 fue de bullicio y prisas, gritos y construcciones en Madrid. Comenzaba una nueva era. El año 1606 fue también de mucha alegría y de miles de coplas y romances que ponían voz a tantos deseos anónimos. Versos que daban cuenta pública de la alegría de Madrid al recuperar la Corte, pero también de la alegría de Valladolid por perderla, como se aprecia en el siguiente romance anónimo impreso en Salamanca en 1606, donde habla la ciudad de Valladolid, que retrata las dos caras de una Corte, la cara amable del poder y la cara amarga de todo lo que este atrae y ocasiona:

Hijos, dad gracias a Dios
y a la Virgen dad mil gracias
que os sacó de esta tormenta
y os libró de esta borrasca.
Yo sé que conoceréis
cuando la Corte se vaya
que todo lo ordena Dios
para bien de vuestras almas.
La Corte es jardín de flores
de mil nobles adornada
donde florecen las letras
y permanecen las armas
de los nobles caballeros
que la siguen y acompañan,
donde está la discreción
de mil señores y damas.
En ella está la justicia
que con gran rigor se guarda.
En ella está el gran Felipe,
honra de la casa de Austria;
en ella está Margarita,
piedra preciosa de España,
que por todos estos dos
tengo el alma lastimada.
Todo aquesto tiene bueno
mas en esta otra balanza
sabed que sigue la Corte
mucha gente desalmada;
en ella está la codicia,
los enredos y marañas,
mujeres de mala vida
en nombre de cortesanas,
que apenas lucen las buenas
cercadas de tantas malas.
Todo esto lleva tras sí
y otras infinitas faltas.
Hoy nos encarece el pan,
el vino y carne mañana;
todas las mercadurías
ya no hay quien pueda comprarlas.
Vaya la Corte a Madrid
y vista esa dueña honrada

> que después que le faltó
> anda desnuda y descalza,
> y acabe ya de llorar
> pues es cosa averiguada
> que con ella puede hablar
> y, sin ella, poco o nada.

Cervantes y su familia no debieron tardar mucho tiempo en abandonar Valladolid. ¿Qué les retenía allí si el negocio de uno y de otras estaba muy vinculado con la Corte, con los entresijos de la Corte? Sin duda, Andrea y Magdalena, junto con Constanza e Isabel se volverían a Madrid. No se ha encontrado el contrato de alquiler que permitiera precisar una fecha y una calle concreta de su nueva residencia. ¡Menudo caos debió de ser el Madrid de sus estrenados años cortesanos! Por su parte, Miguel de Cervantes y Catalina de Salazar pudieron volver a su casa en Esquivias y esperar un tiempo antes de ir a vivir junto a sus hermanas en Madrid. Sin más documentación que algunas referencias indirectas de diferentes documentos, como veremos a continuación, la vida de Cervantes desde 1606 hasta su muerte bien pudo estar repartida entre Madrid y Esquivias. Estos son los espacios geográficos de sus últimos años, los años cruciales de su vida como escritor, su vida en papel, aquella que le alzará por encima de su tiempo gracias a la repercusión que tendrá su obra a lo largo de los siglos.

Madrid no se ha portado bien con Miguel de Cervantes. Ni en su época ni tampoco en la actualidad. De las posibles seis casas en las que vivió desde su vuelta de Valladolid hasta su muerte en 1616, no se ha conservado ninguna en pie. Solo unas placas —en su mayoría colocadas por los centenarios cervantinos del siglo xx— permanecen como muestra de esta ignominia. Madrid, siendo la villa en que más tiempo vivió Cervantes, y en la que le sucedieron algunos de los acontecimientos más trascendentales de su vida, es de las ciudades cervantinas que vive más a espaldas de su autor y de su obra.

Desde 1608 hasta 1616 se han identificado hasta seis casas distintas en las que vivió Cervantes o parte de su familia en Madrid. No se han conservado los contratos de alquiler, tan solo referencias de los domicilios en documentos de diferente naturaleza (entrada de órdenes religiosas, testamentos, registros de defunción, etc.), por lo que los datos que conocemos de las mismas son realmente escasos. La primera casa de la que tenemos noticia aparece citada en la información que Gaspar de Gaete manda hacer en Madrid, el 20 de febrero de 1608. Presenta como testigo a Miguel de Cervantes «vecino de esta villa que posa al Hospital de Antón Martín, casas de don Juan de Borbón». Un año después, la familia Cervantes se encuentra viviendo en la Calle de la Magdalena, a espaldas del Duque de Pastrana, donde muere su hermana Andrea. Sabemos que toda la familia vivía junta porque en los registros de entrada a la Orden Tercera de San Francisco el 8 de junio, se indica que Andrea vive en la «calle de la Magdalena» (registro nº 72) y que Catalina de Salazar «vive en la misma casa de la de arriba» (registro nº 73).

Por el mes de julio de 1610, Cervantes con su familia se traslada de casa: de la Calle de la Magdalena lo encontramos ahora en la Calle León. ¿La elección es casual? Si tenemos en cuenta que la Calle León está en el corazón del Barrio de las Musas, junto al Mentidero de Representantes, donde se daban cita poetas, escritores, actores y artistas de todo pelaje y calaña, la respuesta negativa parece más que evidente. Cervantes vivió los últimos años de su vida en el Madrid más literario, en las calles donde se daban cita las plumas y los pinceles más alabados y envidiados de toda la Corte. Cerca de su casa vivían artistas como el pintor Francisco Rómulo Cincinati o Vicente Carducho, o escritores como Lope de Vega, Antonio Mira de Amescua, Quevedo, Luis Vélez de Guevara o Juan Ruiz de Alarcón... y junto a estos nombres, hoy piedras angulares para entender el arte y la literatura de su tiempo, otros tantos cientos de escritores tan anónimos y tan geniales como lo fue Cervantes entre todos ellos. Y cómo no, también cerca se establecería la red de contactos personales del propio Cervantes. Por eso no extraña que próximos a Cervantes y a Catalina, en la calle Huertas, viviera Juana Gaitán, la punta del iceberg de una red de relaciones que hoy no podemos ni conocer ni soñar en hacerlo, pero que justifican en la cotidianidad muchas de las acciones, muchas de las decisiones que la familia de Cervantes tomó por aquellos años.

Pero no debía ser esta la casa apropiada, por lo que no duró mucho tiempo en ella: a los pocos meses, la familia Cervantes se trasladó a una nueva casa que Astrana Marín localizó con fachada principal en la Calle Atocha y con ventanas a la Plazuela de Matute. La nueva casa de los Cervantes, un piso bajo y principal, daría, precisamente a la Plazuela, y estaría pegada al convento de Loreto (se cree que hoy son los números 6 y 7 de la plaza).

La siguiente casa de la que hablan los biógrafos cervantinos, es la que sitúa, de nuevo, a Cervantes y a su familia en la Calle de la Magdalena, a la entrada de la calle, a espaldas del Monasterio de la Merced. De esta casa en la que pudo (o no) vivir Cervantes con su familia no tenemos documentación ninguna, tan solo una cita en la *Adjunta del Viaje del Parnaso* que se publica en 1614. La escena presenta a Miguel de Cervantes que se encuentra en la calle con Pancracio de Roncesvalles, con quien tiene una divertida conversación que comenta el viaje que acaba de emprender nuestro escritor, ni más ni menos que al centro y origen de la Poesía. Al final de la misma, saca una carta que le entrega a Miguel, que viene con el siguiente sobrescrito:

> A Miguel de Cervantes Saavedra, en la calle de las Huertas, frontero de las casas donde solía vivir el príncipe de Marruecos, en Madrid. Al porte, medio real, digo, diecisiete maravedís.

La carta está firmada en El Parnaso el 22 de junio de 1614 por el mismo «délfico Apolo», y en ella, entre otras lindezas, acompaña un papel con los «Privilegios, ordenanzas y advertencias que Apolo envía a los poetas españoles», de acuerdo a un género burlesco muy común en la época. Dado que, en efecto, el príncipe de Marruecos, Muley Xeque, vivía en dicha calle, se ha conseguido identificar la casa de papel de Cervantes. ¿Hemos de considerarlo también un dato documental, histórico? Así lo han hecho hasta ahora los biógrafos cervantinos sin más argumentos. Hoy en día, en la Calle Huertas nº 18 puede verse una placa que recuerda este hecho literario antes que biográfico, colocada por el Ayuntamiento de Madrid en 1991.

Lo que sí sabemos es que en la primavera 1615 se trasladará Cervantes a la última de las casas que ocupará en Madrid, y en la que morirá: la de la Calle León, esquina con Francos, propiedad del escribano real Gabriel Martínez, que fue terminada de construir a finales de 1614 o los primeros meses de 1615.

Placa en el nº 18 de la Calle Huertas en Madrid, que da cuenta del lugar donde recibió Cervantes una carta del «mismísimo Apolo».

Seguramente se trata de una de las zonas más ruidosas y concurridas de Madrid, pues en su fachada hasta la cercana calle de Cantarranas se encontraba, como se ha indicado, el Mentidero de Representantes. Gracias a la documentación sobre la casa que se encuentra en la Sociedad Cervantina, y que fue estudiada con todo detalle por Astrana Marín, conocemos bastantes detalles de su división y de sus habitantes. Estaba compuesta de un piso bajo o entresuelo, de otros principal y de un último abuhardi-

CERVANTES EN MADRID
1606-2016

- Mancebía de Soleras
- Mentidero de las Gradas de San Felipe
- Corral de la Cruz (Desde 1579)
- Casa de su hija, en Montera / Red de San Luis
- Última casa de Cervantes
- Mentidero de los comediantes
- Corral del Príncipe (desde 1583)
- Palacio del duque de Lerma
- Casa de Lope (1610-1635)
- Casa de Quevedo de la que desalojó a Góngora
- Monasterio de las Trinitarias
- Casa de Cervantes, Calle Magdalena esquina calle de la Espada
- Casa de Cervantes, Calle Magdalena detrás del palacio de Pastrana
- Casa de Cervantes, Plazuela Matute
- Casa de Cervantes, en las traseras de Antón Martín
- Casa de Cervantes, Calle de Huertas
- Casa de Cervantes, Calle del León
- Imprenta de Madrigal Cuesta Quiñones

La manzana núm. 228, con la casa en que vivió y murió Cervantes, según la *Topographia de la villa de Madrid descrita por Don Pedro Texeira. Año 1656*.

llado o cámara, con un palomar, en que se contabilizan «diecisiete pares de palomas pequeñas voladoras». El piso principal lo ocupaba la familia del propietario, compuesta por siete personas: el escribano Gabriel Martínez, doña Catalina Ximénez, su mujer; sus hijos, los curas Francisco Martínez y Luis Antonio Martínez; sus hijas doncellas, doña Juana Jiménez y doña Isabel Martínez, y una criada, María Herranz. Este piso principal tenía cuatro balcones a la calle de León y otros a la de Francos. La entrada principal daba a la Calle León; al entrar, a mano izquierda, venían el zaguán, la caballeriza, y una sala con su alcoba, con ventanas a la calle de Francos, que Gabriel Martínez había convertido en su escribanía. Al fondo, seguía la escalera de acceso al piso principal, y un patio con su pozo; y a la derecha, las habitaciones de Cervantes y de su esposa, que vivían con una criada, María de Ugena. El aposento tenía tres ventanas a la calle de León, debajo de los balcones del piso principal.

Esta es la casa en la que murió Miguel de Cervantes el 22 de abril de 1622. Una casa que se mantuvo intacta hasta abril de 1833, cuando fue demolida, y con ella, el último vestigio cervantino en la villa de Madrid. No entraré en más detalles sobre este momento, denunciado por Mesonero Romanos, pues a él le dedicamos unas tristes páginas en el tomo I de nuestra biografía (pp. 282-284).

Este es el escenario geográfico de Miguel de Cervantes en los últimos años de su vida, de esa vida que, poco a poco, se va haciendo de papel. Un escenario geográfico que hemos de completar con continuas estancias en Esquivias, el lugar donde Cervantes con su mujer nunca dejaron de visitar y de vivir. Allí estaba su hermano Francisco de Palacios, y allí estaba sus rentas, sus majuelos, tierras y huerto.

Miguel de Cervantes falleció el 22 de abril de 1616 en la casa que tenía alquilada en la Calle del León, esquina con Francos, a cincuenta pasos del mentidero de los representantes.

Andrea y Magdalena Cervantes: las eternas desconocidas

Si la vida cotidiana de Miguel de Cervantes se nos escapa, si no ha dejado ninguna traza documental de cómo pensaba, de cuál es su opinión sobre la realidad de su momento, de su propia vida —lo que contrasta con las cientos de cartas que hemos conservado de Lope de Vega—, ¿qué podemos decir de sus hermanas?

De su hermana Luisa, sabemos tan solo que el 11 de febrero de 1565 ingresó en el Convento de la Inmaculada Concepción de Alcalá de Henares, que había sido fundado tres años antes. Hasta en tres ocasiones fue nombrada abadesa, hasta que murió el 22 de septiembre de 1624.

¿Y de sus hermanas Andrea y Magdalena? Más allá de la fecha de su nacimiento, en Alcalá de Henares y en Valladolid, respectivamente en 1543 y en 1552; y de su muerte en Madrid en 1609 y en 1611, poco más podemos decir de ellas. Sabemos de un oficio que comparten, el de costureras, gracias a varios documentos por los que se comprometían a tener aprendices a los que se les enseñaría el oficio a cambio de sus servicios por unos años. El primero de los documentos conservados nos llevan al 1 de septiembre de 1573, cuando Andrea se compromete con Isabel de Alvear a enseñar el oficio a su hija por dos años en los siguientes términos:

> en este espacio de dos años la habéis de dar de comer y beber y vestir y calzar honestamente a vuestra elección y voluntad, conforme a la calidad de la dicha mi hija, y casa y cama en que duerma, y lavalle su ropa y curalla sus enfermedades; y al fin de dicho tiempo enseñada a labrar y coser y hacer cadenetas, y un vestido de saya y sayuelo y ropa y camisas y manteo y sus tocados que valga veinte ducados, y seis mil maravedíes en dinero, y con esto me obligo que la dicha mi hija os servirá bien y fielmente.

Y lo mismo sucederá con su hermana Magdalena, que será la encargada el 11 de agosto de 1599 de recibir a la joven Isabel de Saavedra, la hija de Cervantes, en su casa con la obligación de enseñarle «la labor y a coser», así como «darla de comer y beber, y cama y camisa lavada y hacerla buen tratamiento» (II, pp. 112-114).

De todos los trabajos de costura y lavado que realizaron en su vida, Martín Fernández de Navarrete en 1819 dio a conocer un recibí que firma Andrea de Cervantes el 8 de febrero de 1603 en Madrid, donde da cuenta de haber cobrado 788 reales por unos trabajos realizados para don Pedro de Toledo, Marqués de Villafranca, y de su esposa. De su puño y letra, concreta Andrea sus ocupaciones, que nos abren (o entreabren) las puertas de su particular taller de costura:

> Cuenta de las camisas que se han hecho para el señor Don Pedro de Toledo, así nuevas como las que se han aderezado:
>
> | | |
> |---|---:|
> | Veinte y cuatro camisas nuevas a veinte y seis reales cada una, son | 624 reales |
> | De seis camisas que se aderezaron de las de mi señora la marquesa | 66 reales |
> | De otras camisas aderezadas.. … … … … … … … … … … … … … | 40 reales |

De botones	14 reales
A la lavandera	31 reales
De lavar más 38 camisas	13 reales
	788 reales

El documento resulta interesante por dos razones: por un lado, permite, una vez más, apreciar cómo Andrea y sus hermanas habían sido alfabetizadas por su padre, lo que no suele ser habitual en la época. Recordemos cómo algunas de las viudas de impresores de libros no saben ni firmar; y, por otro lado, muestra cómo algunos nobles, como el marqués de Villafranca, mantenían su casa en Madrid, en fechas posteriores al traslado de la Corte. No tanto porque así lo quisiera, sino por los problemas económicos para poder trasladarse a Valladolid: el 31 de enero de 1603 suscribe un préstamo con el mercader Alonso de González, que le hace llegar 8.000 ducados «para lo que don Pedro ha habido menester así en Madrid como la ida a la ciudad de Valladolid».

¿Comenzaron juntas las dos hermanas en el oficio de costureras en los años setenta, o fue primero Andrea, y después le seguiría su hermana? ¿En qué fecha comenzaron a vivir juntas? ¿A partir de 1585, cuando muere el padre Rodrigo de Cervantes, o de 1593, cuando fallece su madre, Leonor de Cortinas, un 19 de octubre? Lo único que ha dejado traza documental y se sabe desde 1902, cuando Pérez Pastor lo dio a conocer en su colección documental cervantina, es un contrato de alquiler que firma Andrea de Cervantes el 23 de julio de 1577 para trasladarse a la madrileña calle de la Reina, esquina con la calle del Baño, por 140 ducados al año. No le iban mal los negocios, sus particulares negocios, pues el alquiler es cinco veces más alto del que pagaban sus padres por estas mismas fechas.

A partir de 1604, como ya hemos visto, Miguel de Cervantes vivirá con sus hermanas y su mujer, más su hija y su sobrina —y una criada— en Valladolid. Y desde esta fecha el núcleo familiar ya no se volverá a separar, ya sea en la casa de Valladolid, ya sea en las diferentes casas que ocuparon los Cervantes en Madrid, al margen de las estancias más o menos largas de Cervantes y de Catalina en Esquivias.

Así era la vida cotidiana en los Siglos de Oro, una vida que termina siendo casi anónima, transparente en el caso de las mujeres de las familias pobres.

Pero algo más —o mucho más— sabemos de Andrea y de Magdalena, algo más conocemos de sus biografías gracias a los diferentes pleitos que presentaron contra sus amantes, que les habían dado palabra de matrimonio, pero que no llegaron nunca a cumplirla. Pleitos ante la justicia solicitando una indemnización económica por esta palabra de matrimonio no cumplida, y pleitos a lo largo de los años reclamando que se cumpla y se pague lo sentenciado, que solía dar la razón a las jóvenes —y no tan jóvenes— mujeres que caían en este engaño. Una vida entre promesas y entre demandas. Como la de tantas otras mujeres de los Siglos de Oro.

El matrimonio secreto, o clandestino, o por juramento, que este y otros tantos nombres tuvo a lo largo de los siglos, es una institución que fue habitual y legal en la Europa medieval y en los primeros decenios del siglo XVI. Habitual tanto en la vida como en la literatura de España, Francia, Alemania o Italia. El matrimonio se hacía efectivo, con todas las de la ley, tan solo con el consentimiento y el juramento de los esposos. Sin más testigos. Sin más ceremonias. En muchos libros de caballerías, en muchas obras literarias de la época, los protagonistas sellan su amor con un juramento de matrimonio que solo ellos conocen. Un amor, como el de Amadís y Oriana, que verá culminada su historia amorosa con una ceremonia pública de matrimonio al final de la ficción.

Así fue desde el siglo XII hasta el Concilio de Trento (1545-1563), cuando se puso coto a este modelo y solo se aceptó como legal y legítimo el matrimonio que se hacía según lo aprobado en la Sesión 24. A partir de 1563, como ya vimos al estudiar el matrimonio de Miguel de Cervantes con Catalina de Salazar y Palacios (II, pp. 96-102), para que pudiera hablarse realmente de matrimonio era necesario que se realizaran dos ceremonias, todas ellas públicas y oficiadas en una iglesia: en primer lugar, los desposorios por los que, delante de testigos, los contrayentes hacían público su consentimiento para casarse, y establecían la dote que debía recibir el esposo; y, en segundo lugar, no más allá de unos meses, las velaciones, que constituían la bendición final del matrimonio, y que se realizaban con gran boato y fiesta, cuando se había entregado la dote establecida en los desposorios. No olvidemos que el matrimonio arrastra —ayer y hoy— una serie de compromisos económicos.

No era fácil ser mujer en los Siglos de Oro. Y mucho menos, si no tenía el apoyo de una familia, que podía ofrecerte una dote que permitiera soñar con un matrimonio convenido, con la posibilidad de contar con un nuevo núcleo familiar. Por este motivo, y a pesar de que a partir de 1563, esta costumbre y modo ancestral de matrimonio ya no estaba vigente ni era permitido y aceptado por la Iglesia, lo cierto es que siguió siendo práctica común, siguieron los jueces dictaminando sentencias sobre el tema, y siguió siendo uno de los motivos narrativos más repetidos en muchas obras de la época… conflictos de papel que venían a reflejar realidades de lágrimas y de carne y hueso más habituales de lo que podemos imaginarnos hoy. Personajes como Dorotea en el *Quijote* o de Teodosia en la novela cervantina de *Las dos doncellas*, son buenos ejemplos literarios de la pervivencia del matrimonio secreto de papel. Y la vida amorosa de Andrea y de Magdalena lo son también de esta pervivencia en el mundo real.

Andrea de Cervantes, con veinte años, comienza un romance amoroso en Sevilla con Nicolás de Ovando, hijo de un magistrado del Consejo Real, sobrino del Vicario General de Sevilla. Un guión típico de mil historias amorosas en los Siglos de Oro: el joven de casa rica y mayorazgo termina por mantener relaciones con joven hermosa y sin dote, a la que promete palabra de matrimonio, que sabe que no ha de cumplir, pero que todo lo solucionará el dinero, la indemnización pactada en estos casos. ¿Lo sabría también Andrea, lo sabrían también las miles de mujeres que se encuentran en esta misma situación, que no era desconocida ni silenciada por nadie? Fruto de estos amores, nacerá Constanza en 1565 o 1566, a la que en los documentos se la cita como Constanza de Ovando o Constanza de Figueroa, recuperando el apellido de su abuela. Pero al poco tiempo, comienzan los pleitos de Andrea contra Nicolás por no cumplir la palabra de matrimonio que le había dado en Sevilla, por lo que recibe una indemnización económica. Y no fue la única vez. Nicolás de Ovando murió soltero en 1571; en su testamento reconocerá como hija natural a Catalina de Ovando, nacida de otro matrimonio secreto ahora en la Corte madrileña.

Cuando la familia Cervantes se establece en Madrid, Andrea comienza a mantener relaciones con el genovés Juan Francisco Locadelo en 1566. El 9 de junio de 1568, el gentilhombre italiano hace una rica donación a Andrea porque «por cuanto yo tengo mucha obligación y soy en mucho cargo a la señora doña Andrea de Cervantes, hija de Rodrigo de Cervantes, residente en esta villa y corte, así porque estando yo ausente de mi natural en esta tierra me ha regalado y curado algunas enfermedades que he tenido, así ella como su padre y hecho por mí y en mi utilidad otras cosas de que yo tengo obligación a lo remunerar y gratificar». La donación no es poca cosa, pues junto a objetos de mucho valor, le entrega 300 escudos de oro: «siete piezas de tafetanes amarillos y colorados, un jubón de telilla de plata, guarnecido de negro y oro, de tela de oro carmesí, seis cofias de oro y plata, otro, un cordón y un rosario de cristal, y ochenta pintas y una argolla de cristal, dos escritorios, el uno de Flandes, diez lienzos de Flandes, seis almohadas de Holanda y Rúan». Al final del documento se indica la utilidad que se le puede dar a tantos bienes, y sobre todo, al dinero entregado, la tan ansiada dote que necesitará Andrea para poder casarse:

> los cuales dichos bienes de suso declarados le doy por las causas susodichas y por otras muchas buenas obras que de ella he recibido y porque tenga mejor con qué se poder casar y honrar y para ayuda al dicho su casamiento, sin que en ellos otra alguna persona, ni sus padres, ni hermanos, ni alguno de ellos, tenga ni haya cosa alguna contra la voluntad de la dicha Doña Andrea.

Parecía que el guion vital de Andrea esta encaminado, con su dote, que le abría las puertas a construir su propio núcleo familiar. Pero no fue así. Hacia 1570 comenzaron los amores entre los hermanos Alonso y Pedro de Portocarrero y las hermanas Andrea y Magdalena Cervantes. ¿Cuándo comenzaron las relaciones, las promesas de matrimonio, los proyectos comunes? ¿Hasta qué punto el resto de los miembros de la familia Cervantes estaban al tanto de esta nueva situación? Lamentablemente, de los amores de Andrea y de Magdalena solo tenemos constancia de sus finales, de esa vida en papel de peticiones y pleitos que hablan de rupturas y de continuas promesas incumplidas. El 27 de agosto de 1571, Alonso de Portocarrero firma en Madrid una carta de obligación por la que se compromete a entregar a Andrea de Cervantes quinientos ducados «de precio de un collar de oro, grande, con sus perlas y piedras finas de rubíes y esmeraldas y diamantes, y una cadena de oro, grande y un *Agnus Dei* de oro y un rosario de cristal». No está mal la cifra, que será semejante a la que deberá recibir Magdalena de Pedro de Portocarrero, si no fuera porque esta fecha será el inicio de una larga cadena de litigios en los que las dos hermanas dedicarán mucho esfuerzo y dineros para que se haga efectivo. Y no lo conseguirán del todo, a pesar de que el 1 de agosto de 1575, Alonso firma una obligación en Madrid por la que se compromete a pagar los 500 escudos a Andrea en dos plazos: la mitad el día de Navidad de 1577 y la otra mitad el mismo día al año siguiente.

Estos pleitos se mantuvieron en el tiempo, sin que ni Magdalena ni Andrea consiguieran cobrar los 1000 ducados de las compensaciones por el no cumplimiento de los matrimonios secretos.

Y no fue la única decepción que vivió Magdalena. Entre 1575 y 1577 mantuvo relaciones con Fernando Ludeña, que al mismo tiempo que estaba con la hermana de Cervantes, mantenía relaciones con Ana María de Urbina, la hermana de la primera mujer de Lope de Vega, con la que terminaría casándose en 1602. Ya hemos visto las estrechas relaciones entre la familia de Miguel de Cervantes y la de los Ludeña (Pedro de Ludeña y Magdalena serán los padrinos de las velaciones de Miguel con Catalina de Salazar el 6 de enero de 1586), pero lo cierto es que la hermana pequeña de Cervantes nunca olvidó la deuda de 300 ducados que había contraído Fernando. En su testamento, fechado el 11 de octubre de 1610, todavía tiene tiempo para recordar esta deuda y sus esfuerzos (inútiles) para intentar cobrarla, así como los últimos engaños de Fernando para no hacer frente a su falta de palabra, incluso después de haberse casado:

> *Ítem*. Declaro que don Fernando de Ludeña me debe trescientos ducados, prestados siendo mozo soltero, y después de casado con doña Ana María de Urbina, su mujer,

yo los fui a pedir delante de la dicha doña Ana, y por entonces, por no enojar a la dicha su mujer, diciendo los debía, no me los confesó deber, y después, habiendo ido a su casa otra vez en razón del dicho débito, en presencia de la dicha doña Ana María y de un sobrino suyo, diciendo que si no quería yo hacer una cédula que me pedía en que yo confesase que no me debía nada, el dicho don Fernando de Ludeña me amenazó muchas veces, diciendo que no me daría nada en su vida si no hacía la dicha cédula y a solas me dijo que me prometía mientras él viviese de darme todos mis alimentos, y que si yo le alcanzaba de vida, me dejaría con qué viviese; y debajo de la dicha promesa le hice cédula en que declaré no deberme nada, lo cual hice contra mi voluntad, y así declaro debajo de mi conciencia quedarme a deber los dichos trescientos ducados. Mando que mis testamentarios los cobren, a lo menos se lo digan, y le encarguen la conciencia, pues sabe que es verdad.

¿Despecho amoroso o dignidad y deseo de justicia? Dignidad que no solo pasa por cobrar lo justo y sentenciado, sino también por reconocer la culpa y el delito.

Pero aún en la biografía amorosa de Magdalena habrá tiempo de un último nombre: el hidalgo vasco Juan Pérez de Alcega, que deja a la hermana de Cervantes en el momento en que aspira ser Mayordomo de la Casa de las Infantas. El 22 de agosto de 1581 firma una carta de obligación por la que se compromete a pagar 300 ducados para que ella le deje libre y no le demande ante el Señor Vicario General de Madrid, que representa el mejor texto de los conservados en que se aprecia el modo de actuar en estos casos de los que venimos hablando:

Sepan cuantos esta carta de obligación vieren cómo yo, Juan Pérez de Arzega, grafiel que fui de la Reina nuestra señora, que está en gloria, andante en esta Corte, digo que por cuanto vos Doña Magdalena Pimentel de Sotomayor, hija de Rodrigo de Cervantes y de Doña Leonor de Cortinas, vuestros padres, me queríades poner demanda ante el señor Vicario General de esta villa de Madrid sobre que decíades que yo os había dado palabra de casamiento y pretendíades pedir que yo fuese condenado a que me desposase y velase en haz de la Santa Madre Iglesia con vos; y agora yo estoy convenido y concertado con vos la dicha doña Magdalena Pimentel Sotomayor de que me hayáis de dar y deis por libre de la dicha vuestra pretensión y que os apartéis del derecho que sobre ello podíades tener contra mí; y por razón de ello vos haya de dar y dé trescientos ducados, pagados los cien ducados de ellos luego de contado […] y otros cien ducados para desde hoy día de la fecha de esta carta en ocho meses primero siguientes, y los otros cien ducados restantes […] dentro de cuatro meses sucesivos que corran cumplido el primer plazo.

Documentos como este donde se deja claro el delito: no cumplir con la «palabra de casamiento», y las penas, que eran la obligación de desposarse o una indemnización económica, muestran cómo después de 1563 no era tan fácil erradicar de una manera rápida una costumbre que se había mantenido durante siglos en el comportamiento social cotidiano de toda Europa.

¿Hasta qué punto estos matrimonios secretos que nunca llegan a ser públicos, eran causa de deshonor en la época de Cervantes dado que el incumplimiento de la palabra se resarcía con una indemnización económica? ¿Hasta qué punto había que mantenerlos ocultos porque atentaban con ese preciado don como lo era la honra del que tanto se preciaba nuestro autor y tantos otros hombres de su tiempo: «por la libertad así como por la honra se puede y debe aventurar la vida»? Algo se nos escapa en nuestros análisis teniendo en cuenta que las historias amorosas de las hermanas de Cervantes se hacen públicas en todo momento e, incluso, se recuerdan en un testamento. Sin olvidar que, en algunos casos, será Rodrigo, el padre, quien acompañe a sus hijas en los pleitos que tienen con sus amantes desmemoriados en busca de la pertinente indemnización económica.

Así, en los pleitos que mantuvo Magdalena con Alonso de Portocarrero para el pago de las deudas de su hermano Pedro, en muchos casos, los realiza junto con su padre Rodrigo. Por ejemplo, el 11 de mayo de 1578, Magdalena y su padre otorgan un nuevo poder a favor de Alonso de Córdoba para cobrar los 500 ducados que se les adeuda. Una de tantos documentos donde el padre hace de tutor legal de su hija en estos asuntos.

Por otro lado, aunque estos matrimonios secretos se acaben en el momento en que la mujer recibe la indemnización económica pactada, lo cierto es que en muchos casos, ellas se presentan como desposadas. Así, Andrea de Cervantes, en las averiguaciones del caso Ezpeleta en 1605, se presenta como «viuda, mujer que fue de Sante Ambrosio, florentín, y que antes fue desposada y concertada con Nicolás de Ovando».

¿Son estos ejemplos de una vida disipada y de cortesanas honestas, como se las ha calificado a las hermanas de Cervantes en algunas biografías, que había que mantener oculto y en silencio para no atentar contra la honra de la familia? Tampoco parece que su vida entre dentro del modelo de las «damas servidas», según las define Juan de la Cerda en su *Vida política de todos los estados de mujeres* (Alcalá, 1599):

> las que nuestra España llama damas servidas, que son las que admiten galanes y se dan a recaudos y damerías, y sustentan palacio con toda licencia, y en este miserable discurso embebidas y olvidadas de Dios, pasan la vida sacrificadas a su vanidad, pues esta con la que todo su caudal no suele ser otro sino anzuelos y redes de pescar.

Las «Cervantas» no lo son por su vida escandalosa; le hemos dado un valor negativo a este «genérico» desde unos prejuicios actuales antes que un acercamiento a los usos de la época. En la casa de Valladolid, donde se fraguó ese nombre genérico de «Cervantas» que los estudiosos (malintencionados y prejuiciosos) han convertido en un adjetivo específico de conducta licenciosa, solo se va a condenar a los amancebados, a los que viven en matrimonio sin serlo, que sí que es un delito perseguido en la época. La institución del matrimonio secreto, clandestino o por juramento, conlleva unos modelos de conducta que, sin validez legal desde el Concilio de Trento, siguen siendo habituales en las relaciones amorosas y sexuales en determinadas capas de la sociedad durante los Siglos de Oro. De ahí a considerar a las hermanas de Cervantes cortesanas honestas, que hicieron de su cuerpo una fuente de ingresos económicos, me parece que hay un abismo, que no debemos seguir intentando transitar en el siglo XXI. Un abismo que sigue la estela de una errónea interpretación romántica, que le gustaba encontrar en la biografía cervantina momentos de contrastes que, por un lado, permitiera explicar cómo fue posible que su genio no fuera reconocido por sus contemporáneos, y por otro, le daba a su vida un carácter mítico, un luchador único, heroico frente a toda una sociedad. Ni las hermanas de Cervantes tuvieron una vida licenciosa que les avergonzaría a su hermano y a su cuñada Catalina, ni tampoco el poner al descubierto sus «vergüenzas» en el Valladolid de 1605, le quitó la fama que estaba teniendo por el triunfo del primer *Quijote*. Nada más lejos de la realidad.

La vida de Andrea y de Magdalena sigue el guion de la época de tantas otras mujeres que nacieron y se criaron en el seno de una familia que dependía de su trabajo, sin rentas ni mayorazgos. Una vida salpicada de amoríos que terminaron en indemnizaciones, y sin mucha suerte. Ni Andrea ni Magdalena consiguieron lo que sí tuvo Ana María de Urbina: casarse con su amante después de veinte años de relaciones. Sin maridos, por más que se declaren viudas en varios documentos, lo cierto es que las dos vivieron y, en parte, sustentaron con su oficio de costureras el núcleo familiar de Cervantes en los años más silenciosos de su biografía, los que van desde la publicación del *Quijote* a su muerte en 1616.

Una biografía familiar que les lleva a recibir los hábitos de la Orden Tercera de San Francisco, a la que tendremos ocasión de volver en los últimos capítulos de este volumen. En todo caso, quedémonos ahora con este dato: el 8 de junio de 1609 reciben los hábitos Andrea de Cervantes y Catalina de Salazar, mientras que Magdalena estaba comenzando su año de noviciado.

Cuatro meses después morirá Andrea, el 9 de octubre de 1609, de calenturas. En el libro de difuntos de la Iglesia de San Sebastián se indica que deja una hija y que no testó, y que era «viuda de Sante Ambrosi, florentín», como así lo había declarado también en las *Averiguaciones* de 1605.

El 28 de enero de 1611 muere Magdalena. No sabemos la causa. En el registro de defunción se indica «no testó, era natural de aquí y era pobre, y tanto que la hicieron enterrar los hermanos terceros de San Francisco en 12 reales». Aunque se indica que no realizó testamento, lo cierto es que sí que otorgó uno el 11 de octubre de 1610, dado a conocer por Pérez Pastor en 1902. Un escueto testamento que da cuenta de su pobreza: todo lo referido a su entierro lo deja en manos de su hermano y de la Orden Tercera, y deja lo poco que tiene —además de la recordada deuda de Fernando de Ludeña— a su sobrina Costanza: la tercera parte que le corresponde del sueldo que no han recibido todavía de su hermano Rodrigo, así como sesenta y cuatro ducados. Y un último detalle: a pesar de la pobreza, a pesar de no contar con ningún bien que poder dejar a sus herederos, no se olvida de los cautivos:

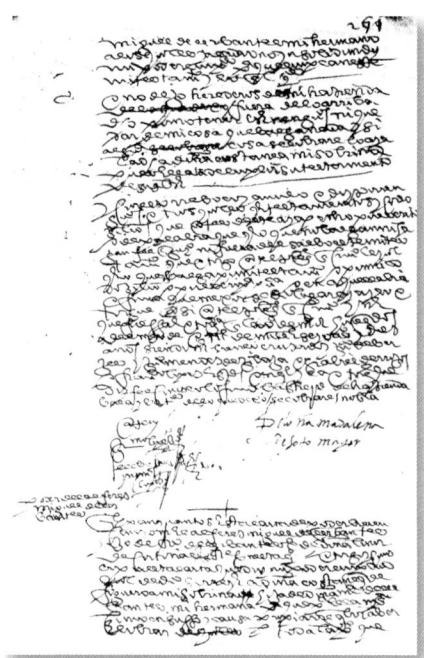

Folio final del testamento de Magdalena de Cervantes (11 de octubre de 1610), Madrid. Archivo Histórico de Protocolos. Protocolo 3972 (fols. 270r-v)

> *Ítem*. Mando a la redención de cautivos, a cada una ocho maravedís, con que las aparto de mis bienes, aunque declaro no dejo bienes para me poder enterrar.

Curiosamente, como también había sucedido con el testamento que en 1610 realizará Catalina de Palacios, no hay ningún recuerdo para Isabel de Saavedra, su otra sobrina. No está la casa cervantina para recordar y volver al continuo enfrentamiento entre padre e hija.

¿De que vive la familia de Cervantes?

Miguel de Cervantes dedicó sus últimos años a escribir, a seguir haciendo lo que no había dejado de hacer durante toda su vida. Los críticos, desde el siglo XIX, se han empeñado en situar las obras cervantinas en una particular cadena cronológica. Conocemos cuando terminó, o al menos, ya no pudo cambiar más, las obras que envió a la imprenta, que fueron aprobadas por el Consejo de Castilla, y que fueron difundidas en letras de molde. Pero, ¿cuándo comenzó a escribirlas? ¿En qué momento realizó cambios y nuevas versiones? Una referencia histórica, un determinado paisaje o localización geográfica, la aparición de una trama cuya fuente se ha identificado en otra obra literaria, o el uso de «lo que» y «lo qual» han sido argumentos que se han utilizado para poder relacionar una obra con su tiempo de escritura. Sin olvidar los deseos críticos desde principios del siglo XIX que analizaban la obra literaria cervantina como la búsqueda y la conquista de un realismo, cuya culminación es la segunda parte del *Quijote*, que relegaba algunas de sus obras más idealistas a la época de formación y de juventud.

Pero al margen de las dificultades de este tipo de investigación y de acercamiento biográfico –especialmente positivista en el caso de Astrana Marín y sus predecesores-, lo cierto es que desde finales del siglo XVI hasta 1616 hemos de situar la escritura, revisión y reescritura final de la mayor parte de las obras de Cervantes, de aquellas que se imprimieron con su nombre, de aquellas que se difundieron de manera anónima y de las otras que no pasaron de ser un borrador o que nunca llegaron a entrar por las puertas de una imprenta. Una vida que, a partir de 1613, se convierte cada vez más en papel, una viaje a contrarreloj para poder dar a conocer completo su programa literario, ese que le hace tan único a Cervantes en el contexto de su época, y al que tendremos ocasión de acercarnos más adelante en el próximo capítulo. En otras palabras: Cervantes escribió lo mejor de su obra literaria cuando ya frisaba la edad de los cincuenta años.

Pero visto que la literatura no es un oficio y que solo unos pocos —ayer y hoy— pueden vivir de sus ganancias literarias, ya sea vendiendo sus obras a los autores de los corrales de comedias, ya sea acercándose a los poderes públicos para convertirse en su voz en tantas celebraciones, ya sea intentando fortuna en el *bestseller* impreso, la pregunta es pertinente: ¿de qué vivieron Miguel de Cervantes y su familia durante estos años? ¿Bastaba con las rentas de las propiedades en Esquivias, los majuelos, tierras y huerto que allí poseía Catalina? ¿Eran suficientes los ingresos que llegaban de los trabajos de Andrea y de Magdalena como costureras, ahora ayudadas por Constanza? ¿Mantenía Miguel sus contactos y trabajos como agente de negocios, con algunos de los banqueros que se habían trasladado a Valladolid con la Corte y que volvieron a Madrid, como Cervantes cuando también lo hizo el Rey, el poder y el dinero? ¿Tuvo Cervantes otros oficios relacionados con las letras?

En abril de 2005 salió a la luz un documento que aporta luz sobre estos interrogantes y que nos plantea nuevas dudas. En el Archivo de la Colegiata de la Villa

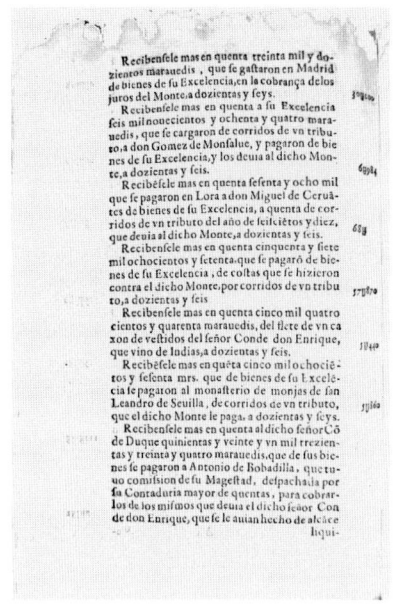

Indicación del pago a Miguel de Cervantes en Lora del Río (Archivo de la Colegiata de la Villa de Olivares, Sevilla, fol. 47v).

de Olivares (Sevilla) se conserva un documento impreso que deja constancia de la fundación del Monte Fideicomiso (un Monte de Piedad) que funda la familia del Conde-Duque de Olivares en el siglo XVI. Y en él se concretan las cantidades de dinero que entraban y salían de la misma. En el folio 47v se lee:

Recíbesele mas en cuenta sesenta y ocho mil que se pagaron en Lora a Don Miguel de Cervantes de bienes de Su Excelencia, a cuenta de corridos de un tributo del año seiscientos y diez, que debía al dicho monte, a doscientas y seis.

Así que encontramos a Miguel de Cervantes, si se trata de nuestro Miguel de Cervantes, en una fecha indeterminada de 1610 de nuevo por tierras sevillanas, ahora en Lora del Río, realizando trabajos de agente de negocios para, ni más ni menos, que la familia de los Olivares. Además de las esperadas y conocidas estancias en Madrid y en Esquivias, se abre ahora la posibilidad de que realizara viajes puntuales a varias geografías hispánicas para cumplir con obligaciones de trabajo. Este documento es, sin duda, la punta del iceberg de una realidad en la biografía cervantina que ha quedado eclipsada por la escritura y publicación de sus obras en los últimos años de su vida. Ahora ya sabemos, aunque sea en parte, que desde 1605 a 1613 Cervantes no solo se dedicó a escribir y a litigar contra su hija Isabel.

Por otro lado, estos ocho años en que Cervantes no editó ningún libro, el hecho de que en 1615 publique sus ocho comedias que nunca llegaron a estrenarse ni pisar un corral de comedias, han impuesto una imagen romántica de un Cervantes olvidado de muchos a pesar del éxito de ventas del *Quijote* —más en Europa que en España— y de las citas de sus personajes en obras de la época y su presencia del hidalgo manchego cada vez más habitual en fiestas, saraos y celebraciones. La senda del éxito del personaje que eclipsa en vida a su autor. Pero un detalle biográfico nos devuelve otra imagen de Cervantes, una imagen de un Cervantes que no solo vive en el Barrio de las Musas sino que participa en él de una manera activa y que lo toman en cuenta en muchas de sus celebraciones. Y más como poeta que como novelista, que como autor del *Quijote*, referencia muy poco habitual en su tiempo.

El 17 de abril de 1609 Cervantes ingresa en la Hermandad de Esclavos del Santísimo Sacramento, que había sido fundada unos meses antes, el 28 de noviembre del año anterior, por fray Alonso de la Purificación, trinitario descalzo, y don Antonio Robles y Guzmán, aposentador y gentilhombre del Rey.

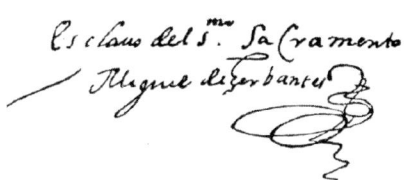

Recepción de Cervantes en la Hermandad de Esclavos del Santísimo Sacramento Madrid, Libro I de Asientos de la Cofradía, fol. 12v.

> Recibiose en esta Santa Hermandad por Esclavo del Santísimo Sacramento a Miguel de Cervantes, y dijo guardaría sus santas constituciones, y lo firmó en Madrid a 17 de abril de 1609.

La fundación de esta y otras tantas hermandades en el mundo católico fue la respuesta a los desacatos contra las sagradas formas que se habían multiplicado en Londres en 1607: «procurando contraponer, con emulación santa, a la bárbara ceguedad de Londres la devoción tierna de Madrid». ¿Quién podía formar parte de la cofradía? Cualquier «esclavo» que quisiera acatar sus constituciones y alabar, por este medio, al Santísimo Sacramento, desde Felipe III, el Duque de Lerma o el cardenal Sandoval, hasta cualquier oficial que así lo solicitara. Recuérdese las dificultades que Tomás Gutiérrez tuvo que superar para ser admitido en la sevillana Cofradía y Hermandad del Santísimo Sacramento del Sagrario, pues no era digno al ser un «autor de comedias», es decir, por haber obtenido un beneficio económico de su trabajo (II, pp. 192-196). Por eso no extraña que en diciembre de 1609 ya se contabilizaran más de 400 entre los integrantes de la hermandad madrileña.

Junto a los nobles, a los religiosos, a los artesanos y oficiales, serán también numerosos los escritores de la época que fueron «indignos esclavos del Santísimo Sacramento». Como recuerda Astrana Marín, Miguel de Cervantes fue uno de los primeros en inscribirse. Detrás de él vendrán otros: Salas Barbadillo (31 de mayo), Vicente Espinel (5 de julio), Francisco de Quevedo (agosto), y en fechas posteriores Lope de Vega y Luis Vélez de Guevara.

Pertenecer a la Hermandad conllevaba una serie de obligaciones: oír misa todos los días, hacer examen de conciencia cada noche, comulgar el primer domingo de cada mes, rezar en aquel momento la corona de flores, así como visitar los hospitales y acompañar el cadáver del hermano el día de su entierro. Además de estas actividades personales, para cumplir con su finalidad de demostrar una gran devoción por el Santísimo Sacramento, se organizaron solemnes fiestas en el Octavario anual del Corpus, que, financiadas por diversos nobles, llegaron a ser de las más vistosas de Madrid. En la de 1609 a Cervantes se le encarga, ni más ni menos, que escribir los versos en alabanza del Santísimo Sacramento. Unos años después, en 1612, se le solicitará que escriba treinta jeroglíficos, es decir, treinta poemas visuales, que se colgaron en los altares de la Iglesia de Jesús, en los muros de las puertas del convento y en el palacio del Duque de Lerma. Además en los certámenes poéticos de 1609, Miguel de Cervantes fue premiado junto a un religioso trinitario y un teólogo. Lamentablemente, no se publicaron sus versos, con lo que se han perdido, así como el resto de composiciones que realizó para la Hermandad. Una vez más, este dato obliga a replantearnos esa falsa idea decimonónica de que Cervantes no fue valorado como poeta en su tiempo y que él no se tenía por tal. Cervantes fue poeta y poeta celebrado y buscado, aunque sean otros los que lleven en sus cabezas el cetro de la poesía o se la disputen, como Lope de Vega y Luis de Góngora, sin ir más lejos.

Pero la ostentación que iba en aumento en estas fiestas año tras año no podía ser del gusto de los religiosos de la Orden Trinitaria, en cuyo convento se hallaba la sede de la Hermandad, con lo que en febrero de 1615 solicitaron que, o se prescindía de tanto lujo y boato, o era necesario que se mudaran a una nueva sede. Y la Hermandad votó y por cincuenta votos contra seis se decidió mantener las fiestas en su despliegue de medios y cambiar de sede: el 5 de abril se instalaron en el Convento de los religiosos menores del Espíritu Santo. Sobre su solar, se alza actualmente el Palacio de las Cortes en Madrid.

Miguel de Cervantes no solo es uno de los primeros «indignos esclavos» de la hermandad y se cuenta con él durante estos años para realizar algunos de los poemas más significativos para la celebración de sus fiestas, sino que su conducta es alabada en las actas de la Junta, como recuerda Astrana Marín: «entre los cuatrocientos esclavos de la Majestad Divina, era Cervantes uno de los treinta señores, pocos más, que con su santo celo y gran devoción acuden así a las fiestas como a la Congregación». Y eso que nunca tuvo ningún cargo en la misma, al contrario de lo que hiciera Lope de Vega, que fue nombrado consiliario al poco de ingresar en ella.

Al margen de que muchos biógrafos han usado este dato para hablar del espíritu religioso, devoción mariana y culto al misterio del Santísimo Sacramento de Cervantes, lo cierto es que informaciones similares van dibujando una imagen bien alejada de un Cervantes marginado, olvidado, despreciado por su época y por su tiempo. Todo lo contrario. Estamos ante un Cervantes que vive intensamente el día a día en el Barrio de las Musas, que, no lo olvidemos, no es cualquier lugar: es el centro cultural del mundo conocido durante los Siglos de Oro, durante los siglos XVI y XVII. Ninguna corte, ninguna ciudad, ningún barrio puede compararse a él durante este tiempo.

Sabemos que en 1614 Cervantes se presentó a los certámenes literarios convocados en Madrid para celebrar la beatificación de Teresa de Jesús, a los que tendremos ocasión de volver, pero ¿a qué otros certámenes poéticos se presentó nuestro autor durante estos años, de los que no hemos conservado relación de sus participantes ni de sus premios? ¿Qué otros encargos recibió y por los que cobró y para los que escribió cientos de versos, que hoy andan agazapados en misceláneas o en colecciones poéticas tiritando de anónimos? Sombras que se ciernen sobre el Cervantes poeta, de este Cervantes que comenzó con versos de circunstancias expuestos en las calles por Madrid y que termina con nuevos versos nacidos según el ritmo de los acontecimientos históricos del momento, los sujetos de los certámenes literarios o los temas de las Academias literarias.

Este hecho biográfico de Cervantes al entrar en la Cofradía de los Esclavos del Santísimo Sacramento, sitúa a nuestro autor en el corazón literario de Madrid, pero tampoco responde a nuestra pregunta: ¿tenía Cervantes un oficio, o algo parecido a un oficio en estos años para poder sustentar a su familia, ayudar a la economía familiar, ahora ya que estaban mayores y enfermas Andrea y Magdalena, ahora que sus negocios como agente seguramente habían disminuido?

Hace unos años, Alberto Blecua y Francisco Rico plantearon una hipótesis que habría que tener en cuenta: el trabajo de Miguel de Cervantes en la librería de Francisco de Robles. Como ya hemos indicado, no son muy abundantes las obras literarias que costeó el librero madrileño, dedicado, sobre todo, a las pragmáticas y textos legales, que le permitían obtener pingües beneficios y recuperar en poco tiempo la inversión económica necesaria para su impresión. Entre estas obras, me gustaría ahora detenerme en tres, todas ellas impresas en el taller de Juan de la Cuesta, ya que en sus preliminares se pueden leer cartas dedicatorias que se han atribuido a la mano cervantina. En concreto, se trata de las siguientes: *El prado espiritual* de Juan Basilio Sanctoro (1607), con una carta enviada a don Juan Bautista Acevedo, Obispo de Valladolid, Patriarca de las Indias e Inquisidor General. La primera edición se data treinta años antes. La segunda obra es una reedición de las *Obras* de Blosio de 1608, que lo será también en 1611 y en 1619. En esta reedición, costeada por Francisco de Robles —frente a la que se estaba imprimiendo al mismo tiempo del *Quijote* en 1604—, se va a incorporar una «Dedicación de la obra a la Reina del cielo Nuestra Señora de Atocha». Y por último, las *Obras* de Diego Hurtado de Mendoza, publicadas en 1610. En este caso, además de la *Epístola dedicatoria* que lleva la firma del editor de la obra, Frey Juan Díaz Hidalgo, y la *Epístola al lector*, se piensa que Cervantes esté detrás de la propia compilación, un trabajo editorial en toda regla. Entre los preliminares, aparece uno de los últimos poemas impresos de Miguel de Cervantes.

Epístola dedicatoria de las *Obras* de Diego Hurtado de Mendoza (Madrid, Juan de la Cuesta, 1610).

Epístola al lector de las *Obras* de Diego Hurtado de Mendoza (Madrid, Juan de la Cuesta, 1610).

Soneto de Cervantes en las *Obras* de Diego Hurtado de Mendoza (Madrid, Juan de la Cuesta, 1610).

Y a nadie le extrañaba entonces ni tampoco hoy nos extraña que una persona sea la que firme y otra la que escriba las cartas dedicatorias de tantos libros impresos en los Siglos de Oro. Sin ir más lejos, la carta dedicatoria al Duque de Béjar que se imprime en el *Quijote* de 1605 no fue escrita por Cervantes, por más que aparezca al final su nombre. Fue Juan Eugenio Hartzenbusch a mediados del siglo XIX quien descubrió que la «dedicatoria cervantina» en realidad era un pastiche creado en la imprenta vallisoletana donde se imprime el primer pliego del libro, que parte de la carta que Fernando de Herrera dirigió al Marqués de Ayamonte en la *Obras de Garcilaso de la Vega con anotaciones* (1580), con algún retazo del prólogo que, en el mismo volumen, escribiera el maestro Medina. Curiosidades bibliográficas que nos devuelven una industria editorial más rica en matices de lo que se suele imaginar en la actualidad.

Estos trabajos editoriales, tanto la redacción de dedicatorias, unos paratextos legales habituales y, casi, necesarios en los primeros folios de los impresos de la época, como también el trabajo editorial de compilar y de preparar para la imprenta un determinado texto, seguramente son solo la punta del iceberg de otros tantos trabajos que Cervantes desempeñaría para Francisco de Robles, y que le permitiría contar con unos ingresos continuos a lo largo de estos años. Y esta relación editorial es también la que vendría a explicar —aunque solo en parte— la estrecha relación entre Miguel de Cervantes y su editor Francisco de Robles, una relación de la que estamos muy lejos de conocer su alcance. Como tampoco sabemos el origen de la deuda que en 1607 mantenía Cervantes con Francisco de Robles: 450 reales. El dato es público y conocido gracias al inventario y tasación de los bienes que el librero aportó cuando se casó con su segunda esposa: Cristina Juberto, firmado en Madrid el 17 de noviembre.

Las malas relaciones entre Miguel de Cervantes y su hija Isabel pueden darnos la clave de otra de las posibles fuentes de financiación de la familia Cervantes, una de las más habituales en la época: el alquiler de casas y de fincas. Tanto ayer como hoy, la industria del ladrillo ha sido una de las fuentes de supervivencia económica de familias sin rentas ni mayorazgos.

A la vuelta de la familia Cervantes a Madrid, Isabel no acompañará a su padre a Esquivias ni se quedará en casa de sus tías Andrea y Magdalena, pues por estas fechas contrae matrimonio con Diego Sanz del Águila. En diciembre de 1607 o quizás por enero del año siguiente, nace su única hija, la única nieta de Miguel de Cervantes: Isabel Sanz. Unos meses después, el 8 de septiembre de 1608, habiéndose quedado viuda, Isabel se desposa de nuevo con Luis de Molina en la Iglesia madrileña de San Luis, siendo testigos Cervantes, el Doctor Carrillo y Pedro Díaz de Paredes. El 1 de marzo de 1609, será el momento de las velaciones en la misma Iglesia, y en este caso, los pa-

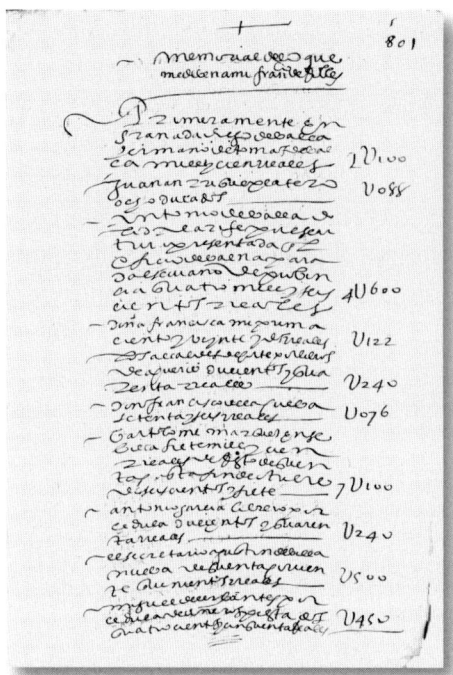

Relación de las cantidades que se le adeudan a Francisco de Robles. Miguel de Cervantes le debe 450 reales (Madrid, 17 de noviembre de 1607). AHPM: 1/1.1/T.002442, f.801

drinos serán su padre Miguel y Catalina de Salazar, su mujer.

Según estos datos, parece que Isabel de Saavedra sea la única de las mujeres cervantinas que siga el guión establecido de las normas puritanas y tridentinas de la época y que, al final de su vida, Cervantes gozaría de la tranquilidad de una familia bien avenida. Pero nada más lejos de la realidad. Desde enero de 1607, más o menos, Isabel de Saavedra vive amancebada con Juan de Urbina, gentihombre español casado en Italia con doña Margarita Mérula, que había aparecido en la Corte en 1604, y que permanecerá en ella más de una década. El 22 de diciembre de 1606 compra Juan de Urbina una casa en la Calle de San Luis, mediante un testaferro, Sebastián Granero, y el 24 de junio ya tenemos constancia documental de que Isabel se había mudado y habitaba esta casa. Juan de Urbina, y no su marido Diego Sanz, es el padre de su hija Isabel.

El matrimonio entre Isabel y Luis de Molina será un matrimonio de conveniencia, en que participará de manera muy activa Miguel de Cervantes. El candidato no podía ser más idóneo: como Cervantes, estuvo cautivo en Argel, de donde fue liberado en 1598, y como él, también se ganaba la vida como agente de negocios; en Valladolid trabajó para los banqueros genoveses, los hermanos Carlos y Antonio María Strata, y con ellos volvió a Madrid cuando se trasladó la Corte en 1606. Y como Cervantes, tampoco se puede decir que le fueran bien las cosas en materia económica, al menos, en estos momentos: el 10 de noviembre de 1606 pide prestados ni más ni menos que 200 ducados a Nicolás Spínola. Matrimonio de conveniencia, pero no se ha de pensar que Luis de Molina será un mantenido de su esposa, pues con los años consiguió alcanzar una carrera de secretario y de agente de negocios que hubiera envidiado Cervantes, pues llegó a ser escribano real, a las órdenes del banquero Carlos Strata, y al tiempo fue el responsable de los negocios de don Esteban Hurtado de Mendoza Rojas y Guzmán, conde de Orgaz, al ser desde 1619 su cesionario, como de sus hermanos y herederos de Juan Luis de Silva, marqués de Montemayor.

El matrimonio de conveniencia se va a concretar en las capitulaciones firmadas en Madrid el 28 de agosto de 1608 entre Luis de Molina de una parte, y de la otra, Juan de Urbina y Miguel de Cervantes. Los límites y finalidad del documento queda claro en el primer epígrafe del mismo:

> Que por cuanto, mediante la gracia y bendición de Dios, Nuestro Señor, está tratado y concertado que el dicho Luis de Molina se haya de casar y velar en *facie eclesiae*, como lo manda el Santo Concilio de Trento, con la señora D.ª Isabel de Cervantes y Savedra, viuda, mujer que fue de D. Diego Sanz, hija legítima de dicho señor Miguel de Cervantes; y que para ayuda a sustentar las cargas del matrimonio se le hayan de dar dos mil ducados, que valen setecientas y cincuenta mil maravedís

2000 ducados será el precio del matrimonio, de la dote que Juan de Urbina entrega a su amante para que se lleve a cabo el matrimonio, y lo hace «por algunas causas que a ello le mueven». El pago se hará a lo largo de los siguientes tres años. Pero hay un aspecto que quisiera resaltar en las capitulaciones, que tienen que ver con el deseo de Juan de Urbina de asegurar el futuro de su hija Isabel, en el momento que él faltara o lo hiciera su madre: además de la dote y las condiciones que pone Luis de Molina para garantizarse su pago en los plazos establecidos, Juan de Urbina entrega sin cargas al nuevo matrimonio la casa que ha comprado en la Red de San Luis, pero la propietaria será ahora Isabel, su hija; pero, ¿qué sucederá con la casa si muere la niña?

> y si la niña faltare antes de tomar estado, la hayan de gozar todo el tiempo que la dicha D.ª Isabel, su madre, viviere; y si la dicha señora D.ª Isabel faltare, aunque deje hijos de este matrimonio, ha de gozar las dichas casas el dicho Miguel de Cervantes, su agüelo, y padre de la dicha D.ª Isabel; y después de sus días, han de quedar las dichas casas para quien el dicho Miguel de Cervantes quisiere.

Este detalle, que es más que un detalle, pondrá las bases del enfrentamiento irreconciliable entre el padre y su hija en los siguientes años.

El matrimonio, al menos el desposorio se tendría que hacer en un mes, y así se comprometen tanto Luis de Molina como Isabel de Saavedra, presente en la firma de las capitulaciones; en caso contrario, han de pagar a Luis de Molina mil ducados. Y ni un mes tardarán en realizarse los desposorios, que fueron, como se ha dicho, el 8 de septiembre. Para las velaciones, el momento en que realmente el matrimonio se consuma y los contrayentes comparten casa, comida y cama, habrá que esperar hasta marzo del año siguiente. La dote con que Isabel se casa, firmada en Madrid el 5 de diciembre de 1608, ofrece una magnífica imagen de cómo eran los bienes cotidianos de una familia de aquella época, una familia que contaba con el apoyo de Juan de Urbina, de un gentilhombre que no tenía inconveniente en pagar el 3 de septiembre de 1608 al mercader Juan Trujillo 1900 reales de diferentes piezas de raso, terciopelo, gurbión, tafetanes o pasamanos de seda fina de colores para su amante. En la dote de Isabel, además de todo su ajuar, además de mil y un utensilios para la vida cotidiana (sillas, mesas, escritorios, cobertores, artesas, cazos, sartenes, armarios, estufillas, espejos…), destacan algunos retratos, que llenarían de adustos gestos religiosos la casa de la Red de San Luis: «retrato de San Juan, con su marco dorado», «retrato de san Enofre, con su marco», «cabeza de San Juan», «Ecce Homo con su caña», «retrato de la Virgen», «retrato de Nuestra Señora del Carmen» o «un san Francisco».

Pero esta vida construida a base de capitulaciones, regalos y dotes dará un vuelco entre febrero o marzo de 1610. Será por estos meses cuando muere la niña Isabel Sanz. Y será en este momento cuando los acuerdos firmados se hacen trizas y comienzan varios pleitos que son el principio del fin de las relaciones de Miguel de Cervantes con su hija: por una parte, Juan de Urbina se desentiende del pago de los dos mil ducados, cuyo plazo acababa el 29 de agosto de 1611, por lo que Luis de Molina pone un demanda contra Urbina y Miguel de Cervantes. Por otra parte, y es lo que ahora más interesa, Isabel de Saavedra comenzará diversos pleitos con su padre y con Juan de Urbina para quedarse en propiedad con la casa de la Red de San Luis, y no solo en usufructo mientras viviera, según se había establecido en las capitulaciones.

Comienza aquí un nuevo laberinto legal entre, por un lado, Miguel de Cervantes y su hija Isabel, y por otro, Luis de Molina y Juan de Urbina —en muchos casos mezclados entre ellos— que perdurará incluso cuando todos hayan muerto. Un nuevo laberinto legal que semeja mucho al que sufrió Cervantes con los contadores del Consejo de Hacienda y las peticiones continuas de la rendición de cuentas cuando fue Comisario Real de Abastos. El 27 de marzo de 1610 Miguel de Cervantes otorga en Madrid una curiosa escritura, en la que declara que la casa de la Red de San Luis es de su propiedad, pues la ha comprado con sus dineros. Una declaración que solo puede sustentarse en un acuerdo previo con Juan de Urbina, que quisiera, ahora muerta su hija bastarda, recuperar la propiedad del inmueble madrileño. Sea lo que fuere, lo cierto es que este hecho supuso un verdadero distanciamiento entre Isabel y su familia, un distanciamiento que le llevó a estar ausente en el momento en que su padre murió y fue enterrado, lo que parece que no le han perdonado los biógrafos cervantinos, que siempre han intentado mostrar su cara más amarga y vengativa, que seguramente nos está alejando de la verdadera Isabel, de su particular drama personal, muerta su hija, abandonada por su amante y casada con un hombre al que solo le unía la necesidad de sobrevivir. Y no lo hizo mal Isabel, a tenor del testamento que redactó en 1652, que da cuenta de todos los bienes que consiguió atesorar a lo largo de su longeva vida.

El litigio de la casa de la Red de San Luis abre la puerta a conocer otra de las fuentes de supervivencia de muchas familias en la Corte, como es la propiedad de inmuebles y su alquiler. Quizás Cervantes soñara con poseer una casa en Madrid, dejarse de peregrinar por varios y diversos alquileres, aunque este sueño pasara por apoyar a Juan de Urbina frente a su propia hija, a su única hija, a la que no volvería a ver nunca más. Nuevas sombras y silencios en la biografía cervantina.

Con los años, Luis de Molina terminaría acercándose a la familia de Cervantes, lo que nunca hizo su mujer, la díscola Isabel de Saavedra. Tan solo un dato: el 22 de septiembre de 1624 muere Constanza de Ovando. Fue enterrada en la Parroquia de San Sebastián, y en su partida de sepelio se indica que fue Luis de Molina, «secretario de Carlos Strata», quien pagó los doce ducados de su entierro.

El testamento de Catalina de Salazar: «por el mucho amor y buena compañía que ambos hemos tenido»

El 16 de junio de 1610, Catalina de Salazar firma su testamento en Madrid, en la escribanía de Baltasar de Ugena, «estando buena y sana y en su buen seso, juicio, memoria y entendimiento natural». Un testamento es una radiografía de los bienes que se posee, pero también es muestra de las personas que conforman su círculo más personal e íntimo y el espacio donde dar riendas a los miedos, a los sueños, a aquello que uno desea dejar de memoria después de muerto. El testamento de Catalina de Salazar permitirá conocer algunos detalles íntimos de la vida de Cervantes, y, sobre todo, de su mujer, de esa sombra que le acompañó desde sus velaciones en 1586 hasta sus últimos días.

En el testamento de Catalina se aprecian dos obsesiones, dos deseos, que, como veremos, estarán estrechamente ligados: por un lado, dejar resuelto el tema de la herencia de sus padres con su hermano, el clérigo Francisco de Palacios; y por otro, garantizarse la paz de su alma con el pago de cientos y cientos de misas. En medio, varios detalles curiosos, como por ejemplo, algunos de los objetos que esta-

Primer testamento de Catalina de Salazar (1610), conservado en el Archivo Histórico de Protocolos de Madrid: 1/1.1/T.001459, f.36r-38v.

rían en la casa de los Cervantes desde hace un tiempo, y que les acompañarían en sus mudanzas: dos pinturas de Flandes que representan a la Magdalena y a «Nuestra Señora con su niño al pecho», que no son más que grandes que una «cuartilla de papel». Ambas se las deja en herencia a su hermano. Así como un «escritorio de ataracea pequeño sobre la mesa sobre que está», que se lo deja a su hermano fray Antonio. Por último, no se olvida de la canonización de San Isidro, por lo que entrega cuatro reales de limosna.

Catalina de Salazar desea ser enterrada en Esquivias, «en la sepultura de Fernando de Salazar Vosmediano, mi padre, que está en el coro de la iglesia del dicho lugar junto a la grada del altar mayor de la dicha iglesia que está con su losa». Y deja claro cómo ha de celebrarse el entierro y todas las pompas y misas que han de oficiarse en la iglesia:

> *Ítem*. Mando que me acompañen todos los clérigos del dicho lugar y las cofradías de que fuere cofrada en el dicho lugar y me amortajen en el hábito de Señor San Francisco, a quien tengo por mi devoto.
>
> *Ítem*. Mando que el dicho día de mi entierro, si fuere hora, y si no luego otro día siguiente, me digan una misa cantada y todas las demás misas, que se pu-

dieren decir en el dicho lugar, de difuntos, y se pague la limosna acostumbrada, y a las cofradías se les den los maravedises que se les suelen y acostumbran a dar.

Pero además, deja establecido otras misas tanto en Madrid como en Esquivias al año de haberse celebrado el funeral, sin olvidarse, claro está del alma de sus padres y de su tío, el clérigo Juan de Palacios:

> *Ítem.* Mando que, luego como yo falleciere, se me digan nueve misas de alma en la iglesia y casa de Nuestra Señora de Loreto de dicha villa de Madrid, y se pague la limosna luego de mis bienes.
> *Ítem.* Mando se digan por mi alma y las almas de mis padres y de mi tío Juan de Palacios, clérigo, cien misas rezadas y se digan dentro del primero año de mi fallecimiento y se pague la limosna de ellas y se digan en la iglesia del dicho lugar de Esquivias.
> *Ítem.* Mando que se me hagan mis honras y cabo de año en el dicho lugar como es uso y costumbre, y se pague la limosna.
> *Ítem.* Mando se ponga ofrenda de pan y vino sobre mi sepultura, a parecer y discreción de mis albaceas.

Pero la parte más extensa del testamento se dedicará a los bienes que deja a su hermano Francisco de Palacios, que son casi todos los que posee en Esquivias, lo que nos da cuenta de las rentas con la que podía contar en estos años la familia Cervantes para sobrevivir: por un lado, dos majuelos de olivos, el del Espino y el de Pedro Hernández, que pertenecieron a su tío Juan de Palacios, con sus obligaciones: «ocho misas rezadas perpetuamente en cada un año para siempre jamás mientras los tuviere cada poseedor». Por otro, la parte que le corresponde de la herencia de su madre, Catalina de Palacios, «el tercio y remanente de quinto» de varias propiedades que comparte con su hermano: la casa de Esquivias donde vive, el majuelo de la Cueva, el del Villar, el Albillo, una tierra Tras Cabeza y un huerto, que se llamaba de los Perales, al lado de la Iglesia.

Y estas propiedades en Esquivias se completan con las que le deja en usufructo a Miguel de Cervantes: el majuelo del camino de Seseña y una tierra de una aranzada, que llaman el Herrador.

No se deja detalle sin precisar. Todo lo quiere dejar atado y bien atado Catalina después de su muerte. El majuelo podrá disfrutarlo Miguel mientras viva con tan solo una condición: «diga cuatro misas rezadas cada año por mi alma». A la muerte de Miguel, el majuelo pasaría por dos años a doña Constanza de Ovando «sobrina del dicho mi marido, con el mismo cargo de las dichas cuatro misas». Y pasado ese tiempo, pasarían a manos de su hermano Francisco, pero ahora con nuevos cargos: «ocho misas rezadas cada año por las almas de mis padres y mía y del dicho mi marido, con más que haya de dar cincuenta reales cada año a mi hermano fray Antonio de Salazar para libros o para lo que él quisiere». ¿Qué sucederá con el majuelo cuando falten todos ellos? Para garantizarse Catalina las misas rezadas, pasaría a manos de la Iglesia de Santa María de Esquivias:

> con cargo que se digan cada año por las almas mías y demás contenidas en esta dicha cláusula y mis padres, treinta misas rezadas de difuntos perpetuamente para siempre jamás; y más me hagan una fiesta de Señor San Pedro cada año con su misa cantada y otra a Señor San Francisco en sus días o en sus octavas; y en caso que el dicho fray Antonio de Salazar, mi hermano, alcanzara de días a todos los contenidos en esta cláusula, es mi voluntad que la dicha iglesia dé cien reales al dicho mi hermano para libros o lo que él quisiere; y después de los días del dicho mi hermano, la dicha iglesia haya y goce el dicho majuelo con sola la dicha carga de las dichas treinta misas rezadas y las dos fiestas para siempre jamás. Y esta cláusula se ponga en las tablas y memorias de la dicha iglesia como se acostumbra a hacer.

Pero no todo serán negocios, herencias y deseos de perpetuidad. En el testamento de Catalina de Salazar también hay espacio para los afectos. Un recuerdo a su criada, María de Ugena, que no es más que una joven de Esquivias que la sirve desde niña, a quien deja «todos los vestidos de seda y otros cualesquiera y el manto que tuviere y camisas el día que yo muera; y esto la mando por el mucho amor que la tengo por el tiempo que me sirvió siendo niña, y ruegue a Dios por mi alma».

Y también un recuerdo a su marido, más allá de las rentas que le ha dejado en Esquivias:

> *Ítem*. Mando al dicho Miguel de Cervantes, mi marido, la cama en que yo muriere, con la ropa que tuviere, con más todos los demás bienes muebles que yo tuviere, excepto lo que mando al dicho mi hermano, esto sin que se le pida cuenta al dicho mi marido, por el mucho amor y buena compañía que ambos hemos tenido.

«Por el mucho amor y buena compañía que ambos hemos tenido». Es esa la única frase personal que conocemos de Catalina de Salazar, esa firma que acompaña a algunos documentos cervantinos, ese nombre con el que comparte bautizos y bodas y algunos litigios. «Por el mucho amor y buena compañía que ambos hemos tenido».

Catalina de Salazar muere en Madrid el 30 de octubre de 1626, siendo enterrada en el Convento de las Trinitarias, junto a Miguel de Cervantes, al día siguiente. En su partida de sepelio se indica cómo había testado el día 20 de octubre y cómo nombraba albaceas a Luis de Molina y a su hermano, el clérigo Francisco de Palacios.

Una nueva prueba de la estrecha relación personal que el yerno mantenía con su suegra, lo que no puede decirse de la Isabel de Saavedra, la hija de Miguel. Este segundo testamento, el definitivo desapareció durante la Guerra Civil, aunque Astrana Marín pudo verlo y extractar su contenido en los años treinta. Además de preocuparse por garantizarse que se dijeran misas por la salvación de su alma —como ya hemos visto en el testamento que había hecho 16 años antes—, y de dejar todos sus bienes a su sobrino Pedro López de Vivar y Salazar y a su hermano Francisco de Palacios, dos hechos llaman la atención: por un lado, su deseo de ser enterrada en el madrileño Convento de las Trinitarias junto a su marido, y no en el lugar de honor en la Iglesia de Santa María en Esquivias en la tumba de su padre, como se explicitaba en el primer testamento, y después, la deuda de 400 reales del librero Villarroel, el que había dado a conocer el *Persiles* casi diez años antes, tema al que volveremos más adelante.

Ninguna noticia, ninguna alusión a Isabel de Saavedra, que salió de la vida de los Cervantes hacia 1610 para no volver nunca más.

Las academias literarias: «babilónica confusión»

Hay un paralelismo entre la Corte política y la Corte de las letras a inicio del siglo XVII en relación a los cambios que se van a imponer: si en el caso de la política, el nuevo siglo traerá consigo no solo el cambio de rey y de sede, sino también de una forma nueva de hacer política, con el triunfo de los validos y de los secretarios en el reinado de Felipe III; en el caso de las letras, también será este el momento de consolidar algunas propuestas antiguas y de abrirse a otras que verán su desarrollo en los años siguientes. Y en esta época de transición y de cambio de paradigma Miguel de Cervantes escribirá —y publicará— la mayor parte de su obra.

Más allá de la consolidación de la industria cultural de los Corrales de Comedias —donde Lope nunca dejará de triunfar—, más allá de la demostración del beneficio económico que puede ofrecer la imprenta —ya nos hemos detenido en el *best-seller* del *Guzmán de Alfarache*—, en estos primeros años del siglo XVII se consolidará un nuevo espacio donde será posible no solo dirimir muchas disputas personales sino también hacer demostración de poder literario, en especial en lo relacionado con la poesía. Es el momento del auge en la Corte, en gran parte de España de las Academias literarias, de esos espacios donde nobles y escritores se dan la mano, el poder y su voz, esa «voz autorizada» de escritores en busca de amparo y de protección. El escritor profesional, aquel que puede vivir de los resultados económicos del éxito de sus obras, comienza a ser ahora una posibilidad. Pero solo una posibilidad. El mecenazgo, la pertenencia del escritor a una casa nobiliaria —como secretarios, cronistas, capellanes…— es todavía un ideal, lo que mueve las ilusiones y sueños de muchos creadores. Mecenazgo que alabará el mismo Lope de Vega en una carta que le escribe al Duque de Sessa en febrero o marzo de 1616:

> Bien dice V. Ex.ª, señor mío, porque verdaderamente los príncipes se hacen bien quistos y amables estimando a los hombres de letras y honrándolos, como V. Ex.ª lo hace y desea hacer, tan al contrario de otros señores que solo estiman y honran bufones, sastres y terceros.

Y unos días después se ve en la necesidad, para mantener su puesto de secretario, para seguir gozando del favor de su señor —al que le hace de tercero y consejero, por no decir de alcahuete y de escritor amoroso—, de comenzar una nueva carta con estas alabanzas a su mecenas que hoy nos sonrojan:

> Las mercedes y favores de V. Ex.ª son tantas que estoy por decir de ellas lo que un poeta dijo de las flechas de Amor: que las que le tiraba hoy le defendían el pecho de las que le había de tirar mañana. En fin, señor, V. Ex.ª honra su hechura y la levanta a mayores grados que pudiera llegar mi imaginación cuando ella misma trazara esta privanza. Pero pienso yo que V. Ex.ª sea conmigo como la imán preciosa, que levanta del suelo las pajas humildes.

Este es el contexto en que hemos de entender las Academias literarias en las que participó Cervantes durante su estancia en Madrid, y seguramente también en Valladolid y, anteriormente, en Sevilla. Esta es la relación de dependencia de los escritores frente al dinero y al poder, de los lazos clientelares y de mecenazgo que se tejen y destejen continuamente en la Corte.

De origen italiano, las Academias literarias modernas nacen a mediados del siglo XV, y su nombre procede de su propia inspiración: la Academia platónica. En 1442 Marsilio Ficino, traductor de Platón, abrirá la Academia de Florencia, con el amparo y protección de Cosme de Médicis. Las Academias irán, con el tiempo, transformándose: de espacios de erudición y de debate entre eruditos, se transformarán en un espacio de reunión social, donde los versos ligeros, los debates superficiales o los juegos de ingenio se convertirán en su día a día. Y todo ello, bajo el amparo de un noble, con aspiraciones literarias, que la sostendrá mientras cumpla sus expectativas o sea un juego divertido entre sus manos.

Este modelo académico, que ha colocado el «gaudere» en el centro de sus pretensiones, es el que triunfará en la Corte, en las distintas academias que se irán abriendo y cerrando desde finales del XVI y principios del XVII. Una de las primeras será la conocida como Academia Imitatoria, descrita por Juan Rufo en *Las setecientas apotegmas* de 1596:

> Fundose en Madrid la Academia Imitatoria, cuyos principios parece que prometían que había de durar como imitadora de las famosísimas de Italia, porque el presidente, aunque era muchacho, era rico y principal, y siendo con esto poeta y de buen ingenio, acariciaba con liberalidad y cortesía a los hombres de aquella profesión. Esforzaba también las esperanzas de este noble edificio la multitud de personas eminentes que le servían de columnas, y, finalmente, el concurso de oyentes calificados, Grandes títulos y ministros del Rey, que iban a oír con aplauso y atención.

Pero no duró mucho esta primera Academia: tan solo un año. Como diría el Señor de Horcajada: «Como el presidente era niño, murió la Academia de alferecía». Pero a pesar del poco tiempo que estuvo activa, su recuerdo ha quedado impreso en algunas obras. Miguel de Cervantes, sin ir más lejos, en el *Coloquio de los perros* recuerda la anécdota de Mauleón, «poeta tonto y académico de burla de la Academia de los Imitadores», que explicaba el significado de «Deum de Deo», como «dé donde diere».

Pero las Academias literarias eran algo más que una reunión de escritores alrededor de un noble que los agasajaba. Una Academia literaria para serlo —siguiendo el modelo italiano— tenía que contar con su constitución, sus estatutos, sus cargos y sus ritos y obligaciones, entre las que destacan las reuniones semanales. Formar parte de una Academia era una prueba de poder literario; asistir y participar en sus sesiones constituía una demostración de estar presente en la Corte literaria, en ser alguien en este particular espacio. Y mucho más si uno era elegido para ocupar algunos de sus puestos.

En los primeros años del siglo XVII, tenemos noticias de tres academias literarias en la corte madrileña: desde la vuelta de la Corte, contamos con la Academia de Madrid, que está amparada por Félix Arias Girón, hijo del Conde de Puñonrostro, que, en ocasiones, se ha identificado con una primera fase de la Academia del Conde de Saldaña, de la que no tenemos otra alusión que las noticias del soldado y aventurero Diego Duque de Estrada, que habla de su existencia desde 1605. En esta Academia, como a todas las de Madrid, acudía y triunfaba Lope de Vega, y en una de sus sesiones se oiría por primera vez el *Arte nuevo de hacer comedias* (publicado en Madrid en 1609). La segunda Academia madrileña, la del Conde de Saldaña comenzó su andadura en noviembre de 1611 y duró menos de un año; su labor fue continuada por la conocida como Academia Selvaje, al ser financiada por Don Francisco de Silva, hermano del Duque de Pastrana. Comenzó el 15 de abril de 1612 y terminaron sus sesiones en 1614, cuando el Duque se ausenta de Madrid para dirigirse a Lombardía.

Frente a lo que sucederá con una de las academias más conocidas y estudiadas, la de los Nocturnos en Valencia, que estuvo activa desde el 4 de octubre de 1591 hasta el 13 de abril de 1594, de ninguna de las academias madrileñas se han conservado las actas de las sesiones, ni tampoco los vejámenes, es decir los discursos satíricos que daban cuenta de los resultados de sus sesiones o de los certámenes poéticos convocados. Y con ello se nos ha privado de conocer algunos de los detalles de su cotidianidad, de ese carácter lúdico al que todos sus participantes hacen alusión y que han sido la diana de muchas de las críticas de los severos investigadores de los siglos posteriores. Carácter festivo como la noticia de los juegos teatrales de los que se hace eco Diego Duque de Estrada cuando entró por primera vez en la Academia de los Ociosos, la que fundó el Conde de Lemos en Nápoles en 1610, siguiendo el modelo triunfante tanto en España como en tierras italianas:

> El Presidente de aquel mes era el señor Conde de Lemos, Virrey, cuyos elegantes versos excedían a los de Virgilio y Homero. La primera vez que yo entré se hizo una comedia de repente, que así por detenerme en escribir otra cosa que desdichas, como por ser graciosa la contaré. Representose el hundimiento de Eurídice cuando Orfeo, su marido, Príncipe de la Música, quebrantó las puertas del Infierno con la dulzura de su lira, y la sacó del poder de Plutón, como finge Ovidio en sus *Metamorfóseas*, e hicieron las figuras (por ridículas) trocadas. Hacía de Orfeo el Capitán Anaya, un hombre de muy buen ingenio y ridiculoso, tocando por cítara unas parrillas aforradas de pergamino, que formaban unas desconformes voces; a Eurídice hacía el Capitán Espejo, cuyos bigotes no solo lo eran, pero bigoteras, pues los ligaban a las orejas. El Rector de Villahermosa [Bartolomé Leonardo de Argensola], hombre graciosísimo, viejo y sin dientes, era Proserpina; el secretario Antonio de Laredo a Plutón y yo el Embajador de Orfeo. Era este Antonio de Laredo de muy buen ingenio, cara y talle, tentadísimo por hablar de repente, punto que en otras comedias hacía él la mayor parte de los papeles, fingiendo diversas voces y pasándose a diferentes lugares con que hablaban muchos; y tan gracioso era en los disparates que decían, que era la fiesta de la comedia; pero fuera de esta gracia natural, muy buen sujeto en todas materias.

Como no podía ser de otro modo, será Lope de Vega con las cartas que le envía al Duque de Sessa, una de las fuentes directas que nos permite adentrarnos en la organización y en la vida cotidiana de las Academias literarias madrileñas. El 19 de noviembre de 1611 da cuenta Lope del comienzo de las sesiones de la Academia de Saldaña, que tiene que ver con la muerte de la Reina Margarita el 3 de octubre, y el luto que privó a Madrid de todo tipo de diversiones. No fue un principio muy halagüeño, según confiesa el otra carta el 23 de noviembre, donde lo literario se mezcla con lo cotidiano, y con esa enfermiza relación que le une a su señor:

> No he podido, Señor Excmo., cobrar las canciones de Hortensio, y así, van en lugar esas mías; haga V. Exª. lo que los deseosos que, esperando la dama, gozaron la criada que traía el recado de que no venía. Yo las escribí para la Academia del señor Conde de Saldaña: fue la primera el sábado pasado; llamonos a las seis y vino a las diez; salieron tales los poetas de hambre, cansancio y frío, todos y quejas, que no sé si habrá segunda, aunque me hicieron secretario y repartieron sujetos.

Pero sí que hubo otras sesiones, todas ellas celebradas los sábados, aunque Lope no deja de quejarse de que no se disputara nada «porque era fiscal el de Saldaña, y es más bien intencionado que el Rector de Villahermosa [Bartolomé Leonardo de Argensola]». Cada sábado los escritores y nobles tenían que demostrar su ingenio con «sujetos» que se decidían en la sesión anterior. Sujetos absurdos, como el recordado por Lope de Vega y que le envía al Duque de Sessa el 30 de noviembre:

> Esos sonetos llevé yo a la Academia; fue el sujeto a una dama llamada Cloris, a quien por tener enfermos los ojos mandó un médico que le cortasen los cabellos; a consejo a V. Exª. no se le dé nada ni de los cabellos ni de los sonetos, que yo los envío porque acompañen al pliego.

Y no es de los «sujetos» más curiosos. En mayo de 1626, en la Academia de Francisco de Mendola, se va a convocar un certamen poético, a modo de torneo, con estos cuatro temas, que se difunden en un cartel: [1] un soneto describiendo «cierto desmayo de Clori sangrada», [2] una glosa de un poema acerca del jazmín; [3] un romance jocoso relatando las quejas de un joven galán que no ha sido capaz de atrapar a una dama coja; y [4] una sátira en cualquier forma poética acerca de un hombre que perdió su peluca al descubrirse ante una dama que, a su vez, rio tanto al verlo que se le cayeron seis o siete dientes postizos.

Los más grandes poetas, los que se jugaban su fama poética en estos foros, debían dedicar su tiempo y su arte a estos temas y a otros igualmente similares y absurdos. Por eso no extraña que muchas de estas academias, como la de Saldaña, cayeran en decadencia, y que muchos de los poetas solo acudieran a ellas por los premios que les daban y por la comida caliente —cuando había— con la que cenaban. A fines de enero de 1612, Lope de Vega da cuenta de cómo la Academia continúa sus trabajos y sus fiestas, aunque él ya no acude a ellas:

La Academia dura, los señores la honran; yo no voy a ella, aunque siempre envío un soneto a la Virgen, dama de mis años y pluguiera a Dios lo hubiera sido en los pasados; danme mis guantes, que es propina de aquel acto, y como a jubilado, me los envían.

Literatura efímera. Literatura de encargo y de circunstancias. Literatura que, solo en parte, conocemos gracias a que muchos de los poemas y lecciones escuchadas en sus reuniones fueron luego publicadas en recopilaciones poéticas. Otras tantas siguen manuscritas y anónimas en muchos volúmenes en nuestras bibliotecas. Cientos y cientos de composiciones. Solo un dato: en las 88 sesiones de la valenciana Academia de los Nocturnos, se han contabilizado hasta 1.700 obras, la mitad de ellas en verso y la otra mitad en prosa.

Y junto a los versos, los sonetos, las glosas o los romances, que son los géneros que triunfan en las Academias, también hay espacio para temas más serios, para debates más elaborados, sobre todo cuando son los escritores y amantes de las letras las que lo frecuentan. Lo que no suele ser habitual, como indica Lope al Duque de Sessa dando noticia de la primera reunión de la Academia Selvaje, en la calle Atocha (actual nº 34), el 15 de abril de 1612: «Hoy ha comenzado una famosa Academia, que se llama *El Parnaso*, en la sala de don Francisco de Silva; no hubo señores; que aun no deben de saberlo: durará hasta que lo sepan». Para una Academia, Lope de Vega escribió su famoso *Arte nuevo de hacer comedias*, una lección académica, como se indica desde sus primeros versos:

> Mándanme, ingenios nobles, flor de España,
> (que en esta junta y academia insigne
> en breve tiempo excederéis no solo
> a las de Italia, que, envidiando a Grecia,
> ilustró Cicerón del mismo nombre,
> junto al Averno lago, si no a Atenas,
> adonde en su platónico Liceo
> se vio tan alta junta de filósofos)
> que un arte de comedias os escriba,
> que al estilo del vulgo se reciba.

¿Participó Cervantes de las sesiones de las Academias literarias de Madrid? De nuevo, Lope de Vega viene en nuestra ayuda. En la carta que le envía a Sessa el 2 de marzo de 1612 cuenta lo que había sucedido en la Academia de Saldaña el sábado pasado:

Las Academias están furiosas: en la pasada se tiraron los bonetes dos licenciados; yo leí unos versos con unos antojos de Cervantes, que parecían güevos estrellados mal hechos.

Además del dato curioso, el único rasgo físico que conocemos de Cervantes en estos años —era hombre que llevaba anteojos—, la carta lopesca sitúa de nuevo a Cervantes en el centro literario del Madrid de la época. ¿Participó también más adelante en la Academia Selvaje, que se encuentra muy cerca de su casa, en la calle Atocha? ¿Cuántas composiciones escribió Cervantes para las diferentes sesiones en las que participó? Recuérdese que no son muchos los llamados a participar en las sesiones ordinarias en las Academias y que solo algunos nobles y en algunas sesiones extraordinarios se invitaba a personas que fueran de oyentes.

Las Academias, a pesar de estar supeditadas al entretenimiento de los nobles que las financian, a constatar una vez más cómo la figura del escritor profesional está todavía en sus primeros momentos, que todavía sigue dependiendo de una

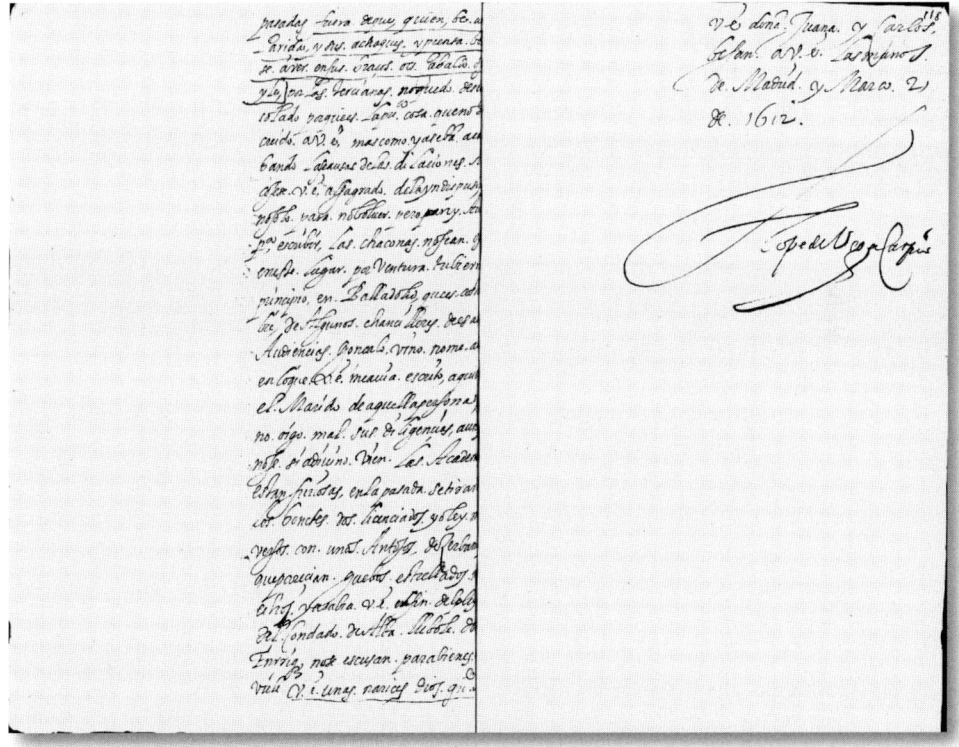

Carta de Lope de Vega del 2 de marzo de 1612 en que habla de Cervantes en la Academia de Saldaña (BNE: RES/298).

renta, un puesto real o de un mecenas, muestran el ámbito en que se dirimen las disputas del momento, las redes clientelares y las de influencia que todo escritor necesita para poder sobrevivir en este complejo y agresivo ambiente de la Corte literaria de aquellos años. Por eso no extraña que las peleas y agresiones fueran habituales ni los odios y ánimos de venganza por las críticas o los vejámenes estuvieran a la orden del día. A principios de abril de 1612, Lope de Vega cuenta cómo ha habido una disputa entre dos académicos, Pedro Soto de Rojas y Luis Vélez de Guevara, que llevó a la disolución de la Academia del Conde de Saldaña, «pues nunca Marte miró tan opuesto a las señoras Musas».

Espacios de disputas, espacios de influencia, espacios de representación, espacios de éxito y también de fracasos, las Academias, a medida que se van abriendo y cerrando según los gustos y necesidades de nobles y escritores, son también el pulso del lugar que ocupan los escritores en cada momento. Si a Lope le nombran secretario en la Academia de Saldaña en su primera sesión, en los años de su esplendor como poeta, como escritor de comedias, lo cierto es que su estrella comenzó a declinar unos años después, siendo la poesía de Góngora la que se lleva la palma de la fortuna y del éxito. Entre 1623 y 1637 contamos con una nueva Academia en Madrid, la de don Francisco de Mendoza, secretario del Conde de Monterrey y cuñado del Conde-Duque de Olivares. En esta Academia los seguidores de Góngora serán mayoría, destacando Pantaleón de Rivera, que escribe: «Imitador valeroso / del estilo que no entienden / en este siglo los tontos». Lope de Vega ya no participará en sus trabajos ni aparecerá en sus sesiones. ¡Qué lejos quedan ahora las alabanzas escritas por Diego Duque de Estrada en 1603, al describir la Academia de Saldaña y cómo se alzaba Lope con el cetro de la poesía, ese que le convirtió en prisionero de su propio éxito, en la necesidad de su éxito:

> Admitiéronme en la Academia del conde de Saldaña, adonde asistían los más floridos y sutiles ingenios de España: Lope Félix de Vega Carpio, fénix de nuestra España, piélago de poesía y de quien han llenado sus vasos nuestros cisnes españoles, porque aunque le hayan adornado Góngora con lo crítico y con lo retórico, Mira de Mescua con lo pomposo, Villahermosa con lo elegante, como también Lupercio, su hermano, que vedó el gracejo, Villamediana con lo satírico y los demás con rosas y flores, todo esto es escogido de esta singular y caudalosa fuente, pues de muchos que van a tomar de un mar, no porque adornen sus cántaros con varias flores y guirnaldas, dejan de ser las aguas de aquel mar, aunque disfrazadas de varias formas. Tal ha sido nuestro Lope a quien se debe el haber ampliado, enriquecido, ornado y recamado nuestra lengua castellana con tan varios colores y conceptos, sucediendo a los demás lo que a Juanelo, príncipe de las artes, con el huevo sobre la fábrica del artificio, que callo por ser tan vulgar.

¡Lástima no haber conservado las actas y vejámenes de las cientos de sesiones de las Academias que proliferaron por toda España por estos años! Además de rescatar por el nombre de su autor muchos de los poemas que se difunden anónimos por tantas misceláneas poéticas, podríamos adentrarnos en la vida cotidiana de una Corte literaria donde se tejían y destejían continuamente las relaciones y los enfrentamientos. Si hay muchos misterios alrededor de la vida cotidiana de Cervantes y de la mayoría de los escritores de los Siglos de Oro, ¡qué lejos estamos de conocer también la vida cotidiana literaria de estos años, que, no lo olvidemos, serán cruciales en la escritura y difusión de la obra cervantina!

El *Quijote* de 1608: ¿una reescritura cervantina?

El 25 de junio de 1608, el licenciado Francisco Murcia de la Llana firma en Madrid la fe de erratas de la tercera edición madrileña del *Quijote*: «Vi este libro intitulado *Don Quijote de la Mancha*, y en él no hay cosa digna de notar que no corresponda con su original». Junto a este nuevo documento legal, se reproducen todos aquellos que formaron el expediente de impresión de la primera edición de 1605, y se añade el privilegio de impresión para el Reino de Portugal. Ahora todo está atado y bien atado en los deseos comerciales de Francisco de Robles.

En apariencia esta reedición es idéntica a la segunda que se imprimió en Madrid en los primeros meses de 1605, como ya hemos visto. Y solo hay que comparar las dos portadas para certificar este espejismo. Pues, en realidad, nada es lo mismo, a pesar de que se incluirá, otra vez «por Juan de la Cuesta», el impresor ya no se pasearía

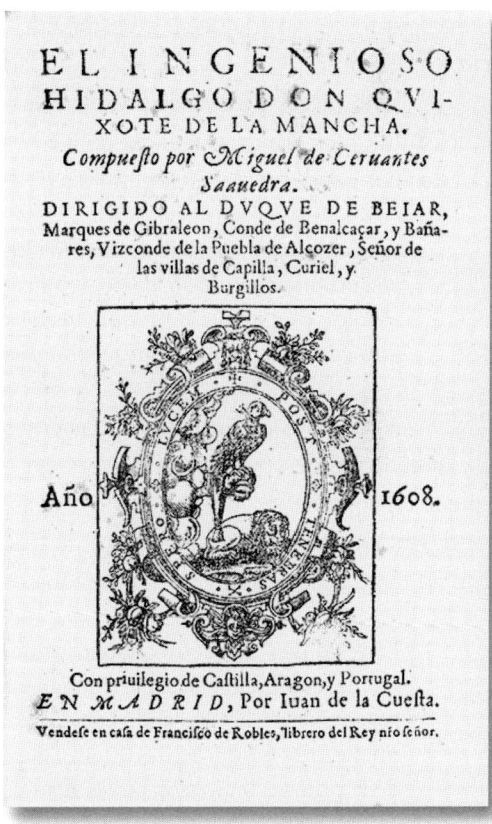

Portada de la tercera edición del *Quijote*: Madrid, Juan de la Cuesta, 1608.

por sus chibaletes y prensas, sino que le hemos perdido el rastro en tierras sevillanas. Y, por último, lo que esperaríamos que sería otra reedición a plana y renglón de la reedición de 1605, esa en la que ya metió mano Cervantes a los pocos meses de su difusión, tampoco lo es. Son muchos y variados los cambios textuales que se van a llevar a cabo en este momento. Solo desde una relación profesional entre Robles y Cervantes, en esos trabajos editoriales que nuestro escritor realizaría para el librero madrileño, podría entenderse y justificarse que le diera tanta rienda suelta para realizar cambios textuales en las reediciones de su obra, que complica la cuenta del original y el trabajo de los cajistas de la imprenta; es decir, retrasa la puesta a la venta de un producto comercial, que solo justifica su inversión por la pronta recuperación al venderse lo antes posible en las librerías y ferias.

La importancia de esta reedición de 1608 radica en que se convirtió en la *edición vulgata* hasta bien entrado el siglo XIX, es decir, la que utilizaron los editores como punto de partida de su investigación, relegando en un segundo plano las ediciones de 1605.

Uno de los primeros en utilizar la reedición de 1608 como texto base de su edición fue Juan Antonio Pellicer en 1797 y 1798, siguiendo los argumentos ya expuestos por Bowle en su edición inglesa de 1780. Pellicer se expresa en estos términos:

> El año de 1608, ya vivía de asiento Cervantes en Madrid, adonde se había restituido con la corte el de 1606, como se dijo en su vida. Determinó reimprimir su *Ingenioso Hidalgo*, y en esta reimpresión, hecha a su vista, le corrigió de muchos yerros y mejoró conocidamente, suprimiendo unas cosas y añadiendo otras.

Y después de exponer varias correcciones —muchas de ellas procedentes de la reedición de 1605 que él no conocía—, Juan Antonio Pellicer, con la autoridad que le da su edición, impresa, ni más ni menos, que por Gabriel de Sancha en Madrid, certifica su modelo de trabajo, lo que va a ofrecer a los lectores: la última voluntad textual de Cervantes en relación con la primera edición del *Quijote*:

> Por esto me he determinado a seguir en esta edición la del año de 1608, o la segunda, con preferencia a la primera o a la del año de 1604. No se entienda que por sola seguirla hubiera salido correcta, o a lo menos, no con tantos defectos como las publicadas, porque se ha de tener presente que el autor no corrigió todas las erratas de la primera impresión, antes dejó no pocas, y algunas sustanciales.

¿Qué hacer con estos errores claros y manifiestos? Pues, siguiendo los modelos editoriales del momento, corregirlos, para así ofrecer a los lectores del momento la que se considera la «más correcta, y su texto el más genuino y verdadero».

Esta propuesta editorial triunfó en la reedición del *Quijote* que llevó a cabo la RAE en 1819 (con la *Vida* tantas veces citada de Martín Fernández de Navarrete), así como en la propuesta de Diego Clemencín entre 1833 y 1839, el mejor comentador del *Quijote* de todos los tiempos. Y de ahí a todas las ediciones que se hicieron en España y América hasta las primeras décadas del siglo XX, y de aquí a todas las traducciones que se hicieron a partir del español, que utilizaron como texto base una edición española. El siglo XIX, por tanto, nunca supo ni leyó el *Quijote* impreso en 1605, esas primeras ediciones que hoy son la base de la gran mayoría de las ediciones cervantinas, a la espera de una edición crítica fiable, más allá de los desmanes editoriales de otros tiempos y de las ediciones impresionistas y personales que pasan por ser las más científicas en los nuestros.

La edición facsímil de López Fabra entre 1871 y 1873, la edición de Ramón León Máinez de 1877-1879 y la de Fitzmaurice-Kelly en 1899, reivindicando volver a las lecciones de la edición de 1605 fueron el mejor antídoto a tantos experimentos editoriales del siglo XIX, con las cientos de propuestas —algunas disparatadas y algunas acertadas— de la edición de Juan Eugenio Hartzenbusch en la Argamasilla de Alba de 1863.

Valgan estas pinceladas, valga este dato de cuál ha sido el texto base elegido por numerosos editores a lo largo de los siglos para preguntarnos ¿a partir de qué edición leyó un autor, o cuál fue el texto base para una determinada traducción? Solo así podemos saber hasta qué punto conocieron o no el texto cervantino, el que se imprimió y modificó en sus tres primeras ediciones en 1605 y 1608. E incluso podemos preguntarnos por la edición concreta y las ilustraciones que poseía —con su particular lectura y programa iconográfico— que nos dará claves de interpretación en el tiempo del texto cervantino, que no es ni el que nosotros leemos actualmente ni el que sufragó Francisco de Robles en su momento. Gustave Flaubert le escribe a Louise Colet una carta el 12 de junio de 1852; y, entre otras tantas confesiones, le dice: «Encuentro todos mis orígenes en el libro que me sabía de memoria antes de saber leer: *Don Quijote*». ¿De dónde le venía este «texto cervantino»? ¿Cómo pudo llegar a él antes de saber leer? ¿A partir de las historias que le contaba su ama española? En la rica biblioteca de Flaubert se encuentra un ejemplar del *Quijote* impreso en 1828: *Le don Quichotte en Estampes ou les Aventures du Héros de la Manche et de son Ecuyer Sancho Pança*. El texto del *Quijote* se ha reducido a 34 capítulos, que están acompañados de otras tantas estampas, anónimas, que sobresalen por la calidad de su ejecución. Tanto el texto adaptado como las ilustraciones que lo acompañan cumplen la función para la que han sido ideadas: convertirse en un magnífico punto de partida para que los más jóvenes se acerquen a una de las obras literarias más valoradas del momento. Así es posible memorizar el *Quijote* antes de saber leer. ¿Y qué edición francesa estaría utilizando cuando el 23 de febrero de 1869 le escribe a George Sand desde Croisset: «Releo en este momento don *Quijote*. ¡Qué libro gigantesco! ¿Lo hay más hermoso?».

El Conde de Lemos o la importancia de ser un mecenas

Nobles y escritores van a ir de la mano en los Siglos de Oro, al margen de esa puerta abierta a la figura del escritor profesional, esa que plantea el nacimiento de un nuevo paradigma que solo se convertirá en una realidad algún siglo después. Los corrales de comedias o las Academias literarias son espacios en que las Cortes políticas y literarias se dan la mano, se necesitan. Una es la que impone unas normas y unos modelos de conducta; otra es la que le entrega su voz, la que crea los héroes que los defienden y permiten, en un último giro argumental, que el orden prevalezca, el orden de la Monarquía, el orden de una determinada nobleza, el orden impuesto por los grupos de poder que en cada momento dominan la política de la Monarquía Hispánica.

Y en medio de esta relación prevalece, lógicamente, el vínculo del dinero: el dinero del pago de unas obras, el dinero de un oficio fijo en la casa nobiliaria, el dinero de una recomendación para ocupar uno de los cientos de puestos de la cada vez más compleja burocracia monárquica... Los mecenas se convierten en la diana certera de tantas y tantas dedicatorias como se imprimen en el primer cuaderno de tantos libros que salen de las prensas en estos años. ¿Hasta qué punto estas dedicatorias impresas son fruto del deseo del autor de acercarse a un determinado noble para conseguir su amparo o agradecimiento de los favores que se han recibido a lo largo del tiempo? ¿Cuándo podemos estar seguros que la dedicatoria de un libro es deseo y obra del autor cuando el autor ha vendido su privilegio de impresión, y ahora entran en juego otros intereses, que son los del librero o del mercader que se ha hecho con ellos? En 1604, uno de los Juntas escribía: «Facendo noi la spesa, dobbiamo fare la dedicatoria».

Y un buen ejemplo puede ser la dedicatoria al Duque de Béjar de la primera parte del *Quijote*. ¿Verdaderamente hemos de hablar del Duque de Béjar como mecenas de Cervantes, un buscado mecenas de Cervantes cuando la carta dedicatoria es un pastiche nacido en la librería de Francisco de Robles en Valladolid a partir de la dedicatoria que Fernando de Herrera y Medina pusieron al frente de las *Obras de Garcilaso de la Vega con sus anotaciones*, publicadas en 1580? Ya se trate de una obra escrita en la librería de Francisco de Robles en Valladolid, o ya sea un juego literario de Cervantes, siguiendo el tono cómico del resto de los preliminares textuales de la obra, con el prólogo y los poemas iniciales, que ofrecerían desde un inicio un particular programa de lectura del particular libro de caballerías que es el *Quijote*, ¿es una dedicatoria copiada de otra la mejor manera de acercarse a un determinado noble, a un particular mecenas?

Por otro lado, ¿acaso una dedicatoria ha de estar destinada siempre a establecer vínculos y relaciones con el cabeza de la misma o hemos de pensar que también puede estar destinada a alguien dentro de su Casa, una muestra más del deseo de un autor o de un librero o de un mercader de formar parte —o de devolver favores— a una determinada red clientelar o de mecenazgo? Anastasio Rojo Vega mostró hace unos años no solo que la Casa de los Béjar ya está arruinada desde 1589, con su primera suspensión de pagos, sino que existe un vínculo entre los Béjar y Juan de las Navas, el dueño de la casa en la que se instalaron Cervantes y su familia en Valladolid, ya que Juan de las Navas, padre e hijo, fueron alcaldes del palacio de los Duque de Béjar en la nueva sede de la Corte de la Monarquía Hispánica. ¿La aparición del Duque de Béjar en la portada del *Quijote* no tendría que ver más con sus criados que con él mismo? No olvidemos que el libro, al margen de la grandeza que ha adquirido a lo largo de los siglos, nació con la humildad literaria de convertirse en un *best-seller*, en un particular libro de caballerías.

Al margen de especulaciones, lo que sí es cierto es que con la llegada del rey Felipe III y el triunfo del nuevo sistema político de los validos, con el triunfo del Duque de Lerma y de toda su familia, algo está cambiando en la Corte literaria de la Monarquía Hispánica. Algo está cambiado justo en el momento en que Miguel de Cervantes terminará por publicar la mayor parte de su obra escrita, una obra que estará vinculada muy directamente con el Conde de Lemos, sobrino y yerno del Duque de Lerma, es decir con una de las familias más influyentes y más poderosas de la época.

El comienzo del triunfo del poder de los Lerma, Saldaña, Lemos y Sandoval y Castro podemos situarlo de la Valencia de 1599, donde se celebraron las dobles bodas reales entre Felipe III y Doña Margarita de Austria, y de Isabel Clara Eugenia con el Archiduque Alberto, y, su decadencia, a finales de septiembre y principios de octubre de 1618, cuando se produce la marcha del Conde de Lemos a sus tierras gallegas y el fin del poder del Duque de Lerma. Años después, en 1621, será el momento de la llegada de un nuevo valido, el Conde-Duque de Olivares y de nuevas redes clientelares. Los años del ascenso y del triunfo del Duque de Lerma y de su familia son en los que Cervantes, como decíamos, publicó casi toda su obra, los últimos años de una longeva vida.

Grabado del Conde de Lemos como Virrey de Nápoles, 1692.

¿Cuándo conoció y pudo tratar Cervantes con el Conde de Lemos? ¿En Valladolid cuando estuvo allí la Corte? ¿En las Academias literarias madrileñas donde pudieron coincidir? ¿A partir de su amistad y relación con los Argensola? Sea como fuere, lo cierto es que el Conde de Lemos estuvo muy vinculado al proyecto literario en que se empeña Cervantes los últimos años de su vida, ese empeño literario que se materializará en la publicación de cuatro obras (*Novelas ejemplares, Viaje del Parnaso, Ocho comedias y entremeses* y la *Segunda parte del Quijote*) y de una obra preparada para su impresión (*Persiles y Sigismunda*) y otras tantas en fases de escritura que desconocemos pero que cita en algunos de sus dedicatorias (*Semanas del Jardín, Bernardo* o la segunda parte de la *Galatea*). Todas ellas serán analizadas en los siguientes capítulos, pero ahora es importante destacar que en el programa literario impreso de Cervantes, la mayoría están dedicadas al Conde de Lemos. Y justo cuando el Conde de Lemos se encuentra en Nápoles como Virrey, en esos seis años que terminarán un 8 de julio de 1616, con su vuelta a Madrid. Todas las dedicatorias cervantinas —ahora todas ellas escritas por él— se publicarán en obras durante la estancia de los últimos tres años del Conde de Lemos en Italia, esos tres años que no estaban previstos en el plan inicial cuando parte la comitiva en junio de 1610 de tierras barcelonesas.

La primera de las dedicatorias, que se imprime en las *Novelas ejemplares*, después del famoso prólogo al lector, está fechada en Madrid a 14 de julio de 1613. En ella, Cervantes, que se declara «criado de Vuestra Excelencia», no solo pondera la calidad de su obra («le envío, como quien no dice nada, doce cuentos, que, a no haberse labrado en la oficina de mi entendimiento, presumieran ponerse al lado de los más pintados») sino que le expresa su deseo de servirle («Tales cuales son, allá van, y yo quedo aquí contentísimo, por parecerme que voy mostrando en algo el deseo que tengo de servir a Vuestra Excelencia como a mi verdadero señor y bienhechor mío»). Un servicio que en 1613 puede pensarse que podría darse en Madrid después de volver el Conde de Lemos de sus tres años como Virrey. Aunque serán otros tres años los que le retendrán en Nápoles. Y durante este tiempo, hasta en tres ocasiones le dedicará otras obras, y en estas nuevas dedicatorias, como se ha indicado en muchas ocasiones, se aprecia un itinerario, que tiene que ver con una vinculación real de Cervantes a la red clientelar del Conde de Lemos.

En la dedicatoria de las *Ocho comedias y ocho entremeses* (1615) se mantiene la fórmula inicial de expresar «el deseo que tengo de servir a Vuestra Excelencia», pero ahora los calificativos parecen más cercanos: «como a mi verdadero señor y firme y verdadero amparo, cuya persona...». Verdadero amparo con deseos de futuro, pues le adelanta las próximas obras que está escribiendo y terminando, que en poco tiempo serán también dedicadas a su persona.

Carta dedicatoria al Conde Lemos de Miguel de Cervantes (*Novelas ejemplares*, 1613).

En la tercera de las dedicatorias, la firmada en Madrid al finales de octubre de 1615, la que encabeza la segunda parte del *Quijote*, ya se presenta como «criado que soy de Vuestra Excelencia». Del deseo de servir se ha pasado a la realidad de hacerlo, al menos en la «realidad» del papel impreso. Y lo hace con esta obra, y con la promesa de enviarle en poco tiempo la siguiente que tiene escrita, como un hilo de continuidad en su proyecto literario, que lo es por lo que ofrece y por su reivindicación como escritor, pero también por la unidad de su dedicatario; por más que esté muy lejos de la Corte madrileña, el favor y el poder de su familia sigue siendo esencial para sobrevivir en Madrid:

con esto me despido, ofreciendo a Vuestra Excelencia los *Trabajos de Persiles y Sigismunda*, libro a quien daré fin dentro de cuatro meses, Deo volente; el cual ha de ser o el más malo o el mejor que en nuestra lengua se haya compuesto, quiero decir de los de entretenimiento; y digo que me arrepiento de haber dicho *el más malo*, porque, según la opinión de mis amigos, ha de llegar al extremo de bondad posible.

«Al extremo de bondad posible».... y al extremo de complicidad será la última de las cartas dedicatorias que escribe Cervantes, el último de sus escritos, fechado el 19 de abril de 1616, que terminará encabezando la edición del *Persiles y Sigismunda* al año siguiente. Una carta de despedida, pero en la que el hilo de las promesas literarias, de los proyectos que ha de dejar en la recámara de sus borradores encontrarán también su hueco, ese hilo de comunicación directa con el gran señor pero también con el escritor y amante de la literatura que fue el Conde de Lemos:

> todavía me quedan en el alma ciertas reliquias y asomos de *Las semanas del jardín*, y del famoso *Bernardo*. Si a dicha, por buena ventura mía, que ya no sería ventura, sino milagro, me diese el cielo vida, las verá, y con ellas fin de *La Galatea*, de quien sé está aficionado Vuesa Excelencia.

Quedan ecos en esta última carta dedicatoria de ver al Conde de Lemos a su vuelta de Nápoles, una vuelta ya anunciada y que presagia, o puede presagiar, por fin, lo que tanto ha aspirado y ansiado Cervantes a lo largo de toda su vida: entrar a servir en una casa nobiliaria. Lo intentó con la casa del Cardenal Espinosa, del Cardenal Acquaviva, de Mateo Vázquez... y seguramente de otras tantas de las que no tenemos constancia documental. Ahora en el momento de la Casa del Conde de Lemos:

> Ayer me dieron la Extremaunción y hoy escribo esta. El tiempo es breve, las ansias crecen, las esperanzas menguan, y, con todo esto, llevo la vida sobre el deseo que tengo de vivir, y quisiera yo ponerle coto hasta besar los pies a Vuesa Excelencia; que podría ser fuese tanto el contento de ver a Vuesa Excelencia bueno en España, que me volviese a dar la vida. Pero si está decretado que la haya de perder, cúmplase la voluntad de los cielos, y por lo menos sepa Vuesa Excelencia este mi deseo, y sepa que tuvo en mí un tan aficionado criado de servirle que quiso pasar aun más allá de la muerte, mostrando su intención. Con todo esto, como en profecía me alegro de la llegada de Vuesa Excelencia, regocíjome de verle señalar con el dedo, y realégrome de que salieron verdaderas mis esperanzas, dilatadas en la fama de las bondades de Vuesa Excelencia.

No dejan de emocionar estas palabras. No deja de sorprender la fuerza que saca Cervantes de la flaqueza de la enfermedad para poner este broche de oro a su vida en papel. No deja de admirar su lucidez, la nueva tuerca que da a una relación que se ha ido estrechando en la distancia con el Conde de Lemos y en la cercanía con su red clientelar.

¿Fue realmente el VII Conde de Lemos mecenas de Cervantes? ¿Recibió y apoyó la publicación de sus obras, como lo había hecho con otros autores? ¿O hemos de pensar más en una relación no tanto con el propio Conde de Lemos como con su red de mecenazgo o con algún miembro de su Casa?

Por ahora queda en paréntesis y sin concretar la verdadera relación de Cervantes con el Conde de Lemos o con su círculo más cercano. Lo que sí está claro es que su relación, de existir, dista mucho de ser similar a la de Lope de Vega con su mecenas, el Duque de Sessa, como escribe y comenta en una carta que fecha en la primavera de 1616:

> Doy parabién a V. E. de lo que sea, aunque no quiero que por eso se tenga por desdichado, que no es posible que los poetas lo sean, pues Virgilio tuvo a Mecenas; Bembo, aquel gran Pontífice; Sannazzaro a su república; el Paso, al Duque de Saboya; y yo, a V. E., mayor de todos, cuando yo menor a sus ingenios.

Las cuatro epístolas dedicatorias que Cervantes va a destinar al Conde de Lemos pueden ser leídas como una unidad, a partir de las «normas de lectura» que indica el propio Cervantes en la primera, la de las *Novelas ejemplares* (1613):

> En dos errores, casi de ordinario, caen los que dedican sus obras a algún príncipe. El primero es que en la carta que llaman *dedicatoria*, que ha de ser breve y sucinta, muy de propósito y espacio, ya llevados de la verdad o de la lisonja, se dilatan en ella en traerle a la memoria, no solo las hazañas de sus padres y abuelos, sino las de todos sus parientes, amigos y bienhechores. Es el segundo decirles que las ponen debajo de su protección y amparo, porque las lenguas maldicientes y murmuradoras no se atrevan a morderlas y lacerarlas.

Y así en el conjunto de las cartas dedicatorias no habrá alabanzas a la familia, ni a las virtudes del destinatario. Tan solo anuncios de nuevas obras y el itinerario que se completa de una vinculación más directa de Cervantes a la Casa y allegados del Conde de Lemos.

Una vez más, Cervantes se sitúa en los márgenes de los centros de poder de su tiempo. Cercano en lo físico, en la intención, pero no en la realidad. Nunca fue un Lupercio Leonardo de Argensola, o un Lope de Vega, o uno de tantos secretarios o cronistas que estaban bien protegidos en los palacios de algunas de las familias más influyentes, poderosas y ricas del momento. Pero tampoco estaba su tiempo y su arte supeditado a sus vaivenes e intereses políticos, a sus decisiones arbitrarias, o a sus caprichos. ¿Dónde está el límite entre el fracaso o el éxito? ¿Con qué mimbres se va tejiendo la palma de la gloria en la cabeza de nuestros escritores durante los Siglos de Oro? ¿Con los de las alabanzas y el reconocimiento de su tiempo o con la obra que deja un poso de modernidad que, con el paso de los años, de los decenios, de los siglos, comienza a ser valorada? ¿Cuántos murieron, como Cervantes, creyendo que dejaban escrito «el extremo de bondad posible» que les permitiría vivir después de muertos, vivir la segunda vida de la Fama, y que hoy permanecen inéditos en la estantería de una biblioteca o de un archivo, o hace años que fueron cenizas y como cenizas se han perdido en el olvido? ¿Qué le salvó a Cervantes, que le permitió triunfar más allá de su época y de su tiempo? ¿Qué hace de Cervantes, del escritor de los márgenes, el que ha terminado por convertirse en el centro de la literatura occidental? No olvidemos que la obra cervantina fue terminada, fue pulida, fue publicada en los márgenes de su vida, en, su mayor parte, en los tres últimos años de su vida... Una vida en papel que, poco a poco, se va abriendo paso en nuestra biografía.

¿Un soñado viaje a Nápoles al final de su vida?

En 1608 se nombró Virrey de Nápoles a don Pedro Fernández de Castro, el VII Conde de Lemos, cargo que ya había ostentado su padre. No llegaba a los treinta años. Litigios familiares y la espera de resolver asuntos en sus tierras gallegas retrasaron su llegada a Nápoles hasta mediados de 1610. El 17 de mayo parte la comitiva de Madrid con destino al puerto de Vinaroz, donde les estarían esperando seis galeras, que, después de una escala de Barcelona, les llevaría a su destino. El nombramiento era para tres años —que terminarían siendo seis—, y en este tiempo, a pesar de su juventud, el Conde de Lemos demostrará ser un gran gestor, poniendo en orden las arcas virreinales, solucionando varios de los conflictos enquistados en la ciudad, arreglando el tema de las aguas y llenando de contenido y de libros la Universidad. Sin olvidar dos de sus grandes pasiones: la literatura y el arte.

Sin duda, el viaje a Nápoles ha sido de las experiencias vitales del Conde de Lemos que más se recuerdan por el hecho de querer ir acompañado de un séquito de escritores, de convertir su secretaría del virreinato en un espacio propicio para los versos y para las letras. Y, como era habitual, la organización de la misma recaerá en su secretario, que desde 1609 es Lupercio Leonardo de Argensola, nombrado a la muerte del secretario Juan Ramírez de Arellano, que, a su vez, había sustituido en el puesto a Lope de Vega, que estuvo a las órdenes del Conde desde 1598 a 1601. El Conde de Lemos deseaba desde hacía tiempo que fuera el aragonés quien ocupara la secretaría de su casa, y con ciertas prerrogativas, como le indicó a otro de los candidatos, don Diego de Amburcea, recomendado por don Juan de Silva, conde Portalegre:

> pues oyó de sus labios que la misma noche en que murió el secretario [Juan Ramírez de Arellano], que precisamente era día en que salió estafeta para Aragón, acordose de su grande amigo Lupercio Leonardo Argensola, a quien años atrás, quizás desde que salió de su servicio Lope de Vega con motivo de contraer este segundas nupcias, tenía solicitado para que viniera en su compañía a desempeñar ese puesto de confianza; y oyó mas, que, caso de aceptar este, no pensaba intervenir para nada en la elección del personal que había de ir con él a Nápoles, por cuanto tenía decidido dar al presunto secretario amplios poderes para la designación de su acompañamiento...

¿Realmente tenía pensado el Conde de Lemos crear una corte literaria en Nápoles, en un puesto que ocuparía tan solo tres años y en los que tendría que hacer frente a una situación bastante problemática y caótica, que le robaría la mayor parte de su tiempo? ¿O más bien deseaba contar junto a él a un grupo más cercano de trabajo más allá de la estructura de poder del virreinato, con personas de confianza a los que poder acudir en los múltiples problemas a los que tendría que hacer frente? Suena bien el nombramiento de Virrey, pero también es cierto que su capacidad de decisión estaba muy limitada: por un lado, por el propio Rey, del que era solo un delegado y representante, por lo que solo estaba autorizado a usar de algunos de sus poderes; y por otro, las diferentes estructuras locales, que habían de ser consultadas en todo momento para aprobar cualquier medida o cambio: los Sette Uffici, el Consejo de Estado, el Consejo Colateral o la Cámara Regia de la Sumaria.

Por otro lado, no se olvide que el Conde de Lemos contó con dos años para preparar su viaje, para dejar atado y bien atado la administración de sus posesiones gallegas y para darse cuenta de la magnitud del trabajo que debía acometer. Aunque seguramente la realidad superó, como suele suceder, a cualquier previsión, a cualquier visión nacida de la lectura de tantos y tantos memoriales. Ante las peticiones del Consejo de Estado del 4 de septiembre de que le enviara un informe de la situación nada más llegar a Nápoles, el Conde de Lemos solicita tiempo para hacerse una idea cabal de los problemas del virreinato, que siempre son más de los esperados:

que no atribuya el silencio que tuve entonces a culpa y negligencia mía, presupuesto que fuera atrevimiento informar a Vuestra Majestad de las cosas de este reino sin tomar primero tiempo competente para hacerme capaz del estado en que se hallaban.

¿Cómo no querer ir acompañado de personas de confianza, y que estas fueran elegidas por su secretario, uno de sus sirvientes más cercanos? Por eso no extraña que al séquito del Conde de Lemos fueran convocados su preceptor gallego, Juan de Arce Solórzano, o su confesor, fray Diego de Arce, así como el hermano del secretario, Bartolomé Leonardo de Argensola, o su hijo, Gabriel Leonardo de Albión, así como a varios escritores cercanos, que estuvieran en disposición de viajar y de permanecer durante tres años —que luego fueron seis— en Nápoles: Antonio de Mira Amescua, el autor de entremeses Gabriel de Barrionuevo, el poeta Esteban Manuel de Villegas, el prosista Diego Duque de Estrada, Saavedra Fajardo, Francisco de Ortigosa, Antonio de Laredo y Coronel entre otros.

¿Qué ha llamado la atención a los biógrafos de Cervantes, los que realmente se han acercado a este asunto desde el siglo XVIII? Los escritores que se han quedado fuera, algunas de las plumas más sobresalientes del momento: Luis de Góngora, Cristóbal Suárez de Figueroa, Francisco de Quevedo, Cristóbal de Mesa o el propio Cervantes. Todos se quejan amargamente de este rechazo. Así lo escribió Góngora en un soneto, en que lamenta de tantas distancias, que le obligan a volver a su Córdoba, a seguir empeñado en la salvación de su alma:

> El Conde mi señor se fue a Nápoles
> y el Duque mi señor se fue a Francia;
> príncipes, buen viaje, que este día
> pesadumbre daré a unos caracoles.
>
> Como sobran los doctos españoles,
> a ninguno ofrecí la musa mía;
> a un pobre albergue sí, de Andalucía,
> que ha resistido a grandes, digo soles.
>
> Con pocos libros libres (libres digo
> de expurgaciones) paso y me paseo,
> ya que el tiempo me pasa como higo.
>
> No espero en mi verdad lo que no creo;
> espero en mi conciencia lo que digo
> mi salvación, que es lo que más deseo.

Fue Juan Antonio Pellicer el que, en su biografía cervantina de 1797 y 1798, redujo la elección del secretario de Estado y de Guerra del Virreinato Lupercio Leonardo de Argensola a poetas que formarían parte de una corte literaria en Nápoles:

> Ellos [los Argensola] desempeñaron la confianza del Virrey, lisonjeando su erudita inclinación y todos los que eligieron eran poetas, cuya habilidad era necesaria para las academias poéticas que había de celebrar el Virrey en su palacio, donde era condición que en las comedias, que se representaban en ellas, y en otras funciones se había de hablar de improviso.

Y seguro que estos poetas, dramaturgos, bibliófilos, junto con otros tantos napolitanos, participaron en muchos de los saraos que se organizaban en palacio, así como en las sesiones ordinarias de la Academia de los Ociosos, que fundó el Conde de Lemos en 1610. Pero no solo, como muy bien lo supo ver y destacar Fernández de Navarrete en su biografía cervantina de 1819, que habla en estos términos de las funciones que deberían realizar estos escritores: «Deseando corresponder a esta confianza, lisonjeando la inclinación del Virrey, eligieron entre varios poetas y literatos los que juzgaron más aptos para el despacho de los negocios, y para sostener al mismo tiempo las academias y representaciones poética que el Conde meditaba establecer en su palacio» (p. 120).

Las críticas de los no elegidos, en particular las que escribió Cristóbal de Mesa en *La epístola al Conde de Lemos, yendo por virrey a Nápoles*, han dado alas a una interpretación más subjetiva: los hermanos Argensola dejaron fuera del séquito del Conde de Lemos a algunos de los escritores más recordados de su tiempo por el miedo de que les hiciera sombra; por eso se les califica a todos ellos de mediocres:

> De algunos españoles hacéis caso
> que en Italia veréis por experiencia
> que a la falda no llegan del Parnaso.

¿Intentó Cervantes formar parte del séquito de la Secretaría que el Conde de Lemos se llevaría a Nápoles? Solo tenemos una evidencia, un dato literario, que procede del *Viaje del Parnaso* (1614), publicado años después. De nuevo la literatura, una particular obra literaria cervantina, se presenta como fuente biográfica.

En el capítulo III la nave hecha de versos que lleva a Cervantes al Parnaso se acerca a la «bella Parténope», que no es otra que Nápoles. Entonces le pide el dios Mercurio que le haga un favor y le lleve un mensaje a los «Lupercios», que no son otros que los hermanos Argensola. Y comienza aquí un particular lamento literario que los biógrafos han utilizado para extraer todo tipo de datos personales:

> «Señor», le respondí, «si acaso hubiese
> otro que la embajada les llevase
> que más grato a los hermanos fuese
> que yo no soy, sé bien que negociase
> mejor». Dijo Mercurio: «No te entiendo,
> y has de ir antes que el tiempo más se pase».
> «Que no me han de escuchar estoy temiendo»,
> le repliqué, «y así el ir yo no importa,
> puesto que en todo obedecer pretendo.
> «Que no sé quién me dice y quién me exhorta
> que tienen para mí, a lo que imagino,
> la voluntad, como la vista, corta.
> «Que, si esto así no fuera, este camino
> con tan pobre recámara no hiciera,
> ni diera en un tan hondo desatino.
> «Pues si alguna promesa se cumpliera
> de aquellas muchas que al partir me hicieron,
> lléveme Dios si entrara en tu galera.
> «Mucho esperé, si mucho prometieron,
> mas podía ser que ocupaciones nuevas
> les obligue a olvidar lo que dijeron.
> «Muchos, señor, en la galera llevas
> que te podrán sacar el pie del lodo
> parte, y excusa de hacer más pruebas».

Está claro que bajo estas palabras se esconde una particular historia biográfica, a la que podremos volver con más detalle en el próximo capítulo al hablar de la obra. Pero también es cierto que las «promesas» a las que hace alusión quizás nada tenga que ver con el deseo de embarcarse con el séquito a Nápoles en 1610, como de gozar de algún tipo de prebenda o de trabajo en Madrid, formar parte de la influyente red clientelar de los Lemos, que es decir, de los Lerma, los Saldaña o del Cardenal Sandoval, de las familias más influyentes del momento en la Corte y fuera de ella. ¿Promesas incumplidas? ¿Promesas aún en pie, de las que todavía queda un espacio para la esperanza? ¿Promesas que se pudieron hacer realidad después de que Lupercio muriera en Nápoles en 1613?

Aunque al final de la obra termina llevando Mercurio a Nápoles las tres coronas que le entrega Apolo entre los nueves coronados: para el Conde de Lemos y los de Argensola; no todos los poetas de su tiempo vieron con buenos ojos las críticas más o menos veladas vertidas por Cervantes. Y así Manuel de Villegas en una de sus elegías se ríe y crítica a Cervantes, y no se le ocurre mejor forma que hacerlo que recordando su *Quijote*:

> Irás de Helicón a la conquista
> mejor que el mal poeta de Cervantes,
> donde no le valdrá ser quijotista.

Este es el único dato, estos versos son la única prueba que desde 1797 se ha podido presentar para defender el deseo de Cervantes de un cambio de geografía al final de sus días, de una nueva construcción de su vida en sus últimos años, un cambio que pasaría por su deseo de ir a Nápoles, de volver a Nápoles para cubrir algún puesto de la secretaría del virreinato.

Y bajo esta premisa se han construido otros detalles de su vida, como un posible —y más que hipotético— viaje de Cervantes a Barcelona a principios de junio de 1610, como una última oportunidad de poder convencer al Conde de Lemos de llevarle en su séquito antes de embarcarse definitivamente rumbo a Nápoles. Si en realidad nunca quiso viajar a Nápoles, ¿qué le movió a Cervantes a viajar a Barcelona? ¿En qué otras circunstancias, con qué otros propósitos pudo darse este hipotético viaje?

La (no) casa de Cervantes en Barcelona

Hay una tradición que sitúa en el tercer piso del nº 2 del Paseo Colom de Barcelona la casa que habitó Cervantes en su hipoté-

Fotografía de la Casa de Cervantes en Barcelona, de hacia 1892-1898 (BNE).

tica visita a la ciudad. Una tradición que remonta a principios del siglo XIX. En el *Manual del viajero en Barcelona*, publicado en 1840, cuando ha de detenerse en los monumentos más interesantes de la ciudad, no puede dejar de recordar: «Una cabeza de relieve, que se dice ser de Cervantes, en la antigua casa de Gil Grau, pared que da a la muralla del Mar, sobre una ventana de adornos góticos» (p. 154).

Y son numerosos los turistas que aún hoy siguen alzando la cabeza en el Paseo Colom, por encima de un colmado paquistaní, creyendo ver en los adornos de este edificio del siglo XVI, el busto de Cervantes. Ya Antonio de Bofarull y de Brocá en su *Guía—Cicerone de Barcelona* de 1847 había dejado las cosas claras:

> En la misma calle, núm. 2, tercer piso (que es la antigua casa de Gil Grau) vese sobre un pequeño balcón que tiene adornos góticos una cabeza de relieve, que vulgarmente se dice ser de Miguel Cervantes, más comparada la época en que se construyó el balcón con la que se empezaron a levantar memorias del autor del *Quijote*, verase claramente que la presunción no puede ser muy fundada. Lo que sí es verosímil que en tal casa habitara el célebre español algunas de las muchas veces que estuvo en Barcelona, de cuya ciudad estaba enamorado, según dice él mismo en varias de sus obras.

Las referencias a las que alude Antonio de Bufarull son bien conocidas, pero vale la pena recordarlas. En la novela ejemplar *Las dos doncellas*, publicada en 1613, se lee en el momento en que los personajes llegan a la ciudad:

> Admiroles el hermoso sitio de la ciudad y la estimaron por flor de las bellas ciudades del mundo, honra de España, temor y espanto de los circunvecinos y apartados enemigos, regalo y delicia de sus moradores, amparo de los extranjeros, escuela de la caballería, ejemplo de lealtad y satisfacción de todo aquello que de una grande, famosa, rica y bien fundada ciudad puede pedir un discreto y curioso deseo.

Por su parte, en el capítulo LXXII de la segunda parte del *Quijote*, un vencido caballero andante en las playas barcelonesas recuerda que:

> me pasé de claro a Barcelona, archivo de la cortesía, albergue de los extranjeros, hospital de los pobres, patria de los valientes, venganza de los ofendidos y correspondencia grata de firmes amistades, y en sitio y en belleza única.

Estos elogios, el hecho de que Cervantes hable de la vida de los bandoleros catalanes, y en especial de Roque Guinart, la descripción de una imprenta, que se ha identificado con las que el alcalaíno Sebastián Cormellá tenía instalada en la ciudad condal, el conocimiento de las galeras y de algunas de sus fiestas más emblemáticas y concurridas, como es la fiesta de Sant Joan en junio, han hecho pensar a los críticos que la tradición de la que se hace eco Bufarull y otros autores en el siglo XIX tenía una base biográfica y real. ¿En cuántas ocasiones pudo viajar Cervantes a Barcelona, aunque no hayamos conservado ningún testimonio documental que pueda apoyar ninguna hipótesis, tan solo el valor que le queramos dar a las palabras escritas e impresas por Cervantes?

A lo largo de los años se han propuesto hasta tres posibilidades en las que Cervantes pudiera encontrarse en Barcelona, y todas ellas vinculadas al hecho de que era uno de los pasos habituales para llegar a Italia, o volver de Italia. En primer lugar, hacia 1569, cuando tiene que huir de España después del duelo con Antonio de Sigura (si el Miguel de Cervantes que se busca se relaciona con nuestro autor, como vimos en el primer tomo de la biografía, pp. 132-134), o en 1571, pues se le pierde su rastro desde que es camarero del Cardenal Acquaviva (1569) y su participación en la Batalla de Lepanto (1571), o en junio de 1610, según propuso Martín de Riquer hace unos años.

El viaje a Barcelona en 1610 se relacionaría con el deseo de Cervantes de acompañar al Conde de Lemos a Nápoles, como ya hemos indicado. Un viaje para encontrarse con el séquito del Conde, y sobre todo, con los hermanos Argensola, para pedirles algún favor, ya fuera en la Corte napolitana, ya fuera en la Corte madrileña. Aunque las galeras del Conde solo permanecieron en Barcelona del 6 al 10 de junio de 1610, Martín de Riquer plantea que la estancia de Cervantes en la ciudad pudo prolongarse entre abril y septiembre de este año. ¿Con qué propósito? Nada se sabe, a no ser que para conocer y disfrutar de sus calles y monumentos, de sus encantos y de sus gentes.

Postal de 1920 en que un turista francés señala en una postal la ubicación exacta de la casa de Cervantes en Barcelona.

En todo caso, el documento encontrado en 2005, que sitúa a Cervantes en la sevillana Lora del Río en 1610, complica un poco los movimientos y viajes cervantinos a Barcelona por estos años, siempre que aquel sea «nuestro» Miguel de Cervantes.

La casa de Cervantes en la ciudad condal, con su «busto cervantino», vivió también momentos de crisis que la abocaban a su destrucción y desaparición, como así ha sucedido con todos los vestigios cervantinos en Madrid. En 1945 se publicó un artículo: «La Casa en donde se supone que habitó Cervantes, próxima a desaparecer». Menos mal que el empuje del cervantismo catalán, uno de los más influyentes y activos del siglo XIX y de las primeras décadas del XX, consiguió salvarla, y mantenerla en la actualidad. Y no tanto como una reivindicación de un hecho biográfico cervantino incontestable, sino como un espacio mítico que habla de la importancia de la figura de Cervantes como enclave cultural y turístico de primer orden, como sucede con la Cueva de Medrano en Argamasilla de Alba o la casa de Dulcinea en El Toboso.

¿Un último mecenas?: el Cardenal Sandoval y el primer autógrafo falso de Cervantes

En tan solo una ocasión, citará Miguel de Cervantes en sus obras a don Bernardo de Sandoval y Rojas, cardenal y arzobispo de Toledo. Y no lo hará en cualquier espacio y lugar, sino al final del *Prólogo al lector* de la segunda parte del *Quijote*, en la última de las contestaciones cervantinas a las críticas vertidas por el falso Avellaneda en el prólogo del *Quijote* apócrifo de 1614. Vale la pena recordar la cita en su contexto, que no tiene desperdicio, como suele suceder con los escritos cervantinos:

> Dile también que de la amenaza que me hace que me ha de quitar la ganancia con su libro, no se me da un ardite, que, acomodándome al entremés famoso de *La Perendenga*, le respondo que me viva el Veinte y cuatro, mi señor, y Cristo con todos. Viva el gran Conde de Lemos, cuya cristiandad y liberalidad, bien conocida, contra todos los golpes de mi corta fortuna me tiene en pie, y vívame la suma caridad del ilustrísimo de Toledo, don Bernardo de Sandoval y Rojas, y siquiera no haya emprentas en el mundo, y siquiera se impriman contra mí más libros que tienen letras las *Coplas de Mingo Revulgo*. Estos dos príncipes, sin que los solicite adulación mía ni otro género de aplauso, por sola su bondad, han tomado a su cargo el hacerme merced y favorecerme; en lo que me tengo por más dichoso y más rico que si la fortuna por camino ordinario me hubiera puesto en su cumbre. La honra puédela tener el pobre, pero no el vicioso; la pobreza puede anublar a la nobleza, pero no escurecerla del todo; pero, como la virtud dé alguna luz de sí, aunque sea por los inconvenientes y resquicios de la estrechez, viene a ser estimada de los altos y nobles espíritus, y, por el consiguiente, favorecida.

Ni más ni menos.

Viva el Conde de Lemos, a quien dedicará la mayoría de las obras publicadas en estos años, como ya hemos visto. Y viva también su tío, el Cardenal Sandoval. ¿Qué mejor amparo y protección que dos de las personas más influyentes y poderosas de la Corte en estos momentos dada su vinculación familiar y de confianza con el Duque de Lerma?

Unos años después, en 1618, se imprime en las prensas madrileñas de Juan de la Cuesta, las *Relaciones de la vida del escudero Marcos de Obregón* escritas por Vicente Espinel, «capellán del rey nuestro señor en el Hospital Real de la ciudad de Ronda». La obra está dedicada «Al ilustrísimo señor Cardenal Arzobispo de Toledo, don Bernardo de Sandoval y Rojas, padre de los pobres y amparo de la virtud». Una carta dedicatoria llena de hipérboles y de elogios, como es normal en este tipo de escritos, encabeza el volumen. Baste un ejemplo como muestra: «Las heroicas obras, que V. S. I. por la devoción de su santo pecho, así materiales como espirituales, ha hecho, ¿quién las ha igualado de S. Eugenio y San Ildefonso acá?». Y Espinel no solo le dedica el libro, sino que le convierte en personaje de ficción, siendo interlocutor de las peripecias y de las dudas del escudero picaresco.

En su biografía cervantina de 1797-1798, Juan Antonio Pellicer trae a colación el siguiente fragmento de la dedicatoria que Alonso Jerónimo de Salas Barbadillo incluye al inicio de la publicación de *La estafeta del dios Momo* de 1627:

> Aquí se presenta Vicente Espinel con su libro del *Escudero Marcos de Obregón,* y dice que le dedicó al Ilustrísimo señor don Bernardo de Rojas y Sandoval, Arzobispo de Toledo, Cardenal, Inquisidor general y del Consejo de Estado, puerto de todas las necesidades y verdadero padre de pobres; y (con ser en las virtudes un segundo Eugenio o Ildefonso) le recibió sin escrúpulo y premió al autor mandando que se le señalase un tanto cada día, para que pasase su vejez con menos incomodidad. La misma piedad ejerció con Miguel de Cervantes, porque le parecía que el socorrer a los hombres virtuosamente ocupados, era limosna digna del Primado de las Españas (fols. 8v-9r).

Con estos datos, con estas alusiones, que esconden más de lo que dicen, Juan Antonio Pellicer en el siglo XVIII puso las bases de una imagen de los últimos años de la vida de Cervantes que ha pervivido hasta nuestros días: el de un Cervantes olvidado por sus contemporáneos, pero que fue ayudado, ni más ni menos, que por dos de las personas más influyentes y poderosas del momento, que supieron ver donde todos estaban ciegos. Y con estas palabras Pellicer dibujó esta particular interpretación:

> Pobre a la verdad y miserable se representa aquí Cervantes ante el dios Apolo; pero no puede tampoco negarse que además de la hacienda que poseía su mujer en Esquivias, disfrutaba él por aquel tiempo una pensión de la mano benéfica del Conde de Lemos [...]. La protección de este caballero le redimía verdaderamente de la indiferencia con que la Corte miraba el mérito tan singular como desvalido de este raro inventor. D. Bernardo de Sandoval y Rojas, arzobispo de Toledo, con digna emulación de su sobrino, le señaló también otra pensión, como dice Alonso de Salas Barbadillo, porque una de las loables prendas de aquel grande pelado fue la de generoso favorecedor de los hombres honrados y literatos virtuosos. (p. CLXXII)

Con estas alusiones y estos datos también se ha ido construyendo la biografía del propio cardenal Sandoval en los últimos siglos, que se presenta como mecenas cultural, patrón de las Artes y de las Letras. ¿Hasta qué punto es real esta imagen? ¿Es cierto que hubo una relación entre Cervantes y el Cardenal Sandoval, con su Casa o con alguno de los miembros de la misma?

Para muchos de nosotros el nombre del Cardenal Sandoval no nos dice mucho, o simplemente nada. Pero no sucedería lo mismo en los siglos XVI y XVII, sobre todo a partir de 1599 cuando parece marcado por la estrella de la Fortuna: el 3 de marzo el papa Clemente VII le nombra cardenal; el 29 de mayo Felipe III le provee el arzobispado de Toledo y el 26 de octubre es nombrado miembro del Consejo de Estado. Pero no se trata, realmente, de un golpe de suerte, sino de una estrategia de poder muy bien diseñada por su sobrino, D. Francisco de Sandoval y Rojas, que, justo este mismo año, recibirá del rey el título de Duque de Lerma. El Cardenal Sandoval y el Conde de Lemos son dos pilares de la nueva estructura de poder que impondrá el Duque de Lerma por estos años. Ni más ni menos.

De este modo, Don Bernardo de Sandoval y Rojas es uno de los hombres fuertes de la Monarquía Hispánica. Uno de los más influyentes y poderosos, sobre todo cuando en 1608 pase a ser también Inquisidor General.

Y este poder, este grandísimo poder no podía dejar indiferente a ningún escritor. Además de Cervantes —que le cita en un prólogo— y a Vicente Espinel, que le dedica una obra, otros escritores buscaron su amparo y protección, como Francisco de Quevedo, que le dedicó las *Lágrimas de Jeremías castellanas* en 1613, obra que nunca llegó a imprimirse. Don Bernardo de Sandoval y Rojas aparece citado en versos de Luis de Góngora, Cristóbal de Mesa o Lope de Vega, que no olvidemos que a partir de 1615, por mediación del Duque de Sessa, obtuvo el cargo de procurador fiscal de la Cámara Apostólica en el arzobispado de Toledo. Baltasar Eliseo de Medinilla describe en 1614 el cigarral toledano de Buenavista, residencia del cardenal Sandoval, donde mantenía una particular corte literaria.

Pero junto a estos nombres, lo normal es que sean escritores eclesiásticos los que le dediquen sus obras, en especial a partir de 1599. Escritores que pueden formar parte de su casa, con lo que la dedicatoria se convierte en una muestra de agradecimiento: Juan de Segovia Villarroel, contador de la obra de la catedral de Toledo, Francisco Vélez de Arciniega, boticario del cardenal, o Juan Bravo de Acuña, visitador general de Toledo y capellán de los Reyes Nuevos; o escritores, que deseaban ser admitidos en la élite eclesiástica local de Toledo o en algunos de los puestos de la Corte a los que el Cardenal tenía acceso. De este modo, más que de un protector de las letras, de un mecenas literario, la figura del Cardenal Sandoval aparece como el centro de una particular red clientelar, donde las dedicatorias de los libros constituían una estrategia más que utilizaban muchos de los que deseaban ocupar un oficio o gozar de un beneficio eclesiástico para ganarse el favor del Cardenal Sandoval o de algunas de las personas de su entorno.

No olvidemos que muchas de las dedicatorias de las obras, que muchos de los elogios escritos o pronunciados, se dirigen no tanto a quien ostenta la cabeza de una particular red clientelar, sino a algunos de sus colaboradores más cercanos, con los que el autor podría tener un mayor acceso o mayor relación. Así podía suceder con los Navas y el Duque de Béjar en el caso de la dedicatoria de la primera parte del *Quijote* de 1605, como ya se ha indicado, y así parece también suceder con la citada dedicatoria al Cardenal Sandoval en el *Marcos de Obregón* de Vicente Espinel. Un texto laudatorio en que el autor termina alabando a tres de los más cercanos colaboradores del Cardenal en Toledo:

> Y porque mi *Escudero* no se alienta ni atreve a entrar en tan inmenso piélago, siendo así que por los efectos se rastrean las causas quien viere las plantas que se han cultivado y crecido a la sombra de tan espaciosa y fértil palma, echará de ver la virtud y valor que de ella se esparce por el mundo: la compostura, discreción y agrado de Bernardo de Oviedo, secretario del Rey N. S. y de V. S. I., y la limpieza y verdad con que usa su oficio; el término sagacidad y buenas correspondencias, tan desinteresadas de Luis de Oviedo, Camarero de V. S. Ist.; la entereza y verdad de Francisco Salgado, alguacil mayor de la Santa Inquisición, y las demás piedras vivas que han recibido luz de las centellas que salen de esa piedra angular.

¿No pasaría lo mismo con Cervantes y la Casa del Cardenal Sandoval? No hemos de olvidar que las aprobaciones de la segunda parte del *Quijote* estarán firmadas por dos capellanes del Cardenal Sandoval, el maestro José de Valdivielso y el licenciado Márquez Torres.

Hoy en día, no hay más datos que las referencias literarias que se pusieron en evidencia en el siglo XVIII para defender que el Cardenal Sandoval fuera mecenas

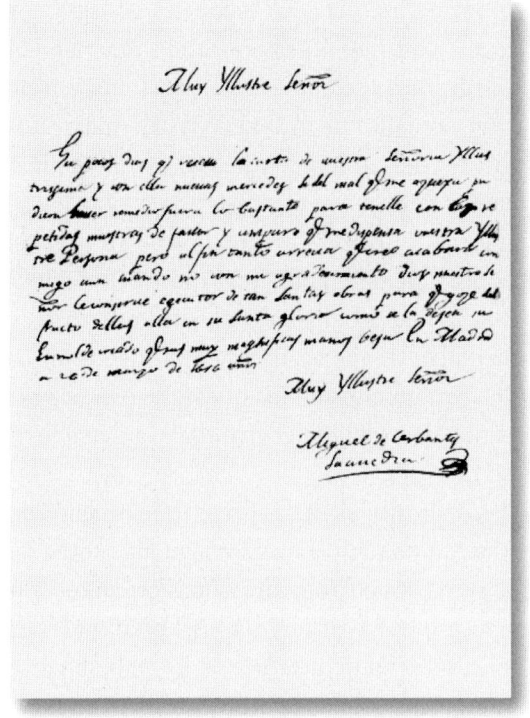

Carta autógrafa falsa de Cervantes, enviada al Cardenal Sandoval, en marzo de 1616: RAE: mss. 150.

de Cervantes, que le ayudó económicamente en los últimos años de su vida; e incluso, se está poniendo en entredicho esa imagen de Don Bernardo de Sandoval y Rojas como centro de una red de mecenazgo en la que Cervantes formaría parte, imponiéndose la realidad de una más de las redes de clientelismo en que se basaba el reparto de poder en la Monarquía Hispánica, una de las redes de clientelismo más poderosas e influyentes del momento, dado que al poder cortesano se une, en la figura del Cardenal, el poder eclesiástico.

Este particular dato biográfico cervantino, la relación directa de nuestro escritor con el Cardenal Sandoval, su mecenas, al final de sus días, tuvo, por más de un siglo, su apoyo documental en una carta autógrafa que Cervantes le envía al cardenal unos días antes de morir:

> Muy Ilustre Señor:
> Ha pocos días que recebí la carta de vuestra Señoría Ilustrísima, y con ella nuevas mercedes. Si del mal que me aqueja pudiera haber remedio, fuera lo bastante para tenerle con las repetidas muestras de favor y amparo que me dispensa vuestra ilustre persona. Pero, al fin, tanto arrecia que creo acabará conmigo, aun cuando no con mi agradecimiento. Dios Nuestro Señor le conserve ejecutor de tan santas obras para que goce del fruto de ellas allá en su santa gloria, como se la desea su humilde criado, que sus muy magníficas manos besa. En Madrid, a 26 de marzo de 1616 años. Muy Ilustre Señor.
> Miguel de Cervantes Saavedra.

Realmente un documento emocionante y desgarrador... si fuese verdadero. Este documento fue dado a conocer en 1861 como el primer autógrafo cervantino conocido. Fue reproducido en *La ilustración Española y Americana* en 1872 (véase tomo

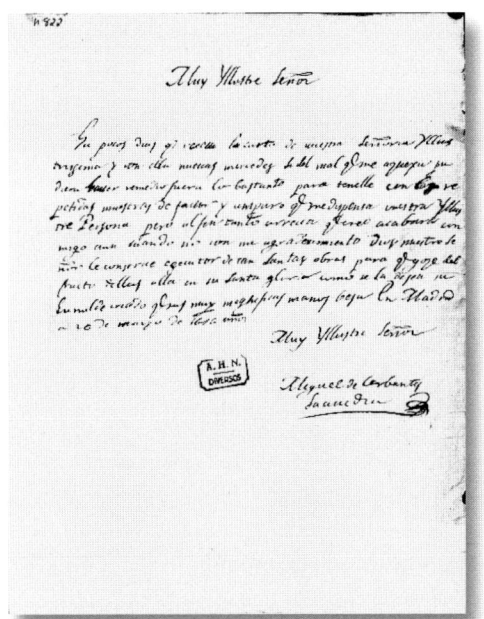
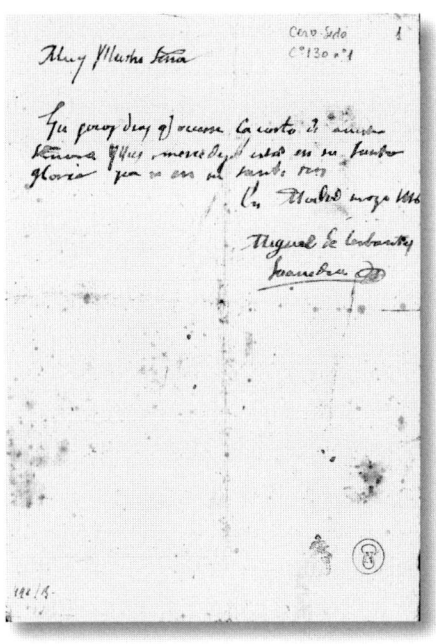

Carta autógrafa falsa de Cervantes, enviada al Cardenal Sandoval, en marzo de 1616: AHN: DIVERSOS-COLECCIONES,10,N.822.

Carta autógrafa falsa de Cervantes, enviada al Cardenal Sandoval, en marzo de 1616: BNE: CERV.SEDÓC/130/1.

I, p. 43), y, a partir de este momento, se convirtió en uno de los documentos más citados y requeridos. El original presidía el Salón de Actos de la Real Academia Española desde que fue donado por el General San Román en 1888 hasta 1911, cuando fue sustituido por el falso retrato de Cervantes, atribuido a Juan de Jáuregui (tomo I, pg. 39-44). En la actualidad, se conocen, al menos, otras dos «copias autógrafas» de esta misma carta, igualmente falsas, en el Archivo Histórico Nacional y en la Biblioteca Nacional de España.

Una vez más, el conocimiento del contexto histórico, político y cultural de Cervantes viene a matizar algunas de las hipótesis que sobre la vida cervantina seguimos arrastrando desde las primeras biografías en el siglo XVIII hasta nuestros días.

¿Fueron conocidas las obras de Cervantes más allá de la imprenta?: el ejemplo del Códice de Porras

El año de 1613 marca un hito en la vida de Cervantes: a partir de mediados de agosto se ponen a la venta los primeros ejemplares de las *Novelas ejemplares*. Como veremos más adelante, esta publicación, después de ocho años alejado de las prensas con una nueva obra, supone el comienzo para hacer realidad un sueño, el programa literario en que Cervantes lleva trabajando en los últimos años. Ya tendremos ocasión de adentrarnos en este nuevo misterio, en este último misterio de la biografía cervantina, ese que inaugura su vida en papel, esa vida literaria que le ha permitido sobrevivir al paso de los siglos, que ha convertido al mito Cervantes, al personaje Cervantes en el verdadero protagonista de muchas de las biografías que se han escrito, en muchas de las que aún hoy podemos comprar en las librerías. Pero antes de adentrarnos en el universo editorial, de los tipos móviles, de los textos que fueron sancionados por el autor y recibidos por los lectores de su tiempo mediante ejemplares impresos, es necesario hacer una parada, de nuevo, en la difusión manuscrita de las obras cervantinas.

Dicho en otras palabras: nosotros como lectores de Cervantes —como tantos otros millones de lectores en estos últimos siglos— hemos ido configurando un modelo literario cervantino, hemos ido imponiendo una determinada imagen a partir de un corpus textual determinado, que se reduce a una serie de obras impresas y a otras tantas teatrales y poéticas que se difundieron en los corrales de comedias, y en misceláneas poéticas. Una imagen que, de manera inevitable, busca (y encuentra) caminos de evolución y de conquistas literarias. El *Quijote* de 1615 es una obra genial porque la escribió Cervantes en el momento cumbre de su escritura… y lo mismo puede decirse de las *Novelas ejemplares* o del *Persiles*. Pero, ¿a qué lecturas cervantinas tenían acceso los lectores de su época? ¿Hasta qué punto su personalidad, lo que se sabía o no de él, las anécdotas que se conocerían de su vida o las personas con las que se relacionaba, también propiciaban una determinada lectura, una particular recepción de su obra? En el particular retrato de palabras que coloca al inicio del prólogo al lector de las *Novelas ejemplares*, además de citar Cervantes las obras que ya ha publicado o que piensa publicar (*La Galatea, el Quijote* y el *Viaje del Parnaso*), se acuerda de esas «otras obras que andan por ahí descarriadas, y, quizá, sin el nombre de su dueño». Estas obras «descarriadas», que se difunden de manera manuscrita —y en muchas ocasiones anónimas— constituyen también la imagen de Cervantes en su tiempo, la que tendrían sus lectores, las que nos permiten conocer los ámbitos de recepción en que se movían y los intereses por las que se recopilaban y leían. En la mayoría de los casos, no por ser obras de Cervantes sino por ser obras que cumplían la función que se les demandaba en una determinada miscelánea de textos.

Lamentablemente esta «realidad literaria» se nos escapa, como así también los momentos concretos en que Cervantes escribió, releyó, modificó el conjunto de las obras impresas en los últimos años de su vida. Una «realidad literaria» a la que podemos acercarnos, aunque sea de manera parcial, gracias a varios descubrimientos documentales a finales del siglo XVIII y principios del XIX.

En mayo de 1788, el bibliotecario Isidro Bosarte, mientras catalogaba la madrileña Biblioteca Pública de San Isidro, en la que se habían reunido los fondos de las bibliotecas de varios colegios de la Compañía de Jesús, después de su expulsión de España en 1767, descubrió un códice procedente del Colegio de Jesuitas de San Hermenegildo de Sevilla, con el título: *Compilación de curiosidades españolas*. Su hallazgo lo dio a conocer en el *Diario de Madrid* los días 9 y 10 de junio. Se trata de uno de tantos códices misceláneos que son habituales en nuestras bibliotecas, uno de esos códices donde se unen todo tipo de textos en una copia manuscrita particular, gracias a la que podemos conocer modos de recepción y de lectura propias de la época. Códices para un único receptor con sus particulares inquietudes.

En este caso, gracias a un escrito de su compilador que encabeza el volumen conocemos algunos datos de su génesis: se trata de una compilación de textos realizada por el licenciado Francisco de Porras de la Cámara, racionero de la Catedral de Sevilla, para el arzobispo Niño de Guevara. ¿Con qué finalidad, qué hilo permite que el conjunto de textos de origen y naturaleza heterogénea termine siendo una unidad?

> habiéndome mandado V. S. I. le envíe alguno de mis papeles de gusto para pasar con él las importunas siestas de este mes en su palacio de Umbrete, donde le tienen preso sus grandes cuidados y ocupaciones, como si V. S. I. fuese un siervo de Dios infiel y negligente, siendo tan fiel y prudente en esta su diócesis, le envío y hago plato a su buen gusto con cosas ajenas, por no contentarme ni satisfacerme las mías, pues en ninguna de ellas le he tenido mejor ni más calificado que en reducir a tratado o historia con un poco de cuidado los agudos dichos y famosas sentencias.

Textos para poder soportar el sopor veraniego en la sevillana Umbrete; textos de entretenimiento hasta llegar a los 241 hojas sin numerar, casi todas ellas copiadas por el propio Francisco de Porras. Y allí, entre dichos agudos, sentencias, cuentos festivos, cartas jocosas, invectivas, vejámenes, etc., termina el volumen copiando tres novelas cortas, que aparecen «sin el nombre de su dueño»:

La tía fingida, que ocupaba nueve hojas,
Rinconete y Cortadillo, con catorce hojas y media,
El celoso extremeño, con diez y seis hojas y media.

Y aquí es donde el Códice de Porras adquiere un valor por encima de otras tantas misceláneas de la época: muestra una versión inicial de varias novelas cervantinas: dos que serán recogidas —y reescritas— en la colección de las *Novelas ejemplares* de 1613 (*Rinconete y Cortadillo* y *El celoso extremeño*), y otra que gozará solo de una tradición manuscrita sin indicar nunca el nombre de su autor (*La tía fingida*), por lo que desde su descubrimiento ha dividido a los cervantistas entre los que veían en ella un ejemplo de «novela cervantina» que no llegó nunca a ser impresa, y los que no podían aceptar que un texto tan apegado a tramas celestinescas pudiera haber salido de la pluma de Cervantes. Polémicas de ayer que hoy parecen haberse decantado por considerarla una más de las novelas cervantinas, que ha de sumarse a las publicadas en 1613, o a las insertadas en sus grandes novelas (*La Galatea*, el *Quijote* o el *Persiles*). Pero solo podemos aceptar su atribución. No hay ningún dato —ni interno ni externo— que permita afirmar categóricamente la autoría cervantina de *La tía fingida*. Pero, al margen de estas polémicas, me interesa resaltar que, hacia 1605, los textos cervantinos tienen una difusión sevillana —seguramente en su ámbito de escritura— y que lo hacen en un espacio nada «ejemplar», más vinculados al entretenimiento, que será en el que triunfará Cervantes con el *Quijote*. «Obras descarriadas» que permiten comprender cómo la difusión manuscrita de la literatura en los Siglos de Oro es más habitual de lo que podríamos pensar; un ámbito de difusión y de recepción que, inevitablemente, hemos perdido.

Inicio de *La tía fingida*, según copia del Códice de Porras (Biblioteca del Cigarral del Carmen).

Los últimos años del siglo XVIII y los primeros del XIX, con la intención de reorganizar las colecciones archivísticas y bibliotecarias de España propiciaron el descubrimiento de muchos documentos y obras, pero también hicieron más fácil la labor de los ladrones. Y así sucedió con este códice, que se robó al poco tiempo de ser descubierto, y luego fue reencontrado por Bartolomé José Gallardo, que lo pudo comprar a un librero años después, aunque ya muy deteriorado: «encontré arrumbado en la trastienda de la librería de D. Gabriel Sánchez. El trágico manuscrito estaba tan malparado, que apenas tenía forma de libro; más parecía un mamotreto o un recetario de botica, del cual se estaba cada hoja yendo por su lado. Faltábanle muchas, pero ninguna de las que a mí me hacían alhaja, conviene a saber: de las novelas de Cervantes». Pero todavía le quedaría al códice vivir momentos más trágicos: el 13 de junio de 1823, cuando se desplazaba con los constitucionalistas de Madrid a Cádiz, le robaron su equipaje a Gallardo, y entre las joyas bibliográficas que se perdieron, estaba el códice original de Porras, ahora para siempre desaparecido.

Menos mal que en aquella época la única forma de trabajar con documentos y códices antiguos era copiarlos. Gracias a estas copias, hoy podemos rescatar estas primeras versiones de las novelas cervantinas. ¡Lástima que fuera Cervantes el único centro de su atención y que no se hicieran copias del códice completo, que hemos perdido en su unidad textual y de lectura! Y de todas las copias que se hicieron (se conocen hasta seis), se ha conservado tan solo una, la que le envió Lorenzo Carvajal y Gonzaga al Sr. Baron de Werther, Embajador de Prusia en España desde 1814 a 1821, el 8 de junio de 1817, y que sirvió de base para la edición de *La tía fingida* que se publica en Berlín al año siguiente. Una copia a partir de la que realizara el biógrafo cervantino Martín Fernández de Navarrete en 1810, y que di a conocer en 2016 en la exposición *Miguel de Cervantes: de la vida al mito*, celebrada en la Biblioteca Nacional de España.

A Bartolomé José Gallardo le debemos el descubrimiento de la segunda copia de *La tía fingida*, y de nuevo, una copia anónima en una miscelánea que encontró en 1809 en la Biblioteca Colombina, y que lleva por título *Poesías y relaciones varias*. Un nuevo códice misceláneo, en este caso, realizado por varias manos, seguramente a partir de 1631, con un denominador común: el entretenimiento. Y en este contexto, aparece el texto cervantino, sin indicación de autoría, lo que no sucederá con muchas de las obras de Quevedo que se copian en este mismo códice. Un vistazo al contenido de las 169 hojas, copiadas en su gran parte por el canónigo Loaysa, permitirá comprender mejor el primer ámbito de recepción de la novelita cervantina, de muchas de sus obras y, de ahí, su espacio real en el Parnaso de las letras del momento.

    1.-Genealogía de los modorros (atribuido a Quevedo)
    2.-Pragmática de 1600 (atribuida a Quevedo)
    3.-Vejamen que dio el doctor Salcedo al doctor don Alonso de Salazar en la Universidad de Granada en 1598
    4.-Actus gallicus ad magistrum Franciscum Sanctium
    5.-Sueño de don Francisco de Quevedo dirigido al Conde de Lemos [Sueño del Juicio Final]
    6.-Alguacil endemoniado don Francisco de Quevedo

7.-Paradoja en loor de la nariz muy grande, al maestro Juan de Medina
8.-Paradoja en loor de las bubas, y que es razón que todos las procuren y estimen [Cristóbal Mosquera de Figueroa]
9.-La tía fingida [Miguel de Cervantes]
10.-Paradoja en alabanza de los cuernos [Gutierre de Cetina]
11.-Carta a don Diego de Astudillo Carrillo en que se le da cuenta de la fiesta de San Juan de Alfarache
12.-Casa de locos de Amor [Francisco de Quevedo]
13.-Relación de la cárcel de Sevilla [Cristóbal de Chaves]

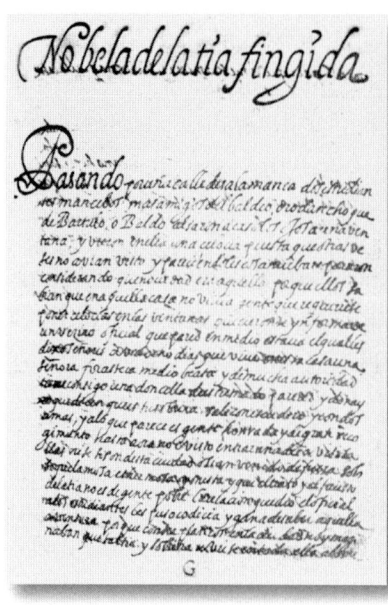

Inicio de *La tía fingida*, según el códice de la Biblioteca Colombina (56-4-34)

La tía fingida, sin ningún tipo de indicación de autoría, ha podido ser relacionada con Cervantes porque en el Códice de Porras aparece junto a otras dos novelas que sí que se publicaron años después con autoría cervantina. Este abismo de «obras descarriadas», de textos que se difunden en diferentes fases de composición, o a los que los autores vuelven pasado un tiempo, obras que se copian en diversos códices —como vimos con la difusión de varios poemas cervantinos— pueden abrumarnos, pues dejan en evidencia que tenemos que conformarnos con conocer una parte, tan solo una parte, de todas las obras que Cervantes —como otros autores— pudieron escribir y que se difundieron en su época. La transmisión impresa —y, en parte, una determinada transmisión manuscrita controlada por el autor— es solo una parte de la creación literaria que se realizó durante los Siglos de Oro. La literatura efímera —desde la palaciega, monumental o la de las Academias literarias—, la transmisión oral o la manuscrita anónima son ámbitos habituales de recepción de la literatura áurea —en especial en el caso de la poesía y de la narrativa corta o los entremeses—. De ahí que tenemos que ser conscientes que solo es posible conocer una parte de la vida en papel que ideó Cervantes en los últimos años de su vida. Una vida en papel llena de luces impresas, que puso las bases para la construcción de un personaje que se ha convertido en un mito, el mito del más grande escritor en español de todos los tiempos.

Una vida en papel a la que dedicaremos nuestra atención en los próximos capítulos.

4. La vida en papel de Miguel de Cervantes

El proyecto literario de Miguel de Cervantes: la vida en papel

Inicio del año 1612. Parece que este va a ser un año similar a los últimos años. Miguel de Cervantes vive con su mujer Catalina en la calle Atocha, con ventanas a la plazuela de Matute. Están solos. En 1609 ha muerto su hermana Andrea y dos años después, Magdalena. Su sobrina Constanza se ha instalado por su cuenta y ya no mantiene ninguna relación con su hija Isabel, sobre todo después de la muerte de la nieta en 1610 y el comienzo de los pleitos por la propiedad de la casa de la Red de San Luis. Cervantes está por cumplir 65 años y su mujer Catalina se acerca a los 47. Todavía tendrán que pasar unos años, pero bien podría pensar Cervantes en estos momentos aquello de «el tiempo es breve, las ansias crecen, las esperanzas menguan...». Parece que ya no hay tiempo para nada más. 65 años de vida. Su hermana Andrea había muerto justo con 65 años, mientras que Magdalena lo había hecho al cumplir los 57. 65 años de vida. Muy pocos de los cautivos en Argel que fueron rescatados como él en 1580, que pudieron volver a España en agosto de aquel ya lejano año, contaban con esa edad. ¿Y cuántos años le quedarían todavía de vida («el tiempo es breve»), para cumplir con dar final a sus ansias, sabiendo que la esperanza se le escapa de las manos?

Cervantes mira hacia atrás desde la atalaya de sus 65 años. Esos años de misa diaria y de paseo por el mentidero de los representantes, por la reuniones de la Academia de Saldaña, a la que ya quedaban muy pocos meses de actividad. Mira hacia atrás y se asombra de todo lo que ha hecho, de todas las ansias que le han recorrido durante su vida, de las esperanzas que nunca ha perdido y de la brevedad del tiempo vivido y del más breve tiempo que aún le queda por vivir. Mira hacia atrás y recuerda su sueño de convertirse en secretario de alguna casa nobiliaria, o de la misma casa del Rey, de sus deseos truncados de llegar a ser capitán, de seguir adelante con una carrera militar como la que consumará su hermano, que terminó sus días siendo alférez; de los años transcurridos en Argel, de esa tierra de lenguas infinitas como también infinitas eran las posibilidades de construir un futuro, aunque sin la libertad de las creencias, de las costumbres, de los afectos y de la tierra de nuestros padres. Mira hacia atrás y recuerda sus deseos de conseguir un puesto vacante en la administración de América, puerta abierta para sus aspiraciones de «merced» como la de miles de pretendientes con los que se cruzó en las calles de Madrid o de Valladolid, y también recuerda los cientos de caminos que tuvo que recorrer en tierras andaluzas, primero como comisario real de abastos y luego como recaudador de impuestos atrasados, las horas que se llenaban de polvo y de conversaciones a lo largo de La Mancha, las experiencias vividas en las ventas, las malas caras al llegar a cada pueblo, los angustiosos requerimientos de los contadores del Consejo de Hacienda, que querían que cuadraran sus cuentas a costa de meses de cárcel de todo aquel que se les pusiera por delante. Y no puede dejar de recordar sus años como agente de negocios, de los pagarés y de los documentos que no ha dejado de firmar para que la economía de la Monarquía Hispánica pudiera mantenerse en el equilibrio inestable de las amenazas (y no tan amenazas) de bancarrota. Y mira atrás y recuerda a su mujer, y a sus hermanas, y a su sobrina y, ¡por qué no! también a su hija, a esa hija que nunca fue suya por más que estuvo tantos años junto a ellos, junto a ellas, sus mujeres cervantinas, en aquellos años, en aquellos ya brevísimos años.

Y son ya 65 los que tiene que cumplir.

Muchos años. Demasiados años.

Y no puede dejar de recordar sus escritos, su mano aferrada a la pluma y las horas pasadas delante de las hojas pergeñando, dando forma a sus personajes, a sus historias, a sus tramas y a sus voces; años y años escribiendo versos, que andan en boca de muchos, como también lo están su don Quijote y su Sancho Panza, que no dejan de aparecer en toda fiesta que se organice, en todo sarao donde haya presencia de estudiantes universitarios, siempre atentos a la diversión y a intentar romper los límites y las fronteras.

Y también su *Galatea*, y sus romances, y todos esos escritos que tiene guardados en los cajones de su casa de la calle Atocha. Toda una vida escribiendo. Toda una vida soñando, con la esperanza de hacer de la literatura el motor de su vida. Y ahí está, con 65 años, con un libro de pastores y un libro de caballerías a sus espaldas, con varias comedias estrenadas en los corrales más famosos y concurridos de Madrid, con sus voces oídas y representadas en los corrales de Alcalá de Henares y de Sevilla, y, sobre todo, con sus versos, con los versos que no ha dejado de escribir desde que tiene uso de razón, que no dejará de escribir hasta que le falte el último aliento de vida.

«El tiempo es breve, las ansias crecen, las esperanzas menguan...».

Miguel de Cervantes está por cumplir 65 años en el año 1612.

¿Ha escrito ya Miguel todo lo que tenía que escribir? ¿Ha de conformarse con lo que ha publicado, ha estrenado, ha difundido hasta ahora? Miguel de Cervantes vive en el centro de Madrid, de la Corte de la Monarquía Hispánica, que es decir que está en el centro del mundo de aquel momento. Miguel de Cervantes participa de las academias literarias y está en contacto con muchos de los escritores de su época, ya por vecindad, ya por compartir redes clientelares y de mecenazgo, ya por su (posible) trabajo dentro del complejo empresarial del librero Francisco de Robles, ya por sus contactos como agente de negocios. Miguel de Cervantes conoce muy bien el centro del poder literario, de la Corte literaria que se disputan cada vez más poetas, más dramaturgos, sobre todo a medida que la estrella de Lope de Vega va declinando. Aunque todavía quedan algunos años para este cambio de paradigma, pero lo cierto es que a la altura de 1612 ya se van viendo de manera tímida algunos cambios. Poca cosa. Y menos para Miguel de Cervantes que se encuentra en los márgenes de tanto poder, de tanto dinero, de tantos puestos al alcance de la mano, de tantas influencias y de tantas mentiras, intrigas y deslealtades.

Y desde los márgenes, por alguna razón que se nos escapa ahora por falta de datos, por la imposibilidad de acceder a la cotidianidad de Cervantes, a las redes clientelares en las que participa (la de Francisco de Robles, por ejemplo) o a las que quiere aspirar (la del Conde de Lemos), lo cierto es que, a los 65 años, Cervantes comienza su última aventura, la de su vida en papel, la que le llevará a publicar en los siguientes años la mayor parte de su producción literaria conocida.

Se hace público ahora el Cervantes de la plenitud. Es el Cervantes que, ahora sí, va a idear su existencia alrededor de las letras como una nueva apuesta con su vida y sus sueños: triunfar en la otra vida, en la de la Fama, ya que no ha sido capaz de hacerlo en esta vida disfrutando de una profesión que le hubiera permitido mirar la vejez con otros ojos, con otras inquietudes. Un Cervantes en su plenitud literaria, que se reivindicará entonces como escritor en un programa literario pensado hasta en sus últimos detalles. Ahora sí que Cervantes se alza por encima de los escritores de su época con toda su originalidad.

De este modo, Miguel de Cervantes, desde los márgenes del poder literario de su tiempo, que ha triunfado de manera relativa tanto en la Corte política (con las comisiones a las que hace frente como comisario real de abastos o como recaudador de impuestos atrasados frente al canto de sirena del sueño americano), como en la Corte literaria (es reconocido como romancista y sus obras, desde las comedias al primer *Quijote*, tuvieron un cierto éxito nada más estrenarse o publicarse), pero que nunca ha llegado a ser el centro (espacio solo ocupado por Lope de Vega y Góngora, entre otros elegidos), se dispone en los últimos años de su vida a ofrecernos una vida en papel, un programa literario que ha ido configurando y escribiendo años atrás, pero que ahora tiene necesidad de imprimir, de dar a conocer, de dejar memoria y constancia antes de morirse. Solo la imprenta preserva la memoria. Todo lo demás es voz y la voz, con el tiempo, se convierte en aire y en olvido.

Una literatura marginal en su tiempo que le ha permitido con los siglos conquistar el centro del Parnaso literario al convertirse en el mito del genio creador, un centro al que no pueden aspirar ni Lope de Vega ni Góngora, ni tantos otros escritores que, en vida de Cervantes, gozaron del éxito y de la centralidad de la literatura de la que siempre estuvo lejos.

Desde que en 1613 Cervantes publicara las *Novelas ejemplares* (y se empeñara en destacar en sus prólogos y paratextos literarios una determinada imagen de cómo quería ser recordado con el paso del tiempo), todo estaba ya medido y pensado. Ahora sí que hay un proyecto único y definido. Y no podía ser de otro modo, pues la vida se le escapaba de las manos, los años sabía que no eran muchos y sí los proyectos literarios… y así le da tiempo a reivindicarse como narrador, el «primero que ha novelado en lengua castellana» con su particular «mesa de trucos» que son las *Novelas ejemplares*, donde sorprende a los lectores con cada una de ellas, a cual más ingeniosa en sus inicios; al año siguiente, en 1614, se reivindica como poeta narrativo con su *Viaje del Parnaso*, al que ya hace alusión al inicio de sus *Novelas*; y a comienzos de 1615 será el momento para reivindicar un determinado modelo de teatro, bien distinto al triunfante de Lope de Vega, con la publicación de sus *Ocho comedias y ocho entremeses nunca hasta ahora representados*… Pero «el tiempo es breve, las ansias crecen, las esperanzas menguan…», por lo que, frente a otros géneros en los que podría también reivindicarse, como la poesía épica, con el *Bernardo*, o, de nuevo, la pastoril, con la segunda parte de *La Galatea*, dedica sus últimos esfuerzos a terminar *Los trabajos de Persiles y Sigismunda*, dentro del género narrativo más prestigioso y culto del momento: la novela de aventuras. Y a este empeño dedicará casi su último aliento, si tomamos como cierto el comienzo de la carta dedicatoria que le escribe al Conde de Lemos en abril de 1616: «Ayer me dieron la extremaunción y hoy escribo esta». Novela que solo verá la luz al año siguiente de su muerte. Pero no importa: Cervantes lleva ya unos años que no vive en esta vida sino en una vida en papel, en el sueño de una segunda vida, en que su nombre se recuerde por la fama de sus obras.

Y en medio de este programa literario bien pensado y medido, se le cuela a Cervantes, una vez más, la vida real, la que él sigue transitando en sus paseos por el

Madrid del siglo XVII: la publicación a finales de 1614 de la *Segunda parte del Ingenioso Hidalgo don Quijote de la Mancha*, impresa en Tarragona por un tal Alonso Fernández de Avellaneda, que le obliga a aparcar por un tiempo su *Persiles*, su gran proyecto de narrativa culta, y dar rienda suelta a su pluma para acabar la segunda parte del *Quijote*, ese vulgar y menospreciado libro de caballerías, que publica por el mes de octubre de 1615.

Y esta imagen condensada en los tres últimos años de su vida, en la publicación de la mayor parte de su obra, la más genial, sin duda, se ha convertido en una sombra que oscurece y mediatiza sus más de sesenta y cinco años anteriores de vida. Esta sombra del Miguel de Cervantes personaje, del mito que se construirá en los siglos siguientes, ha tamizado al hombre, ha convertido al hombre Miguel de Cervantes en un mero instrumento de su literatura, de sus ansias de fama, de una segunda vida.

¡Y bien que ha triunfado Miguel de Cervantes después de muerto!

Bien que lo ha hecho gracias a su vida en papel, a ese proyecto de plenitud al que se dedicarán las siguientes páginas, centradas en las marcas autoriales que Cervantes fue dejando en ellas, en la reivindicación literaria que hace de la figura del escritor profesional. En su plenitud, Cervantes se representa como un escritor libre, solo atado a su proyecto literario, al margen del juicio del vulgo o de los gustos indecisos de los mecenas, de un determinado tipo de mecenas que bien podría ejemplificar el Duque de Sessa y su enfermiza relación con Lope de Vega, el más esclavo de los escritores de éxito de su época. La libertad, una vez más, la libertad para poder entender la vida de Cervantes. La libertad que exige también sacrificios. La libertad de Marcela que debe abandonar la vida civilizada para adentrarse en la soledad de los campos. La libertad de Don Quijote que le lleva a vivir en los ideales de papel de un libro de caballerías, que le obliga a abandonar su lugar, su familia, sus amigos, su apellido. La libertad de Cervantes, que solo es libre cuando vive plenamente su vida en papel.

Cervantes está por cumplir los 65 años. Ahora comienza su verdadera vida literaria, esa que le consagrará en los siglos posteriores, la que pondrá los cimientos para la construcción de su mito. Tres años, tanto solo tres años, desde 1613 a 1616 para construir una nueva identidad, una nueva realidad, una nueva memoria: la de un programa literario que solo podemos comprender en su conjunto y no como una mera suma de libros editados, de nómina de títulos. Esta es la libertad que pregona Cervantes desde los últimos márgenes de su vida, los últimos tres años, a toda la eternidad: la libertad del escritor que se construye su propia vida de papel.

Novelas ejemplares de honestísimo entretenimiento (1613): «el primero que he novelado en lengua castellana»

El 12 de agosto de 1613 el escribano real Hernando de Vallejo firma la tasa para que pueda venderse el libro «intitulado *Novelas ejemplares*, compuesto por Miguel de Cervantes». Un magnífico ejemplar en cuarto con un número similar de pliegos de papel (71,5) que la primera parte del *Quijote* (83), como semejante será también el precio de venta, pues ahora el pliego aumenta a cuatro maravedís. Los primeros ejemplares de las *Novelas ejemplares* se vendieron a 286 maravedís frente a los 290 del *Quijote* de 1605. Y las similitudes no se quedarán aquí. A pesar de que han pasado más de ocho años desde la publicación de estas dos obras cervantinas financiadas por el librero Francisco de Robles, con una reedición quijotesca en 1608, lo cierto es que entre ellas —y las que vengan después— se descubre un mismo modelo de diseño de portada, con una misma letrería e idéntica marca tipográfica.

Portada de las *Novelas ejemplares*, Madrid, Juan de la Cuesta, a costa de Francisco de Robles, 1613.

Curioso hilo tipográfico que, quizás, tenga como función la de establecer un vínculo autorial y editorial de las obras cervantinas dentro del programa literario que ahora comienza y que acabará en las prensas en 1617 con la publicación del *Persiles*. Curioso hilo que se potencia con los anuncios de obras que será una de las constantes de las cartas dedicatorias que Cervantes incluye al inicio de sus obras, en su mayoría dirigidas al Conde de Lemos. Curiosas portadas, alejadas de otras que financia Francisco de Robles y que se imprimen por estas mismas fechas en la imprenta Madrigal-Cuesta-Quiñones, como el *Arte de escribir* de Francisco Lucas (1608) o las *Obras* de Don Diego Hurtado de Mendoza (1610), donde no aparece su marca tipográfica acompañando al título.

Frente a lo que sucedió con el *Quijote*, en este caso Francisco de Robles y Miguel de Cervantes no se dieron mucha prisa en completar el expediente de impresión, pues los trámites administrativos comenzaron un año antes. El 2 de julio de 1612, días después de que Cervantes presentara su memorial al Consejo de Cas-

Portada del *Arte de escribir* de Francisco Lucas (1608)

Portada de las *Obras* de Don Diego Hurtado de Mendoza (1610).

tilla, el Doctor Gutierre de Cetina, encomendero del expediente, designa a Fray Juan Bautista, de la orden de la Santísima Trinidad, censor de la obra. Y en su convento de la calle Atocha, firma la aprobación el 9 de julio de ese mismo año. Fray Diego de Hortigosa, en el mismo convento, firmará una segunda aprobación el 8 de agosto. A pesar de la rapidez en realizar los informes y lecturas previas, la licencia y privilegio no se firmarán hasta el 22 de noviembre.

En todo caso, los trámites administrativos se van a ampliar a Aragón, y quizás esto explique el retraso en la impresión del libro. Alonso Jerónimo de Salas Barbadillo firma en Madrid el 31 de julio de 1613 la aprobación del libro «por comisión de los señores del Supremo Consejo de Aragón». Unos días después, el 9 de agosto, se le concede la licencia. Ahora sí que

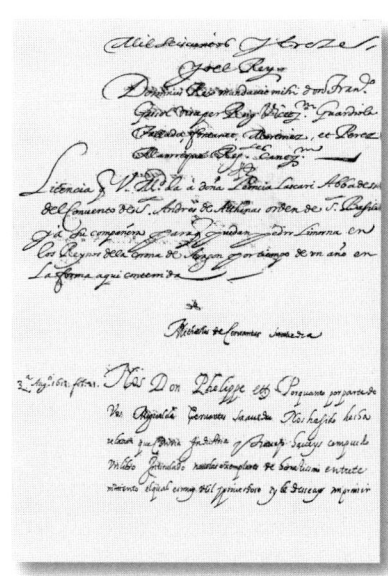

Licencia y privilegio para el Reino de Aragón de las *Novelas ejemplares*, 9 de agosto de 1613: Simancas: ACA. CANCILLERÍA. Registros, 4894, fol 249-25.

puede imprimirse el primer pliego con todos los documentos legales necesarios para que el libro salga a la venta a mediados de mes.

Como suele ser habitual en la época —como también en la actualidad—, sobre todo cuando existe una estrecha relación entre el editor y los autores, algunos de los trámites legales se llevan a cabo después de impreso el libro. Y así sucede en este caso, pues la cesión del privilegio de las *Novelas ejemplares* la sellarán Miguel de Cervantes y Francisco de Robles en Madrid el 9 de septiembre de 1613. ¿Cuál es el beneficio que obtendrá nuestro autor? El habitual en estos casos, ni más ni menos: 1600 reales y 24 ejemplares de la obra.

En los preliminares de las obras que ahora comienza a publicar Cervantes como un proyecto literario muy concreto, en especial en las aprobaciones —cuyos redactores estarán vinculados a redes clientelares o de mecenazgo cercanas a nuestro autor—, y en los prólogos al lector, se va a ir construyendo tanto una determinada imagen de Cervantes como escritor —esa figura del escritor orgulloso de su trabajo y de su arte que ahora comienza imponerse gracias al ejemplo de Lope de Vega—, como un determinado modelo de lectura, siguiendo lo ya experimentado en el *Quijote*: se parte de un género conocido por los lectores (libros de caballerías, novelas cortas italianas…) para terminar haciendo algo nuevo, diferente. Y a desentrañar lo que tienen de nuevo las *Novelas ejemplares*, de original, de piedra angular de su proyecto literario me gustaría dedicar las próximas páginas. Ya vendrán los siglos para llenar de interpretaciones las doce obritas que constituyen esta colección de novelas al estilo italiano. Ahora es el momento de situarnos en la época de su primera recepción, en la época de Cervantes.

Ante un ejemplar de las *Novelas ejemplares* cervantinas en septiembre de 1613, una de las novedades en la librería de Francisco de Robles, ¿qué esperaría un lector de la época? ¿Qué es lo que pensaba que iba a leer, a qué tipo de obra quería acercarse, qué es lo que le llamaría más la atención?

La elección de las «novelas» como género para comenzar el programa literario cervantino no es casual. El género de las «novelas italianas» tenía un hueco en las prensas hispánicas desde las últimas décadas del siglo XVI y no dejaron de reeditarse o de traducirse en los primeros años del XVII. Desde el Concilio de Trento se había hecho un gran esfuerzo editorial por desvincularse de sus antecedentes italianos más criticados, como el *Decamerón* de Boccaccio. Obras que, en su formato popular en 8º, resultaban económicas en su edición y llegaban a un amplio público, pues estaban autorizadas y prestigiadas por su origen italiano, pertenencia que se destaca desde la portada. En 1580 se publica en Bilbao *Honesto y agradable entretenimiento de damas y galanes*. En la portada se deja constancia de su autoría: «Compuesto por el señor Joan Francisco Carvacho [Giovanni Francesco Straparola], caballero napolitano. Y traducido de lengua toscana en la nuestra vulgar, por Francisco Truchado, vecino de Baeza». Y así se seguirá repitiendo en las diferentes portadas de las reediciones, como la que se imprime en Madrid en 1598 o en Pamplona entre 1611 y 1612.

En ocasiones este prestigio literario italiano aumenta añadiendo la tradición novelística francesa, como en la portada de otro de los textos que más se leyeron en esta época: *Historias trágicas ejemplares, sacadas del Bandello veronés nuevamente traducidas de las que en lengua francesa adornaron Pierres Bouistau y Francisco de Belleforest. Contiénense en este libro catorce historias notables repartidas por capítulos* (Valladolid, 1603).

Al margen del formato de los libros, en octavo las traducciones del italiano, y el cuarto el texto cervantino en su primera edición madrileña, lo cierto es que el título y lo expresado en las aprobaciones —textos que tampoco creo que fueran de lectura habitual en la época— nos indican claramente el ámbito de recepción de las *Novelas ejemplares* para los lectores de su tiempo.

Un ámbito de recepción que era más claro de acuerdo a su título original. No olvidemos que, tanto en la licencia como en las aprobaciones —y de ahí, también en el memorial escrito por Cervantes—, el título completo de la obra sería: *Novelas ejemplares de honestísimo entretenimiento*. Palabras claves que nos insertan en un género y en una lectura, que, como decía, se remarca en las aprobaciones, que van más allá de los lugares comunes para convertirse en un elogio de la maestría literaria de Cervantes. Fray Juan Bautista es, sin duda, el más certero en su análisis, dejando claro cuáles serían los aspectos que debía valorar un buen lector de la obra en su tiempo:

Portada de *Honesto y agradable entretenimiento de damas y galanes* de Giovanni Francesco Straparola, Bilbao, 1580: BNE: R/153.

> y, supuesto que es sentencia llana del angélico doctor Santo Tomás que la eutropelia es virtud, la que consiste en un entretenimiento honesto, juzgo que la verdadera eutropelia está en estas novelas, porque entretienen con su novedad, enseñan con sus ejemplos a huir vicios y seguir virtudes, y el autor cumple con su intento, con que da honra a nuestra lengua castellana, y avisa a las repúblicas de los daños que

de algunos vicios se siguen, con otras muchas comodidades; y así, me parece se le puede y debe dar la licencia que pide.

Por su parte, Fray Diego de Hortigosa va más allá y sitúa las bondades de esta obra en relación al resto de las obras que ha escrito y publicado Cervantes, es decir, la *Galatea* y el *Quijote*:

> antes hallo en él cosas de mucho entretenimiento para los curiosos lectores, y avisos y sentencias de mucho provecho, y que proceden de la fecundidad del ingenio de su autor, que no lo muestra en este menos que en los demás que ha sacado a luz.

Y, por último, Salas Barbadillo en la aprobación para la Corona de Aragón incidirá en una de las ideas que luego volverá a aparecer en el «Prólogo al lector» cervantino: la importancia de esta obra no solo por el tema o el género, sino por haber sido escrita en español:

> y no solo no hallo en él cosa escrita en ofensa de la religión cristiana y perjuicio de las buenas costumbres, antes bien confirma el dueño de esta obra la justa estimación que en España y fuera de ella se hace de su claro ingenio, singular en la invención y copioso en el lenguaje, que con lo uno y lo otro enseña y admira, dejando de esta vez concluidos con la abundancia de sus palabras a los que, siendo émulos de la lengua española, la culpan de corta y niegan su fertilidad; y así, se debe imprimir: tal es mi parecer.

¿Qué esperaría un lector de la época de una colección de novelas, al estilo italiano? ¿A qué estaba habituado? Sigamos el ejemplo de las *Historias trágicas ejemplares* de Bandello para hacernos una idea.

Uno de los aspectos esenciales de este género, como se indica en la portada, y se destaca en toda ocasión que sea pertinente, es su carácter ejemplarizante. Así comienza el «Prólogo al lector» de esta obra:

> El Bandello veronés escribió muchas historias trágicas, sucedidas en su tiempo o poco antes, para con ellas apartar a los que la leyesen de vicios y peligros a que está sujeta la vida humana.

Por su parte, el traductor, deja claro que su función ha sido no solo la de ofrecer en español estas obras sino «añadiendo y quitando cosas superfluas, y que en español no son tan honestas como debieran […]. Hallaránse han mudadas sentencias por este respecto y las historias puestas en capítulos, porque la lectura larga no canse». *Honestísimo entretenimiento...* esta es la finalidad de la obra:

Recibirá el lector este trabajo con la voluntad con que se le ofrece y aprovecharse ha, sacando de él el fruto que se espera.

Y este «fruto», estas enseñanzas serán posible no solo por las historias en sí que se recogen, sino por una serie de herramientas que se ponen en manos de los lectores: una «Tabla de las historias que se contienen en esta obra», es decir, un resumen de cada uno de los relatos en que se concretan sus protagonistas y acciones. Por ejemplo, este es el resumen de la historia tercera, que no es otra que la tragedia de Romeo y Julieta:

De los enamorados, que uno se mató con veneno y el otro murió de pesar de ver muerto al otro. Repártese en seis capítulos.

Y junto a esta tabla, antes de cada una de las historias, se va a incluir un «Sumario», que muestra claramente cómo ha de ser leída la novela, la interpretación que ha de tener, cómo el lector ha de sacar una determinada enseñanza; remarcar, en una palabra, su carácter de «ejemplar»:

Y los que hubieren leído a Plinio, Valerio Máximo y Plutarco y otros hallarán que antiguamente hubo gran cantidad, así de hombres como de mujeres, que murieron con excesiva alegría, y no declaran que estos, de quien quiero tratar, hayan podido morir en las llamas furiosas de su encendido amor, que si este se apodera una vez en algún sujeto generoso, y no haya resistencia en él que sirva de reparo para detener la violencia de su curso, mina y consume de tal manera las potencias naturales que, sujetando el ánimo, da lugar a la vida, como se verifica en la desastrada muerte de dos enamorados que acabaron en una sepultura en la ciudad de Verona, donde el día de hoy están sus huesos, cuya historia es de menos admiración que verdadera. (fol. 48v).

¿Y qué encontraron los lectores de su tiempo en las *Novelas ejemplares* cervantinas? Nada. El abismo de la libertad y de la interpretación, esa que hace única la obra. Una obra que con el adjetivo «ejemplares» (y el inicial «honestísimo entretenimiento») se inserta dentro de un género con sus propias claves de lectura; pero que las rompe desde las primeras páginas, desde los propios preliminares o la falta de ellos, como así sucediera también en el *Quijote* de 1605. Y Cervantes es consciente de este cambio, y así lo deja escrito en el «Prólogo al lector»:

Heles dado nombre de *ejemplares*, y si bien lo miras, no hay ninguna de quien no se pueda sacar algún ejemplo provechoso; y si no fuera por no alargar este sujeto, quizá te mostrara el sabroso y honesto fruto que se podría sacar, así de todas juntas como de cada una de por sí.

El mismo lenguaje, las mismas palabras de otros tantos textos leídos y admirados en la época; pero algo más, algo diferente en la obra cervantina.

> Mi intento ha sido poner en la plaza de nuestra república una mesa de trucos, donde cada uno pueda llegar a entretenerse, sin daño de barras; digo, sin daño del alma ni del cuerpo, porque los ejercicios honestos y agradables antes aprovechan que dañan. [...] A esto se aplicó mi ingenio, por aquí me lleva mi inclinación, y más, que me doy a entender, y es así, que yo soy el primero que he novelado en lengua castellana, que las muchas novelas que en ella andan impresas todas son traducidas de lenguas extranjeras, y estas son mías propias, no imitadas ni hurtadas: mi ingenio las engendró, y las parió mi pluma, y van creciendo en los brazos de la estampa.

Ni más. Ni menos.

Una «mesa de trucos» en que Cervantes en sus doce novelas no solo dará libertad a los lectores en la interpretación de su «ejemplaridad» (que ha hecho correr ríos de tinta a la crítica, tanta como la búsqueda del «lugar de La Mancha de cuyo nombre no quiero acordarme»), sino también en la mezcla de géneros, donde todo se semeja a algo de lo ya leído pero todo termina siendo algo nuevo, original: una novela picaresca (*Rinconete y Cortadillo*) en la que no sucede en realidad nada; un *sonmium* humanista, un diálogo renacentista (*El coloquio de los perros*), que está protagonizado por dos canes; particulares novelas bizantinas (*El amante liberal* o *La española inglesa*), donde se resumen tramas de cientos de páginas en unas decenas; novelas italianas, más cercanas a las esperadas en las colecciones de la época, que siempre esconden una sorpresa al no dejar clara al lector cuál es el ejemplo que quiere difundir (*El celoso extremeño, La Señora Cornelia* o *Las dos doncellas*), o un curioso, más que curioso libro de pastores (*La gitanilla*), que abre la colección y que tiene como protagonista, por primera vez, a una gitana, a un personaje condenado a la marginalidad dentro y fuera de las letras impresas.

Una particular «mesa de trucos» en la que Cervantes se ha reivindicado como narrador, como al inicio del prólogo pone las bases de la construcción de su personaje —de su imagen, de su biografía, de su escritura— en el famoso y ya repetido episodio del retrato en palabras que se inventa, y que atribuye, ni más ni menos, que a un supuesto óleo pintado por Juan de Jáuregui.

Y, de nuevo, el éxito editorial acompaña a Cervantes, a las propuestas literarias que ha publicado en estos años de la mano de Francisco de Robles. Y pensando y temiendo que se pudieran realizar ediciones piratas en el reino de Aragón, el 28 de septiembre, Francisco de Robles, como cesionario de la obra cervantina, otorga poder a Francisco Giraldo y Melchor González para que puedan querellarse contra todos aquellos que quisieran imprimir en Zaragoza las *Novelas ejemplares*.

Las *Novelas ejemplares*, frente a lo que se podría pensar, es el gran éxito de ventas de Miguel de Cervantes, muy por encima del *Quijote* en sus primeros años. Lamentablemente, la sombra editorial del libro de caballerías cervantino ha venido a eclipsar el éxito editorial de esta obra. Una obra que, al margen de la edición contrahecha impresa en Sevilla por Gabriel Ramos Bejarano en 1614, que intenta imitar la edición madrileña de 1613 del taller Madrigal-Cuesta-Quiñones, como si fuera una reedición sancionada por el librero Francisco de Robles, y la reedición lisboeta impresa por Antonio Álvarez en 1617, un habitual en ediciones contrahechas piratas, en el resto se recuperará el formato más pequeño de 8º, que es el propio de las novelas cortas italianas, incluso cuando el propio Francisco Robles reedite la obra en 1617.

Poder de Francisco de Robles contra los que en Zaragoza hayan impreso o quieran imprimir las *Novelas ejemplares*: Madrid, 28 de septiembre de 1613 (Archivo Histórico de Protocolos de Madrid: Protocolo 1678, fol. 592r).

Hasta en ocho ocasiones serán reeditadas las *Novelas ejemplares* desde 1613 a 1622 en formato 8º, además de las dos en formato cuarto ya indicadas:

    1614: Bruselas, Roger Velpio, Humberto Antonio
    1614: Pamplona, Nicolás de Assiayn
    1615: Pamplona, Nicolás de Assiayn
    1615: Milán, Juan Baptista Bidelo
    1617: Madrid, taller Madrigal-Cuesta-Quiñones, a costa de Francisco de Robles
    1617: Pamplona, Nicolás de Assiayn
    1622: Madrid, Viuda de Alonso Martín, Domingo González
    1622: Pamplona, Juan de Oreyza…

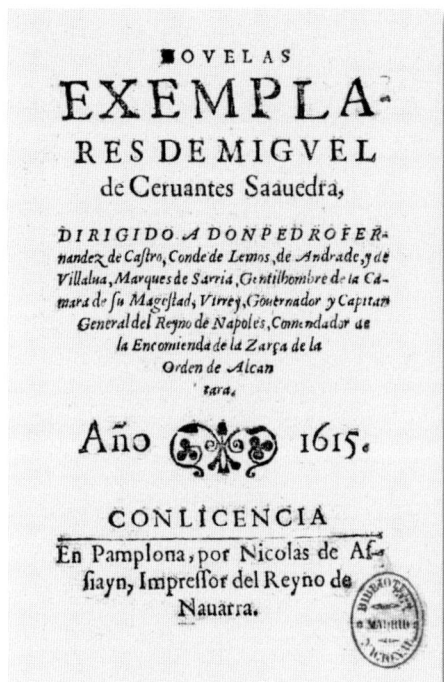

Portada de la reedición de las *Novelas ejemplares* impresa en Pamplona en 1615.

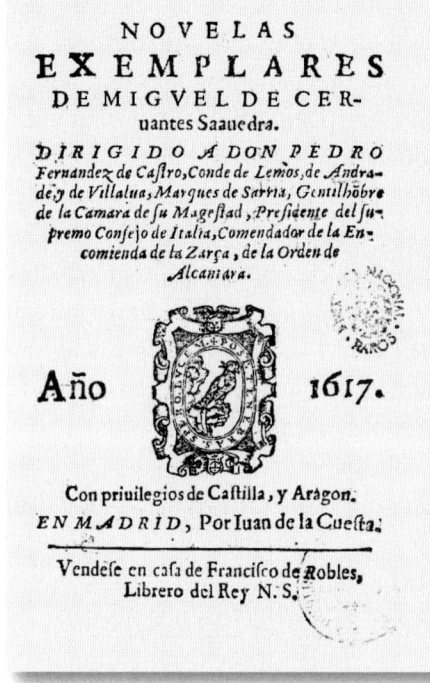

Portada de la reedición de las *Novelas ejemplares* financiada por Francisco de Robles en 1617.

En el inventario de bienes a la muerte de Francisco de Robles en 1623, a pesar de haber costeado dos ediciones de la obra, no se conserva ningún ejemplar, lo que no sucede con la primera o la segunda parte del *Quijote*, por cierto.

Y no solo en los territorios hispánicos y en español, las *Novelas ejemplares* se difundieron por Europa, con idéntico o mayor éxito en sus primeros momentos. Si el *Quijote* de 1605 tardó siete años en ser traducido al inglés y nueve al francés, las *Novelas ejemplares* fueron traducidas al año siguiente al fran-

Portada de la traducción francesa de las *Novelas ejemplares* (1615).

cés por D'Audiguier (que en 1618 traducirá el *Persiles*) y François de Rosset (que traducirá la segunda parte del *Quijote*). Aunque la obra se imprimió en París en 1615, el privilegio de impresión data del 24 de noviembre de 1614.

De este modo, se ha colocado la primera piedra en el edificio literario de la vida en papel de Cervantes, una reivindicación de su capacidad de narrador en uno de los géneros más exitosos y prestigiosos del momento. Uno de los géneros en los que él es el primero en escribir en lengua castellana, lo que será recordado por algunos de los autores de la época. Tirso de Molina en los *Cigarrales de Toledo*, se refiere a Cervantes como «nuestro español Boccaccio». Lope de Vega en *Las Fortunas de Diana* (1621), le comenta a Marcia Leonarda modos de narrar de su época, y al detenerse en el género de las novela corta, no puede dejar de mencionar a Cervantes y hacerlo con estas palabras:

> y aunque en España también se intenta, por no dejar de intentarlo todo, también hay libros de novelas, de ellas traducidas de italianos y de ellas propias en que no le faltó gracia y estilo a Miguel Cervantes. Confieso que son libros de grande entretenimiento y que podrían ser ejemplares, como algunas de las *Historias trágicas* del Bandello, pero habían de escribirlos hombres científicos, o por lo menos grandes cortesanos, gente que halla en los desengaños notables sentencias y aforismos.

Reivindicación cervantina como narrador, que, si tomamos en cuenta las palabras que Francisco de Quevedo escribe en *La Perinola* contra el *Para todos* de Pérez de Montalbán, discípulo de Lope de Vega, fue ya un lugar común en su tiempo:

> Deje vuesa merced de alabarse de muy honrado y muy modesto, y deje de alabar la librería, y deje la Botica, y deje de encarecer sus sonetos, y deje la Escritura Sagrada, y deje la Teología, y deje las malicias, y deje las novelas para Cervantes; y las comedias a Lope, a Luis Vélez, a don Pedro Calderón y a otros; los días de la semana al Tasso, al Passer y al Bartás.

Estos datos, entre tantos otros, desmontan la imagen romántica de un Cervantes escritor que escribe a espaldas de su tiempo y de los lectores del momento al margen del *Quijote*. En 1613, Cervantes vuelve por la puerta grande de la imprenta y del éxito editorial, ocho años después de su apuesta comercial con el *Quijote*. Y lo hace reivindicándose como narrador, en una espléndida «mesa de trucos» donde es capaz de dejar su impronta original y novedosa en la mayor parte de los géneros narrativos y dialógicos más habituales de su época.

El *Viaje del Parnaso* (1614): «Yo, socarrón; yo poetón ya viejo»

En el retrato en papel que incluyó Cervantes al inicio del «Prólogo al lector» en las *Novelas ejemplares* (1613), recuerda las obras que ha escrito: «autor de *La Galatea* y de *Don Quijote de la Mancha*, y del que hizo el *Viaje del Parnaso*, a imitación del de César Caporal Perusino». Las dos primeras ya estaban publicadas, pero habrá que esperar dos años para poder leer la tercera. Gracias a esta alusión, se añade una cuenta más a la cadena del proyecto literario que está pergeñando y dando a conocer Cervantes en estos momentos. Una obra que, en su forma definitiva, fue presentada al Consejo el 16 de septiembre de 1614, y consiguió el privilegio y la licencia de impresión en unas semanas, el 18 de octubre para ser más exactos. El 17 de noviembre de 1614 el escribano Hernando de Vallejo firma su tasa.

Los pocos ejemplares conservados de la primera edición del *Viaje del Parnaso* cervantino ofrece un detalle, que ya fue puesto de manifiesto por los bibliógrafos desde el siglo XIX: algunos de ellos aparecen con un soneto «El autor a su pluma», y otros, se imprimieron sustituyendo el soneto por un detalle tipográfico.

Portada de la primera edición del *Viaje del Parnaso* (Madrid, 1614).

Cayetano Alberto de la Barrera es el primero en dar cuenta de esta curiosidad bibliográfica en su edición de las *Obras completas* de Cervantes en 1863-1864. ¿Cómo explicar que durante la impresión del libro se decidiera parar el proceso y recomponer esta página, omitiendo el poema cervantino? Cayetano Alberto de la Barrera, como el resto de los investigadores que se han acercado al tema, lo han relacionado con las críticas vertidas por Avellaneda en el prólogo de la falta de amigos de Cervantes para que le escribieran poemas al inicio de su obra —como ya se vio en el caso de la primera parte del *Quijote*.

En todo caso, y al margen de estos detalles y misterios, el *Viaje del Parnaso*, dentro del género de los vejámenes muy comunes en las Academias literarias en la

— 222 —

El Autor a su pluma

SONETO.

Pues veys q̃ no me hã dado algũ soneto,
Que ilustre deste libro la portada,
Venid vos pluma mia mal cortada,
Y hazedle, aũque carezca de discreto.
Hareys que escuse el temerario aprieto
De andar de vna en otra encruzijada,
Mendigando alabanças, escusada
Fatiga e impertinẽte yo os prometo.
Todo soneto y Rima alla se auenga,
Y adorne los vmbrales delos buenos,
Aunque la adulació es de ruyn casta.
Y dadme vos que este viage tenga
De sal vn panezillo por lo menos,
Que yo os le marco por vendible, y
(basta.

CA-

CAPITVLO PRIMERO,
DEL VIAGE DEL Parnaso.

Fol. 1

VN Quidam Caporal Italiano
De patria Perusino (a lo q̃ entiendo,)
De ingenio Griego, y de valor Romano.
Lleuado de vn capricho reuerendo
Le vino en voluntad de yr a Parnaso,
Por huyr de la Corte el vario estruendo.
Solo, y apie, partiose, y passo a passo
Llegó dõde compró vna mula antigua,
De color parda, y tartamudo passo.
Nunca a medroso parecio estantigua
Mayor, ni menos buena para carga,
Grãde en los huessos, y en la fuerça exigua.
Corta de vista, aunque de cola larga,
Estrecha en los hijares, y en el cuero
Mas dura que lo son los de vna Adarga.

A   Era

CAPITVLO PRIMERO,
DEL VIAGE DEL Parnaso.

Fol. 1

VN Quidam Caporal Italiano
De patria Perusino (a lo q̃ entiendo,)
De ingenio Griego, y de valor Romano.
Lleuado de vn capricho reuerendo
Le vino en voluntad de yr a Parnaso,
Por huyr de la Corte el vario estruendo.
Solo, y apie, partiose, y passo a passo
Llegó dõde compró vna mula antigua,
De color parda, y tartamudo passo.
Nunca a medroso parecio estantigua
Mayor, ni menos buena para carga,
Grãde en los huessos, y en la fuerça exigua.
Corta de vista, aunque de cola larga,
Estrecha en los hijares, y en el cuero
Mas dura que lo son los de vna Adarga.

A   Era

Preliminares literarios del *Viaje del Parnaso* (Madrid, 1614), con soneto y sin él.

época, resulta una de las obras cervantinas más curiosas e interesantes en relación a su biografía. Centrémonos en algunos detalles tan solo.

En primer lugar, el *Viaje del Parnaso* se sale de su órbita editorial y de la red de mecenazgo que conocíamos hasta ahora: se imprime en los talleres que Alonso Martín de Balboa (y luego su viuda) tiene en la Calle Preciados desde 1606, cuando vuelve la Corte a Madrid, hasta 1639. Contar con una obra impresa por Alonso Martín o, desde 1614, por su viuda no es poco. No es poco para el Madrid de su época, pues con sus tipos se dieron a conocer algunos de los escritos más populares de algunos de los autores de más éxito del momento, algunos vinculados de alguna manera al propio Cervantes: Alonso Martín publica a Alonso de Barros (*Proverbios morales*, 1609), Bartolomé Leonardo de Argensola (*Conquista de las Islas Molucas*, 1609) o Lope de Vega (*Isidro, poema castellano*, 1613 y *La Arcadia*, 1613). Pero será su viuda la que tendrá mejor olfato comercial, y la que se hará con la impresión y reedición de buena parte de la mejor literatura de entrenamiento de la época: la mayor parte de las obras de Lope de Vega (*El peregrino en su patria*, 1618, *Arte nuevo de hacer comedias*, 1621, *La Circe*, 1624 o los *Triunfos divinos con otras rimas sacras*, 1625, además de buena parte de sus partes de comedias), de Agustín de Rojas (*El viaje entretenido*, 1626), de Jorge de Montemayor (la *Diana*, 1622), y de Pedro Soto de Rojas, Jerónimo de Salas Barbadillo, Alonso de Castillo Solórzano o Francisco de Quevedo. En el caso de Miguel de Cervantes, no solo dará a conocer las primeras ediciones del *Viaje del Parnaso* (1614) y de las *Ocho comedias y ocho entremeses* (1615), sino que reeditará buena parte de su obra en los siguientes años: *Persiles y Sigismunda* (1619) o las *Novelas ejemplares* (1622). Nunca le interesó reeditar el *Quijote*.

Nada es casual. Nada se deja al azar en el programa literario de Miguel de Cervantes, siempre vinculado a los centros culturales de mayor prestigio o de poder de la época.

Por esta razón, no deja de ser un misterio el que el *Viaje del Parnaso* sea la única obra que no dedique Cervantes en estos momentos al Conde de Lemos, y que haya preferido dedicársela a un joven de quince años, don Rodrigo de Tapia, que, como se indica en la portada, es Caballero del Hábito de Santiago, e «hijo del señor Pedro de Tapia, Oidor del Consejo Real y Consultor del Santo Oficio de la Inquisición Suprema». No olvidemos que el Cardenal Sandoval fue nombrado Inquisidor General en 1608. Han de existir lazos de redes clientelares o de mecenazgo que justifiquen esta dedicatoria y que ahora se nos escapan. Por otro lado, la carta dedicatoria que escribe Cervantes es de lo más curiosa y breve, nada de alabanzas a él ni a su linaje; y nada de pedirle que le ayude contra los murmuradores, como se recomendaba en las *Novelas ejemplares*:

> Dirijo a vuesa merced este *Viaje* que hice *al Parnaso*, que no desdice a su edad florida, ni a sus loables y estudiosos ejercicios. Si vuesa merced le hace el acogimiento que yo espero de su condición ilustre, él quedará famoso en el mundo y mis deseos premiados. Nuestro Señor, &c.

Curiosa (y breve) dedicatoria, en que más que el libro en sí parece que se está dedicando el viaje en papel que protagoniza un personaje llamado Cervantes.

Durante muchos años se defendió que el *Viaje del Parnaso* era un ajuste de cuentas contra los Argensola por no haber sido elegido entre los escritores que tenían que acompañar al Conde de Lemos en su virreinato de Nápoles. Y de ahí que no tenía sentido que la obra estuviera dedicada a quien le había rechazado. Hoy en día esta simplificación de la obra cervantina, vinculada a un hecho biográfico que solo tiene sustento en los datos extraídos de la misma obra, está siendo cuestionada.

El *Viaje del Parnaso* se mueve en una órbita editorial y de recepción muy particular, cuya clave está ya diseminada en el también curioso (y breve) «Prólogo al lector»:

> Si por ventura, lector curioso, eres poeta y llegare a tus manos (aunque pecadoras) este *Viaje*; si te hallares en él escrito y notado entre los buenos poetas, da gracias a Apolo por la merced que te hizo; y si no te hallares, también se las puedes dar. Y Dios te guarde.

«Si por ventura eres poeta…». Este puede ser el ámbito de recepción de la obra: un texto lúdico y cómico destinado a una Academia literaria, en el estilo y géneros que allí triunfaban, como son los vejámenes, esos juicios críticos que daban cuenta de las sesiones o de los resultados de los certámenes poéticos. ¿No terminará siendo el propio *Viaje del Parnaso*, en ese enfrentamiento entre los buenos y los malos poetas, un ejemplo más de las disputas que se fraguaban y se reproducían en las Academias literarias, donde licenciados no dudaban en tirarse bonetes? Si el *Viaje del Parnaso* se lee como un vejamen académico podemos comprender mejor su intención y finalidad: una reivindicación como poeta, en ese espacio en los márgenes en que vive, tanto en las Academias como en el Parnaso. Un espacio y un género —vinculado con la sátira pero sin serlo— en que tiene sentido su reivindicación como escritor, el juicio de sus propias obras.

En la «Epístola dedicatoria» en las *Novelas ejemplares* se recordaba la fuente y el ejemplo del que nace el *Viaje del Parnaso*, lo que se repite en los primeros versos del capítulo primero: el *Viaggio in Parnaso* del poeta italiano Cesare Caporali, que lo

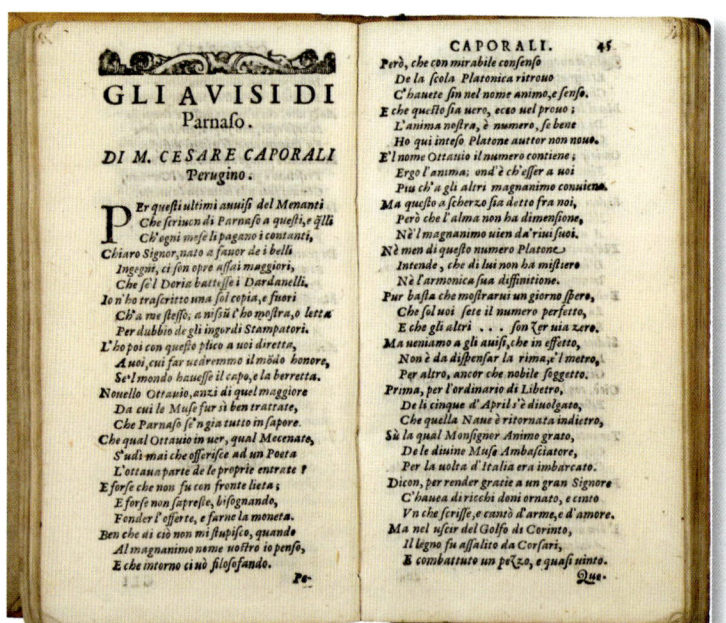

Gli avisi di Parnaso de Cesare Caporali (Venecia, 1589).

había escrito alrededor de 1580 y publicado en 1582, con numerosas reediciones en estos años. El modelo de una obra de un poeta italiano menor, que estuvo también vinculado a los Acquaviva en Roma, le sirve de excusa para hacer un particular repaso por los poetas de su momento, como ya lo hiciera en el «Canto a Calíope» de la *Galatea*, estudiado en el tomo II de nuestra biografía (pp. 170-176). ¿Tan solo una descripción interesada del mundo poético de su tiempo que le permite atacar a Lope de Vega y a defender el *Polifemo* de Góngora, una de las razones del triunfo de los buenos poetas sobre los malos? ¿Una crítica a los Argensola que se aprecia en su negativa de bajar a verlos en Nápoles aunque se lo pidiera Mercurio, como hemos visto en páginas precedentes, una Nápoles de fiesta a la que llega después en un sueño? ¿Una reivindicación de un yo poético, de un yo como escritor, de un yo que añora un puesto en la Corte literaria de su tiempo, y que la convierte en papel cuando ya es consciente que no superará los márgenes de la Fama, pues triunfa con la musa cómica, pero no así con la lírica ni la dramática?

Son muchas las preguntas y este no es el espacio ni el momento para contestarlas. Pero sí que hay un aspecto que me interesa remarcar, porque solo así se puede entender el espacio que esta obra posee en el programa literario de Cervantes que ahora está dando a conocer e imprimir, y la repercusión que ha tenido a la hora de crear una determinada imagen biográfica de nuestro autor desde el siglo XVIII, de la que todavía somos herederos.

En el capítulo primero, después de un pequeño resumen de la obra de Cesare Caporali que le sirve de guion y de excusa, como ya hemos indicado, aparece un «yo» majestuoso en la narración en verso, y lo hace con estos versos, sin duda, los más repetidos (y mal leídos) de la obra cervantina:

> Yo, que siempre trabajo y me desvelo
> por parecer que tengo de poeta
> la gracia que no quiso darme el cielo,
>   quisiera despachar a la estafeta
> mi alma, o por los aires, y ponella
> sobre las cumbres del nombrado Oeta (vv. 25-30).

Un «yo» que llevará las riendas del relato, pues será su viaje el que se narre, un viaje en primera persona, en que el «yo» deja de ser un narrador para convertirse en protagonista. Un «yo» al que Mercurio le pone un nombre, le descubre una identidad un poco más adelante:

> «¡Oh Adán de los poetas, oh Cervantes!
> ¿Qué alforjas y qué traje es este, amigo,
> que así muestra discursos ignorantes?»
>   Yo, respondiendo a su demanda, digo:
> «Señor: voy al Parnaso, y, como pobre,
> con este aliño mi jornada sigo». (vv. 202-207)

Y este «yo», que hasta en 42 ocasiones aparecerá con un cierto protagonismo en la obra, irá creando una imagen de sí mismo. Una imagen de «poeta» menor («la gracia que no quiso darme el cielo»), que desea triunfar donde otros lo han hecho, que no es otro que en el Parnaso de las letras, para así dejar de ser pobre, tan pobre que ni una capa posee: «Yo socarrón; yo poetón ya viejo».

Un «yo» que en estos primeros versos vehiculares del resto de la narración se reivindicará como escritor y como soldado, como servidor de la Monarquía en la batalla de Lepanto, que, a estas alturas de la historia y de la vida, ya solo unos pocos recuerdan, ya solo unos pocos desean seguir recordando:

> Arrojose mi vista a la campaña
> rasa del mar, que trujo a mi memoria
> del heroico don Juan la heroica hazaña;
>   donde con alta de soldados gloria,
> y con propio valor y airado pecho
> tuve, aunque humilde, parte en la vitoria.

Allí, con rabia y con mortal despecho,
el otomano orgullo vio su brío
hollado y reducido a pobre estrecho. (vv. 139-147)

Un «yo» que no deja de ser uno de los ejes y de las finalidades del libro; un «yo» que se convierte en protagonista en el capítulo cuarto, un capítulo en que un «yo» «despechado, colérico y marchito» por haberse quedado, una vez más, fuera de los asientos destinados a los poetas, se reivindica ante Apolo, una reivindicación tanto de su vida como de sus escritos, de este «escribir es vivir» en que se ha transformado la existencia de Cervantes.

> *Viage del Parnaso:*
>
> Nunca voló la pluma humilde mia
> Por la region satirica, baxeza
> Que a infames premios, y desgracias guia
> Yo el soneto compuse, que assi empieça,
> Por honra principal de mis escritos,
> Boto a Dios que me espanta esta grandeza
> Yo he compuesto Romanzes infinitos,
> Y el de los zelos es aquel que estimo
> Entre otros, que los tengo por malditos.
> Por esto me congoxo, y me lastimo
> De verme solo en pie, sin que se aplique
> Arbol que me conceda algun arrimo.
> Yo estoy (qual dezir suelen) puesto a pique
> Para dar a la estampa al gran Pirsiles,
> Con q mi nombre, y obras multiplique.
> Yo en pensamientos castos y sotiles,
> (Dispuestos en soneto de a dozena)
> He honrado tres sugetos fregoniles.
> Tambien al par de Filis Misilena
> Resonô por las seluas, que escucharon
> Mas de vna, y otra alegre Cantilena.
> Y en dulzes varias rimas se lleuaron
> Mis esperanças los ligeros vientos,
> Que en ellos, y en la arena se sembraron.
> Tuu
>
> *Capitulo quarto.* 29
>
> Tuue, tengo, y tendrê los pensamientos,
> (Merced al cielo q a tal bien me inclina)
> De toda adulacion libres y essentos.
> Nunca pongo los pies por do camina
> La mentira, la fraude, y el engaño
> De la santa virtud total ruyna.
> Con mi corta fortuna no me ensaño,
> Aunque por verme en pie como me veo,
> Y en tal lugar pondero assi mi daño.
> Con poco me contento, aunque desseo
> Mucho, a cuyas razones enojadas
> Con estas blandas respondio Timbreo.
> Vienen las malas suertes atrassadas,
> Y toman tan de lexos la corriente,
> Que son temidas, pero no escusadas.
> El bien les viene à algunos derepente,
> A otros poco a poco, y sin pensallo,
> Y el mal no guarda estilo diferente.
> El bien que está adquerido conseruallo
> Con maña, diligencia, y con cordura
> Es no menor virtud que el grangealla.
> Tu mismo te has forjado tu ventura,
> Y yo te he visto alguna vez con ella,
> Pero en el imprudente poco dura.
> D 5   Mas

Inicio del capítulo 4 del *Viaje del Parnaso* (Madrid, 1614).

Y este «yo», ahora más Cervantes que nunca, ahora confundido con Cervantes para siempre, se reivindica como escritor, recordando y enjuiciando toda su carrera literaria. En pocas ocasiones tenemos la suerte de escuchar la voz de papel de un autor hablando (y enjuiciando) sus propias obras. Un placer para los oídos y para la vista. Y el orden de su argumentación ante Apolo será el de su escritura. El primer «yo» estará dedicado a la *Galatea*:

> Yo corté con mi ingenio aquel vestido
> con que al mundo la hermosa *Galatea*
> salió para librarse del olvido. (vv. 18-20)

El segundo a su éxito como dramaturgo, destacando entre todas sus obras *La Confusa*:

> Soy por quien *La Confusa*, nada fea,
> pareció en los teatros admirable,
> si esto a su fama es justo se le crea.
> Yo, con estilo en parte razonable,
> he compuesto comedias que en su tiempo
> tuvieron de lo grave y de lo afable. (vv. 16-21)

El tercero, por supuesto, al *Quijote*:

> Yo he dado en *Don Quijote* pasatiempo
> al pecho melancólico y mohíno,
> en cualquiera sazón, en todo tiempo. (vv. 22-24)

Y el cuarto a las *Novelas ejemplares*:

> Yo he abierto en mis *Novelas* un camino
> por do la lengua castellana puede
> mostrar con propiedad un desatino. (vv. 25-27)

Y después de alabar y de comentar las obras impresas o estrenadas, le llega el turno a la poesía, a los sonetos, los romances:

> Yo soy aquel que en la invención excede
> a muchos; y al que falta en esta parte,
> es fuerza que su fama falta quede.
> Desde mis tiernos años amé el arte
> dulce de la agradable poesía,
> y en ella procuré siempre agradarte.
> Nunca voló la pluma humilde mía
> por la región satírica: bajeza
> que a infames premios y desgracias guía.
> Yo el soneto compuse que así empieza,
> por honra principal de mis escritos:
> *¡Voto a Dios, que me espanta esta grandeza!*

> Yo he compuesto romances infinitos,
> y el de *Los celos* es aquel que estimo,
> entre otros que los tengo por malditos. (vv. 28-42)

Y termina con un anuncio: la pronta publicación del *Persiles*:

> Yo estoy, cual decir suelen, puesto a pique
> para dar a la estampa al gran *Pirsiles*,
> con que mi nombre y obras multiplique.

Ante tales lamentos, ante este despliegue de un «yo» orgulloso de sus obras y de sus esfuerzos, Apolo no puede contestar más que «blandas palabras», y detenerse en lo obvio, en una lección de vida que hace suya el «yo poético de Cervantes» en la obra. Sueños de venturas y recuerdos de haberla tenido y perdido a un mismo tiempo:

> El bien que está adquerido, conservallo
> con maña, diligencia y con cordura,
> es no menor virtud que el granjeallo.
>   Tú mismo te has forjado tu ventura,
> y yo te he visto alguna vez con ella,
> pero en el imprudente poco dura. (vv. 76-81)

Esta reivindicación de un «yo Cervantes» de papel se ha convertido en un «yo Cervantes» de carne y hueso en las primeras biografías cervantinas. Un «yo» que habla no solo de lo que ha escrito sino de lo que siente, de lo que piensa, de lo que sueña:

> Tuve, tengo y tendré los pensamientos,
> merced al cielo que a tal bien me inclina,
> de toda adulación libres y esentos.
>   Nunca pongo los pies por do camina
> la mentira, la fraude y el engaño,
> de la santa virtud total rüina.
>   Con mi corta fortuna no me ensaño,
> aunque por verme en pie como me veo,
> y en tal lugar, pondero así mi daño.
>   Con poco me contento, aunque deseo
> mucho» [...] (vv. 58-68)

El *Viaje del Parnaso*, con sus más de 42 alusiones a un «yo», se leyó entre los primeros biógrafos como una autobiografía, una fuente riquísima de noticias y de vida. Una alusión, un dato, una localización, un nombre dejaba de ser parte de una obra literaria, de una sátira poética en la que estaba construyendo una determinada imagen, una particular reivindicación como poeta épico y narrativo, para convertirse en un documento histórico. Y precisamente estas alusiones —y otras muchas más veladas y oscuras— se convirtieron en la columna vertebral de la biografía cervantina, que se fue completando con los datos de tantos preliminares de las obras impresas y con algunas otras alusiones literarias que se consideraron biográficas.

Y esta ruptura entre el «Cervantes personaje» y el «Cervantes persona» llega a su culminación con la obra en prosa con la que se completa, que ya existía en la versión de Cesare Caporali: la *Adjunta del Parnaso*. En ella se narra el momento en que Cervantes recibe una carta de Apolo de manos de un joven con nombre épico-burlesco: Pancracio de Roncesvalles. Una carta en que el dios le envía un curioso y divertido escrito: «Privilegios, ordenanzas y advertencias que Apolo envía a los poetas españoles», muy cercano en tono y en intención a la *Premática del desengaño contra los poetas güeros*, escrita por Quevedo entre 1600 y 1608. La obra se ha considerado un añadido de 1614 al original *Viaje del Parnaso* terminado en 1612. Y todo porque la carta, en un nuevo quiebro de realismo de papel tan habitual en Cervantes, va firmada por el «servidor de vuestra merced Apolo Lucido» en el Parnaso «22 de julio, el día que me calzo las espuelas para subirme sobre la canícula, 1614». ¿Fecha real de escritura de la *Adjunta*, o un nuevo juego literario de Cervantes donde los límites de la realidad y la ficción están comenzando a difuminarse?

En la conversación entre Cervantes y Pancracio con que se inicia la *Adjunta*, Cervantes habla ahora de su idea del teatro y, sobre todo, del tercer escalón de su reivindicación, de su vida en papel que está ahora escribiendo, que está construyendo peldaño a peldaño literario: su reivindicación de un determinado modelo teatral, que él puede defender por haber sido conocido y aplaudido en las tablas. Y esta construcción la realizará Cervantes a partir de la siguiente radiografía literaria, en su deseo de dar a conocer su obra dramática en la imprenta ya que las puertas de los corrales de comedias están cerradas para él, dado que otros autores son los que gozan de su monopolio, en clara alusión a Lope de Vega y a sus seguidores:

PANCRACIO.- ¿Y agora tiene vuesa merced algunas?
MIGUEL.- Seis tengo, con otros seis entremeses.
PANCRACIO.- Pues, ¿por qué no se representan?
MIGUEL.- Porque ni los autores me buscan, ni yo los voy a buscar a ellos.

PANCRACIO.- No deben de saber que vuesa merced las tiene.

MIGUEL.- Sí saben; pero, como tienen sus poetas paniaguados y les va bien con ellos, no buscan pan de trastrigo. Pero yo pienso darlas a la estampa, para que se vea de espacio lo que pasa apriesa y se disimula, o no se entiende, cuando las representan. Y las comedias tienen sus sazones y tiempos como los cantares.

Una vez más, Cervantes deja comenzado en sus obras el camino literario que transitará en los próximos tiempos. Un camino bien trazado y pensado. Una vida en papel coherente con sus pensamientos y que, a un tiempo, proyecta una determinada imagen de sí mismo, del escritor Miguel de Cervantes que ahora se está reivindicando. Un Miguel de Cervantes en papel que ha terminado por confundirse con el de carne y hueso.

Pero ironías del destino, y de la recepción, y del éxito del *Quijote*, que ha trastocado todos los planes literarios de Cervantes, será precisamente esa primera aparición del «yo poético Cervantes» la que se ha convertido en su tumba poética, esos versos humildes —llenos de ironía y de intención—, que todos recuerdan: «me desvelo/ por parecer que tengo de poeta/ la gracia que no quiso darme el cielo». El gran éxito, la grandiosidad que conseguirá el *Quijote* a partir del siglo XVIII, ha convertido estos versos en una triste confesión de impotencia, olvidándose de los más de 30.000 versos que Cervantes escribió durante toda su vida, esos que no deja de escribir incluso al final de sus días. Sobre esta pequeña piedra, sobre estos versos, se levanta, en gran medida, toda una interpretación crítica que sigue gozando del éxito entre numerosos críticos: en Cervantes hay que admirar al novelista grandioso y hay que soportar al poeta mediocre.

Nada más lejos de la realidad.

Nada más lejos del programa literario que va construyendo Cervantes en sus últimas obras, en la vida en papel en que ha convertido sus últimos años.

Ocho comedias y ocho entremeses nuevos, nunca representados (1615): «fui el primero que representase las imaginaciones y los pensamientos escondidos del alma»

En poco menos de un año, se imprimirá la tercera de las obras de Cervantes, el tercer eslabón de su particular proyecto literario, de su reivindicación como escritor: el 22 de noviembre de 1615 firma en Madrid Hernando de Vallejo la tasa para que pueda venderse «este libro de las *Ocho comedias y entremeses*». El proceso administrativo había comenzado el 3 de julio. El libro se imprimió, como se ha indicado, en las prensas de la viuda de Alonso Martín, y a costa de un modesto librero, Juan de Villarroel, que tenía tienda en la plazuela del Ángel, en pleno barrio de las Musas en el corazón de Madrid.

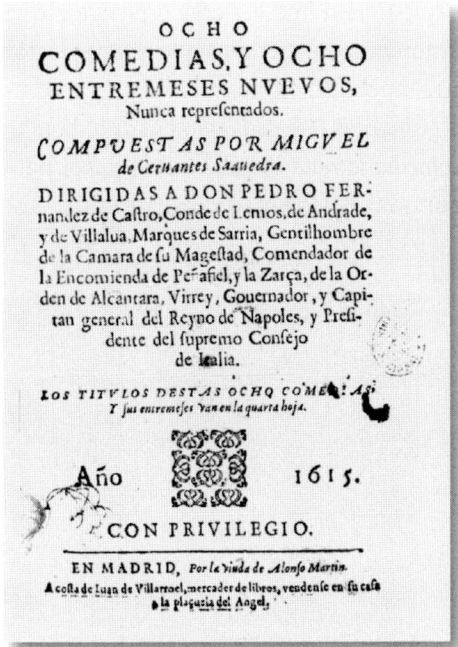

Portada de las *Ocho comedias y ocho entremeses nuevos, nunca representados* (Madrid, 1615).

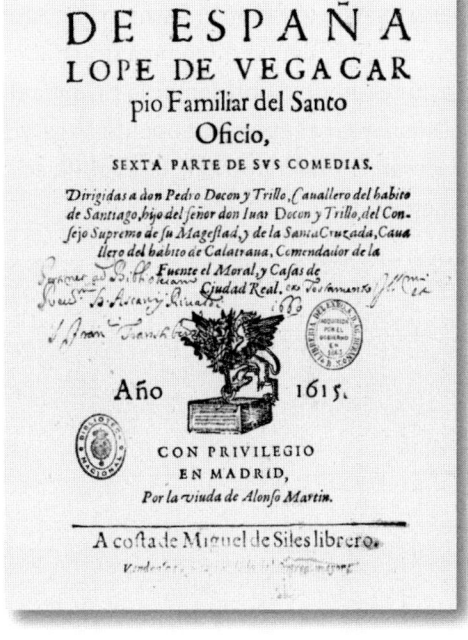

Portada de la sexta parte de las *Comedias* de Lope de Vega (Madrid, 1615).

El nuevo libro cervantino entra de lleno en el género editorial de la impresión de las partes de *Comedias*, que se habían convertido en una fuente de ingresos para algunas imprentas, sobre todo después que triunfara el modelo editorial de las *Comedias del famoso poeta Lope de Vega* (Zaragoza, 1604): ediciones en cuarto, con 12 comedias diferentes; encabezadas cada una de ellas con su título, el nombre de los personajes; realizadas, en su mayoría, en papel de mala calidad y con letrerías gastadas, lo que es un indicio del público al que va destinado. Un modelo editorial del que no se saldrá la viuda de Alonso Martín a la hora de organizar el texto cervantino, como ese mismo año había hecho con la publicación de la *Sexta parte* de las comedias de Lope, puestas a la venta el 3 de abril. Un mismo género editorial, pero con grandes diferencias en el diseño de la portada. Si en la portada cervantina se destacará el contenido de la obra —lo que es habitual en la época—, en la portada lopesca, será el nombre del autor (Lope de Verga Carpio), su imagen (El Fénix de España) y su rango (Familiar del Santo Oficio) lo que se destacará, quedando el título propiamente dicho («Sexta parte de sus comedias») en un segundo término tipográfico.

Pero al margen de estas diferencias, que tienen que ver con la posición que cada uno ocupaba en el Parnaso literario del momento, lo cierto es que ningún lector encontraría alguna diferencia tipográfica entre ambas ediciones. Solo hay que comparar el modo de presentar la primera de las comedias (*Comedia famosa de la Batalla de honor* en el caso de Lope de Vega y la *Comedia famosa del Gallardo español* para Cervantes) para apreciar la identificación editorial de este particular producto comercial.

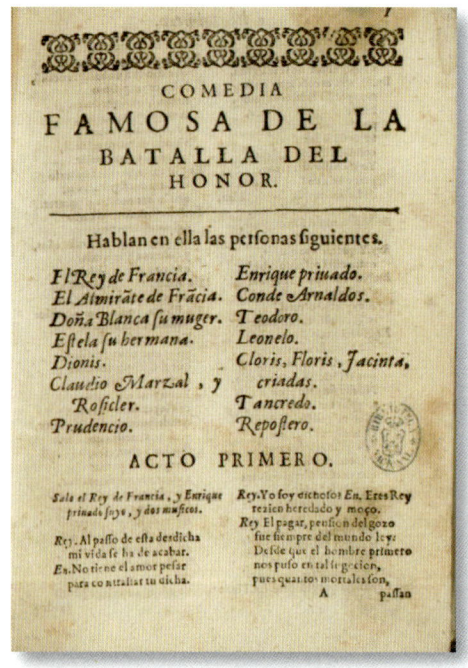

Inicio de la *Comedia famosa de la Batalla de honor* de Lope de Vega (Madrid, 1615).

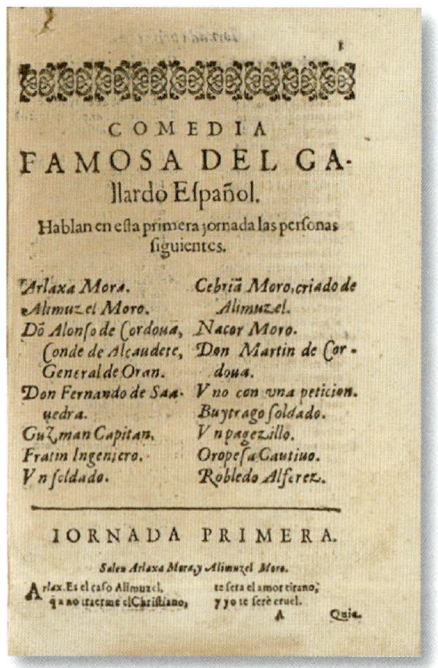

Inicio de la *Comedia famosa del Gallardo español* de Cervantes (Madrid, 1615).

Pero si damos por cierto, o por verosímil lo que narra Cervantes en el prólogo a sus *Comedias y entremeses* —lo que siempre es un riesgo—, hay un aspecto en la edición de las obras dramáticas de Cervantes que le diferencia de las ediciones de las partes lopescas.

De acuerdo a la información que anunciaba en la *Adjunta del Parnaso*, que recordaba que en 1614 tenía dispuestas para imprimir seis comedias y seis entremeses (las 12 obras de las que constaba el modelo editorial de las Partes), en el «Prólogo al lector» ahora da un paso adelante. Dado que no encontró «pájaros en los nidos de antaño», es decir, ningún «autor de comedias» que se interesara por estrenarlas en un corral de comedias, había decidido olvidarse de este tema: «las arrinconé en un cofre y las consagré y condené al perpetuo silencio». Pero algo sucedió que le hizo cambiar de opinión y dar un paso más allá y difundirlas por medio de la imprenta e incorporarla a su particular proyecto literario; y este hecho no fue otro que el deseo de responder a las críticas de un «autor de título», que se ha identificado con Lope de Vega:

> En esta sazón me dijo un librero que él me las comprara si un autor de título no le hubiera dicho que de mi prosa se podía esperar mucho, pero que del verso, nada; y, si va a decir la verdad, cierto que me dio pesadumbre el oírlo, y dije entre mí:
> —O yo me he mudado en otro, o los tiempos se han mejorado mucho; sucediendo siempre al revés, pues siempre se alaban los pasados tiempos.
> Torné a pasar los ojos por mis comedias, y por algunos entremeses míos que con ellas estaban arrinconados, y vi no ser tan malas ni tan malos que no mereciesen salir de las tinieblas del ingenio de aquel autor a la luz de otros autores menos escrupulosos y más entendidos. Aburríme y vendíselas al tal librero, que las ha puesto en la estampa como aquí te las ofrece. Él me las pagó razonablemente; yo cogí mi dinero con suavidad, sin tener cuenta con dimes ni diretes de recitantes.

Desde esta perspectiva, Miguel de Cervantes será uno de los primeros autores que se acercará a las prensas para ofrecer sus textos dramáticos —comedias y entremeses— a partir de sus propios originales, de sus papeles autógrafos pasados a limpio; y no a partir de los «originales de compañía» o las copias para los «farsantes», que eran la base de las impresiones de textos teatrales hasta ese momento. Lope de Vega lo comenzará a hacer a partir de 1617, en la edición de la *Novena parte* de sus comedias, tal y como lo confiesa en el prólogo:

> Viendo imprimir cada día mis comedias de suerte que era imposible llamarlas mías […] me he resuelto a imprimir por mis originales; que, aunque es verdad que no las escribí con este ánimo, ni para que los oídos del teatro se trasladaran a la censura de los aposentos, ya lo tengo por mejor que ver la crueldad con que despedazan mi opinión algunos intereses.

Miguel de Cervantes ya lo había hecho dos años antes, aunque no porque en los corrales de comedias los «originales de compañía» o las copias para los actores terminaran por alejar su texto de su última voluntad. «Nunca representados» se destaca desde la portada, en un hecho editorial diferencial que distancia la impresión cervantina de la lopesca, de las partes de otros autores que harán sudar las prensas madrileñas y zaragozanas por estos años. Un hecho diferencial también al incluir los «entremeses» en el título y en el corpus, dado que se consideraban en la época un género menor en el espectáculo global que suponía el hecho teatral dentro del corral de comedias.

¿Qué relación existe entre las comedias ahora publicadas y las veinte o treinta que constantemente se empeña Cervantes en recordarnos que escribió y que se representaron en los años ochenta del siglo XVI «sin que se les ofreciese ofrenda de pepinos ni de otra cosa arrojadiza»? De la misma manera que la colección de las *Novelas ejemplares* fue reescrita en su conjunto en años anteriores a su publicación en 1613 a partir de textos anteriores, se ha pensado que algunas de las comedias ahora impresas son reescrituras de algunas de las representadas años atrás con un cambio de título. Y de este modo, *Laberinto de amor*, comedia de «capa y espada» tendría como base *La confusa*, la comedia más apreciada y citada por el propio Cervantes; *La casa de los celos* se basaría en *El bosque amoroso* y *La gran sultana* en *La gran turquesca*. Sin olvidar los vínculos entre *El trato de Argel* y *Los baños de Argel*, que han podido estudiarse al ser una de las dos obras que se han conservado de la primera fase de Cervantes como autor dramático.

Pero en este tercer eslabón del programa literario cervantino en que cifra su reivindicación como escritor, Cervantes va a dar un paso adelante. En primer lugar, va a ser justo en el juicio del presente, dejando constancia de que en los corrales de comedias —espacio de difusión pero también espacio económico— triunfa Lope de Vega, que se ha alzado por la corona de la poesía dramática, y que nadie se la puede disputar, ni por cantidad ni por calidad:

> Tuve otras cosas en que ocuparme; dejé la pluma y las comedias, y entró luego el monstruo de naturaleza, el gran Lope de Vega, y alzose con la monarquía cómica; avasalló y puso debajo de su jurisdición a todos los farsantes; llenó el mundo de comedias proprias, felices y bien razonadas, y tantas, que pasan de diez mil pliegos los que tiene escritos, y todas (que es una de las mayores cosas que puede decirse) las ha visto representar, o oído decir, por lo menos, que se han representado; y si algunos, que hay muchos, han querido entrar a la parte y gloria de sus trabajos, todos juntos no llegan en lo que han escrito a la mitad de lo que él solo.

Y no solo a Lope, sino que Cervantes conoce y reconoce a sus seguidores, a aquellos que han defendido y han hecho triunfar un determinado modelo literario, un determinado modo de escribir y de ofrecer comedias al vulgo en los corrales; y lo hará criticándoles al tiempo que muestra sus virtudes, situándose como en el «Canto de Calíope» (1580), y en menor medida en el *Viaje del Parnaso* (1614) como juez de los representantes de las familias de la poesía dramática. Ni más ni menos:

> Pero no por esto, pues no lo concede Dios todo a todos, dejen de tenerse en precio los trabajos del doctor Ramón, que fueron los más después de los del gran Lope; estímense las trazas artificiosas en todo extremo del licenciado Miguel Sánchez, la gravedad del doctor Mira de Mescua, honra singular de nuestra nación; la discreción e innumerables conceptos del canónigo Tárraga; la suavidad y dulzura de don Guillén de Castro, la agudeza de Aguilar; el rumbo, el tropel, el boato, la grandeza de las comedias de Luis Vélez de Guevara, y las que agora están en jerga del agudo ingenio de don Antonio de Galarza, y las que prometen *Las fullerías de amor*, de Gaspar de Ávila, que todos éstos y otros algunos han ayudado a llevar esta gran máquina al gran Lope.

En este tercer eslabón de su programa literario, en el que Cervantes se encuentra más cómodo y en el que se siente en la obligación de ser combativo —como así lo ha hecho a lo largo de su vida dejando trazas y opiniones a lo largo y ancho de su obra impresa hasta ahora—, Cervantes no quiere reivindicarse como un autor dramático reconocido, (o que lo fue), pues por tal se siente; sino que desea defender, con uñas y dientes de papel, un determinado modelo teatral que se enfrenta al difundido, al creado, al impuesto por Lope de Vega.

Y lo hará desde su «autoridad», una «autoridad» que crea y difunde en el «Prólogo al lector» de sus *Ocho comedias y entremeses,* donde aprovecha para pergeñar una breve historia del teatro español desde el siglo XVI hasta sus días, donde se destacan tres momentos y tres nombres: una etapa de inauguración, que domina Lope de Rueda —al que el propio Cervantes vio actuar ya fuera en Madrid o en Sevilla cuando era un jovenzuelo—; una etapa de asentamiento y de experimentación, en cuya cúspide se coloca Pedro Navarro, que impuso una serie de cambios, sobre todo en lo relacionado con la escenografía y en la presentación de los actores:

> Sucedió a Lope de Rueda, Navarro, natural de Toledo, el cual fue famoso en hacer la figura de un rufián cobarde; este levantó algún tanto más el adorno de las comedias y mudó el costal de vestidos en cofres y en baúles; sacó la música, que antes cantaba detrás de la manta, al teatro público; quitó las barbas de los farsantes, que hasta entonces ninguno representaba sin barba postiza, y hizo que todos represen-

tasen a cureña rasa, si no era los que habían de representar los viejos o otras figuras que pidiesen mudanza de rostro; inventó tramoyas, nubes, truenos y relámpagos, desafíos y batallas, pero esto no llegó al sublime punto en que está agora.

Y en tercer lugar, el propio Miguel de Cervantes («Y esto es verdad que no se me puede contradecir, y aquí entra el salir yo de los límites de mi llaneza»), que lleva a cabo una serie de cambios en el contenido de las obras, que las prepararon para poder adecuar las tablas hispánicas a las dificultades de la comedia a partir de los modelos clásicos de Séneca:

> que se vieron en los teatros de Madrid representar *Los tratos de Argel*, que yo compuse; *La destruición de Numancia* y *La batalla naval*, donde me atreví a reducir las comedias a tres jornadas, de cinco que tenían; mostré, o, por mejor decir, fui el primero que representase las imaginaciones y los pensamientos escondidos del alma, sacando figuras morales al teatro, con general y gustoso aplauso de los oyentes.

Y después, llegó Lope de Vega, que se alzó con la monarquía cómica. El último capítulo de esta particular e intencionada historia

Una reivindicación en toda regla. No se había atrevido a tanto Cervantes hasta ahora. Pero seguramente no había género del que más le molestaba la deriva a la que había llegado, siguiendo unos preceptos que no compartía y que le alejaban de su idea del teatro, de la literatura. Una deriva que tendrá sus reglas, es decir, su «arte» en 1609 cuando imprima Lope de Vega su *Arte nuevo de hacer comedias*, un discurso académico que puso reglas a lo que ya era una realidad sobre de las tablas de los corrales de comedias.

Ya lo había denunciado, ya se había quejado amargamente de cómo se había convertido la poesía dramática en una «mercadería vendible» en el capítulo 48 de la primera parte del *Quijote*, en 1605:

> Y no tienen la culpa de esto los poetas que las componen, porque algunos hay de ellos que conocen muy bien en lo que yerran, y saben extremadamente lo que deben hacer; pero, como las comedias se han hecho mercadería vendible, dicen, y dicen verdad, que los representantes no se las comprarían si no fuesen de aquel jaez; y así, el poeta procura acomodarse con lo que el representante que le ha de pagar su obra le pide. Y que esto sea verdad véase por muchas e infinitas comedias que ha compuesto un felicísimo ingenio de estos reinos, con tanta gala, con tanto donaire, con tan elegante verso, con tan buenas razones, con tan graves sentencias y, finalmente, tan llenas de elocución y alteza de estilo, que tiene lleno el mundo de su fama. Y, por querer acomodarse al gusto de los representantes, no han llegado todas,

como han llegado algunas, al punto de la perfección que requieren. Otros las componen tan sin mirar lo que hacen, que después de representadas tienen necesidad los recitantes de huirse y ausentarse, temerosos de ser castigados, como lo han sido muchas veces, por haber representado cosas en perjuicio de algunos reyes y en deshonra de algunos linajes.

Y con sus *Ocho comedias y ocho entremeses, nunca representados* ofrece Cervantes su respuesta como poeta dramático, obras que, como sucediera con la «mesa de trucos» de las *Novelas ejemplares*, ofrecen un verdadero abanico de posibilidades dramáticas, ese que ha sido bautizado como una «poética de la libertad». Obras dramáticas que se publican para dar contestación al «maldiciente autor» que las descalificó delante de un «autor de comedias»:

> Querría que fuesen las mejores del mundo, o, a lo menos, razonables; tú lo verás, lector mío, y si hallares que tienen alguna cosa buena, en topando a aquel mi maldiciente autor, dile que se enmiende, pues yo no ofendo a nadie, y que advierta que no tienen necedades patentes y descubiertas, y que el verso es el mismo que piden las comedias, que ha de ser, de los tres estilos, el ínfimo; y que el lenguaje de los entremeses es proprio de las figuras que en ellos se introducen.

Ocho comedias… o nueve, pues anuncia en este momento una nueva que está escribiendo, con un título cargado de intención y de ironía:

> y que, para enmienda de todo esto, le ofrezco una comedia que estoy componiendo, y la intitulo *El engaño a los ojos*, que, si no me engaño, le ha de dar contento. Y con esto, Dios te dé salud y a mí paciencia.

Tercer peldaño en el programa literario ideado y difundido por Cervantes en los últimos años de su vida: reivindicación como autor dramático, como autor de un determinado modelo de comedia alejado de los usos triunfantes de aquella época.

Pero si con el *Quijote*, con la lectura de su *Quijote* a partir del siglo XVIII, Cervantes consiguió crear un nuevo modelo narrativo, en el caso del teatro todo serán fracasos. Durante estos años y después de su muerte algunas de sus primeras obras se siguieron representando en los corrales de comedias al formar parte del repertorio de distintas compañías. Además de varias representaciones en el recién inaugurado Corral de Comedias de Alcalá de Henares, Girolamo da Somamia, al enumerar las representaciones teatrales en la Salamanca de 1604, cita la *Batalla naval* y *El cerco de Jerusalén*, que se han identificado con obras cervantinas. Juan Acacio mantiene *La confusa* en su repertorio hasta 1627 y Juan de Matos Fragoso en su *La corsaria catalana* (1673) cita *La bizarra Arsinda* como obra del «ingenioso Cervantes». Pero imposible encontrar ninguna representación de sus «nuevas obras», que siguen, algunas de ellas, sin ser estrenadas hoy en día. Sin duda, la opinión contra la voz dramática de Cervantes tiene su fundamento en el éxito de la propuesta de Lope de Vega y de sus seguidores, así como en el juicio negativo del ilustrado Blas Antonio Nasarre, el que defendió la primacía literaria del *Quijote* de Avellaneda sobre el de Cervantes, que editó la obra en 1749. Una edición no nacida para rescatar su valor dramático sino para demostrar que Cervantes escribió sus obras «artificiosamente malas para motejar y castigar las comedias malas que se introducían en el teatro». A partir de este momento —y casi hasta bien entrado el siglo xx— el teatro cervantino solo se editará a la sombra de la edición de las obras completas de Cervantes.

Y solo unas pocas obras dramáticas cervantinas, de un corpus tan reducido, han gozado de una presencia continua en los escenarios de todo el mundo. A excepción de los entremeses, de *La Numancia*, de *Pedro de Urdemalas* —una de sus obras más cómicas— y de las centenares de adaptaciones teatrales del *Quijote* y, en menor medida, de las *Novelas ejemplares*, el panorama de las representaciones de las comedias cervantinas es desolador.

Y así hasta nuestros días.

La entretenida ha sido representada tan solo en dos ocasiones: en 1995, por el Teatro Estudio de Alcalá de Henares, y en el 2005 por la Compañía Nacional de Teatro Clásico, que trasladó la acción al Madrid de los años sesenta, en pleno proceso del desarrollismo español, y que fue muy criticada desde su estreno.

Otras cinco comedias solo han sido representadas en una ocasión: *Los baños de Argel* en 1979, en una genial adaptación de Francisco Nieva, montaje fundacional del Centro Dramático Nacional; *La gran sultana*, en 1991, de la mano de Adolfo Marsillach, uno de los que más han hecho por la difusión moderna del Cervantes dramaturgo; *El laberinto de amor* en el 2004 (Teatro La Guindalera en Madrid, con una reducción de los personajes a la mitad); *Los tratos de Argel* en el 2016, una versión de Ernesto Caballero que sitúa la acción en un centro de internamiento de extranjeros en España en la actualidad; y, finalmente, en el 2017, *El rufián dichoso*, su comedia de santos, llevada a las tablas por la Fundación Siglo de Oro. En la actualidad, quedan todavía por estrenar en salas españolas dos comedias cervantinas: *La casa de los celos* y *El gallardo español*. Y eso que estamos hablando de Miguel de Cervantes, el mejor escritor en español de todos los tiempos, y no de cualquiera de los autores teatrales de segunda de su tiempo, lo que vivieron a la sombra de Lope de Vega y de Calderón de la Barca, como pudo ser Rojas Zorrilla, por ejemplo.

Pedro de Urdemalas en el Teatro Español, foto de Gyenes, Madrid, 1969 (CDT).

Los baños de Argel (1979), un montaje extraordinario de Paco Nieva.

Pobre reivindicación cervantina de su voz dramática si lo comparamos con los más de 320 montajes teatrales del *Quijote*, que ha reunido María Fernández Ferreiro desde 1900 a 2010 solo en España.

Una vez más, el triunfo total del *Quijote* ha terminado por ensombrecer y tergiversar el programa literario cervantino, la vida de papel a la que dedicó los últimos años de su vida.

Ahora, completada esta nueva reivindicación, y después de haber dado carpetazo a la segunda parte del *Quijote*, que verá la luz impresa un mes después, es el momento de recuperar fuerzas y darle la última versión al último eslabón, a la obra que, más que reivindicar su papel de escritor en su tiempo o discutir sobre los géneros y sus posibilidades —ya sean narrativas o ya sean dramáticas—, le daría la fama póstuma, esa segunda vida que solo el papel, que solo la Fama permite. La Fama impresa, la fama a partir de una novela prestigiosa, aceptada y admirada por todos. Atrás queda la reivindicación de lo hecho. Ha llegado el momento de poner las bases para la pervivencia en el futuro, y esa pervivencia tiene ya un nombre: «el *Persiles*», como le recuerda Cervantes al Conde de Lemos en la «Epístola dedicatoria» de las *Ocho comedias y ocho entremeses nuevos, nunca representados*.

La gran sultana (1991), Silvia Marsó dirigida por Adolfo Marsillach.

La entretenida con dirección de Helena Pimenta, Teatro Pavón de Madrid, 2005 (CDT).

Tratos, a partir del *Trato de Argel* (2016), versión de Ernesto Caballero, CDN.

En los márgenes de la vida en papel: los últimos poemas cervantinos

Antes de adentrarnos en «el gran *Persiles*», en este último momento de la vida de papel cervantina, que nunca consiguió ver impreso, se impone hacer una pausa y dejar constancia de los poemas que conocemos que escribió por estos años. Una pausa para devolvernos a la vida de carne y hueso, la que tiene que escribir para poder conseguir un beneficio económico, la que muestra las redes clientelares, de mecenazgo o de amistad en las que se mueve Cervantes en estos momentos.

En 1614 se celebraron por España todo tipo de celebraciones para conmemorar la beatificación de la Madre Teresa de Jesús, que fue promulgada por el papa Pablo V el 24 de abril de 1614. Además de procesiones, sermones, justas, bailes, toros, fuegos artificiales y representaciones teatrales, ahora interesan los certámenes poéticos. En Madrid se llevaron a cabo en la Iglesia de San Hermenegildo, de los Padres Carmelitas Descalzos. El plazo de presentación será el 25 de septiembre y se había publicitado como se hacía en la época: mediante carteles impresos, animando a participar a «los ingenios en las dos lenguas, latina y castellana, con ricos premios». Ocho serán los certámenes propuestos, de los que conocemos todos los detalles gracias al libro de Fray Diego de San José, *Compendio de las solemnes fiestas en la beatificación de nuestra beata madre Teresa de Jesús*, publicado en Madrid al año siguiente. El tercero de los certámenes estará dedicado a una composición en castellano en estos términos y premios:

> Al que con más gracia, erudición y elegante estilo guardando el rigor lírico hiciere una canción castellana, en la medida de aquella de Garcilaso que comienza: «El dulce lamentar de los pastores», a los divinos éxtasis que tuvo nuestra santa madre, que no exceda de siete estancias. Se le dará un jarro de plata; al segundo, ocho varas de chamelote, y al tercero unas medias de lana.

Los jueces serán los siguientes, como si de una Academia se tratara en la mezcla de nobles y escritores: Rodrigo de Castro, hijo del Conde de Lemos «del Real Consejo de la General Inquisición», Melchor de Moscoso, hijo del Conde de Altamira, Francisco Chacón, «hijo de Casarrubios, arcediano de Toledo», y Lope de Vega Carpio «procurador fiscal de la Cámara Apostólica en el Arzobispado de Toledo», que abrió el certamen recitando una oración y un discurso en alabanza de la beata Teresa de Jesús. Será también él el encargado de «leer los papeles»

Al tercero de los certámenes se presentaron 16 composiciones, en su mayoría de frailes y de estudiantes, y entre ellos, Miguel de Cervantes. La mayoría de los poemas fueron leídos «con gran recreación y gusto de todos».

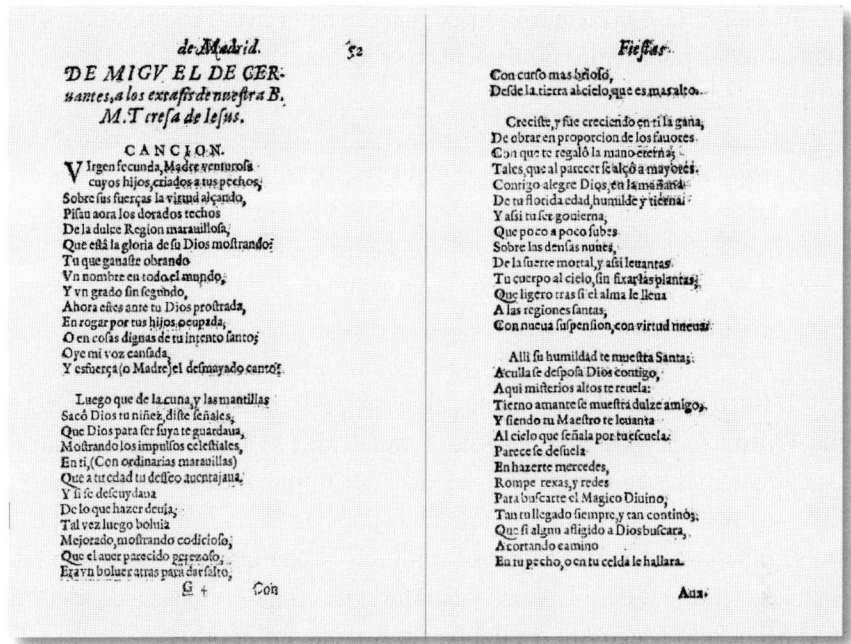

Inicio del poema de Cervantes dedicado al éxtasis de Santa Teresa, en el *Compendio de las solemnes fiestas en la beatificación de nuestra beata madre Teresa de Jesús,* de Fray Diego de San José (Madrid, 1615).

El acto de homenaje y alegría se remató «con la sentencia y aplicación de los premios, pero no sin lástima de que no hubiese tantos cuantos fueron los papeles que los merecían, cuya censura fue más propia de aquel día que de este lugar». ¿Ganó uno de los tres premios Cervantes? Nada se dice en la relación.

Pero el libro de Fray Diego de San José, esconde una duda, que fue planteada por Aureliano Fernández-Guerra en 1864: ¿Cervantes se presentó con una composición o fueron cinco las que escribió para este evento, es decir, las que aparecen como anónimas después de la aceptada por la crítica como auténtica y que se imprimen sin nombre en el impreso? Diecisiete serán las composiciones y once los autores reseñados. ¿Hemos de entender, como ha hecho la crítica, que todas las composiciones dobles son anónimas, o más bien, no se repite el nombre de cada una de ellas al ser del mismo autor, contabilizando entonces cinco composiciones cervantinas en estos certámenes, que, como se ve, tampoco congregó a lo más granado de la poesía de la época? Uno de tantos misterios cervantinos, a los que no podremos dar respuesta hasta no contar con nuevos datos. Quede el poema de «Madre fecunda, madre venturosa» como la única composición que podemos atribuir sin dudas a Cervantes en este certamen.

Al margen de esta composición, se conocen hasta cuatro composiciones poéticas cervantinas que se publicaron como poemas preliminares en otros tantos libros impresos entre 1613 y 1616:

1. «Soneto a D. Diego Rosel y Fuenllana, inventor de nuevos artes», al inicio de la *Parte primera de varias explicaciones y transformaciones* (Nápoles, 1611). Junto a Cervantes, escribieron poemas el doctor Pedro de Contreras, Juan de Figueroa, Francisco de Quevedo, Juan de Salazar, el canónigo de la catedral de Cartagena, y el alférez Martín Calvo.

2. Cuatro coplas de arte menor al inicio del libro de Gabriel Pérez del Barrio Angulo, *Dirección de Secretarios de Señores* (Madrid, 1613). Sobrino de Juan de Barrios, guardadamas y aposentador de Palacio, su autor es secretario del marqués de los Vélez. Entre los preliminares también hay poemas de Lope de Vega («Al lector»), Vicente Espinel, Antonio Hurtado de Mendoza («al Marqués de Cañete por el favor que le hace»), Miguel de Silveira, Doña María de Angulo y Salazar, y del hijo del autor, el licenciado Diego Alférez del Barrio Angulo, entre otros.

3. Soneto al inicio del libro de Juan Yagüe de Salas, *Los amantes de Teruel* (Valencia, 1616), que fue secretario del Ayuntamiento de Teruel. Y junto a Cervantes, escribirán poemas Lope de Vega, Ricardo de Turia, Jerónimo de Salas Barbadillo, Guillén de Castro, Doctor Martín de Undiano, médico de Teruel, Jerónimo de Espejo y Zapata, y varias personas vinculadas con Salamanca: Don Diego Laso de la Vega, «Colegial de San Pelayo en Salamanca», el Padre Palencia «de la Compañía de Jesús, en el Colegio Real de Salamanca», Jerónimo Sanz, «racionero en la Iglesia Mayor de Salamanca

4. Y por último, un soneto «a la señora doña Alfonsa González, monja profesa en el Monasterio de Nuestra Señora de Constantinopla», al inicio del libro titulado *Minerva Sacra*, del licenciado Miguel Toledano (Madrid, 1616), junto con décimas y sonetos de Alfonsa González de Salazar y de Valdivieso.

Poemas de circunstancias, por supuesto. Pero también poemas donde el nombre de Cervantes aparece, en una larga lista, junto a Lope de Vega, Quevedo, Salas Barbadillo o Guillén de Castro. Indicios de una vida literaria, de unas redes clientelares muy particulares que ahondan en la necesidad de abandonar la imagen de un Cervantes ausente de la vida literaria de su tiempo. Aunque permaneciera en

Coplas de Cervantes en Gabriel Pérez del Barrio Angulo, *Dirección de Secretarios de Señores* (Madrid, 1613).

Soneto de Cervantes en Juan Yagüe de Salas, *Los amantes de Teruel* (Valencia, 1616),

los márgenes, Cervantes existía. Poemas, en fin, que también hablan de vínculos personales y familiares. Doña Alfonsa González, del cercano Monasterio de Nuestra Señora de Constantinopla en la calle Atocha, era pariente de su mujer Catalina de Salazar, y seguramente Cervantes conocía a Miguel Toledano, clérigo presbítero, gracias a Francisco Martínez y a Luis Antonio Martínez, en cuya casa vivía. Son estos, junto con los retoques y los preliminares del *Persiles*, los últimos textos escritos por Cervantes, los últimos ejemplos de su vida en papel.

Los trabajos de Persiles y Sigismunda (1617): «de cuantos nos dejó escritos, ninguno es más ingenioso, más culto ni más entretenido»

Sin duda, el *Persiles* es la obra más citada y recordada en las distintas cartas dedicatorias y prólogos al lector de los libros impresos por Cervantes en estos años de su vida en papel. Ya habla de ella en las *Novelas ejemplares* (1613), sin esconder su orgullo y la intención con la que la está escribiendo: «Tras ellas, si la vida no me deja, te ofrezco los *Trabajos de Persiles*, libro que se atreve a competir con Heliodoro, si ya por atrevido no sale con las manos en la cabeza». En las *Ocho comedias y ocho entremeses* (1615) hablará de ella como el «gran *Persiles*», y en la segunda parte del *Quijote*, no puede dejar de recordar al lector que espere el *Persiles* «que ya estoy acabando». Idea que vuelve a retomar en la «Epístola dedicatoria» al Conde de Lemos, en que no puede esconder su orgullo por lo que está escribiendo:

> Con esto le despedí, y con esto me despido, ofreciendo a Vuestra Excelencia los *Trabajos de Persiles y Sigismunda*, libro a quien daré fin dentro de cuatro meses, Deo volente; el cual ha de ser o el más malo o el mejor que en nuestra lengua se haya compuesto, quiero decir de los de entretenimiento; y digo que me arrepiento de haber dicho *el más malo*, porque, según la opinión de mis amigos, ha de llegar al extremo de bondad posible.

Esta claro que esta obra es un punto de llegada, que es uno de los textos con los que Cervantes cifra que conseguirá un espacio, un recuerdo, una memoria en la literatura de su tiempo, y en el futuro, en la segunda vida de la Fama.

Unos días antes de morir, el 19 de abril de 1616, firma en Madrid Miguel de Cervantes, «criado de Vuesa Excelencia», la carta dedicatoria al Conde de Lemos, a la que ya hemos aludido. Una carta que emociona pues se trata del último de los escritos de Cervantes, un escrito donde todavía tiene tiempo de soñar y de prometer nuevas obras, por más que estaba a las puertas de la muerte. Una vida en papel que vive hasta el último suspiro final. Una carta, un libro en que ha estado trabajando Miguel de Cervantes en los últimos tiempos y que sabe que nunca verá en forma impresa. Este será su testamento literario. Pero también con el manuscrito nace uno de sus últimos miedos: que nunca se imprima, se quede inédito en los cajones como tantos obras de amigos suyos con los que se ha cruzado a lo largo de su vida. Como así le sucedió a Pedro Laínez y su famoso *Cancionero* que le llevó a Esquivias hace ya muchos años. A pesar de la herencia de Juana Gaitán, a pesar de su idea de imprimirlo, incluso cuando vuelve a quedarse viuda ya en tierras vallisoletanas, a pesar del deseo de Cervantes de cumplir la última voluntad de su amigo, lo cierto es que el *Cancionero* nunca llegó a ver la luz impresa. ¿Sucedería así con el manuscrito de *Los trabajos de Persiles y Sigismunda*? ¿Pudo haber sucedido?

El 9 de septiembre de 1616, José de Valdivielso firma la aprobación para que se pueda imprimir la obra, y la licencia y el privilegio se le concede a «doña Catalina de Salazar, viuda de Miguel de Cervantes Saavedra» y la firma el escribano del Consejo en San Lorenzo de El Escorial el 24 de septiembre de 1616. Ya pueden comenzar los trabajos de impresión de la obra. La tasa se data en Madrid el 23 de diciembre de 1616. Se trabajó duro en el taller de Madrigal-Cuesta-Quiñones para dar a conocer esta obra lo antes posible, que se imprime a costa de Juan de Villarroel, «mercader de libros en la Platería». Ahora sí que está la suerte echada. En las primeras semanas de 1617 se vendieron los primeros ejemplares del *Persiles*, que adquirió un gran éxito, muy por encima de la segunda parte del *Quijote* de 1615, que estaba pasando por las prensas hispánicas sin pena ni gloria. En el año de 1617, se reeditará la última obra cervantina en cinco ciudades diferentes: París (a costa de Esteban Richer, en Palacio), Barcelona (Bautista Sorita, a costa de Miguel Gracián), en Valencia (Pedro Patricio de Mey), Pamplona (Nicolás de Assiaín, impresor de libros y a su costa) y en Lisboa (Jorge Rodriguez). Al año siguiente se reeditará en Bruselas por Huberto Antonio «Impresor de sus Altezas», y en 1618, será el turno de una nueva reedición madrileña, ahora financiada por el librero Miguel de Siles, en la imprenta de la viuda de Alonso Martín, donde se había impreso el *Viaje del Parnaso*. En 1618 será traducida al francés, por François de Rosset; un año después al inglés, y en 1626, al italiano, por Francesco Ellio Milanese. Todas estas traducciones gozaron de diferentes reediciones en estos años, lo que muestra un triunfo del *Persiles* en el mercado editorial hispánico muy por encima al quijotesco.

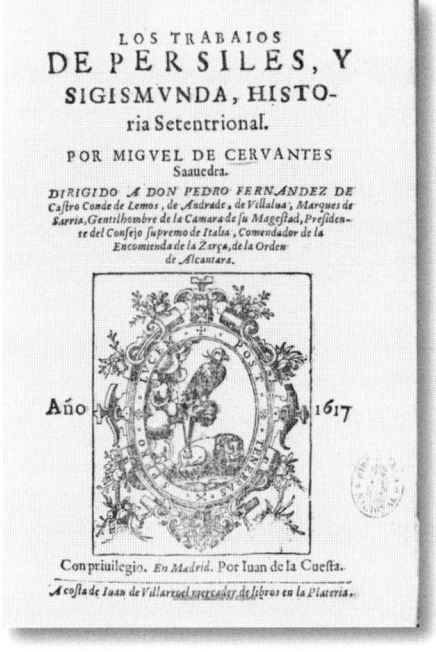

Trabajos de Persiles y Sigismunda, Madrid, 1617.

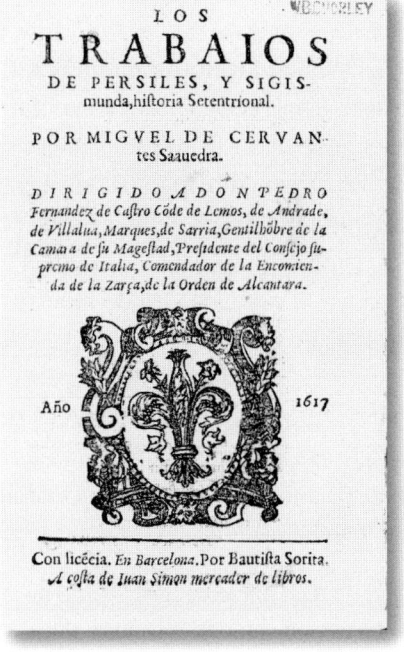

Trabajos de Persiles y Sigismunda, Barcelona, 1617.

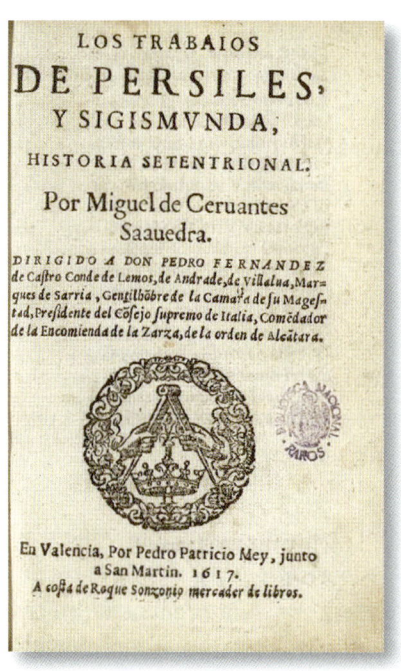 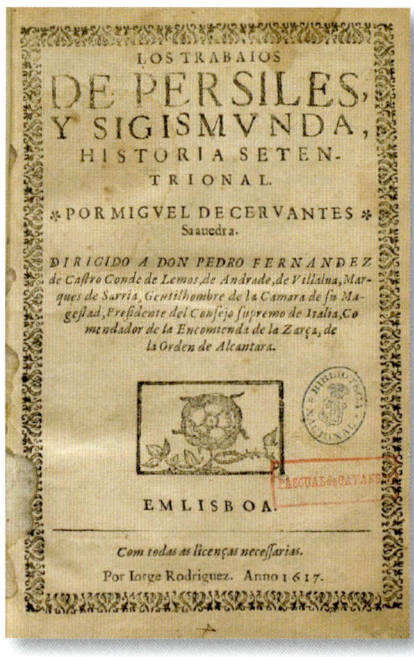

Trabajos de Persiles y Sigismunda, Valencia, 1617.   *Trabajos de Persiles y Sigismunda*, Lisboa, 1617.

Si en los libros anteriores. Cervantes se había empeñado en construir una imagen que le reivindicara como narrador, como poeta narrativo y una determinada manera de hacer teatro, muy alejada de los aires triunfadores en los corrales de comedias de la mano de Lope de Vega, en los últimos prólogos y preliminares escritos en estos años, en los de la segunda parte del *Quijote* y en el *Persiles*, se alza otra imagen: la del triunfo del escritor en el extranjero, la de aquel que ya piensa más en su fama, en la vida después de muerto que en los reconocimientos que podría recibir en vida.

El licenciado Márquez Torres firma la aprobación de la segunda parte del *Quijote* en Madrid a 27 de febrero de 1615. Una larga aprobación en la que, desde el siglo XIX, se sospecha que pudiera haber metido mano el propio Cervantes. En ella, se habla abiertamente del éxito de sus obras en Europa, de un ejemplo de por qué mucha naciones extranjeras tienen envidia de la española:

> Bien diferente han sentido de los escritos de Miguel [de] Cervantes, así nuestra nación como las extrañas, pues como a milagro desean ver el autor de libros que con general aplauso, así por su decoro y decencia como por la suavidad y blandura de sus discursos, han recibido España, Francia, Italia, Alemania y Flandes.

Y, si quedara alguna duda y la afirmación necesitara ser justificada con pruebas, recuerda un anécdota vivida en 25 de febrero de ese mismo año, dos días antes de firmar la aprobación. A una recepción que el Cardenal Sandoval organiza para agasajar al embajador francés, Nöel Brülart de Sillery, que ha venido a Madrid para negociar la boda de Luis XIII con Ana de Austria, acudió Márquez Torres, que era uno de sus capellanes. Al preguntarle sobre la actualidad literaria de la Corte, que es decir, la actualidad literaria del centro cultural más influyente de aquel momento, al escucharle que estaba leyendo la segunda parte del *Quijote* y el nombre de Miguel de Cervantes, no pudieran dejar de manifestar cómo era uno de los autores más celebrados y estimados en aquel momento en Francia, tanto por la *Galatea* como por sus *Novelas*. Ante tal demostración de entusiasmo, el licenciado se compromete a llevarles a su casa para que puedan conocerle, «lo que estimaron con mil demostraciones de vivos deseos». Y este es el momento elegido por Márquez Torres —o por el propio Cervantes— para asentar uno de los pilares de la imagen sobre su éxito como escritor, que va a perdurar a lo largo del tiempo. Frente a la estimación, al éxito, a la alta consideración de la que goza el autor y sus obras en el resto de Europa, ¿qué sucede en la Monarquía Hispánica, en este Madrid que año a año va recibiendo su particular proyecto literario, su genial vida en papel?

> Preguntáronme muy por menor su edad, su profesión, calidad y cantidad. Halléme a decir que era viejo, soldado, hidalgo y pobre, a que uno respondió estas formales palabras:
> —Pues, ¿a tal hombre no le tiene España muy rico y sustentado del erario público?
> Acudió otro de aquellos caballeros con este pensamiento y con mucha agudeza, y dijo:
> —Si necesidad le ha de obligar a escribir, plega a Dios que nunca tenga abundancia, para que con sus obras, siendo él pobre, haga rico a todo el mundo.

Pobreza en vida y riqueza en literatura. Silencio en el interior y reconocimiento en el extranjero. Estas dicotomías cervantinas se han convertido en un lugar común por las que transitan la mayoría de los acercamientos biográficos cervantinos. Una situación que pensaba Cervantes cambiar con la publicación del *Persiles*.

Por eso no extraña que el propio Cervantes en el Prólogo del *Persiles* haga aparecer al «estudiante pardal», que no duda en llenarle de elogios, dejando grabada una determinada imagen de sí mismo. Una imagen inventada que se convierte en verosímil al situarla en un espacio concreto («viniendo otros dos amigos y yo del famoso lugar de Esquivias, por mil causas famoso, una por sus ilustres linajes y otra por sus ilustrísimos vinos»), y en una acción cotidiana (el viaje a la Corte). Y así es imposible dejar de escuchar al estudiante pardal como si se tratara realmente de un encuentro fortuito en la vida real cuando nos hallamos presentes en un encuentro intencionado en la vida en papel. Un encuentro que le llena a Cervantes de alegría, al verse reconocido como un gran escritor:

—¡Sí, sí; este es el manco sano, el famoso todo, el escritor alegre, y, finalmente, el regocijo de las musas!

Pero también de tristeza, cuando le desahucia después de conocer su enfermedad:

—Esta enfermedad es de hidropesía, que no la sanará toda el agua del mar Océano que dulcemente se bebiese.

Nada se deja al azar, nada se limita a una primera lectura en la obra de Cervantes, llamada a ser la base sobre la que se levante buena parte del edificio de su biografía, como hemos ido viendo a lo largo y ancho de estas páginas.

¿Qué ofrecía el *Persiles* frente al resto de las obras escritas y publicadas por Cervantes? ¿Por qué nuestro autor —tan certero en casi todas sus juicios críticos— pensaba que *Los trabajos de Persiles y Sigismunda* le iban a consolidar como el escritor que recordarían las generaciones futuras? Menéndez Pelayo en el siglo XIX creó el nombre de «novela bizantina» para insertar la obra cervantina dentro de un género, que comenzaría con la *Historia Etiópica* de Heliodoro, como muy bien lo recordara el propio Cervantes en las *Novelas ejemplares*. Y este término ha tenido mucha fortuna, tanto que todos hemos terminado por darle carta de realidad en la época, lo que está muy lejos de ser verdad. Más que escribir una obra dentro de uno de los géneros más prestigiosos —y uno de los más exitosos— del momento, con el *Persiles* Cervantes se introduce en uno de los debates literarios más interesantes y fructíferos que se están desarrollando en estos momentos; un debate que enfrenta a los aristotélicos con los que quieren entender la literatura más allá de los géneros tradicionales que había estudiado el filósofo en su *Poética*. Un debate que tiene como finalidad la de situar a la novela en el complejo universo literario de su época, dominado por la poesía, ya fuera lírica, narrativa o dramática.

De este modo, más que de «novela bizantina», habría que hablar de «épica en prosa» o, mejor, de «novela de aventuras», donde el placer de la lectura no solo procede de la complejidad de la trama narrativa a partir de un eje temático muy sencillo: la narración de cómo una pareja de enamorados sufre mil desgracias hasta encontrar la felicidad en el encuentro final; sino también de la calidad de su escritura, de su estilo soberbio. Un género que cuenta con unos antecedentes griegos y latinos —la citada *Historia Etiópica* de Heliodoro y *Leucipa y Clitofonte* de Aquiles Tacio—, que fueron traducidos al italiano y al francés en el siglo XVI, y al español a finales del siglo XVI o principios del XVII.

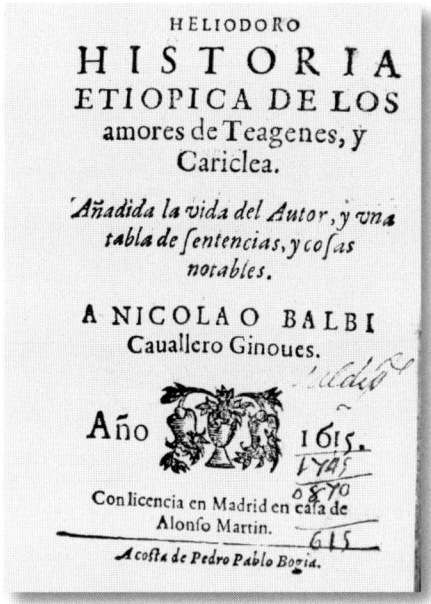

Historia Etiópica de Heliodoro (Madrid, 1615).

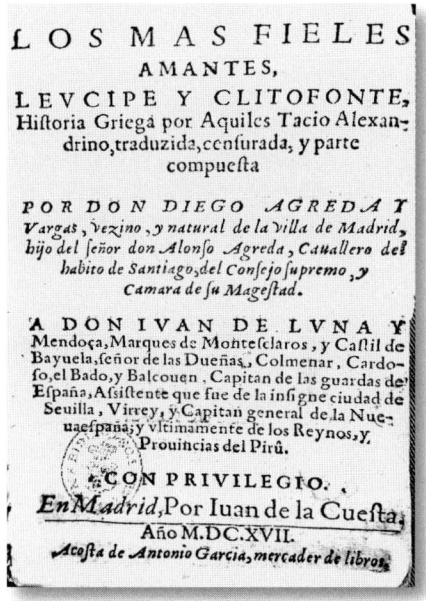

Leucipa y Clitofonte de Aquiles Tacio (Madrid, 1617).

Un género que goza de una buena salud editorial en estos primeros años del siglo XVII, con reediciones de la *Selva de aventuras* de Jerónimo de Contreras, publicada por primera vez en 1565; y el *Peregrino en su patria*, de Lope de Vega, que se adelantó a Cervantes y al debate narrativo en unos años, pues la primera edición es de 1604.

Años fascinantes también para la novela en estos momentos de cambio de paradigma. Si el teatro ve cómo se impone un determinado modelo a partir de la propuesta de Lope de Vega, que llegará al cénit de su éxito cortesano con Calderón de la Barca; si en la poesía se aprecia un paulatino triunfo de las propuestas gongorinas, que se alzará con la corona poética en los últimos años de vida de Lope; en el caso de la narrativa sucederá algo muy curioso: el debate se lleva a cabo en el tablero de las propuestas narrativas más prestigiosas y cultas, pero el modelo triunfante, con el paso del tiempo, nacerá de una obra instalada ahora en los márgenes de la li-

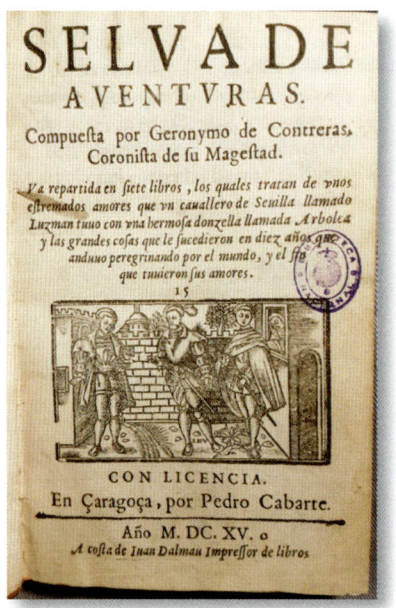 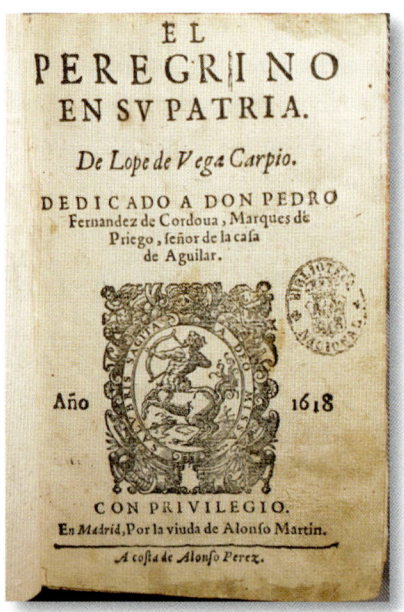

Selva de aventuras de Jerónimo de Contreras (Zaragoza, 1615).   *Peregrino en su patria* de Lope de Vega (Madrid, 1618).

teratura de entretenimiento más valorada: el *Quijote*. Un triunfo de un determinado modelo narrativo que se consolidará después del éxito entre los escritores ingleses del siglo XVIII.

Las «novelas de aventuras», estos textos cultos de entretenimiento, se convirtieron en la apuesta para la recuperación de la prosa como género nuevo que permitía aumentar las características de los género antiguos, los de corte y origen aristotélico; un género que demuestra que la épica se puede escribir tanto en prosa como en verso. Y lo hicieron en contra de los géneros narrativos que todavía pervivían y triunfaban, como los libros de caballerías, los libros de pícaros o los libros de pastores. Las «novelas de aventuras», como demostró Cervantes en su *Persiles,* podían convertirse en un género global, unificador, en que lo sublime y lo cotidiano, lo poético y lo trágico, lo anecdótico y lo sapiencial se podían dar la mano y donde sería posible insertar cuentos e historias en una sorprendente «mesa de trucos», donde todo es posible, donde todo está por inventar y por construir.

Y así lo soñó Cervantes y así lo percibieron los primeros lectores del *Persiles*, que no dejaron de leer y de disfrutar las aventuras de Periandro y Auristela, de Persiles y de Sigismunda.

Pero el género de la «novela de aventuras» no tuvo más desarrollo. En la década de los años veinte se publicaron nuevas obras, todas en formato en cuarto, en mal papel y peor impresión, que en su mayoría no volvieron a reeditarse nunca más: la *Historia de Hipólito y Aminta* (1627) de Francisco Quintana, *Eustagio y Clorilene. Historia moscóvica* (1628-1629), de Enrique Suárez de Mendoza o la *Historia de las fortunas de Semprilis y Genorodano,* de Juan Enríquez de Zúñiga (1629), sin olvidar la obra que se quedó manuscrita y que conserva la Biblioteca Nacional de España: *Los amantes peregrinos Angelia y Lucenrique.*

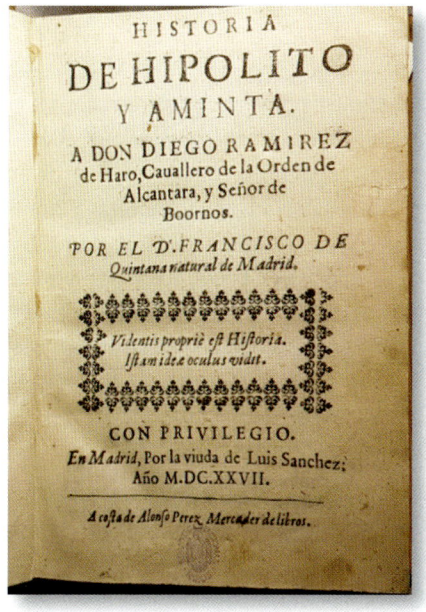

Historia de Hipólito y Aminta de Francisco Quintana (Madrid 1627).

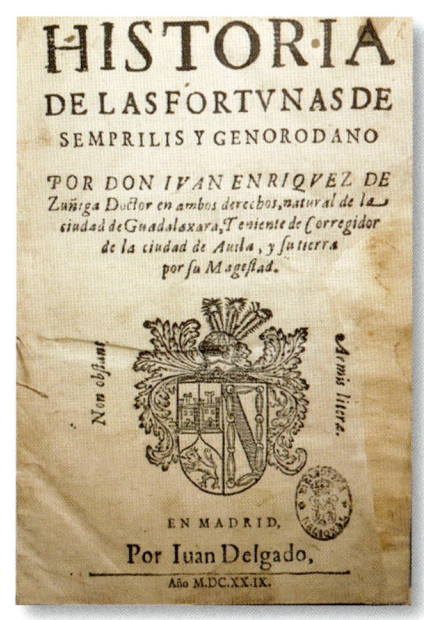

Historia de las fortunas de Semprilis y Genorodano, de Juan Enríquez de Zúñiga (Madrid, 1629)

Por otro lado, Cervantes escribe su última novela publicada en un género, el de las «novelas de aventuras», al que estuvo muy vinculado Lope de Vega y todos sus seguidores. No solo en las propuestas teatrales se entabla el enfrentamiento literario entre estos dos genios. Quedémonos con un ejemplo: la *Historia de Hipólito y Aminta* (1627) de Francisco de Quintana lleva un soneto laudatorio al autor de Lope de Vega Carpio, que termina con este terceto, donde se concede al autor la «Fama», la tan ansiada Fama:

> Que a quien para escribir la hermosa llama
> de sus alas, Amor le dio la pluma;
> segura tiene ya las de la Fama.

El Doctor Juan Pérez de Montalbán, discípulo de Lope de Vega, será el encargado de escribir la aprobación que, como hemos visto al hablar de las cervantinas, se han convertido en un lugar propicio para dirimir los debates literarios y para construir una determinada imagen del autor y de la recepción de la obra. Encomios y adjetivos laudatorios que se repiten en los preliminares legales a lo largo y ancho del Siglo de Oro, dentro y fuera de las obras cervantinas. Francisco de Quintana se presenta como un «mejorado Heliodoro», el final de una cadena genérica en la que han participado Lope y el propio Cervantes:

> hallarán en él los filósofos doctrina, los políticos, preceptos, los cortesanos, avisos, los ociosos fábulas, y los ocupados un breve divertimiento para aflojar el arco del solicitado martirio de los negocios. Está hoy el mundo tan estragado y divertido que ha menester que los avisos y consejos se los envuelvan en sutilezas y donaires, para que lo escabroso de la reprehensión se ablande con lo aseado de lo escrito. Este se pretende y consigue con suma felicidad y estudio de todas las letras en el presente libro, a cuyo autor hiciera debidos elogios, a pesar que cupiera lo mucho que merece en mi entendimiento, como cabe en mi voluntad. Y así por la parte que me toca, digo que es digno muchas veces la licencia que pide, ojalá que pidiera muchas, para que tuviese España un mejorado Heliodoro en Manzanares.

¿Qué hubiera sido del «manco sano, el famoso todo, el escritor alegre, y, finalmente, el regocijo de las musas» si Cervantes no hubiera acabado e impreso la segunda parte del *Quijote* en 1615? Su *Persiles* hubiera terminado por sufrir el mismo silencio que el resto de las novelas de aventuras de su época.

Otro libro, otro texto cervantino, estaba llamado a revolucionar el género de la novela, a situarlo dentro del panorama literario de su tiempo, llegando a pasar de ser un «género nuevo» a ser el centro de la vida literaria moderna, que no se entiende sin la novela, sin un determinado modelo de novela a la que conocemos, precisamente, con el membrete de «novela moderna».

El *Persiles* se vendió bien, sin duda más que el *Viaje del Parnaso*. Pero Catalina de Salazar no consiguió disfrutar del todo de la ganancia de la venta de la licencia de impresión. Muerta Catalina en 1626, su hermano, el licenciado Francisco de Salazar y Palacios, firma un poder para que Luis de Molina «vecino y estante de la ciudad de Madrid», marido de Isabel de Saavedra, pudiera cobrar los alrededor de 400 reales que el librero Villarroel todavía le adeudaba «por razón de unos libros que le vendió el dicho Miguel de Cervantes, marido de la dicha mi hermana». Una vez más, la realidad, la realidad de deudas y de promesas no cumplidas, se impone a la vida de papel a la que, con tanto afán y esfuerzo, dedicó Cervantes sus últimos años.

Más allá de la vida en papel: últimas obras en el tintero, atribuciones y falsificaciones

La imagen que podemos hacernos del Cervantes escritor siempre será parcial. Y no solo porque hayan pasado más de cuatrocientos años de su muerte o porque es muy difícil sustraerse al imaginario que él fue creando en sus últimas obras publicadas y que se ha convertido en piedra de toque de nuestros acercamientos críticos y biográficos. Nuestra comprensión del Cervantes escritor es, necesariamente, parcial, pues solo hemos conservado su obra de manera parcial. De los textos publicados, de los que él envía a la imprenta, podemos estar seguros que muestran su última voluntad. Quizás del único que podemos tener dudas sea del *Persiles*: ¿publica su viuda Catalina de Salazar el último de los borradores de la obra, o quizás Cervantes hubiera podido realizar una postrera revisión después de haberle pasado el borrador a alguno de sus amigos para una lectura previa, tal y como era habitual y costumbre en la época? ¿Acaso las diferencias de las dos partes de la obra tienen su origen en una escritura no terminada antes que en un voluntad estilística de mostrar dos modelos narrativos diversos? No importa. En este caso, contamos con el texto y el texto es que el tiene que darnos las respuestas y plantearnos, continuamente, nuevas preguntas, nuevas inquietudes.

Pero, ¿qué sucede con todas esas obras que sabemos que escribió Cervantes pero que no se han conservado? Por ejemplo, los versos en alabanza del Santísimo Sacramento en la fiesta del Octavario del Corpus en 1609 o los 30 jeroglíficos que compusiera para la misma fiesta en 1612. ¿En cuántos certámenes y juegos florales participó Cervantes en toda su vida? ¿Cuántas composiciones presentó en las academias literarias? ¿Con qué versos y obras de teatro pudo participar en fiestas financiadas por ayuntamientos o amparados por el mecenazgo de nobles? ¿Qué idea tendríamos hoy de la poesía de Cervantes de haber conservado este corpus, que haría palidecer al que hoy en día se estudia y se edita? Lamentablemente, nuestro acercamiento al Cervantes poeta está abocado a ser siempre parcial. Y lo mismo puede decirse del Cervantes dramaturgo, de ese Cervantes que compuso decenas de obras de las que hoy solo hemos conservado un título, o, en el mejor de los casos, como en *La conquista de Jerusalén*, un posible texto recuperado en una de las típicas y tópicas copias manuscritas del siglo XVII (véase reproducción en p. 223 del tomo II).

¿Y qué debemos y podemos pensar de los títulos de obras que anuncia continuamente Cervantes a lo largo y ancho de sus prólogos y epístolas dedicatorias, sobre todo en los tres últimos años de su vida? Muchas de ellas hoy las podemos leer, pero otras se han quedado en solo un nombre y muchas especulaciones. En las *Novelas ejemplares* (1613), *Ocho comedias y ocho entremeses* (1615) y en el *Persiles* (1617), se anuncia la inminente publicación de *Las semanas del jardín,* que en ocasiones irán antes o después del *Persiles,* y siempre antes de la segunda parte de *La Galatea.* En ninguno de los tres casos se dice nada más. Ni un adjetivo. Ni un detalle. Nada que permita imaginar el modelo de texto que se esconde detrás de esta promesa. ¿Un nuevo conjunto de relatos breves, unidos entre sí, siguiendo el modelo del *Decamerón,* lo que iría en contra del modelo ya estudiado de las *Novelas ejemplares*? Nada más se sabe.

En 1874 Adolfo de Castro publica el libro *Varias obras inéditas de Cervantes sacadas de códices de la Biblioteca Colombina.* Entre los diferentes entremeses que en esta publicación se ofrecen como cervantinos (*Entremés de los mirones, Entremés de Doña Justina y Calahorra, Entremés de los refranes* o *Entremés de los romances*), o las dos canciones (*Canción desesperada* y *Canción a la elección del arzobispo de Toledo*), se incluye el *Diálogo entre Cillenia y Selanio sobre la vida del campo,* que Adolfo de Castro pensó que podría formar parte de esa segunda parte de *La Galatea,* siempre prometida pero nunca acabada. Schevill y Bonilla en 1922 propusieron otra teoría: se trata de un fragmento de *Las semanas del jardín*.

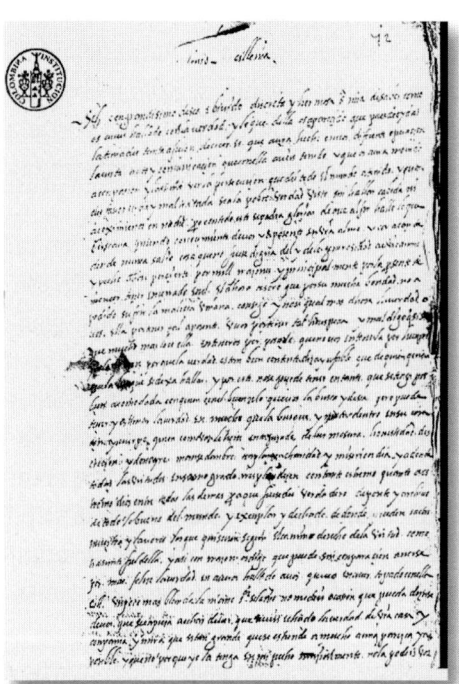

Inicio del *Diálogo entre Cillenia y Selanio sobre la vida del campo* (Biblioteca Capitular y Colombina, 59-6-5, nº 72).

Pero si todo son especulaciones alrededor de esta obra citada por Cervantes y que, seguramente, la tenía bien pensada y muy avanzada, pues comienza ya hablar de ella en 1613, ¿qué decir del «famoso *Bernardo*», que anuncia en la epístola dedicatoria al Conde de Lemos en el *Persiles*? ¿Sería esta obra un poema épico en prosa, una novela larga de tipo cortesana? Nada más puede decirse.

Las bibliotecas y archivos están llenos de códices misceláneos, con el título de *Papeles varios,* donde se recogen textos de muy diferentes procedencia y origen, como el códice 59-6-5 de la Biblioteca Colombina antes citado y dado a conocer por Adolfo de Castro. Ahí se encuentran, sin duda, muchas poesías y obras de Cervantes, como de tantos otros autores de los Siglos de Oro, que se difunden «descarriadas», sin ninguna indicación de autoría. Y también hay otros donde el nombre de Cervantes aparece

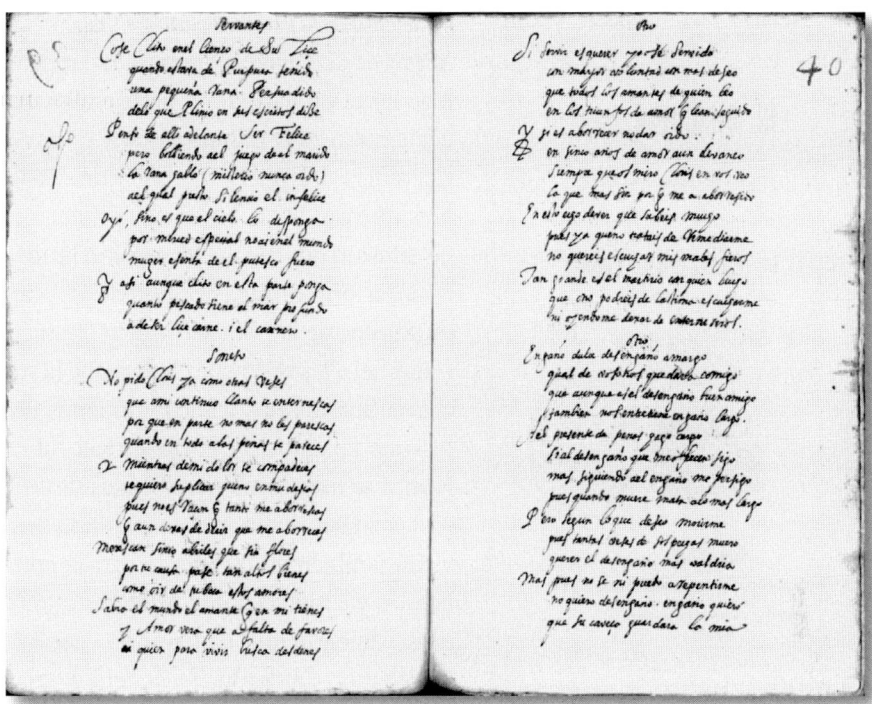

Papeles en verso, prosa y obras de teatro, BNE: mss/4117.

encima de composiciones donde la crítica no se ha puesto de acuerdo si realmente podemos atribuirlas a nuestro autor. En la Biblioteca Nacional de España se conserva un códice del siglo XVII con 377 folios con el título *Papeles en verso, prosa y obras de teatro*. En el folio 39v, puede leerse un soneto atribuido a «Servantes», como lo estudió en su momento José Manuel Blecua.

Hasta un total de 29 composiciones poéticas han sido atribuidas a Cervantes desde finales del siglo XVIII hasta nuestros días.

Y también como atribuciones y no como obra de segura autoría de Cervantes han de seguir considerándose la novelita *La tía fingida* así como la *Relación de las fiestas celebradas en Valladolid por el nacimiento del príncipe Felipe*, de 1605, que ya hemos analizado en estas páginas.

Pero el siglo XIX no solo será generoso con las atribuciones cervantinas, con la búsqueda y localización de documentos, o con las falsificaciones de autógrafos de tantos autores de los Siglos de Oro, sino con las falsificaciones cervantinas, obras que, escritas en aquel momento, se hacen pasar por escritos de Cervantes. Sin duda, la más conocida, la que se mantuvo durante más tiempo en los manuales de literatura, es la perpetrada por Adolfo de Castro en 1848, cuando publica en Cádiz *El Buscapié. Opúsculo inédito que*

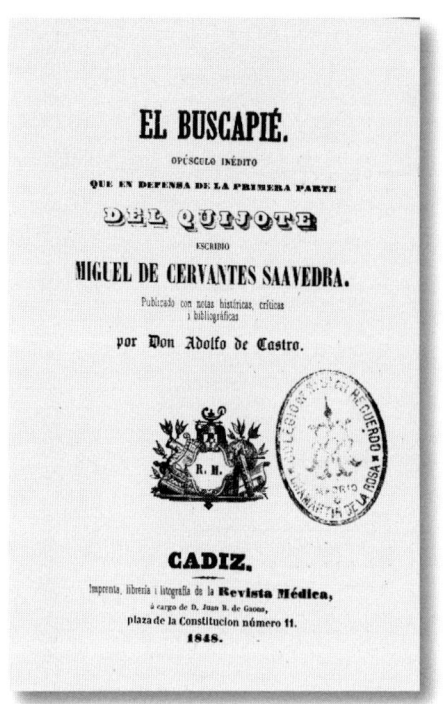

Portada del *Buscapié* de Adolfo de Castro, falsificación cervantina (Cádiz, 1848).

en defensa de la primera parte del *Quijote* escribió Miguel de Cervantes Saavedra. Un curioso diálogo entre un narrador y un bachiller que se encuentran en el camino y que le permitiría a Cervantes defenderse de las críticas que estaba recibiendo la obra en sus primeros años de difusión por su falta de verosimilitud. Una falsificación realizada por uno de los grandes estudiosos de la obra cervantina, gran conocedor del *Quijote*, lo que explica que la superchería durara años y años y muchos fueran los que aplaudieran el poder leer tal obra. Nunca se había visto nada semejante.

Esta falsificación cervantina se convirtió también en campo de batalla entre liberales y conservadores. Mientras estos últimos defendieron la autoría cervantina (Estébanez Calderón, Mesonero Romanos, Cánovas del Castillo), el liberal Gallardo y el inglés Ticknor la negaron desde un principio. Lo cierto es que no solo se reeditó en varias ocasiones y se incluyó en diferentes ediciones del *Quijote* durante el siglo XIX, sino que fue traducida a varias lenguas como una obra más de Cervantes. Nunca confesó Adolfo de Castro su superchería ni las razones que le llevaron a realizarla.

De lo que sí podemos estar seguros es que el *Persiles* cierra el programa literario ideado por Miguel de Cervantes, al que dedicó los últimos años de su vida, esos años de papel en que dio a conocer sus mejores escritos y en los que dejó en los cajones de sus proyectos algunos otros que se han perdido irremediablemente.

Y hasta aquí hubiera llegado la historia literaria de Cervantes, muchos de sus grandes hallazgos, algunos de sus sueños literarios, si en medio de su planificada y frenética vida de papel, no se hubiera colado la vida real, la que se movía la margen de su pluma y de sus deseos: a finales de 1614 se imprime en Tarragona la segunda parte del *Ingenioso hidalgo don Quijote de la Mancha*, firmada por un tal Alonso Fernández de Avellaneda. Esta historia marginal de la vida de Cervantes que se ha convertido en central en el nacimiento de la novela moderna, de este Cervantes marginal en su época que ha llegado a ser considerado el mejor escritor en español de todos los tiempos, bien merece el último de los capítulos de nuestra biografía.

5. En los márgenes de la plenitud de Cervantes: *El ingenioso caballero don Quijote de la Mancha* (1615)

¿Cuándo comenzó a escribir Cervantes la segunda parte del *Quijote*?: el caso del rucio de Sancho

El comienzo de la segunda parte del *Quijote* no es tan conocido ni repetido como el famoso «En un lugar de La Mancha de cuyo nombre no quiero acordarme». Si al inicio de la primera parte domina el espacio —esa Mancha tan alejada de los míticos y lejanos espacios caballerescos—, ahora el protagonismo se le otorga al tiempo:

> Cuenta Cide Hamete Benengeli, en la segunda parte de esta historia y tercera salida de don Quijote, que el cura y el barbero se estuvieron casi un mes sin verle, por no renovarle y traerle a la memoria las cosas pasadas.

Un mes. Un mes después de la vuelta de Don Quijote a su lugar, comienza la nueva narración de las aventuras quijotescas, donde tendrán un papel protagonista los lectores de la primera parte, comenzando por el bachiller Sansón Carrasco que hará su entrada triunfal en el tercer capítulo, haciendo realidad los sueños de papel del hidalgo manchego, convertido en caballero andante real —tan real, es decir, tan de papel—, como sus modelos caballerescos:

> Era el bachiller, aunque se llamaba Sansón, no muy grande de cuerpo, aunque muy gran socarrón, de color macilenta, pero de muy buen entendimiento; tendría hasta veinte y cuatro años, carirredondo, de nariz chata y de boca grande, señales todas de ser de condición maliciosa y amigo de donaires y de burlas, como lo mostró en viendo a don Quijote, poniéndose delante de él de rodillas, diciéndole:
> —Deme vuestra grandeza las manos, señor don Quijote de la Mancha; que, por el hábito de San Pedro que visto, aunque no tengo otras órdenes que las cuatro primeras, que es vuestra merced uno de los más famosos caballeros andantes que

ha habido, ni aun habrá, en toda la redondez de la tierra. Bien haya Cide Hamete Benengeli, que la historia de vuestras grandezas dejó escritas, y rebién haya el curioso que tuvo cuidado de hacerlas traducir de arábigo en nuestro vulgar castellano, para universal entretenimiento de las gentes.

Los lectores de hoy no podemos ni imaginar lo que un lector de principios del siglo XVII sentiría al leer estas primeras líneas, estos primeros capítulos de la segunda parte cervantina. Un lector que compartiría tiempo no solo con los protagonistas de la obra («no ha mucho tiempo») sino, sobre todo, con los lectores de la primera parte, como Sansón Carrasco, los duques y tantos otros personajes con los que se encontrarán don Quijote y Sancho en su tercera salida.

Pero este efecto literario, este acierto genial en la narrativa de la época, que rompe todos los límites espaciales y temporales a los que un lector del momento estaba habituado, ¿funciona de la misma manera si la segunda parte se hubiera publicado a los pocos meses o años de haberse impreso la primera, o diez años después, cuando realmente se llegó a imprimir, a dar a conocer al común de los mortales? ¿Hasta qué punto este efecto desaparece en su época ante un lector que, hacía unos años, había leído las aventuras quijotescas cervantinas y, hacía tan solo unos meses, las del *Quijote* falso de Avellaneda?

Sabemos, más o menos, el momento en que Cervantes retomó la escritura del *Quijote* para dar respuesta literaria al *Quijote apócrifo* de Fernández de Avellaneda, publicado a mediados de 1614; sabemos el momento en que se entregó el memorial para su publicación, que debió ser a principios de 1615: el 27 de febrero el licenciado Márquez Torres firma la aprobación del libro. Pero, ¿cuándo comenzó a escribir Cervantes la segunda parte del *Quijote*?

El curioso e ingenioso diálogo entre Don Quijote y Sancho Panza con el socarrón Sansón Carrasco en el tercer capítulo de la obra está escrito para dar respuesta a muchas de las críticas y comentarios que Cervantes está recibiendo en los primeros meses de la publicación de su primera parte, por el ya lejano 1605. Un ajuste de cuentas literario donde el lector, el destinatario de la obra, se sitúa al mismo nivel que el protagonista de la misma, que escucha hablar de sus aventuras como si fueran las de otro. Se han comenzado a quebrar los límites entre la realidad y la ficción, una de las grandes enseñanzas de la novela moderna a partir de la lectura acertada y seria de la obra cervantina.

El capítulo tercero merece una lectura más atenta y pormenorizada, pero quedémonos solo con algunos datos, indicios (para nada vehementes) que nos acerquen a dar una respuesta a la pregunta que hemos formulado al inicio de este capítulo.

Nada más conocer Sansón Carrasco a don Quijote «uno de los más famosos caballeros andantes que ha habido, ni aun habrá, en toda la redondez de la tierra», se hace eco del éxito editorial de su obra, en una hipérbole típica del momento (y de todos los tiempos), con la que el autor demuestra la valía y el éxito de su obra, y que ha sido utilizada por la crítica como documento de su éxito, eclipsando la difusión de las *Novelas ejemplares* o del *Persiles* que fueron más difundidos en su época que el *Quijote*:

> —Es tan verdad, señor —dijo Sansón—, que tengo para mí que el día de hoy están impresos más de doce mil libros de la tal historia; si no, dígalo Portugal, Barcelona y Valencia, donde se han impreso; y aun hay fama que se está imprimiendo en Amberes, y a mí se me trasluce que no ha de haber nación ni lengua donde no se traduzga.

Esta evidente exageración —que muestra más un sueño que una descripción de la realidad, y que terminará convirtiéndose en una profecía— fue utilizada por Astrana Marín en el tomo VI de su biografía para defender que Cervantes comenzó a escribir la segunda parte a partir de 1607. ¿Por qué en estos años? En 1607 se imprime en Bruselas una reedición del *Quijote*, y Astrana entiende que esa alusión a Amberes en la cita cervantina se relaciona con las noticias de una reedición en Flandes, cuyos ejemplares no habían llegado a Madrid, de ahí la confusión en la ciudad de impresión. Y de ahí también las prisas y las angustias de Francisco de Robles: se pone a trabajar en una reedición madrileña de la primera parte que saldría al año siguiente (véase pp.173-176), y, sobre todo, comienza a apremiar a Cervantes para que le entregue lo antes posible las continuaciones de las aventuras quijotescas, dejando a un lado las colecciones de novelitas que está escribiendo. Y así se dibuja una imagen de la forma de trabajar de Cervantes, entregándole capítulos a Francisco de Robles, que ha tenido tanta fortuna como se encuentra lejos de los usos y formas de escritura y de edición durante los Siglos de Oro:

> Tales motivos le llevarían a entrevistarse y entrar en nuevos tratos con Cervantes. Mejor que proseguir las novelas cortas o cuentos, por los que ya le había adelantado algunas sumas, y cuya venta podría ser dudosa, era emprender decididamente la Segunda Parte del *Quijote*, prometida en la Primera, y de venta y éxito segurísimos. Es de creer que muchos lectores animaran tanto al autor como al editor a acometer, o, más bien, a continuar y completar aquella gran empresa. Una Segunda Parte del *Quijote* sería otro éxito sin precedentes, o sin más precedentes que sus propios precedentes. En consecuencia, Cervantes recibió el encargo de suspender por entonces las novelas o cuentos, y comenzar incontinente la Segunda Parte del *Quijote*. De al-

gunos olvidos notados en el texto se puede colegir fácilmente que el autor iba entregando el original, capítulo por capítulo, o varios al mismo tiempo, a Francisco de Robles, el cual le suministraba dinero, a deducir en su día de la venta del privilegio de impresión. Naturalmente, al no disponer Cervantes del original, no podía consultarlo, y a pesar de su gran memoria, no siempre recordaba lo escrito, que dataría, a veces, de meses y aun años. Como se ve, las «inadvertencias» del texto señaladas por los críticos tienen otra, y muy sencilla, explicación.

Pero hay otro detalle en esta curiosa conversación del capítulo tercero que llama la atención y que puede darnos algunas claves sobre el momento inicial de la escritura de la segunda parte del *Quijote*. Después de desplegar todo tipo de estrategias para alabar las aventuras de la primera parte, desde el comentario de algunas de ellas a la forma de hablar del propio Sancho; después de contestar a las críticas sobre la introducción de la novela de «El curioso impertinente», «no por mala ni por mal razonada, sino por no ser de aquel lugar, ni tiene que ver con la historia de su merced del señor don Quijote», se llega al punto de dar respuesta a una serie de detalles en la redacción que han sido criticados, y que tienen que ver con el famoso episodio en Sierra Morena, en que Sancho aparece unas veces sí y otras no encima de su rucio, sin haber explicado en ningún momento quién y en qué circunstancias le robaron la cabalgadura, sin olvidar el destino de los cien escudos que Sancho encontró en la maleta:

> y algunos han puesto falta y dolo en la memoria del autor, pues se le olvida de contar quién fue el ladrón que hurtó el rucio a Sancho, que allí no se declara, y solo se infiere de lo escrito que se le hurtaron, y de allí a poco le vemos a caballo sobre el mesmo jumento, sin haber parecido. También dicen que se le olvidó poner lo que Sancho hizo de aquellos cien escudos que halló en la maleta en Sierra Morena, que nunca más los nombra, y hay muchos que desean saber qué hizo de ellos, o en qué los gastó, que es uno de los puntos sustanciales que faltan en la obra.

La respuesta se hace esperar, pues a Sancho le toma «un desmayo de estómago», y no vuelve a la casa de Alonso Quijano hasta después de comer y echarse una siesta, y así satisfacer «al bachiller Sansón Carrasco de sus dudas y preguntas, con otros sucesos dignos de saberse y de contarse»:

> —A lo que el señor Sansón dijo que se deseaba saber quién, o cómo, o cuándo se me hurtó el jumento, respondiendo digo que la noche misma que, huyendo de la Santa Hermandad, nos entramos en Sierra Morena, después de la aventura sin ventura de los

galeotes y de la del difunto que llevaban a Segovia, mi señor y yo nos metimos entre una espesura, adonde mi señor arrimado a su lanza, y yo sobre mi rucio, molidos y cansados de las pasadas refriegas, nos pusimos a dormir como si fuera sobre cuatro colchones de pluma; especialmente yo dormí con tan pesado sueño, que quienquiera que fue tuvo lugar de llegar y suspenderme sobre cuatro estacas que puso a los cuatro lados de la albarda, de manera que me dejó a caballo sobre ella, y me sacó debajo de mí al rucio, sin que yo lo sintiese. […] Amaneció —prosiguió Sancho—, y, apenas me hube estremecido, cuando, faltando las estacas, di conmigo en el suelo una gran caída; miré por el jumento, y no le vi; acudiéronme lágrimas a los ojos, y hice una lamentación, que si no la puso el autor de nuestra historia, puede hacer cuenta que no puso cosa buena. Al cabo de no sé cuántos días, viniendo con la señora princesa Micomicona, conocí mi asno, y que venía sobre él en hábito de gitano aquel Ginés de Pasamonte, aquel embustero y grandísimo maleador que quitamos mi señor y yo de la cadena.

Esta larga explicación resume el texto de 42 líneas que se incorporará —en un lugar equivocado— en la reedición de 1605, a los pocos meses de haberse puesto en venta la primera edición del *Quijote*, como ya hemos analizado anteriormente (véase pág.121).

¿Quién es el único lector que podría entender esta explicación, que necesitaría de estos datos para comprender lo que había sucedido con el rucio de Sancho Panza en Sierra Morena? El lector de un ejemplar de la primera edición del *Quijote*, pues los lectores de un ejemplar de la segunda (1605) o de la tercera (1608) ya tendrían en el propio texto, que no es una simple reedición a plana y renglón, los datos necesarios para comprender lo que había sucedido. Para ellos no tenían sentido ni las quejas de Sansón Carrasco ni la extensa explicación de Sancho Panza.

El capítulo termina con una genialidad cervantina que trastoca —de aquí para siempre— lo conocido hasta ahora en verosimilitud narrativa. El protagonista de la primera parte, el caballero andante don Quijote de la Mancha, pregunta al bachiller Sansón Carrasco, si el autor ha prometido segunda parte de sus aventuras: «Sí promete —respondió Sansón—, pero dice que no ha hallado ni sabe quién la tiene, y así, estamos en duda si saldrá o no». Y ni la hallará porque todavía no se ha «vivido» lo que ha de ser recordado y escrito. Por este motivo, en un acto de voluntad solo equiparable al momento en que Alonso Quijano se construye como el caballero don Quijote de la Mancha, en el primer capítulo de la primera parte, ahora es el escudero Sancho Panza quien promete salir en busca de aventuras para dar motivo y tema para que el «historiador Cide Hamete Benengeli» pueda terminar la segunda parte de sus hazañas. El personaje de papel que es consciente de que necesita «vivir» para que el autor pueda dar a conocer su obra, que no es más que su propia vida. Un acto genial de voluntad vital y literaria:

> Atienda ese señor moro, o lo que es, a mirar lo que hace; que yo y mi señor le daremos tanto ripio a la mano en materia de aventuras y de sucesos diferentes, que pueda componer no solo segunda parte, sino ciento. Debe de pensar el buen hombre, sin duda, que nos dormimos aquí en las pajas; pues ténganos el pie al herrar, y verá del que cosqueamos. Lo que yo sé decir es que si mi señor tomase mi consejo, ya habíamos de estar en esas campañas deshaciendo agravios y enderezando tuertos, como es uso y costumbre de los buenos andantes caballeros.

Genialidades aparte —las que han convertido esta segunda parte cervantina en la piedra angular de la construcción de la novela moderna—, lo cierto es que los diez años que median entre la publicación de la primera parte del *Quijote* y la segunda, sigue siendo uno de los grandes misterios en la vida cervantina. ¿Por qué abandonó Cervantes la escritura frenética de la segunda parte, meses después de publicada la primera, para así seguir con el guion establecido de un *best-seller*, que necesita de continuaciones para así poder fidelizar a los lectores, aprovecharse del tirón y del momento de auge del mercado editorial? En 1604 Mateo Alemán publicó la segunda parte de su *Guzmán de Alfarache*, cinco años después de la primera; pero ya en 1602 se imprime en Valencia una continuación apócrifa, sin olvidar que las decenas de reediciones volvían en una novedad editorial las aventuras de *El Pícaro* durante estos años. Nada que ver con el éxito y las reediciones de la primera parte cervantina, como ya se ha apuntado.

Nunca sabremos realmente cuándo comenzó a escribir Miguel de Cervantes la segunda parte del *Quijote*, las razones que le llevaron a no seguir adelante con el proyecto comenzado a los pocos meses de comprobar el éxito de la primera parte en 1605. Pero lo que sí sabemos, de lo que sí que podemos estar seguros es que la continuación del *Quijote* no era una prioridad en el proyecto literario ideado por Cervantes y puesto en imprenta a partir de 1613, y que su escritura y su publicación se la debemos, en última instancia, a la publicación en 1614 de la segunda parte apócrifa. El autor que se esconde detrás del nombre de Alonso Fernández de Avellaneda, no solo es uno de los mejores lectores y críticos cervantinos de su tiempo, sino que con su apuesta, con su desafío literario, hizo posible que Cervantes escribiera algunas de las páginas más geniales de toda su vida. La segunda parte del *Quijote* ha de entenderse como un paréntesis en su proyecto literario que, ironías del destino, será la causa fundamental de su encumbramiento como mito, como el creador de la novela moderna.

Cervantes sin la segunda parte del *Quijote* no habría llegado a lo más alto del Parnaso literario occidental.

Cervantes sin el *Quijote apócrifo* de Alonso Fernández de Avellaneda, quizás, no hubiera terminado nunca su segunda parte. Y, sin esta obra, sin duda, nunca la hubiera terminado de la forma genial con que lo hizo.

¿Es el *Quijote apócrifo* (1614) de Alonso Fernández de Avellaneda una venganza contra Cervantes?

La historia es bien conocida: a mediados de 1614 se pone a la venta el *Segundo tomo de El Ingenioso hidalgo don Quijote de la Mancha, que contiene su tercera salida y es la quinta parte de sus aventuras*. ¡Por fin salía a la luz la segunda parte de las aventuras quijotescas, que se llevaban esperando desde hacía nueve años!

En la portada, aparece un grabado referencial representando a un caballero andante lanza en ristre que lo emparenta directamente con la reedición de la primera parte del *Quijote* cervantino impresa en Valencia por Patricio Mey en 1605.

La diversión estaba garantizada teniendo en cuenta a quien va dedicado el libro: «Al alcalde, regidores y hidalgos de la noble villa de Argamasilla, patria feliz del hidalgo caballero don Quijote

Portada del *Segundo tomo de El Ingenioso hidalgo don Quijote de la Mancha* (Tarragona, 1614).

de la Mancha», que vincula esta obra con el final de la primera parte y los poemas de «los académicos de la Argamasilla, lugar de La Mancha».

Y hasta aquí las vinculaciones y las similitudes con el texto caballeresco que Cervantes publicó en 1605. El resto son diferencias: por un lado, el autor, pues se indica que está «compuesto por el licenciado Alonso Fernández de Avellaneda, natural de la villa de Tordesillas»; y por otro, el impresor: Felipe Roberto, que lo imprime en su taller de Tarragona, del que es dueño desde 1587 cuando su antiguo propietario, ni más ni menos que Patricio Mey, se traslada a Valencia. Nunca pasó de ser una imprenta menor, provinciana, y ya estaba en decadencia en 1614, aunque sus actividades editoriales continuarán hasta 1618, el año de su muerte. Su hijo mantendrá activo el taller a partir de este momento. Dadas las características de la imprenta, y el estudio de los tipos empleados en su edición, Vindel defendió en 1937 que realmente el libro fue impreso en Barcelona, en las prensas de Sebastián de Cormellas, que serían las descritas en la segunda parte cervantina, cuando don Quijote se adentra en una imprenta.

> Sucedió, pues, que, yendo por una calle, alzó los ojos don Quijote, y vio escrito sobre una puerta, con letras muy grandes: *Aquí se imprimen libros*; de lo que se contentó mucho, porque hasta entonces no había visto emprenta alguna, y deseaba saber cómo fuese. Entró dentro, con todo su acompañamiento, y vio tirar en una parte, corregir en otra, componer en ésta, enmendar en aquélla, y, finalmente, toda aquella máquina que en las emprentas grandes se muestra. Llegábase don Quijote a un cajón y preguntaba qué era aquello que allí se hacía; dábanle cuenta los oficiales, admirábase y pasaba adelante. (II, cap. 62)

Un misterio bibliográfico que ahonda en el engaño y el anonimato que rodea esta edición.

El segundo tomo del Ingenioso hidalgo, como es habitual (y necesario) se acompaña de la aprobación, firmada por el doctor Rafael Ortoneda y fechada el 8 de abril, que aprueba su publicación calificándolo de «libro curioso y de entretenimiento»; y la licencia de impresión, la firma el vicario Francisco de Torre y de Liori el 4 de julio, por la que se permite «imprimir y vender en este arzobispado». En los dos documentos se indica que su autor es Alonso Fernández de Avellaneda, tal y como aparece en la portada.

¿Cuándo llegó a oídos de Cervantes la noticia de esta continuación de su obra, y a su vista uno de sus primeros ejemplares? Seguramente muy pronto, dado el éxito inmediato del que gozó el libro. En 2008, Enrique Suárez Figaredo descubrió que los escasos ejemplares conservados en realidad escondían un dato importante: en el año 1614 se realizaron dos ediciones del *Quijote apócrifo*, la segunda realizada con muchas prisas y multiplicando las erratas de la primera. No hay duda: los lectores estaban esperando saber cómo continuaban las aventuras quijotescas.

¿Era extraño que una obra de éxito fuera continuada por un autor diferente? Desde nuestra perspectiva, sería impensable, situados en nuestra posición privilegiada del reconocimiento de la propiedad intelectual de la obra artística, pero ¿qué sucedía en los Siglos de Oro? ¿Es realmente un «pecado» como lo definirá Cervantes?

Todo lo contrario. No hay texto exitoso durante los siglos XVI y XVII que no sea continuado al margen del control de su primer autor. Así sucede con los libros de caballerías y algunas de sus series más exitosas. La quinta parte del *Amadís de*

Gaula, la conocida como las *Sergas de Esplandián* que escribe Garci Rodríguez de Montalvo y publica alrededor de 1510 será continuada por Páez de Ribera en este mismo año con el *Florisando* (libro 6º); pero, a su vez, hacia 1514, Feliciano de Silva, comenzará su saga amadisiana con un nuevo texto que retoma la narración donde la dejara Montalvo —y no Páez de Ribera—, que lleva por título *Lisuarte de Grecia* (libro 7º); que, a su vez, él mismo continuará en 1530 con el *Amadís de Grecia*, que constituye el libro 9º de la serie, pues en 1526 Juan Díez había publicado una continuación al libro séptimo, intentando hacer retornar las aventuras amadisianas al redil de la ortodoxia cristiana: *Lisuarte de Grecia* (libro 8º). Un verdadero lío. De este modo, en una misma serie editorial —mantenida por los autores e impresores— tienen cabida varios autores, que crean desarrollos paralelos en la trama argumental, que son leídos unos detrás de otros por los lectores sin problemas.

El *Lazarillo de Tormes*, el texto inaugural de los libros de pícaros, debió de gozar de un enorme éxito a mediados del siglo XVI. No se ha conservado ni ejemplar ni noticia de la primera edición, pero en 1554 contamos con cuatro reediciones diferentes impresas en Alcalá de Henares, Amberes, Burgos y Medina del Campo. Al año siguiente, se publica en Amberes una continuación anónima, donde el protagonista se convierte en atún. Muchos años después, en 1620 para ser más exactos, el profesor de español Juan de Luna escribió en París una nueva continuación de la obra, que quería demostrar la necedad y el disparate de la continuación anónima, y recuperar el espíritu del primer Lázaro.

El éxito de otro texto inaugural de un género, la *Diana* de Jorge de Montemayor, impreso en 1559 y que dará lugar al florecimiento de los libros de pastores, gozará de dos continuaciones simultáneas, que se darán a conocer una detrás de la otra: la *Segunda Diana*, de Alonso Pérez (1563) y la *Diana enamorada* de Gaspar Gil Polo (1564), y las dos impresas en las prensas valencianas de Joan Mey.

Y ya hemos tenido ocasión de hablar de las continuaciones tempranas del *Guzmán de Alfarache* de Mateo Alemán que comparte con Cervantes el hecho de ser el propio autor quien se dispone a escribir su propia continuación con la finalidad de reivindicar su autoría, la pertenencia de su obra, criticando el deseo de otros autores de aprovecharse de sus tramas y personajes. «Para mí sola nació don Quijote y yo para él», como dirá Cide Hamete Benengeli al final de la segunda parte del texto cervantino.

Y si quedara alguna duda al lector del momento, Avellaneda lo recuerda en su prólogo de 1614:

> Solo digo que nadie se espante de que salga de diferente autor esta *Segunda parte*, pues no es nuevo el proseguir una historia diferentes sujetos. ¿Cuántos han hablado

de los amores de Angélica y de sus sucesos? Las *Arcadias*, diferentes las han escrito; la *Diana* no es toda de una mano.

De este modo, no extraña que en muchos de los inventarios de bibliotecas por esta época compartan estanterías ejemplares de las continuaciones del mismo autor con aquellas llevadas a cabo por otros escritores. Así sucede en el *Índice e inventario de los libros que hay en la librería de don Diego Sarmiento de Acuña, Conde de Gondomar, en su casa de Valladolid*, realizado a finales de abril de 1623. En el apartado dedicado a «Libros de caballerías o historias fabulosas», aparece un ejemplar de una de las ediciones del *Quijote* de 1605, dos volúmenes en 8º de la edición de Bruselas de 1617, con las dos partes, y, también, un *Segundo tomo de don Quijote de la Mancha*, impreso en Tarragona en 1614.

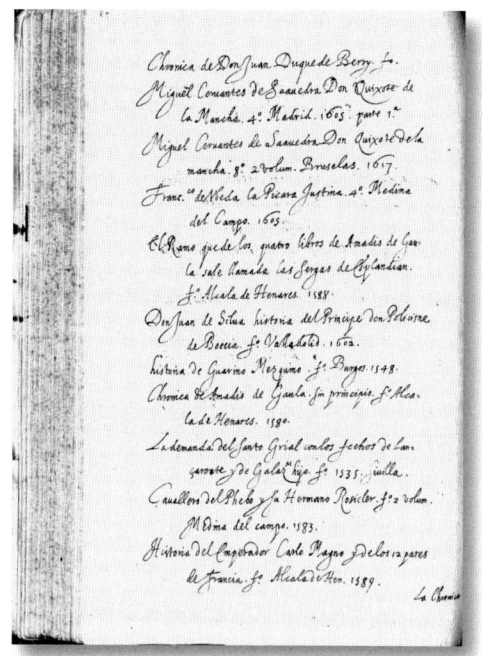

Índice e inventario de la Biblioteca del Conde de Gondomar (Valladolid, 1623): BNE: mss/13594, fol. 73v.

Tampoco hay que olvidar que en el modelo editorial francés de la difusión del *Quijote* desde el siglo XVII y en buena parte del XVIII, a los cuatro libros en 8º que difunden la obra cervantina se les añade otros dos volúmenes con el *Quijote apócrifo*, y otros tantos que van sumando las continuaciones francesas, a partir de la comenzada por Filleau de Saint Martin en 1695, hasta un total de 14 volúmenes. La «unidad textual» quijotesca va más allá del texto cervantino, y engloba también sus continuaciones, comenzando con la de Avellaneda.

Pero hay un aspecto en que la continuación quijotesca es particular: el hecho de que el autor se esconda detrás de un seudónimo. El propio Cervantes lo critica en su prólogo del *Quijote* de 1615 con estas palabras:

> Paréceme que me dices que ando muy limitado y que me contengo mucho en los términos de mi modestia, sabiendo que no se ha de añadir aflicción al afligido, y que la que debe de tener este señor sin duda es grande, pues no osa parecer a campo abierto y al cielo claro, encubriendo su nombre, fingiendo su patria, como si hubiera hecho alguna traición de lesa majestad.

Si el hecho de hacer una continuación de una obra impresa no es ningún delito, si es habitual y común en muchas de las obras de éxito que se han impreso y que se imprimirán en este tiempo, ¿qué le lleva al autor de la obra a esconderse detrás de un seudónimo y no salir a la plaza pública con su nombre, como así sucede con la mayoría de las continuaciones de la época?

Sin duda, la mayor venganza de Cervantes fue la de silenciar su verdadero nombre, la de alejarlo de su círculo más cercano («Si, por ventura, llegares a conocerle, dile de mi parte...», dice en el prólogo de 1615), y así condenarle a un anonimato que, después de siglos y siglos de estudios, todavía no ha conseguido un consenso entre los investigadores. Hasta casi cuarenta candidatos diferentes se han propuesto, con diversos y peregrinos argumentos, siendo el nombre de Jerónimo de Pasamonte (convertido en Ginés de Pasamonte, personaje quijotesco de la mano de Cervantes en el episodio de los galeotes, y después como Maese Pedro en la segunda parte), uno de los más aceptados por los que se han dedicado a desentrañar este misterio en la vida y obra cervantina. Incluso se ha defendido que el anonimato de la obra es un invento de Cervantes, y que sí que realmente existió un Alonso Fernández, sacerdote de La Avellaneda (Ávila), vinculado con la Casa de Alba —y de ahí con posible vínculos con Lope de Vega— y que por estos años estaba ausente en su parroquia.

De ser así, ¡esta sí que sería una genial venganza cervantina: convertir en seudónimo el nombre de un escritor, como Alonso Fernández de Avellaneda, silenciado, convertido en una sombra a partir de este momento hasta nuestros días!

En lo que sí están de acuerdo los críticos es en la diferencia de tono y de estilo entre el cuerpo del texto y el prólogo al lector, planteándose incluso que pudieran deberse a dos manos distintas. *El segundo tomo del Ingenioso hidalgo* es fruto de una lectura atenta y apasionada del texto cervantino: no hay burla, no hay crítica, no hay animadversión contra Cervantes. Todo lo contrario. Estamos ante uno de los primeros y mejores lectores que tuvo nuestro autor en su tiempo. Tanto es así que, al continuar la obra, sigue tan de cerca los postulados cervantinos que le antecederá en un hecho genial: situar la narración de la segunda parte en el tiempo real de sus lectores. Si Cervantes, en su propia continuación, hace pasar tan solo un mes entre la llegada de don Quijote a su lugar después de su segunda salida y el comienzo del relato de la segunda parte; Avellaneda se contentará en situar la acción de su obra un año después de los hechos narrados en la primera parte. Este hecho temporal —que para nosotros como lectores ha perdido toda su eficacia narrativa— es un gran hallazgo narrativo, que Cervantes llevará hasta sus últimas consecuencias. Alonso Fernández de Avellaneda es un buen escritor, conoce el oficio y es capaz de dominar la lengua, pero no es Miguel de Cervantes, no es el Cervantes en estado de gracia que terminará la segunda parte del

Quijote después de publicado y difundido el *Quijote apócrifo*. Alonso Fernández de Avellaneda es el primer continuador de la obra cervantina, el primero que transita por el nuevo paradigma caballeresco cervantino, donde el humor es un elemento dominante. Por eso no extraña que las líneas maestras que dibuja al final de la continuación, anunciando nuevos textos quijotescos —como ya lo hiciera Cervantes al final de la primera parte y es propio de la poética de los libros de caballerías—, estuviera abocado a una degeneración cómica del caballero manchego, que, después de pasar un tiempo en el manicomio toledano de la Casa del Nuncio, recupera la salud, perdiéndola de nuevo al poco tiempo, convirtiéndose en el Caballero de los Trabajos:

> Pero, como tarde la locura se cura, dicen que, en saliendo de la corte, volvió a su tema, y que, comprando otro mejor caballo, se fue la vuelta de Castilla la Vieja, en la cual le sucedieron estupendas y jamás oídas aventuras, llevando por escudero a una moza de soldada que halló junto a Torre de Lodones, vestida de hombre, la cual iba huyendo de su amo porque en su casa se hizo o la hicieron preñada, sin pensarlo ella, si bien no sin dar cumplida causa para ello; y con el temor se iba por el mundo. Llevola el buen caballero, sin saber que fuese mujer, hasta que vino a parir en medio de un camino, en presencia suya, dejándole sumamente maravillado el parto. Y, haciendo grandísimas quimeras sobre él, la encomendó, hasta que volviese, a un mesonero de Val de Estillas y él, sin escudero, pasó por Salamanca, Ávila y Valladolid, llamándose el Caballero de los Trabajos, los cuales no faltará mejor pluma que los celebre (capítulo 36).

Nada que ver con el tono del prólogo, como se ha dicho, que, debido a las furibundas críticas vertidas contra Cervantes, ha centrado los acercamientos de los cervantistas al tema. Además de criticarle por ser viejo y manco, de ser envidioso y que, por su mal carácter, no tiene amigos que le puedan escribir poemas para los preliminares de sus libros, en el prólogo se incide, una y otra vez, de lo injusto de sus críticas a Lope de Vega (sin nombrarle):

> si bien en los medios diferenciamos, pues él tomó por tales el ofender a mil, y particularmente a quien tan justamente celebran las naciones más extranjeras y la nuestra debe tanto por haber entretenido honestísima y fecundamente tantos años los teatros de España con estupendas e innumerables comedias, con el rigor del arte que pide el mundo y con la seguridad y limpieza que de un ministro del Santo Oficio se debe esperar.

Crítica de la que se defiende Cervantes en 1615, sin nombrar tampoco de quien todos están hablando:

> He sentido también que me llame envidioso, y que, como a ignorante, me descriva qué cosa sea la envidia; que, en realidad de verdad, de dos que hay, yo no conozco sino a la santa, a la noble y bien intencionada; y siendo esto así, como lo es, no tengo yo de perseguir a ningún sacerdote, y más si tiene por añadidura ser familiar del Santo Oficio; y si él lo dijo por quien parece que lo dijo, engañose de todo en todo: que del tal adoro el ingenio, admiro las obras y la ocupación continua y virtuosa.

Este diálogo en papel a partir de los prólogos, este enfrentamiento, como se ha dicho, nada tiene que ver con el tono del propio libro, que es más bien un homenaje a Cervantes, un continuador de su nuevo paradigma narrativo caballeresco, que sigue como un alumno aplicado, pero sin ser capaz de añadir su propia inventiva, su propia huella personal.

Pero aún queda por plantear una duda, un nuevo misterio, uno más de los que rodean a Cervantes en estos años: ¿qué le movió a Alonso Fernández de Avellaneda, o a quien se esconda detrás de este nombre, a llevar a cabo la continuación del *Quijote* tantos años después de publicada la primera parte? En 1605 estaba ya escrita la parodia del personaje de Ginés de Pasamonte, y en 1605 ya se difundieron las críticas a Lope de Vega y a su modelo de teatro, triunfante más a lo largo de estos últimos años... ¿Por qué esperar nueve años si lo que quería era también «desterrar la perniciosa lición de los vanos libros de caballerías, tan ordinaria en gente rústica y ociosa» y, al mismo tiempo, quitarle «la ganancia que le quito de su segunda parte»? ¿Acaso en estos nueve años no ha visto cómo la estrella editorial del *Quijote* ha decaído, desde el éxito inicial de 1605, ya que solo se reeditó en suelo hispánico en 1608, y sin mucha fortuna, con lo que hablar de «ganancia» tiene que ser más allá del éxito en las prensas?

El anonimato de la obra, la distancia temporal entre el éxito del *best-seller* cervantino y la publicación de la segunda parte, y la crítica furibunda que recibió por parte de Cervantes en el interior de su propia continuación, esconden un misterio biográfico que estamos muy lejos de resolver. Un misterio que esconde relaciones clientelares y razones y motivos que se nos escapan, sobre todo porque todo lo que tiene que ver con el autor y las condiciones de su escritura y publicación no puede dejar de ser campo abonado para las hipótesis, algunas mucho más argumentadas que otras.

En todo caso, y lo que ahora importa: *el Segundo tomo del Ingenioso hidalgo don Quijote de la Mancha*, con su vendaval de vida, obligó a Cervantes a reorganizar su proyecto literario, su vida en papel y cambiar el orden de sus publicaciones. Desde mediados de 1614, la prioridad será la de acabar de escribir la segunda parte del *Quijote*, la de no dejar sin respuesta el ataque impreso que había recibido con esta obra desde el entorno de Lope de Vega. Y lo hará como nadie lo había hecho hasta ahora: más allá del prólogo y de los preliminares, la respuesta cervantina se escribirá en el interior de la ficción. Una vida en papel contestada en la escritura, convirtiendo el pequeño volumen del *Segundo tomo* de Avellaneda y su contenido en un personaje más de ficción dentro de la historia quijotesca que ahora se dispone a concluir.

Sin este desafío de vida, más allá del programa literario que se había fijado para estos últimos años, Miguel de Cervantes no hubiera tenido tiempo de acabar su segunda parte del *Quijote*, al que habría dedicado su tiempo, su breve tiempo, quizás, después de publicado el *Persiles* y, seguramente, *Las semanas del jardín*, que es el texto más anunciado en sus preliminares.

«El tiempo es breve, las ansias crecen, las esperanzas menguan...».

Y de no haber tenido el tiempo, de no aceptar el reto del *Quijote apócrifo* y haber continuado con otras obras, ahora tendríamos en las bibliotecas ejemplares de la primera parte cervantina junto a otros de la de Avellaneda, como sucede con tantas otras durante los Siglos de Oro. Pero, sin duda, estos dos textos quijotescos, escritos por dos autores distintos, no habrían puesto las bases de la novela moderna, de los nuevos modelos narrativos que se rescatarán en el Londres del siglo XVIII. El *Quijote* de 1615, la segunda parte cervantina, que estaba en los márgenes del programa literario de Cervantes en esta vida de papel al que dedica los últimos años de su vida, se ha convertido en el centro de su reivindicación como escritor. Una vez más en la vida y en la obra de Cervantes se muestra cómo lo marginal termina convirtiéndose en lo central, en la piedra fundacional de una nueva forma de entender la narrativa.

El ingenioso caballero don Quijote de la Mancha (1615): «sé decir que no soy el malo»

Como hemos ido viendo en las páginas precedentes, las primeras décadas del siglo XVII constituyen un momento fascinante para las letras en la Corte de la Monarquía Hispánica. Fascinante porque se consolidan algunas de las industrias culturales que comenzaron en el siglo XVI, y que permiten construir un nuevo modelo de relación entre el autor y su obra, al entreverse la posibilidad de poder vivir de los beneficios que genera su difusión, ya sea en los corrales de comedias, en las prensas o en las fiestas públicas y privadas. Por otro lado, es el momento también de los debates esenciales sobre los géneros narrativos y los modelos poéticos, que tiene que ver también mucho con las fuerzas de poder en la Monarquía poética. El enfrentamiento entre lopistas y gongorinos se hará cada vez más cruento, y la narrativa cada vez ocupará una posición más privilegiada, intentando alcanzar un espacio de prestigio del que no gozaba al no contar con una presencia en la *Poética* de Aristóteles, que marcará las líneas maestras de la teoría literaria hasta bien entrado el Renacimiento. La poesía seguía siendo la reina de los géneros y donde todo escritor que se tuviera por tal debía mostrar su valía, pero ya estaban alzándose nuevos aires, que terminarán siendo huracanes en los próximos siglos, que han visto el éxito de este género por encima de todos los demás. Ahora, en este momento, en los primeros decenios del siglo XVII se pondrán las bases para esta revolución literaria que se consolidará en el siglo XVIII y, sobre todo, en el XIX, el siglo más narrativo de nuestra cultura occidental.

Pero este interesante debate, de si la épica puede escribirse tanto en verso como en prosa, no se realiza —aparente y conscientemente— en el ámbito de los géneros que han triunfado en el siglo XVI: los libros de caballerías, los de pícaros o de pastores. De ahí que, como hemos visto, Cervantes quiera dar su opinión, su visión, introducirse en el debate a partir de géneros narrativos más prestigiados, como son la novela de corte italiano (*Novelas ejemplares*) y las novelas de aventuras (*Persiles*).

Pero un acontecimiento externo a su programa literario, la publicación, después de nueve años, de una continuación de su *Quijote* impulsó a Cervantes a dejar a un lado su particular vida en papel, y recuperar lo escrito de su segunda parte y ponerle fin. Un fin definitivo. «El tiempo es breve...» y él ya no estará para defender a su caballero manchego y a su escudero de los ataques de nuevos Avellanedas en los próximos años.

En el mes de noviembre de 1615 se pusieron a la venta los primeros ejemplares de la segunda parte del *Quijote*, firmada por Miguel de Cervantes Saavedra «autor de su primera parte». Pero no será esta la única estrategia utilizada por el autor para recuperar la unidad textual del *Quijote*, que había perdido con la publicación del *Quijote apócrifo*: por un lado, mantener una unidad tipográfica, con la misma marca del impresor, con idénticos datos desde la portada con la primera parte; y por otro, un cambio más sutil en el título: del «Ingenioso hidalgo» de 1605 y de 1614, se pasa ahora a «Ingenioso caballero», título que solo aparecerá en los preliminares en la aprobación del Licenciado Márquez Torres, pues en el resto de documento legales se alterna entre *Segunda parte de don Quijote de la Mancha* y *Don Quijote de la Mancha, Segunda parte*.

Miguel de Cervantes terminó de escribir el libro entre enero y febrero de 1615; en esas fechas debió presentar el memorial para su aprobación. El 30 de

Portada de la *Segunda parte de don Quijote de la Mancha* de Miguel de Cervantes, Madrid, 1615.

marzo, se le concede la licencia y el privilegio de impresión para Castilla, por un plazo de diez años, como suele ser costumbre en la época. No hay tiempo para demorar los plazos y pedir licencia para los reinos de Aragón o de Portugal. Como se indica en la portada, la obra sale «Con privilegio», como la primera edición del *Quijote* en 1605.

Como puede imaginarse, en los pocos meses que median entre la publicación del *Quijote* de Avellaneda y la copia en limpio que presenta al Consejo de Castilla para su aprobación, es imposible que Cervantes escribiera toda la obra. Lo que sí hará después de la publicación del texto apócrifo es retomar el proyecto en el punto en que lo había dejado y darle un final. Un final sorprendente.

Aunque no tengamos documentos, no me cabe duda de que el impulso final de la escritura del *Quijote* de 1615 se lo debemos a la publicación y la difusión del *Quijote apócrifo*. Una deuda que todos los cervantista y amantes de la literatura hemos contraído con Alonso Fernández de Avellaneda. Una estrecha vinculación que ha dado lugar a una espléndida novela histórica: *Ladrones de tinta* (2005) de Alfonso Mateo-Sagasta, donde plantea la relación entre estas dos novelas desde un punto comercial, con un protagonista fascinante. Isidoro de Montemayor.

Pero de lo que sí podemos afirmar es que la forma final del *Quijote* cervantino de 1615, tal y como hoy podemos leerlo, y tal y como ha puesto las bases de la novela moderna, se trastocó totalmente a partir de la publicación del *Quijote apócrifo*, que en el cuerpo del texto podemos situarlo en el capítulo 59, en la primera de las reiteradas alusiones y relaciones con el texto de Avellaneda, que no se interrumpirán hasta las últimas palabras que Cide Hamete Benegeli dedica a su pluma. Alusiones y cambios en el programa inicial de la novela, que ya nunca podremos leer en su forma original, que constituyen uno de los grandes aciertos narrativos de Cervantes, una de sus mayores genialidades. De este modo, la respuesta certera al *Quijote* de Avellaneda, el deseo obsesivo de remarcar que su «Quijote en papel» es más verdadero que el «Quijote en papel» de Avellaneda, siendo los dos igual de ficción, las estrategias narrativas geniales que pone en marcha para criticar la falsedad de su continuador en el cuerpo del texto, en boca de los mismos protagonistas de ambas obras, resultan piedras angulares de la nueva propuesta narrativa del *Quijote* de 1615. Estrategias de las que se hace eco en la Carta dedicatoria al Conde de Lemos en las *Ocho comedias y ocho entremeses, nuevos*, que comienzan a difundirse unos meses antes, a mediados de septiembre:

> Don Quijote de la Mancha queda calzadas las espuelas en su *Segunda parte* para ir a besar los pies a V. E. Creo que llegará quejoso, porque en Tarragona le han asendereado y malparado, aunque, por sí o por no, lleva información hecha de que no es él el contenido en aquella historia, sino otro supuesto, que quiso ser él y no acertó a serlo.

El tema de las relaciones entre los dos *Quijotes* y su influencia recíproca es tema complejo, al que Alfonso Martín Jiménez le ha dedicado un libro y buena parte de sus investigaciones. Pero quisiera detenerme tan solo en dos momentos, en dos episodios para que el lector actual pueda apreciar el avance abismal que el *Quijote* de 1615 supone frente a la novelística de su tiempo. La vida (el *Quijote* de 1614) se mezcla con la ficción (el *Quijote* de 1615) para crear algo realmente nuevo, un «algo más» que rompe los límites ficcionales de su época y del género de los libros de caballerías en los que se inserta.

Como se ha recordado con anterioridad, Don Quijote conoce la existencia de un libro impreso donde se narran todas sus aventuras gracias al relato y al testimonio del bachiller Sansón Carrasco al inicio de la segunda parte. Pero en el capítulo 59, cuando el caballero manchego y su escudero han abandonado la casa de los Duques y se encaminan hacia Zaragoza, se va a dar un paso adelante: un ejemplar del *Quijote* de Avellaneda de 1614 se introducirá como un objeto más dentro de la narración cervantina. La escena está protagonizada por dos caballeros, don Jerónimo y don Juan, que se hospedan en la misma venta que don Quijote y Sancho, en un aposento contiguo, del que no le dividía más que un «sutil tabique». Lectores y espacios y modos de lectura habituales en la época: lectura en voz alta aprovechando los momentos muertos del día. Don Jerónimo no parece que está muy de acuerdo con el ofrecimiento de seguir leyendo el *Segundo tomo del Quijote*, pues es un lector decepcionado con la continuación apócrifa, que no está a la altura de la primera parte:

—¿Para qué quiere vuestra merced, señor don Juan, que leamos estos disparates? Y el que hubiere leído la primera parte de la historia de don Quijote de la Mancha no es posible que pueda tener gusto en leer esta segunda.

Don Juan es un lector más generoso («será bien leerla, pues no hay libro tan malo que no tenga alguna cosa buena»), aunque no puede dejar de mostrar su disgusto por algunos de los giros novedosos que ha incluido Avellaneda en la historia de don Quijote, sobre todo en lo referente a sus amores: «Lo que a mí en este más desplace es que pinta a don Quijote ya desenamorado de Dulcinea del Toboso». Este detalle encoleriza al «verdadero» caballero andante que está escuchando en el aposento de al lado la conversación sobre sus «falsas» aventuras impresas en un libro, y no puede dejar de gritar, de enojarse sobre el rumbo que su «vida de papel» ha tomado de la mano de un escritor diferente del que ahora le está dando vida con su escritura:

—Quienquiera que dijere que don Quijote de la Mancha ha olvidado, ni puede olvidar, a Dulcinea del Toboso, yo le haré entender con armas iguales que va muy lejos de la verdad; porque la sin par Dulcinea del Toboso ni puede ser olvidada, ni en don Quijote puede caber olvido: su blasón es la firmeza, y su profesión, el guardarla con suavidad y sin hacerse fuerza alguna.

Ante tales gritos, los dos caballeros entran en su aposento, y después de reconocerle como el «verdadero don Quijote», «norte y lucero de la andante caballería», le hacen entrega del librito de marras. Don Quijote gracias a este juego literario genial de Cervantes termina siendo lector ocasional de un libro impreso, que la mayoría de los lectores de 1615 que llegaron a leer este capítulo, seguramente también habían leído. Don Quijote se convierte en lector y en crítico y, después de hojearlo por encima, le devuelve el ejemplar a sus dueños con estas palabras:

—En esto poco que he visto he hallado tres cosas en este autor dignas de reprehensión. La primera es algunas palabras que he leído en el prólogo; la otra, que el lenguaje es aragonés, porque tal vez escribe sin artículos, y la tercera, que más le confirma por ignorante, es que yerra y se desvía de la verdad en lo más principal de la historia; porque aquí dice que la mujer de Sancho Panza mi escudero se llama Mari Gutiérrez, y no llama tal, sino Teresa Panza; y quien en esta parte tan principal yerra, bien se podrá temer que yerra en todas las demás de la historia.

Y esta es la lectura que merece este libro: un hojear las páginas y un pasar por encima la vista. Es una historia falsa. Por eso, a pesar de la insistencia de los caballeros de que leyera otras partes de la obra, el caballero manchego se niega: «y que no quería, si acaso llegase a noticia de su autor que le había tenido en sus manos, se alegrase con pensar que le había leído; pues de las cosas obscenas y torpes, los pensamientos se han de apartar, cuanto más los ojos».

Pero este episodio, este encuentro entre el caballero andante y sus lectores, que se muestran entusiasmados al conocer las aventuras que hasta el capítulo 59 se ha narrado en la segunda parte cervantina, va más allá de una crítica al texto terminado de Avellaneda: permite al personaje de don Quijote tomar las riendas de su destino, de su futuro, que todavía está por escribir, contradiciendo al verdadero «autor de esta historia», que, gracias a la fama que de sus aventuras había pervivido en «las memorias de la Mancha», había indicado cuál iba a ser una de las líneas argumentales de su continuación, al final de la primera parte:

> solo la fama ha guardado, en las memorias de la Mancha, que don Quijote la tercera vez que salió de su casa fue a Zaragoza, donde se halló en unas famosas justas que en aquella ciudad se hicieron, y allí pasaron cosas dignas de su valor y buen entendimiento (I, cap. LII).

Y este será el guión seguido por Avellaneda, y así el «falso Quijote» termina siendo el más fiel continuador de la historia «verdadera» inicial, la pensada en un primer momento por Cervantes. Pero en un quiebro final para demostrar la falsedad de la historia del *Quijote* de 1614, el personaje de don Quijote, aconsejado por estos dos lectores entusiastas de sus aventuras, decide cambiar el guión de su vida, la que había dejado fama en las «memorias de la Mancha», y, sin pasar por Zaragoza y participar en sus justas, decide dirigirse a Barcelona. El *Quijote* de Avellaneda, su aparición antes de la obra cervantina, trastoca sus planes argumentales primigenios; pero lo genial de Cervantes es que este cambio creativo que ahora se impone se lleva a cabo por voluntad y deseo de un personaje que se expresa en primera persona y no en palabras del narrador o del autor:

> Preguntáronle que adónde llevaba determinado su viaje. Respondió que a Zaragoza, a hallarse en las justas del arnés, que en aquella ciudad suelen hacerse todos los años. Díjole don Juan que aquella nueva historia contaba como don Quijote, sea quien se quisiere, se había hallado en ella en una sortija, falta de invención, pobre de letras, pobrísima de libreas, aunque rica de simplicidades.
> —Por el mismo caso —respondió don Quijote—, no pondré los pies en Zaragoza, y así sacaré a la plaza del mundo la mentira de ese historiador moderno, y echarán de ver las gentes como yo no soy el don Quijote que él dice.
> —Hará muy bien —dijo don Jerónimo—; y otras justas hay en Barcelona, donde podrá el señor don Quijote mostrar su valor.

—Así lo pienso hacer —dijo don Quijote—; y vuesas mercedes me den licencia, pues ya es hora para irme al lecho, y me tengan y pongan en el número de sus mayores amigos y servidores.

—Y a mí también —dijo Sancho—: quizá seré bueno para algo.

Con esto se despidieron, y don Quijote y Sancho se retiraron a su aposento, dejando a don Juan y a don Jerónimo admirados de ver la mezcla que había hecho de su discreción y de su locura; y verdaderamente creyeron que estos eran los verdaderos don Quijote y Sancho, y no los que describía su autor aragonés.

Si el paso de Alonso Quijano a don Quijote de la Mancha, la construcción de una identidad literaria, narrada en el primer capítulo de la primera parte era un acto de voluntad que se convertía en grito en el famoso «Yo sé quien soy» del capítulo 5; ahora Cervantes va más allá, y permite a su personaje no solo construirse a imagen y semejanza de los héroes de papel que lee de noche y de día, sino hacerlo para demostrar que son ellos y no otros los «verdaderos» protagonistas de la historia.

Pero no se quedará contento Cervantes con esta genialidad narrativa. Todavía tendría que dar otra vuelta de tuerca para demostrar que hay dos Quijotes en el mundo (como hay dos libros impresos con diferentes autores en la portada), y que el suyo, el que ahora están leyendo los lectores, que previamente se habían acercado a las aventuras de Avellaneda, es el verdadero. Lecciones de vida pensadas para los lectores de 1615, que terminan siendo piedras angulares de la genialidad narrativa cervantina.

En el capítulo 72 de la segunda parte, un melancólico don Quijote, derrotado en las playas de Barcelona por el Caballero de la Blanca Luna, que no es otro que el rabioso y cruel Sansón Carrasco, llega con Sancho Panza a un mesón. Y allí, al poco tiempo, acompañado de tres o cuatro criados hace su aparición un caballero, que se identifica como Álvaro Tarfe. Cualquier lector de la época, cualquier lector del *Quijote* de Avellaneda, no podía creer lo que estaba leyendo, como muy bien lo explica don Quijote:

—Mira, Sancho: cuando yo hojeé aquel libro de la segunda parte de mi historia, me parece que de pasada topé allí este nombre de don Álvaro Tarfe.

Y en efecto: Álvaro Tarfe es la gran construcción narrativa de Avellaneda, un personaje esencial en su historia, que acompaña durante buena parte de la historia a don Quijote de la Mancha. Si en los capítulos anteriores, era un ejemplar del *Quijote apócrifo* el que entraba en la narración cervantina, ahora Cervantes no tiene empacho en robarle a Avellaneda una de sus creaciones narrativas para demostrar la enorme diferencia que existe entre su obra y la del tordesillesco, es decir, entre los dos Quijotes que deambulan por los caminos de una Mancha de papel. Un personaje, Álvaro Tarfe, que parece tener clara su identidad de papel:

> —Sin duda alguna pienso que vuestra merced debe de ser aquel don Álvaro Tarfe que anda impreso en la *Segunda parte de la historia de don Quijote de la Mancha*, recién impresa y dada a la luz del mundo por un autor moderno.
> —El mismo soy —respondió el caballero—, y el tal don Quijote, sujeto principal de la tal historia, fue grandísimo amigo mío, y yo fui el que le sacó de su tierra, o, a lo menos, le moví a que viniese a unas justas que se hacían en Zaragoza, adonde yo iba; y, en verdad en verdad que le hice muchas amistades, y que le quité de que no le palmease las espaldas el verdugo, por ser demasiadamente atrevido.

Y, ante esta declaración de principios y de identidad, la pregunta genial de Don Quijote:

> —Y, dígame vuestra merced, señor don Álvaro, ¿parezco yo en algo a ese tal don Quijote que vuestra merced dice?

Y ni él se parece en nada a ese «otro» don Quijote —que comienza a convertirse en nebulosa de papel—, ni tampoco Sancho al Sancho narrado por Avellaneda. La crítica literaria de Álvaro Tarfe —el personaje creado por el autor que ahora se critica despiadadamente— cuando se topa en la pluma de Cervantes con el «verdadero» caballero y el «verdadero» escudero es radical, hablando de dos Quijotes, uno bueno (Cervantes) y otro malo (Avellaneda). Situación inverosímil que se explica por efecto de los encantadores:

Capítulo 72 de la *Segunda parte de don Quijote de la Mancha* en la que hace su aparición Álvaro Tarfe.

—¡Por Dios que lo creo! —respondió don Álvaro—, porque más gracias habéis dicho vos, amigo, en cuatro razones que habéis hablado, que el otro Sancho Panza en cuantas yo le oí hablar, que fueron muchas. Más tenía de comilón que de bien hablado, y más de tonto que de gracioso, y tengo por sin duda que los encantadores que persiguen a don Quijote el bueno han querido perseguirme a mí con don Quijote el malo. Pero no sé qué me diga; que osaré yo jurar que le dejo metido en la casa del Nuncio, en Toledo, para que le curen, y agora remanece aquí otro don Quijote, aunque bien diferente del mío.

Y esta declaración del personaje del *Quijote* apócrifo, le permite a Cervantes poner en boca de don Quijote no solo un alegato de su identidad («yo soy don Quijote de la Mancha, el mismo que dice la fama»), sino una última genialidad narrativa, una petición curiosa y necesaria, que termina poniendo las cosas en su sitio, y de manera legal:

—A vuestra merced suplico, por lo que debe a ser caballero, sea servido de hacer una declaración ante el alcalde de este lugar, de que vuestra merced no me ha visto en todos los días de su vida hasta agora, y de que yo no soy el don Quijote impreso en la segunda parte, ni este Sancho Panza mi escudero es aquel que vuestra merced conoció.
—Eso haré yo de muy buena gana —respondió don Álvaro—, puesto que cause admiración ver dos don Quijotes y dos Sanchos a un mismo tiempo, tan conformes en los nombres como diferentes en las acciones; y vuelvo a decir y me afirmo que no he visto lo que he visto, ni ha pasado por mí lo que ha pasado.

Lo vivido por Álvaro Tarfe en las cientos de páginas escritas por Avellaneda se vuelven una mentira, y la ficción que escribe ahora Cervantes se convierte en «verdad», sancionada incluso por documentos firmados y sellados por la autoridad pública. Y así después de comer, el deseo de don Quijote se vuelve realidad en estos términos, que debieron ser objeto de mofa y burla entre todos los lectores de la época, que veían —asombrados— como un personaje cambiaba de identidad por su propia voluntad y no por la aparición de encantadores:

Llegose en esto la hora de comer; comieron juntos don Quijote y don Álvaro. Entró acaso el alcalde del pueblo en el mesón, con un escribano, ante el cual alcalde pidió don Quijote, por una petición, de que a su derecho convenía de que don Álvaro Tarfe, aquel caballero que allí estaba presente, declarase ante su merced como no conocía a don Quijote de la Mancha, que asimismo estaba allí presente, y que no era aquel que andaba impreso en una historia intitulada: *Segunda parte de don Quijote de la Mancha*, compuesta por un tal de Avellaneda, natural de

Tordesillas. Finalmente, el alcalde proveyó jurídicamente; la declaración se hizo con todas las fuerzas que en tales casos debían hacerse, con lo que quedaron don Quijote y Sancho muy alegres, como si les importara mucho semejante declaración y no mostrara claro la diferencia de los dos don Quijotes y la de los dos Sanchos sus obras y sus palabras. Muchas de cortesías y ofrecimientos pasaron entre don Álvaro y don Quijote, en las cuales mostró el gran manchego su discreción, de modo que desengañó a don Álvaro Tarfe del error en que estaba; el cual se dio a entender que debía de estar encantado, pues tocaba con la mano dos tan contrarios don Quijotes.

La influencia del *Quijote* de Avellaneda en Cervantes va más allá de un hecho puntual y biográfico (el impulso final para concluir la segunda parte de la obra), y de una serie de estrategias para criticarlo tanto en los preliminares, como en las últimas páginas del libro. Espacios privilegiados a los que los lectores se dirigirían para conocer la opinión de Cervantes, como deja claro desde el inicio de su «Prólogo al lector»:

Válame Dios, y con cuánta gana debes de estar esperando ahora, lector ilustre, o quier plebeyo, este prólogo, creyendo hallar en él venganzas, riñas y vituperios del autor del segundo *Don Quijote*; digo de aquel que dicen que se engendró en Tordesillas y nació en Tarragona.

Más allá de estos espacios, los propios y comunes en la época, la genialidad de Cervantes es haber introducido su crítica en el propio cuerpo del texto. Espacios de conversación con los lectores de su época que se han convertido en algunas de sus máximas proezas narrativas, donde los límites entre la realidad y la ficción —incluso entre varios niveles de ficción— han quedado difuminados.

En todo caso, a pesar de la trascendencia que para la literatura occidental ha tenido la segunda parte del *Quijote*, esa continuación cervantina que solo se entiende en su escritura con el fondo de la propuesta narrativa de Avellaneda, no gozó del mismo éxito que sí tuvo la primera parte. Si es cierto que el *Quijote apócrifo* de Avellaneda tuvo dos reediciones en 1614, lo cierto es que no se volverá a reeditar hasta 1732, y lo hará siguiendo la estela del éxito después de la traducción al francés de Lesage. Por su parte, el *Quijote* cervantino tampoco parece que gozara de mucho éxito ni del favor del público. En el inventario de los bienes a la muerte de Francisco de Robles en 1623, todavía conservaba 366 ejemplares de la edición sin vender.

En 1616 se publicará una reedición en Valencia —por Patricio Mey— siguiendo el modelo editorial que lo vincula con la primera parte, y otra en Bruselas,

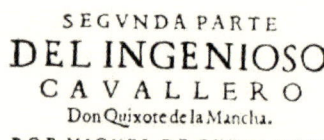

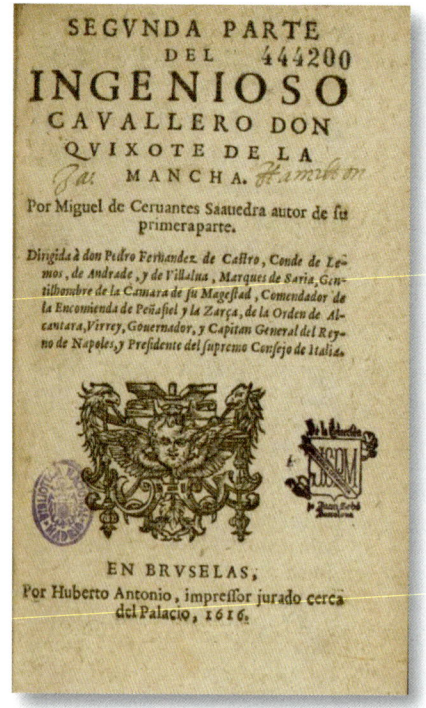

Segunda parte del Ingenioso caballero don Quijote de la Mancha, Valencia, 1616.

Segunda parte del Ingenioso caballero don Quijote de la Mancha, Bruselas, 1616.

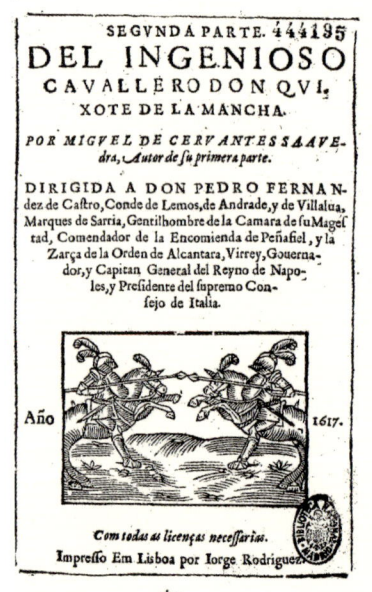

por Huberto Antonio «impresor jurado cerca del Palacio». Al año siguiente, se imprime una reedición destinada al público portugués, una reedición que, como suele ser habitual, aparece en la imprenta de Jorge Rodríguez

Y en este mismo año de 1617, el librero Rafael Vives va a financiar la publicación de las dos partes del *Quijote* en Barcelona, que se imprimirán en dos imprentas diferentes: la de Bautista Sorita (primera parte) y la de Sebastián Matevat (segunda parte).

Segunda parte del Ingenioso caballero don Quijote de la Mancha, Lisboa, 1617.

Primera y segunda parte del *Quijote*, impresas en Barcelona a costa de Rafael Vives (1617).

Si tenemos en cuenta la difusión del *Persiles* por estos mismos años, bien podremos comprender cómo la continuación del *Quijote* cervantino no llegó a tener, en sus primeros años de difusión, el éxito que podría esperarse si hubiera realmente un público ansioso en conocer cómo seguían las aventuras del caballero manchego y de su escudero.

En todo caso, *La segunda parte del Ingenioso Caballero don Quijote de la Mancha* es, sin duda, uno de los mejores textos de Cervantes, y una pieza angular para la construcción de su mito como escritor genial. Una obra que, en principio, se encontraba en los márgenes de su vida en papel, de su programa literario, pero que, con su difusión y, sobre todo, con la relectura que se hizo en Inglaterra en el siglo XVIII, se ha convertido en el centro de su producción, en el centro de la construcción de la novela moderna.

Y curiosamente esta centralidad conquistada a lo largo de los siglos ha vuelto marginal el proyecto literario cervantino, esa vida en papel a la que se dedicó en cuerpo y alma en los últimos años.

Ironías del destino.

Si Alonso Fernández de Navarrete y la red clientelar a la que pertenece, vinculada a Lope de Vega, querían quitarle la «ganancia» a Cervantes, consiguieron justo lo contrario. La *Segunda parte del Quijote* es su mejor obra, su mejor «ganancia», la que le permitió salir de la marginalidad literaria de su tiempo para triunfar en la centralidad universal con el paso de los siglos. Ningún autor de los Siglos de Oro, ni Lope, ni Góngora, ni Mateo Alemán, ni tantos otros escritores, pudieron soñar con lo que Cervantes ha conseguido. A todos ellos, la fama póstuma de Cervantes ha hecho palidecer su obra y su influencia; algunos han gozado siempre del gusto del público (Lope de Vega), otros tuvieron que ser rescatados del olvido (como le sucede a Góngora y la Generación del 27) y otros todavía están esperando su oportunidad (Mateo Alemán), pero ninguno como Cervantes. Ninguno va a conseguir lo que Cervantes ha alcanzado, sobre todo, a lomos de su *Quijote*, la más universal de las obras literarias, la de mayor influencia a lo largo y ancho del mundo. Una gran luz literaria que ha terminado por llenar de sombras y de silencios el resto de sus textos, el elaborado, pensado, meditado y genial programa literario al que Cervantes dedicó los últimos años de su vida.

Epílogo. Del hombre al mito: «written in imitation of the manner of Cervantes»

El 22 de abril de 1616 muere Miguel de Cervantes. Al día siguiente fue enterrado en la iglesia cercana de San Bartolomé, en el recién inaugurado Convento de las Trinitarias. Los detalles de su muerte y de su entierro pueden leerse en el epílogo del primer tomo de esta biografía así como la peripecia de la búsqueda de sus huesos (pp. 271-284).

Sobre las causas de su muerte, solo conocemos lo que el mismo Cervantes dejó escrito en el «Prólogo al lector» del *Persiles*, en el relato que le lleva de Esquivias a Madrid y en el que coincide con el estudiante pardal.

Libro de defunciones de la Iglesia de San Bartolomé, 22 de abril de 1616.

[...] y con paso asentado seguimos nuestro camino, en el cual se trató de mi enfermedad, y el buen estudiante me desahució al momento, diciendo:

—Esta enfermedad es de hidropesía, que no la sanará toda el agua del mar Océano que dulcemente se bebiese. Vuesa merced, señor Cervantes, ponga tasa al beber, no olvidándose de comer, que con esto sanará sin otra medicina alguna.

—Eso me han dicho muchos —respondí yo—, pero así puedo dejar de beber a todo mi beneplácito, como si para solo eso hubiera nacido. Mi vida se va acabando, y, al paso de las efemérides de mis pulsos, que, a más tardar, acabarán su carrera este domingo, acabaré yo la de mi vida.

Hoy en día, se piensa que la hidropesía que podría sufrir Cervantes es un síntoma posible de una hipotética diabetes, que le pudo llevar a la tumba. Pero más allá de los datos de papel, nada puede decirse.

Y nada más se sabe de los últimos días de Cervantes que la imagen que dejó escrita al inicio de la «Carta dedicatoria» al Conde de Lemos, de esos momentos en que sigue escribiendo días después de haber recibido la extremaunción. Y justo este último momento de papel, esa vida de escritura por encima de los dolores de la enfermedad y de la tristeza de sus allegados, es el elegido por varios artistas en los siglos XIX y XX para poner líneas y color a la muerte de Cervantes. ¡Qué mejor homenaje que mitificar al escritor en sus últimos momentos, que, imponiéndose sobre los dolores físicos, quiere seguir dejando su huella en su vida en papel!

Uno de los primeros en imaginar este momento será Víctor Manzano y Mejorada, en uno de los acercamientos más sentidos y hermosos al tema: *Últimos momentos de Cervantes*. Acompañado y ayudado por una joven, seguramente representación de

Víctor Manzano y Mejorada, *Últimos momentos de Cervantes*, 1856.

su sobrina Constanza, Cervantes se incorpora entre almohadones para no dejar de escribir. Los libros por el suelo, en su mesilla, en la librería que se intuye detrás del cortinaje dan buena muestra de su oficio de escritor que se ha vuelto mítico a la altura de mediados del siglo XIX, cuando este cuadro se pinte.

Eduardo Cano le dedicará varios bocetos al tema, en una representación más retórica y recargada, donde Cervantes estará acompañada de una desconsolada sobrina, pero también de otros personajes, que tanto cuidan por la salud de su alma como de su cuerpo.

Eduardo Cano de la Peña, *El testamento de Cervantes* [s.a.].

Por su parte, Eugenio Oliva en 1883 decide llevar la escena, con un grupo muy semejante de personajes —sustituyendo a la sobrina por su mujer doña Cata-

Eugenio Oliva y Rodrigo, *Cervantes, en sus últimos días, escribe la dedicatoria del "Quijote" al conde de Lemos* (1883).

lina de Salazar— a su estudio, donde tienen más sentido el símbolo de los libros en el suelo, en la mesa o en las librerías del fondo. El escritor en su espacio, en ese espacio mítico de creación en *Cervantes, en sus últimos días, escribe la dedicatoria del «Quijote» al conde de Lemos*.

Y también en este espacio, con unas mayores muestras de dolor, situará la escena Antonio Muñoz Degrain, cuando pinte este momento en 1916, dentro de la serie cervantina que se conserva en la Biblioteca Nacional de España.

Y este momento de escritura final, en la que se deja la huella y la impronta de una vida, es el elegido por los artistas de los siglos XVIII y XIX para ilustrar el último capítulo de la segunda parte del *Quijote*; en un sincretismo con el imaginario de la muerte de Cervantes muy habitual en la iconografía quijotesca. Desde John Vanderbank (1738), el primero que se acercó el tema, pasando por Antonio Carnicero en la edición canónica de la Real Academia Española (1780), hasta llegar a la de José Luis Pellicer entre 1880 y 1883, y el juego de estampas sueltas de William Strang de 1902, donde la escritura del testamento se mezcla con el sufrimiento de los últimos momentos de vida.

El paso de las escuetas y breves líneas del libro de difuntos, que da cuenta de la muerte del hombre Miguel de Cervantes el 22 de abril de 1616, a estas imágenes que llenan las paredes de algunos de los museos más prestigiosos del mundo y que consolidan su mito a lo largo de los siglos XVIII y XIX, es el recorrido del triunfo del *Quijote* (de los *Quijotes* de 1605 y de 1615), por encima de su autor, por encima de su programa literario, por encima de sus sueños literarios, por encima de su propia época. El *Quijote*, la grandiosidad del *Quijote*, la inmensidad que ha adquirido con los siglos, le ha convertido en un verdadero continente antes que en una isla literaria. Un continente que es autosuficiente, al margen de su autor —limitado a una línea tipográfica—, de su género literario —los olvidados libros de caballerías—, del programa literario al que dedicó su autor los últimos años de su vida, con el que dialogaba con las inquietudes y deseos de los escritores y lectores coetáneos, y de ese fascinante Siglo de Oro español, un nuevo y renovado «caput mundi».

El imparable éxito del *Quijote* a lo largo de los siglos ha roto, incluso, la enorme distancia que existe entre las dos partes de la obra, la publicada en 1605 y la de 1615, escritas por razones bien diferentes, con una forma diversa de enfrentarse y dar respuesta al mismo hecho literario. Si la primera parte es un «particular y genial» libro de caballerías, y ha de leerse en diálogo constante con el género —de admiración en sus posibilidades narrativas y de crítica en la forma concreta de entretenimiento que triunfa por estos años—; la segunda parte —terminada por el aguijón del *Quijote apócrifo*— es «algo más», es una continuación que tiene como

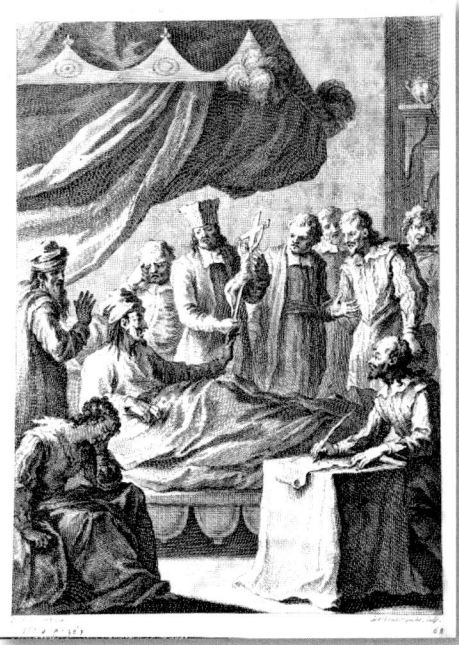

John Vanderbank, *Alonso Quijano dicta su testamento* (Londres, 1738).

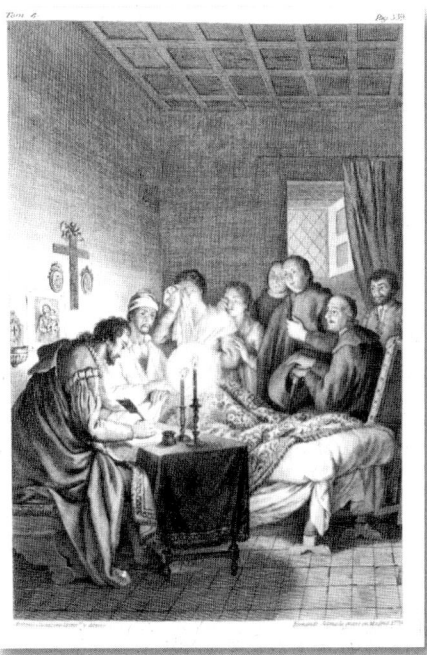

Antonio Carnicero, *Alonso Quijano dicta su testamento* (Madrid, 1780).

José Luis Pellicer, *Alonso Quijano dicta su testamento* (Barcelona 1880-1883).

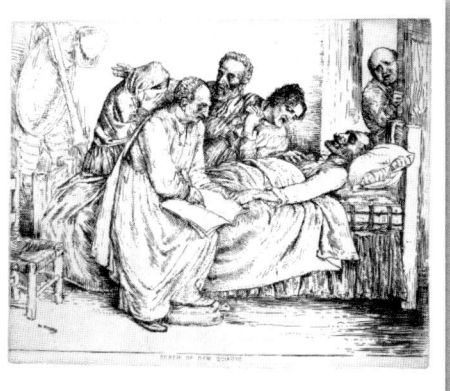

William Strang, *Alonso Quijano dicta su testamento* (London, 1902).

Antonio Muñoz Degraín, *Cervantes escribiendo la dedicatoria de su obra al conde de Lemos*, 1916.

referente la primera parte, un universo autorreferencial, que se completa en sí mismo, un universo literario que tiene sentido al leerlo con el prisma de las aventuras leídas de la primera parte. ¡Qué diferentes son las reacciones de los personajes cuando se encuentran por primera vez con Don Quijote y Sancho Panza en cada una de las partes! En la primera parte, no hay referentes más allá de las aventuras compartidas de los libros de caballerías; en la segunda, el referente es el mismo texto cervantino de 1605: lectores que, con el paso del tiempo, se convierten en personajes. ¡Y qué diferente también la reacción del propio Quijote ante las nuevas situaciones planteadas por los lectores-personajes con los que se encuentra! ¡Y qué diferente la apuesta narrativa, la estructura de la obra, abandonando en la segunda parte las historias intercaladas, sobre todo, aquellas que nada tienen que ver con la trama central de la historia, como sucede con la *Novela del curioso impertinente* de la primera parte!

Pero a pesar de estar delante de dos textos, de dos libros diferentes, lo cierto es que, a partir de 1637, van a editarse y a traducirse como una unidad. Y el primero que lo hará será el librero madrileño Domingo González, que costea la primera reedición que se hace de la segunda parte en Madrid, en los talleres de Francisco Martínez.

Una unidad textual que, como se ha indicado, solo se editará de manera independiente en español y en inglés, pues en la tradición editorial francesa se creará desde finales del siglo XVIII un nuevo modelo tipográfico, que se difundirá por toda Europa. En 1678, Claude Barbin imprime una nueva traducción al francés, firmada por Filleau de Saint Martin: *Historia de l'admirable don Quixote de la Manche*. Frente a los dos tomos en 8º de las ediciones anteriores, ahora se prefiere un formato más pequeño (12º), por lo que la obra se compone de cuatro volúmenes, al que se le sumará en 1695 un quinto, una nueva continuación de las aventuras quijotescas, una cuarta salida protagonizada por Sancho Panza y escrita por el propio traductor. Y así se irán sumando nuevas continuaciones —incluyendo la continuación firmada por Alonso Fernández de Avellaneda—, llegando a crear un nuevo modelo textual de entretenimiento que triunfará en las prensas europeas hasta bien entrado el siglo XVIII.

Este éxito editorial, sumado a las continuas imitaciones burlescas que se multiplican en todos los ámbitos, desde las comedias, entremeses, romances, canciones o ballets, muestra el triunfo temprano de las aventuras de don Quijote y de Sancho Panza. Esta es la línea más fructífera, la más conocida, la que pervive hasta nuestros días: la de la universalidad de personajes y aventuras sin que sea necesario haber leído el *Quijote*.

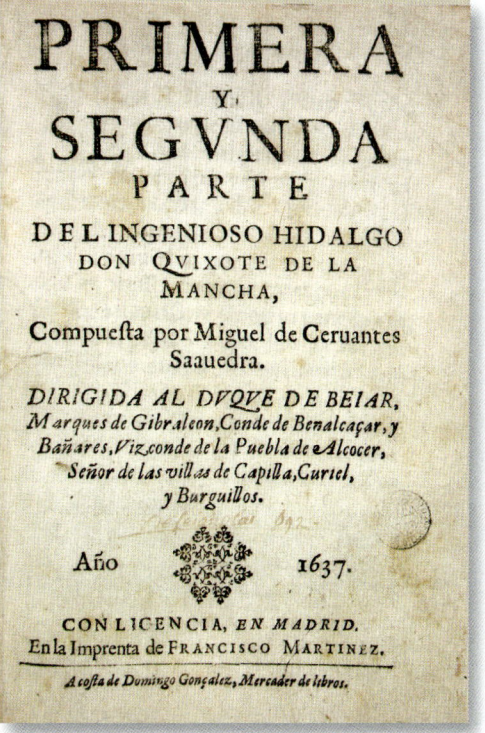

Las dos partes del *Quijote* (Madrid) 1637.

Este es el triunfo de don Quijote como personaje, el recorrido de su particular mitificación, desde el 10 de junio de 1605, cuando aparece por primera vez en las fiestas vallisoletanas hasta nuestros días.

Pero este no es el triunfo del libro *Quijote* ni de su autor.

La mitificación de Cervantes como escritor y del *Quijote* como modelo literario, digno de ser imitado, vendrá de otro ámbito de recepción de la obra: la Inglaterra de principios del siglo XVIII, una particular y marginal recepción de la obra cervantina en Inglaterra durante esta centuria.

A principios del siglo XVIII se dará una curiosa situación en Inglaterra, donde seguían huérfanos de modelos en el campo de la ficción en prosa, y donde proliferaban los debates sobre el género de la narrativa, sobre su finalidad, sus características... un debate semejante al que se vivió en castellano a principios del siglo XVII. Y si en este caso, la literatura de entretenimiento —con los libros de caballerías y los de pícaros a la cabeza— quedaron al margen, ahora será el *Quijote* y el *Guzmán de Alfarache*, los que se llevarán el centro de todas las polémicas, debates e imitaciones.

De este modo, desde finales del siglo XVII a principios del XVIII, serán varios autores ingleses los que escribirán novelas siguiendo de cerca el modelo del personaje de don Quijote (la *Quixotic fiction*): *Sir Launcelot Greaves* de Tobias Smollet, *The Female Quixote* de Charlotte Lennox, *Northanger Abbey* de Jane Austen o *The Spiritual Quixote*, de Richard Graves. Pero más allá de esta imitación —una nueva muestra del éxito del personaje don Quijote, que no conoce ni de fronteras ni de limitaciones—, son más interesante las obras que tienen al *Quijote* como modelo literario (la *Cervantean fiction*): son novelas que tienen como protagonista a un personaje de corte quijotesco, que sufre una demencia similar que le hace trastocar el mundo, donde es posible descubrir en su trama calcos y empleos de pasajes de la obra cervantina, que destaca por su comicidad, con una semejante estructura de la historia, y donde predomina un hibridismo en los géneros. Entre ellos destacan las obras de Henry Fielding, en especial *Joseph Andrews* (1742) y *Tom Jones* (1749), que para muchos lectores de su época inaugura una nueva forma de escritura. En la portada de las ediciones de *Joseph Andrews* se destaca la vinculación cervantina con la expresión: «Written in Imitation of the Manner of Cervantes, Author of Don Quixote».

«A la manera e imitación de Cervantes, el autor del *Quijote*».

El *Quijote* se convierte en un modelo narrativo y su autor, en un escritor digno de todo tipo de alabanzas, pero no por haber sido capaz de crear un particular programa literario, complejo y diverso en su tiempo, sino por haber dado a la luz un texto, el *Quijote*, que se toma como modelo. Un modelo con el que es posible

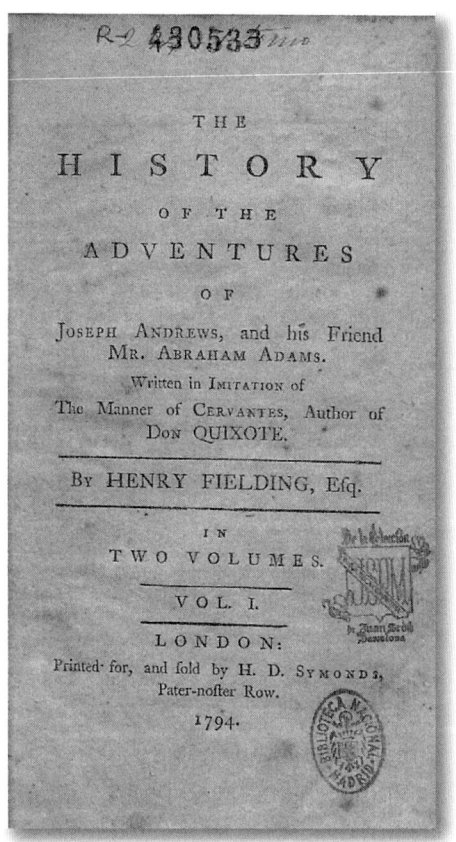

Henry Fielding, *Joseph Andrews*, Londres, 1794.

criticar a mediados del siglo XVIII las novelas nacidas a la luz y el influjo cervantino unos años antes. Entre 1760 y 1767 se publicó por volúmenes *The Life and Opinions of Tristam Shandy,* que convirtió a su autor, el clérigo Laurence Sterne es una celebridad. Una obra que es una parodia de la novela inglesa triunfante en este momento, que no es otra que las de Defoe, Richardson y Fielding, grandes admiradores y continuadores de Cervantes.

Este es el recorrido del triunfo del *Quijote* como libro.

De este modo, Miguel de Cervantes ha quedado, una vez más, en los márgenes. En los márgenes del *Quijote* libro y del Quijote personaje. En los márgenes de un acercamiento directo a su vida y su obra que coloca el *Quijote* en el centro —y meta— de todos los acercamientos biográficos, como así ya lo hiciera Mayans y Siscar en 1738.

Esta ha sido la intención y la finalidad de nuestra biografía: la de rescatar al «Cervantes hombre» y situarlo en la época fascinante en que le tocó vivir, como son los Siglos de Oro, tiempo que no está de más reivindicar en cada momento. Un «Cervantes hombre» que escribe en un momento de cambio de paradigma, donde se están planteando cambios sustanciales entre la relación entre el escritor y los beneficios económicos que puede conseguir en su época, pero también un momento de debate sobre géneros, modelos narrativos, poéticos o dramáticos. Un «Cervantes hombre» que no coloca el *Quijote* en el centro de su vida, ni de su vida real ni de su vida en papel; una obra que de humildes orígenes y referentes termina por ser piedra angular de nuestra forma de entender la literatura en la actualidad. Un «Cervantes hombre» que vive, que sobrevive, que se construye y se reinventa en cada momento de su vida, siguiendo las oportunidades y posibilidades que le permite su tiempo. Un «Cervantes hombre» que, con el tiempo, ha terminado por ser marginal frente a la grandiosidad de su obra más genial: el *Quijote* (o los *Quijotes*).

Miguel de Cervantes se encontraba en los márgenes de los centros de poder de su tiempo. Unos márgenes que sufre en vida, pero que también le permiten la libertad de dejarnos una obra que sigue siendo actual con el paso de los siglos. Una obra que busca su voz, su lugar y que no es voz ni espacio de un determinado poder o de una particular forma de entender el mundo. Miguel de Cervantes no fue un revolucionario, pues vive de acuerdo a las ideas y las costumbres de su época, que asume y defiende en cada momento. Pero Miguel de Cervantes termina por construir, por levantar un edificio literario revolucionario, que va más allá de los debates de su tiempo, que las preocupaciones y miedos de su época.

> ¡Adiós, gracias; adiós, donaires; adiós, regocijados amigos; que yo me voy muriendo, y deseando veros presto contentos en la otra vida!

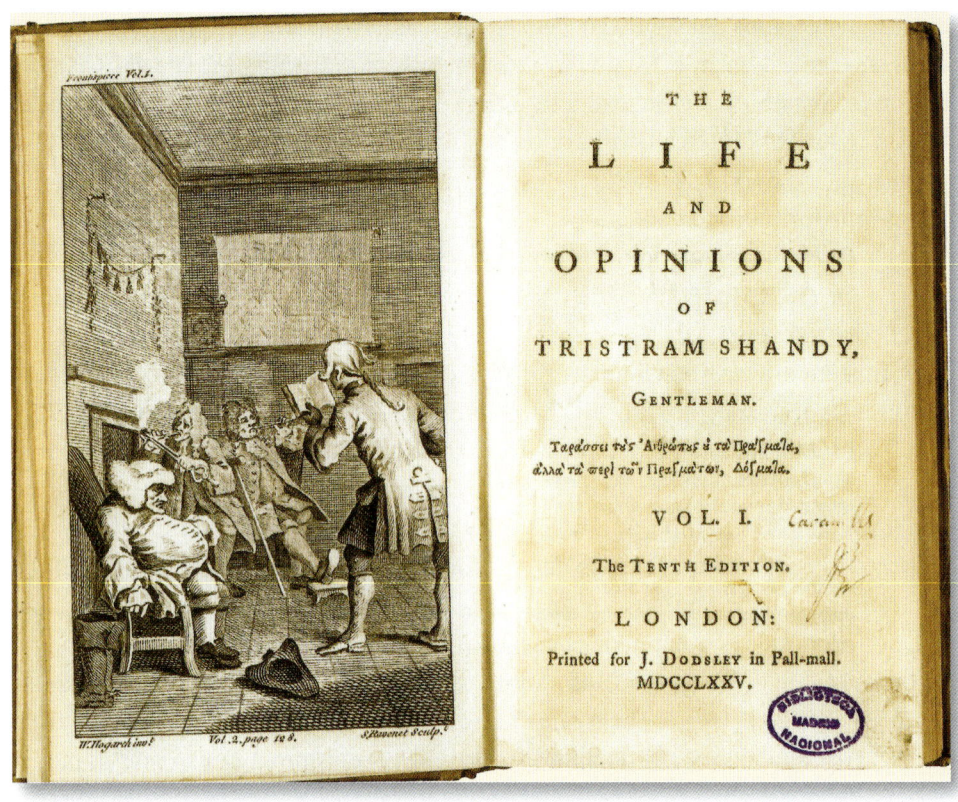

Laurence Sterne, Tristam Shandy, London 1775.

Con estas palabras acaba Cervantes su «Prólogo al lector» del *Persiles*. Una curiosa despedida que es también un saludo de bienvenida a la «otra vida», que puede ser la muerte como puede ser también la vida de papel. Esa en la que Miguel de Cervantes ha ocupado el centro partiendo de los márgenes de su tiempo; esa que ha conquistado gracias a una obra marginal dentro del rico y variado proyecto literario que pone en pie en los últimos años de su vida.

Una vida en construcción.
Una vida en la Corte.
Una vida de papel.

Un Cervantes hombre que no dejará de vivir en el recuerdo y en el ejemplo de tantos lectores de estas páginas.

Un Cervantes hombre que merece vivir en el centro de nuestra admiración. Un genio que no dejará nunca de desafiarnos y de sorprendernos.

Bibliografía

AA.VV. (2005-2014): *Gran enciclopedia cervantina*, Alcalá de Henares, Instituto Universitario Miguel de Cervantes (10 tomos)
Agulló y Cobo, Mercedes, «Noticias de impresores y libreros madrileños de los siglos XVI y XVIII (continuación)», *Anales del Instituto de Estudios Madrileños*, II (1967), pp. 1-39.
——, *La imprenta y el comercio de libros en Madrid (siglos XVI-XVIII)*, Madrid, UCM, 1992.
Alonso Cortés, Narciso, *Cervantes en Valladolid*, Valladolid, Publicaciones de la Casa de Cervantes, 1918.
Alvar Ezquerra, Alfredo, *Cervantes. Genio y libertad*, Madrid, Temas de hoy, 2004.
——, *Los traslados de Corte de 1601 y 1606*, Madrid, Imprenta Artesanal, 2006.
Amezúa, Agustín G. de (1941): *Epistolario de Lope de Vega Carpio*, 4 vols., Madrid (facsímil de Madrid, 1989).
Archivo Histórico de Protocolos de Madrid: *20 documentos sobre Cervantes en el Archivo Histórico de Protocolos de Madrid*, Madrid, Comunidad de Madrid, Dirección General de Archivos, Museos y Bibliotecas; Caja Madrid, Obra Social, 2001.
Asensio y Toledo, José María, *Nuevos documentos para ilustrar la vida de Miguel de Cervantes Saavedra: con algunas observaciones y artículos sobre la vida y obras del mismo autor, y las pruebas de la autenticidad de su verdadero retrato*, Sevilla, Imp. y Litogr., Librería Española y Extrangera de D. José M. Geofrín, 1864.
Astrana Marín, L., *Vida ejemplar y heroica de Miguel Cervantes Saavedra*, Madrid, Reus, 1948-1958.
Barragán Aroche, Raquel, «El modelo de vejamen en el *Viaje del Parnaso*», en Aurelio González y Nieves Rodríguez Valle (eds.), *El Viaje del Parnaso: texto y contexto (1614-2014)*, México, El Colegio de México, 2017, pp. 33-48.
Baker, Edward, *La biblioteca de don Quijote*, Madrid, Marcial Pons, 1997.
Blecua, Alberto, «La epístola 'Al lector' a las ediciones de las *Obras* de Hurtado de Mendoza (Madrid, 1610): ¿un viejo-nuevo texto de Cervantes?», *Ínsula*, 700-701 (2005), pp. 2-6.
Blasco, Javier, *Cervantes, un hombre que escribe*, Valladolid, Difácil, 2006.
Blasco, Javier, Patricia Marín Cepeda y Cristina Ruiz Urbón (eds.), *Hos ego versículos feci... estudios de atribución y plagio*, Frankfurt und Main, Iberoamericana, 2010.
Bouza, Fernando, *Corre manuscrito. Una historia cultural del Siglo de Oro*, Madrid, Marcial Pons, 2001.
——, «El primer lector del *Quijote*», *ABCD. Las Artes y las Letras*, 846, 19-25 de abril de 2008, pp. 4-7.
——, y Francisco Rico, «Digo que yo he compuesto un libro intitulado *El ingenioso hidalgo de la mancha*», *Cervantes. Bulletin of the Cervantes Society of America*, XXIX, 1 (2009), pp. 13-30.
——, *«Dásele licencia y privilegio». Don Quijote y la aprobación de libros en el Siglo de Oro*, Madrid, Akal, 2012.
Canavaggio, Jean, *Cervantes*, Madrid, Espasa Calpe, 1983 (última reedición de 2015).
——, *Cervantes, entre vida y creación*, Alcalá de Henares, Centro de Estudios Cervantinos, 2000.
Cañas Murillo, Jesús, «Corte y Academias literarias en la España de Felipe IV», *Anuario de Estudios Filológicos*, XXXV (2012), pp. 5-26.
Castro, Adolfo de, *Varias obras inéditas de Cervantes sacadas de códices de la Biblioteca Colombina*, Madrid, 1874.

Cátedra, P. M., *Nobleza y lectura en tiempos de Felipe II. La Biblioteca de Don Alonso Osorio, Marqués de Astorga*, Valladolid, 2002.

Cavero de Carondolet, Cloe, «Dedicatorias a un «buen Príncipe y Excelente Pastor»: una aproximación al mecenazgo eclesiástico en la España de los Austrias», en *II Encuentro de Jóvenes Investigadores en Historia Moderna. Líneas recientes de investigación en Historia Moderna*, ed. Félix Labrador Arroyo, Madrid, Universidad Rey Juan Carlos I-Cinca, 2015, pp. 743-762.

Cervantes, Miguel de (2014): *La Galatea*, edición de Juan Montero, Madrid, RAE.

—— (2016): *Poesías*, edición de Adrián J. Sáez, Madrid, Cátedra.

—— (2016): *Viaje del Parnaso y poesías sueltas*, edición de José Montero Reguera y Fernando Romo Feito, Madrid, RAE.

Chevalier, Maxime, *Lectura y lectores en la España del siglo XVI y XVII*, Madrid, Turner, 1976

—, «Lectura y lectores... veinte años después», *Bulletin Hispanique*, 99 (1997), pp. 19-24.

—, «Lectura en voz alta y novela de caballerías. A propósito del *Quijote*, I, 32», *Boletín de la Real Academia Española*, LXXIX (1999), pp. 55-65.

Cuenca, Paloma y Jesús Gómez, «La atribución cervantina de un diálogo anónimo renacentista», *E-Humanista/Cervantes*, 1 (2012), pp. 81-102.

Dadson, T. J., *Libros, lectores y lecturas. Estudios sobre bibliotecas particulares españolas del Siglo de Oro*, Madrid, 1998.

De Diego Romero, Sabino, *Catalina, fuente de inspiración de Cervantes*, Madrid, Punto Rojo, 2015.

Delfín Val, José, *Cervantes en Valladolid*, Madrid, El Mundo, 2005.

Díez, J. Ignacio (ed.), *El mecenazgo literario en la Casa Ducal durante la época de Cervantes*, Segovia, Fundación Instituto Castellano Leonés de la lengua, 2005.

Egido, Aurora, «Una introducción a la poesía y a las academias literarias del Siglo de Oro», *Estudios Humanísticos, Filología*, VI (1984), pp. 9-26.

Eisenberg, Daniel, «La biblioteca de Cervantes, una reconstrucción», en *Studia in Honorem prof. Martín de Riquer*, tomo II, Barcelona, Quaderns Crema, 1987, pp. 271-328.

——, «¿Tenía Cervantes una biblioteca?», traducido por Elvira de Riquer, en Daniel Eisenberg, *Estudios cervantinos*, Barcelona, Quaderns Crema, 1991, pp. 11-36. Versión retocada de «Did Cervantes Have a Library?», *Hispanic Studies in Honor of Alan D. Deyermond: A North American Tribute*, ed. John S. Miletich (Madison, Wisconsin, EE.UU.: Hispanic Seminary of Medieval Studies, 1986), pp. 93-106.

Enciso Alonso Muñumer, Isabel, *Nobleza, poder y mecenazgo en tiempos de Felipe III. Náoles y el Conde de Lemos*, Madrid, Actas, 2007.

——, «Cervantes en los escritorios y estanterías de los Lemos», *Cervantes*, 34.2 (2014), pp. 99-148.

Fernández Ferreiro, María, *La influencia del «Quijote» en el teatro español contemporáneo. Adaptaciones y recreaciones quijotescas (1900-2010)*, Alcalá de Henares, Instituto Universitario de Investigación Miguel de Cervantes - Servicio de Publicaciones de la Universidad de Alcalá, 2016.

Fernández, Jaime, *Bibliografía del Quijote por unidades narrativas y materiales de la novela*, 2ª ed. ampliada, Alcalá de Henares, Centro de Estudios Cervantinos, 2008, 2 vols., 1 CD-Rom.

Flores, Robert M., *The compositors of the first and second Madrid editions of «Don Quixote» Part I*, London, The Modern Humanities Research Association, 1975.

Foulché-Delbosc, R., «Étude sur *La tía fingida*», *Revue Hispanique*, 19 (1899), pp. 256-306.

Frenk Alatorre, Margit, «Lectores y oidores. La difusión oral de la literatura en el Siglo de Oro», *Actas del VII Congreso Internacional de Hispanistas (Venecia, 1980)*, Roma, Bulzoni, 1982, pp. 101-123.

—— «Ver, oír, leer..», *Homenaje a Ana María Barrenechea*, Madrid, Castalia, 1984, pp. 235-240.

—— «La ortografía elocuente (Testimonios de lectura oral en el Siglo de Oro)», *Actas del VIII Congreso de la Asociación Internacional de Hispanista (agosto, 1983)*, I, Madrid, Itsmo, 1986, pp. 549-556

García, Manuel Víctor, «¿Quién fue Don Quijote?», *El Museo Universal* (1867).

—- «Doña Catalina de Palacios», *Crónica de los Cervantistas*, de Cádiz (Año I, núm. 6, 31 de Octubre 1872)

——, «Recuerdos de Cervantes en Esquivias», *Crónica de los Cervantistas,* de Cádiz (Año II, núm. 5, 15 de Marzo 1876).

García López, Jorge, *Cervantes. La figura en el tapiz*, Barcelona, Pasado & Presente, 2015.

Garrido Ardila, Juan Antonio, *Cervantes en Inglaterra: el «Quijote» y la novela inglesa del siglo XVIII*, Alcalá de Henares, Centro de Estudios Cervantinos, 2014.

Gómez Canseco, Luis, «La invención del libro gordo: pícaros, pastores y caballeros en pos de la novela», *Ínsula*, 778 (2011), pp. 13-15.

——, «Introducción», en Mateo Alemán, *Guzmán de Alfarache*, Madrid, RAE, 2012, pp.

——, *Don Bernardo de Sandoval y Rojas. Dichos, escritos y una vida en verso*, Huelva, Publicaciones de la Universidad, 2017.

González Mujeriego, José Manuel, *Lo que Cervantes calló*, completar Cultiva libros, 2015.

González Palencia, Ángel, «El curandero morisco del siglo XVI, Román Ramírez», en *Historias y leyendas*, Madrid, CSIC, 1942, pp. 262-267.

Harvey L. P., «Oral Composition and the Performance of Novels of Chivalry in Spain», *Oral Literature, Seven Essays* (ed. J. J. Duggan), Edimburg-London, 1975, pp. 84-110.

Infantes, Víctor, «La librería de Don Quijote y los libros de Cervantes (I, 6)», en *«Por discreto y por amigo». Mélanges offerts à Jean Canavaggio*, études réunies et présentées par Christophe Couderc et Benoît Pellistrandi, Madrid, Casa de Velázquez, 2005, pp. 79-92 (reeditado en Turpín Editores, 2015).

—— y Pedro Rueda Ramírez, «Involuntario peregrino: la primera salida de *Don Quijote* hacia las Indias y de cómo arribó en ellos por el estío de 1605», en Mª Carmen Marín Pina (ed.), *Cervantes en el espejo del tiempo*, Alcalá-Zaragoza, Universidad de Alcalá y Prensas Universitarias de Zaragoza, 2010, pp. 173-208.

—— (ed.), *La primera salida de «El ingenioso hidalgo don Quijote de la Mancha» (Madrid, Juan de la Cuesta, 1605). La historia editorial de un libro*, Alcalá de Henares, Centro de Estudios Cervantinos, 2013.

Isla García, V., «A vueltas con *La tía fingida*», *«Hos ego versículos feci»: estudio de atribución y plagio*, ed. de J. Blasco, P. Marín Cepeda y C. Ruiz Urbón, Madrid/Fráncfort, Iberoamericana/Vervuert, 2010, pp. 75-101.

King, Willard F., *Prosa novelística y Academias Literarias en el siglo XVII*, Madrid, 1963.

Laspéras, Jean Michel, «El fondo de librería de Francisco de Robles, editor de Cervantes», *Cuadernos bibliográficos*, 1979, pp. 107-138.

Leonard, Irving. A., *Los libros del Conquistador* [1949] México, FCE, 1996.

Lohmann, Guillermo, «Los libros españoles en Indias», *Arbor*, II, 1944, pp. 221-249.

Lucía Megías, José Manuel y Aurelio Vázquez Díaz-Toledo, «Don *Quijote* en América: Pausa, 1607 (Facsímil y edición)», *Literatura. Teoría, historia, crítica.* (Bogotá), 7 (2005), pp. 203-244.

——, «Los libros de caballerías en las primeras manifestaciones populares del *Quijote*», en Juan Manuel Cacho Blecua, coord., *De la literatura caballeresca al Quijote,* Zaragoza, Universidad, 2006.

——, *El libro y sus públicos*, Madrid, Ollero & Ramos, 2007.

——, (ed.), *Amadís de Gaula: 1508-2008*, Madrid, Biblioteca Nacional de España, 2008.

Madrigal, José Luis, «Miguel de Cervantes y la Relación de fiestas de 1605», *Cervantes*, XXV (2005), pp. 271-302.

Madroñal, Abraham, *Baltasar Elisio de Medinilla y la poesía toledana de principios del siglo XVII*, Madrid, Vervuert, 1999.

——, «Entre Cervantes y Lope: Toledo, hacia 1604», *eHumanista/Cervantes*, 1 (2012), pp. 300-332.

Marín, Nicolás, «Belardo furioso. Una carta de Lope mal leída», *Anales cervantinos*, XII (1973), pp. 3-37.

Marín Cepeda, Patricia (ed.), *Relación de lo sucedido en la ciudad de Valladolid desde el punto del felicísimo nacimiento del príncipe don Felipe*, Burgos, Fundación Instituto Castellano Leonés de la Lengua, 2005.

——, «Valladolid, *theatrum mundi*», *Cervantes*, XXV (2005), pp. 161-193.
Marín Pina, M. C., «La mujer y los libros de caballerías», *Revista de Literatura Medieval*, III (1991), pp. 129-148.
——, «Lectores y lecturas caballerescas en el *Quijote*», en *Actas del III Coloquio Internacional de la Asociación de Cervantistas, Alcalá de Henares, 12-16 de noviembre de 1990*, Barcelona, 1993, pp. 265-73.
Martín Jiménez, Alfonso, *El «Quijote» de Cervantes y el «Quijote» de Pasamonte: una imitaciones recíproca*, Alcalá de Henares, Centro de Estudios Cervantinos, 2001.
——, *Guzmanes y Quijotes. Dos casos similares de continuaciones apócrifas*, Valladolid, Universidad, 2010.
Martín Morán, José Manuel, «Los prólogos de Cervantes. Retrato de un autor in progress», en *El autor en el Siglo de Oro: Su estatus intelectual y social*, coord. por Manfred Tietz y Marcella Trambaioli, La Coruña, Academia del Hispanismo, 2011, pp. 251-264.
Martínez Pereira, Ana y Víctor Infantes (eds.), *Primera edición de la Segunda parte del ingenioso caballero don Quijote de la Mancha (Madrid, Juan de la Cuesta, 1615). El libro, el texto, la edición*, Alcalá de Henares, Universidad, 2018.
Menéndez Pelayo, Marcelino, *Cultura literaria de Miguel de Cervantes y elaboración del «Quijote». Discurso leído en el Paraninfo de la Universidad Central el 8 de Mayo de 1905* (*Revista de Archivos...*, 1905, núm. 5).
Menéndez Pidal, Ramón, *Un aspecto en la elaboración del «Quijote»*, Madrid, Ateneo, 1920.
Millé y Giménez, Juan, *Sobre la génesis del «Quijote»*, Barcelona, Araluce, 1930.
Moll, Jaime, «*Novelas ejemplares*, Madrid, 1614: edición contrahecha sevillana», *Anales Cervantinos*, XX (1982), pp. 125-133.
——, *De la imprenta al lector. Estudios sobre el libro español de los siglos XVI al XVIII*, Madrid, Arco Libros S. L., 1994.
——, «Del manuscrito al impreso», en *El Quijote. Biografía de un libro, 1605-2005*, Madrid, Biblioteca Nacional de España, 2005, pp. 39-48.
——, «Juan de la Cuesta», *Boletín de la Real Academia Española*, LXXXV (2005), pp. 475-484.
——, «El taller donde se imprimió el *Quijote*», *Voz y Letra: Revista de Literatura*, 16 (2005), pp. 15-22.
Montero Padilla, José y José Montero Reguera, *Luis Astrana Marín, fundador de la Sociedad Cervantina*, Cuenca, Diputación Provincial de Cuenca, 2006.
Montero Padilla, José, «La sociedad cervantina (su fundación, su espíritu, su tarea)», *Anales cervantinos*, 42 (2010), pp. 251-273.
Neri, Stefano, «Cuadro de la difusión europea del ciclo del *Amadís de Gaula* (siglos XVI-XVII)», *Amadís de Gaula: quinientos años después. Estudios en homenaje a Juan Manuel Cacho Blecua*, eds. José Manuel Lucía Megías - Mª Carmen Marín Pina, Alcalá de Henares - Madrid, Centro de Estudios Cervantinos, 2008, pp. 565-592.
——, «Cuadro de la difusión europea del ciclo palmeriniano (siglos XVI-XVII)», *Palmerín y sus libros: 500 años*, eds. Aurelio González Axayácatl Campos García Rojas Karla Xiomara Luna Mariscal Carlos Rubio Pacho, México D.F., El Colegio de México - Centro de Estudios Lingüísticos y Literarios, 2013, pp. 285-314.
Oliver Asín, Jaime, *El «Quijote» de 1604*, Madrid, S. Aguirre, 1948.
Palacios Gonzalo, Juan Carlos, «Don Bernardo de Sandoval y Rojas: valedor de las Artes y de las Letras», *Anales Complutenses*, 13 (2001), pp. 77-106.
Parra, Francisco y Manuel Fernández Nieto, *El enigma resuelto del «Quijote»: un debate sobre el lugar de la Mancha*, Alcalá de Henares, Servicio de Publicaciones. Universidad de Alcalá, 2009.
Pardo de Guevara y Valdés, Eduardo, *Don Pedro Fernández de Castro. VII Conde de Lemos (1576-1622)*, Santiago de Compostela, Xunta de Galicia, 1997.
Pedraza Jiménez, Felipe B., *Cervantes y Lope de Vega: historia de una enemistad y otros estudios cervantinos*, Barcelona, Octaedro, 2006.

—, *Lope de Vega. Pasiones, obra y fortuna del «monstruo de naturaleza»*, Madrid, EDAF, 2009.
Pérez Pastor, Cristóbal, *Documentos cervantinos hasta ahora inéditos*, Madrid, Estab. tip. de Fortanet, 1897.
—— *Nuevos documentos cervantinos hasta ahora inéditos*, Madrid, Estab. tip. de Fortanet, 1902.
Puerto Moro, Laura, «El taller Madrigal-Cuesta-(Quiñones): nuevos documentos para la historia de una imprenta», en Martínez Pereira, Ana y Víctor Infantes (eds.), *Primera edición de la Segunda parte del ingenioso caballero don Quijote de la Mancha (Madrid, Juan de la Cuesta, 1615). El libro, el texto, la edición*, Alcalá de Henares, Universidad, 2018, pp. 199-227.
Rey Hazas, Antonio «Cervantes, Lope, Góngora, el *Entremés de los Romances* y los primeros capítulos del Quijote», *Edad de Oro*, XXV (2006), pp. 473-501.
Reyes Gómez, Fermín de los, *El libro en España y América. Legislación y Censura (siglos XV-XVIII)*, Madrid, Arco Libros, 2000.
—, (2009), «La imprenta de Madrigal-Cuesta. Imprimir en Atocha. Con algunos datos sobre bibliografía material», *Edad de Oro*, 28 (2009), pp. 303-327.
Rico, Francisco, *El texto del «Quijote». Preliminares a una ecdótica del Siglo de Oro*, Barcelona, Destino, 2005.
Riera, Carme, «Cervantes, el *Quijote* y Barcelona (Hipótesis de una estancia barcelonesa de Cervantes en 1571)», *Anales Cervantinos*, XXXVII (2005), pp. 33-43.
Riquer, Martín de, *Para leer a Cervantes*, Barcelona, Acantilado, 2003.
Rodríguez, Juan Carlos, *El escritor que compró su propio libro. Para leer el «Quijote»*, Barcelona, Debate, 2003.
Rodríguez López-Vázquez, Alfredo, «Introducción», en ¿Miguel de Cervantes?, *La tía fingida*, Madrid, Clásicos Hispánicos, 2014.
Rodríguez Marín, Francisco, *El «Quijote» y don Quijote en América. Conferencias leídas en el Centro de Cultura Hispano-americana los días 10 y 17 de marzo de 1911*, Madrid, Librería de los Sucesores de Hernando, 1911.
—, *El modelo más probable del Don Quijote* (Nueva edición crítica de *El Ingenioso Hidalgo...* Madrid, 1928, vol. VII, apéndice XL).
Rojo Vega, Anastasio, «El duque de Béjar, Cervantes y Juan de Navas", *El mecenazgo literario en la casa ducal de Béjar durante la época de Cervantes,* Segovia, Instituto Castellano y Leonés de la Lengua, 2005, pp. 211-262.
Ruiz de Conde, Justina, *El amor y el matrimonio secreto en los libros de caballerías*, Madrid, Aguilar, 1948.
Sáez, Adrián J., «Introducción", en Miguel de Cervantes, *La tía fingida*, Madrid, Cátedra, 2018, pp. 11-94.
Sánchez, José, *Academias literarias del Siglo de Oro Español*, Madrid, Gredos, 1961.
Sánchez Sánchez, Jesús, *¿Existe el lugar de la Mancha? O la imposibilidad del método científico para identificar la patria de don Quijote. Cuestiones Geográfica y Metodológicas*, Sevilla, Punto Rojo, 2015.
Sanz y Ruiz de la Peña, N., *La casa de Cervantes en Valladolid. Noticia histórica y Guía*, Valladolid, Fundaciones Vega-Inclán, 1987.
Sarmati, E., *Le critiche ai libri di cavalleria nel cinquecento spagnolo (con un sguardo sul seicento). Un' analisi testuale*, Pisa, 1996.
Sliwa, K., *Documentos de Miguel de Cervantes Saavedra*, Pamplona, Ediciones Universidad de Navarra, 1999.
—, *Documentos cervantinos. Nueva recopilación; listas e índices*, New York, Peter Lang, 2000.
—, «Andrea de Cervantes, nieta más querida de la abuela paterna, Leonor Fernández de Torreblanca, y Constanza de Ovando y Figueroa, la simpática sobrina de Miguel de Cervantes Saavedra", *Rilce*, 20.2 (2004), pp. 241-254.
—, *Vida de Miguel de Cervantes Saavedra*, prólogo de Kurt Reichenberger, Kassel: Reichenberger, 2006.

Torre Revello, José, *El libro, la imprenta y el periodismo en América durante la dominación española*, México, UNAM, 1991.
Vargas Díaz-Toledo, Aurelio, «*Fastiginia* de Tomé Pinheiro da Veiga. Edición de los días 10 y 28 de junio de 1605: primer documento de la recepción del *Quijote*", *Anales cervantinos*, XXXIX (2006), pp. 309-343.
Vindel, Francisco, *La verdad sobre el «falso" Quijote. primera parte: el «falso Quijote" fue impreso en Barcelona por Sebastián de Cormellas*, Barcelona, Antigua Librería Babra, 1937.
Wardropper, Bruce W., «Don Quijote: ¿ficción o historia?", en G. Haley (ed.), *El Quijote de Cervantes*, Madrid, Taurus, 1984 (1965), pp. 237-252.
Zimic, Stanislav, *El teatro de Cervantes*, Madrid, Castalia, 1992.

Portales web

Anales cervantinos: http://analescervantinos.revistas.csic.es/index.php/analescervantinos
Banco de imágenes del Quijote: 1605-1915:
   http://www.cervantesvirtual.com/portales/miguel_de_cervantes/imagenes_qbi/
Biblioteca Digital del Diálogo Hispánico. Dialogyca: http://www.dialogycabddh.es/
Biblioteca Digital Hispánica. Biblioteca Nacional de España: http://bdh.bne.es
Biblioteca virtual del Patrimonio bibliográfico: http://bvpb.mcu.es/es/consulta/busqueda.cmd
Cervantes en la BNE: http://cervantes.bne.es/
Cervantes y el Madrid del siglo XVII:
   http://www.ign.es/web/visualizador_cervantes
Hemeroteca Digital. Biblioteca Nacional de España. http://hemerotecadigital.bne.es/index.vm
Las rutas de Cervantes:
   https://www.google.com/culturalinstitute/beta/project/the-routes-of-cervantes?hl=es
Miguel de Cervantes. Biblioteca de Autor. Biblioteca Virtual Miguel de Cervantes:
   http://www.cervantesvirtual.com/bib/bib_autor/Cervantes/
Portal de Archivos Españoles. http://pares.mcu.es/
Publicaciones de la Asociación de Cervantistas: http://cvc.cervantes.es/literatura/cervantistas/
El Quijote. Centro Virtual Cervantes. http://cvc.cervantes.es/quijote/
Universo Cervantes: http://universocervantes.com/es

Índice onomástico

Acacio, Juan, 239
Acevedo, Juan Bautista, obispo de Valladolid, 161
Acuña, Juan Bravo de, 199
Acuña, Pedro de, 68
Aguilar Perdomo, Rosario, 15
Aguilera, Catalina de, 25, 46
Aguirre, Eduardo, 15
Albión, Gabriel Leonardo de, 190
Alemán, Mateo, 20, 52, 66, 266, 269, 286
Alfaya, Diego de, 122
Alférez del Bario Angulo, Diego, 246
Alfonso XIII, 32, 33
Alonso, Pedro, 76
Alvar, Alfredo, 15
Álvarez de Soria, Alonso, 87
Álvarez, Antonio (impresor), 219l
Alvear, Isabel de, 148
Ambrosio, Sante, 154
Andrea (hermana), véase Cervantes, Andrea
Angulo y Salazar, María de, 246
Anson, José Mª, 16
Antonio, Huberto, 249, 284
Aquiles Tacio, 253
Arce Solórzano, Juan, 190
Arce, Diego de, 190
Arciniega, Francisco Vélez de, 199
Argensola (hermanos),190-192, 195,225
Argensola, Bartolomé Leonardo de, 174, 175, 190, 224
Argensola, Lupercio Leonardo de, 187-191
Argomedo, María de, 25,38, 45, 46
Arias Girón, Félix, 173
Aristóteles, 61, 254, 275
Asensio, José María, 89
Assiaín, Nicolás de, 249
Astrana Marín, Luis, 26, 27,47,50, 74-78, 86, 114, 142, 143, 157,1-60, 171, 263
Astudillo Carrillo, Diego, 206
Austen, Jane, 294
Austria, Ana de, 251
Austria, Margarita de, 21, 183
Austria, María de, 19,22
Avellaneda, Constanza de, 68
Ávila, Gaspar de, 237

Avilés, Francisco de, 95
Ayala, Isabel de, 26, 44, 46
Azevedo, Alfonso de, 95
Azorín, 77

Bandello, 216
Barbin, Claude, 292
Barrera, Cayetano Alberto de, 222
Barrionuevo, Gabriel de, 190
Barrios, Juan de, 246
Barros, Alonso de, 224
Bidello, Juan Bautista, 136
Bill, John, 119
Blasco, Javier, 15
Blecua, Alberto, 161
Blecua, José Manuel, 259
Blosio, Ludovico, 95, 109-110,1 61
Blount, Edward, 52, 53
Bodley, Thomas, sr, 119
Bofarull y de Broca, Antonio de, 194
Bosarte, Isidro, 203
Bowle, John, 180
Boyer, Benito, 57
Bravo de Acuña, Juan, 199
Bretschneider, Andreas, 133, 135
Brulart de Sillery, Nöel, 251
Burgos, Andrés de, 72

Caballero, Ernesto, 240, 243
Cabello Núñez, José, 15
Cabrera de Córdoba, Luis, 22, 47
Calderón, Estébanez, 260
Calderón, Rodrigo, 18
Calderón, Pedro, 221
Calderón de la Barca, Pedro, 240, 253
Cámara, Catalina, 106
Camarra, María, 106
Camporredondo, Francisco de, 39
Canavaggio, Jean, 15
Cano de la Peña, Eduardo de, 289
Cano, Eduardo, 290, 291
Cano, Melchor, 73
Canónigo de Toledo, 55-58

Cánovas del castillo, Antonio, 260
Caporal Perusino, César,
Caporali Perusino, Cesare, 222, 225-227, 231
Cardenal Acquaviva, 186, 195
Cardenal Espinosa, 186
Cardenal Sandoval y Rojas, 48, 159, 192, 196-201, 224, 251
Carducho, Vicente, 142,
Carlos V, 65, 66
Carnicero, Antonio, 290, 291
Carrasco, Sansón, 261-265, 277, 280
Carvajal y Gonzaga, Lorenzo, 205
Casanova Pabordre, Genis, 123
Castellanos, Agustín, 26
Castillo Solórzano, Alonso de, 224
Castillo, Cristina, 15
Castro, Adolfo de, 80, 258, 259, 260
Castro, Guillén de, 237, 246
Castro, Rodrigo de, 244
Catalina (esposa de Cervantes) de Salazar y Palacios, 21, 75, 149-157, 164, 167-170, 207, 247, 248, 256, 257
Ceballos, Marta de, 25
Cerda, Juan de la, 154
Cervantes y Saavedra, Isabel, 165
Cervantes, Andrea, 22, 46
Cervantes, Magdalena (hermana), 25, 37
Cervantes, Rodrigo (padre de Miguel), 149-153
Cetina, Gutierre de, 206
Chacón, Francisco, 244
Cincinati, Francisco Rómulo, 142
Clemencín, Diego, 181
Clemente VII, 198
Colet, Louise, 181
Comellá, Sebastián, 267, 268,
Conde de Concentaina, 44, 45
Conde de Galalón, 129, 130
Conde de Gondomar, 51, 68
Conde de Lemos, 21, 173, 181-196, 205, 209, 212, 224, 241, 244, 247, 258, 276, 287, 289, 292
Conde de Puñoenrotro, 173
Conde Villamediana, 48, 178
Conde Vitaliano, 136
Conde-duque de Olivares, 157, 179, 178, 183
Contreras, Jerónimo de, 253, 254
Contreras, Pedro de, 246
Córdoba, Alonso de, 154
Correa, Diego, 116, 117

Cortinas, Leonor de, 149, 153
Corvacho, Joan Francisco, 215
Costa Vieira, María Augusta da, 15
Covarrubias, Sebastián de, 56
Crasbeck, Pedro, 123
Cravileri, Danieli, 15
Cuesta, Juan de la, 86, 93, 95-97, 103-112, 115, 119-128, 161, 162, 179, 180, 212

Defoe, 295
Delmas, Antonio, 26
Dematté, Claudia, 15
Díez, Juan, 269
Díaz de Paredes, Pedro, 163
Díaz Hidalgo, Juan, 161
Díaz, Fernando, 56
Díaz-Pintado Hilario, José, 56
Doctor Carrillo, 163
Duque de Béjar, 163, 182, 183, 199
Duque de Estrada, Diego, 173, 174, 178, 190
Duque de Lerma, 17, 18, 22, 139, 160, 183, 186, 196
Duque de Maqueda, 44, 45
Duque de Pastrana, 44, 45, 46, 141, 142, 174,
Duque de Saboya, 38, 52, 187

Eliseo de Medinilla, Baltasar, 198
Espejo y Zapata, Jerónimo, 246
Espinel, Vicente, 159, 197-199, 246
Enciso, Francisco de, 82, 83
Enríquez, Alonso, 25
Escudero, Javier, 78
Espejo y Zapata, Jerónimo de, 246
Espinel, Vicente, 159, 196, 198, 199, 246
Espinosa, doctor, 25
Ezpeleta, Gaspar de, 25, 26, 28, 34, 35, 37-47, 130

Fernández, Carmen, 15
Fernández, José Ramón, 15
Fernández, Justo, 15
Fernández de Avellaneda, Alonso, 71, 210, 260, 262, 267-276, 285, 292, 293
Fernández de Castro, Pedro, 188
Fernández de Navarrete, Alonso, 286
Fernández de Navarrete, Martin, 15, 119, 148, 180, 198, 205

Fernández de Velasco, Juan, 48, 50
Fernández Ferreiro, Marta, 241
Fernández Guerra, Aureliano, 245
Fernández Ferreiro, María, 242
Fernández Guerra, Aureliano, 245
Fielding, Henry, 295
Figueroa, Juan de, 245
Ferrer, Iusepe, 123
Ficino, Marsilio, 172
Figueroa, Constanza de, 150, 245
Fine, Ruth, 15
Fitzmaurice-Kelly, James, 120
Flaubert, Gustave, 181
Fletcher, 49, 52
Foulché-Delbosc, 89
Francisco de Portugal, 73
Franqueza, Pedro, 18
Freire, Antonio, 122
Fuentes, Alonso de, 73
Felipe III, 17, 19, 159, 171, 183, 198
Felipe II, 17, 21, 22, 65, 97, 99
Felipe IV, 18, 48, 93, 128

Gaitán, Juana, 21, 25, 26, 44-46, 142, 248
Galarza, Antonio de, 237
Gallardo, Bartolomé José, 205, 260
Gallo de Andrada, Juan, 101-104
Galván, Melchor, 41
Gaona, Hernando de, 77
Gaona, Sancho, 77
Garcerán de Pinos, Gaspar (conde de Guimerán), 73
García López, Javier, 15
García, Diego, 36, 46
García, Manuel Víctor, 74, 75
Garibay, Esteban de, 23, 26, 43, 46
Gil Polo, Gaspar, 269
Giraldo, Francisco, 219
Godoy, Luisa de, 77
Góngora, Luis de, 13, 54, 87, 160, 178, 190, 198, 210, 226, 286
González de Salazar y de Valdivieso, Alfonso, 246
González Mujeriego, José Manuel, 78
González, Alfonsa,
González, Alfonso, 246, 247
González, Alonso de, 148
González, Domingo, 219, 292
González, Melchor, 219

Graves, Richard, 294
Granada, Luis de, 52
Granero, Sebastian, 164
Grau, Gil, 193
Guevara, Niño de, 203
Guinart, Roque, 194
Gutiérrez, Juan, 95
Gutiérrez, Juani, 75
Gutiérrez, Mari, 75, 278
Gutiérrez, Tomás, 159

Hamete Benengeli, Cide, 261-265, 269, 276
Hartzenbusch, Juan Eugenio, 120, 163, 181
Heliodoro, 247, 252, 255
Hernández, Inés, 41
Hernández, Pedro, 169
Herranz, María, 146
Herrera y Medina, Fernando de, 162, 182
Herrera, Antonio de, 49, 101, 102
Hidalgo, Clemente, 20
Homero, 77, 174
Hondarro, Juan de, 25, 26
Hortigosa, Fray Diego de, 213, 216
Horcajada, señor de, 173
Howard, lord charles, 49, 50
Huntington, Archer M., 31
Hurtado de Mendoza, Diego, 95, 96, 161-164, 212, 213, 246
Hurtado de Mendoza Rojas y Guzmán, Esteban, Conde de Orgaz, 164

Ibarra, Joaquín, 12
Íñiguez de Lequerica, Juan, 58, 105, 108
Isabel Clara Eugenia, 183
Isabel de Portugal, 65
Islallana, Isabel de, 25, 38, 39

Jacobo I, 48
Jiménez, Juana, 146
Juan Carlos I de Borbón, 114
Juberto, cristina, 163
Junti, Julio de, 108

Krahe, Javier, 15

Laín, Lucía, 15

Laínez, Pedro, 26, 44, 248
Laredo, Antonio de, 174, 190
Laso de la Vega, Diego, 246
Lassarte, Ignacio, 95
Lennox, Charlotte, 294
León Maínez, Ramón, 180
Leonarda, Marcia, 221
Lerma, 18, 19, 22, 25, 139, 159, 160, 183, 192, 197, 198
Licenciado Bonifacio (Soria), 68
Lope de Rueda, 237
López de Vivar y Salazar, Pedro, 171
López Fabra, 120, 181
Lora del Río, 158, 196
Lucas, Francisco, 95, 212, 213
Ludeña, Fernando, 152-156
Ludeña, Pedro de, 152
Luna, Blanca, 280
Luna, Juan de, 69, 269

Macías, Sebastián, 38, 43
Madrigal, Pedro de, 93-95, 105-108, 113, 114
Madroñal, Abraham, 15
Maese Nicolás, 60
Maganto Hilario, Emilio, 15
Magdalena (hermana de Cervantes), véase Cervantes, Magdalena
Malevat, Sebastián, 284
Manuel, Doña María, 65, 66
Manzano y Mejorada, Víctor, 288
Mar, Francisco de, 122
Margarita de Austria, 21, 174, 183
Marqués de Cañete, 246
Marqués de Falces, 36, 39, 43, 46, 47
Marqués de Vega-Inclán, 32
Márquez Torres (licenciado), 199, 250, 251, 262, 275
Marsillach, Adolfo, 240, 242
Martín, Antón, 106, 141
Martín Calvo, Alférez, 246
Martín de Balboa, Alonso, 224
Martín Jiménez, Alfonso, 277
Martín Jiménez, Martín, 277
Martín Perellón, Francisco José, 15
Martínez, Diego, 59
Martínez, Francisco (cura), 146, 247, 292
Martínez, Gabriel, 143, 146
Martínez, Isabel, 146
Martínez, Luis Antonio (cura), 146, 247

Martínez, Manuel, 96
Martínez, Marcos, 59
Martínez Millán, José, 15
Martínez Zarco de Morales, Ana, 76
Martir Locarni, Pedro, 136
Mata, Alonso de, 56
Mateo-Sagasta, Alfonso, 276
Matevat, Sebastián, 284
Matos Fragoso, Juan de, 240
Mayans y Síscar, Gregorio, 138
Médicis, Cosme de, 172
Mejía, Pedro, 87
Méndez, Simón, 44-46
Menéndez Pelayo, Marcelino, 73, 74, 252
Menéndez Pidal, 91
Mérula, Margarita, 164
Mesa, Cristóbal de, 190, 191, 198
Mesonero Romanos, 146, 260
Mey, Joan, 269
Mey, Pedro Patricio, 123, 249
Milanese, Francesco Elio, 249
Millis, Godínez de, 50
Minsheu, John, 52
Mira de Amescua, Antonio, 142, 178, 190, 237
Miranda, Diego de, 25, 44-48
Molina, Luis de, 163-170, 256
Molina, Tirso de, 221
Moll, Jaime, 106
Montemayor, Isidoro, 276
Montemayor, Jorge de, 65, 224, 269
Montero, Diego, 25
Montero, Rodrigo, 25
Montero Reguera, José, 15
Monterroso, Gabriel, 95
Montoya, Luisa de, 23-27, 36, 39, 40-46
Morán, Jerónimo, 15
Moro, Pablo, 15
Moscoso, Melchor de, 244
Mosquera de Figueroa, Cristóbal, 206
Muñoz Degrain, Antonio, 290
Murcia de la Llana, Francisco de la, 179, 193

Nasarre, Blas Antonio, 240
Navarrete, Baltasar de (fray), 20, 90
Navas, Juan de las, 183, 199
Nebrija, Antonio de, 95, 96
Nieva, Francisco ("Paco"), 240, 241
Nissartar, Francisco, 38

Noydens, Benito Remigio, 70

Obregón, Juan de, 109
Oliva y Rodrigo, Eugenio, 289
Oliver Asín, Jaime, 87
Ortigosa, Francisco de, 190
Ortiz, Agustín, 78, 79
Ortoneda, Rafael, 268
Ortúñez de Calahorra, Diego, 56, 57, 62, 64
Osorio, Cristóbal, 66
Oudin, César, 52
Ovando, Catalina,151
Ovando, Constanza de, 151, 167, 169
Ovando, Nicolás de, 151, 154

Pablo V (papa), 244
Padilla, Pedro de, 94
Páez de Ribera, 269
Palacios, Catalina de, 75,169
Palacios, Francisco de (capellán), 21, 146, 170,171
Palacios, Juan de, 77, 169
Palomeque el Zurdo, 91
Paredes, Alonso Víctor de, 110
Parra, Francisco, 78
Pasamonte, Ginés de, 271
Peceval, Richard, 52
Pellicer, José Luis, 290, 291
Pellicer, Juan Antonio, 54, 120, 191, 197, 290, 291
Peña, Ana de la, 21
Peña, Francisco, 15
Perales, Andrés de, 89, 90
Percy, reverendo, 153
Pérez de Arzega, Juan, 153
Pérez de Montalbán, Juan, 221, 256
Pérez del Barrio Angulo, Gabriel, 247
Pérez Mínguez, Mariano, 28, 29
Pérez Pastor, Cristóbal, 88-90, 106,112, 149, 156
Pérez, Alonso, 269
Pérez, Pedro, 76
Pimentel de Sotomayor, Magdalena, 153
Pinheiro da Veiga, Tomé, 47, 50, 51, 128, 129
Pires Velga, Ruy, 122
Platón, 172, 176
Plinio, 217
Plutarco, 217

Portocarrero, Alonso de, 152, 154
Portocarrero, Pedro de, 152, 154
Portocarrero, Rodrigo,154
Prieto, Melquíades, 15
Príncipes de Saboya, 38
Puerto Moro, Laura, 106, 107
Purificación, fray Alonso de la Quijada de Salazar, Alonso, 159

Quevedo, Francisco de, 159, 190, 198, 205, 206, 221, 224, 231, 246
Quijada de Salazar, Alonso, 75
Quiñones, María de, 106, 107
Quiñones, Miguel, 249

Ramírez de Arellano, Gil, 68,101,102
Ramírez de Arellano, Juan, 189
Ramírez, Mariana, 25.45,48,48
Ramírez, Román, 68-70
Ramos Bejarano, Gabriel, 219
Rebenga, Catalina de, 23, 24,44
Regio, Agustín, 44
Reina Margarita, véase Margarita de Austria
Rey Hazas, Antonio, 7, 15
Reyes Católicos, 98, 99
Richardson, 295
Richelieu, cardenal, 18
Richer, Esteban, 249
Rico, Francisco, 161
Ricote, 76
Río, Antonio del, 68
Ríos, Vicente de los, 12
Riquer, Martín de, 195
Rius, Leopoldo, 89
Rivera, Pantaleón de, 178
Roberto, Felipe, 267
Robles y Guzmán, Antonio, 159
Robles, Blas de, 93, 94, 97,112
Robles, Francisco de, 11, 20, 21, 47, 57, 63, 72, 79, 86, 89-97, 103-112, 118, 120, 122-125, 128, 136, 161-164, 179-183, 209, 212, 214, 218-220, 263, 264, 283
Rodríguez de Montalvo, Garci, 56, 59, 61-64, 269
Rodríguez de Rivalde, María, 105-108
Rodríguez, Jorge, 11,112, 123, 249, 284
Rojas, Agustín de, 20, 95, 96, 112, 224
Rojas, Ana de, 77

Rojas Zorrilla, 240
Rojo Vega, Anastasio, 183
Roncesvalles, Pancracio de, 142, 231
Rosel y Fuenllana, Diego, 246
Rosset, François de, 249
Ruffinatto, Aldo, 15
Rufo, Juan, 173
Ruiz de Alarcón, Juan, 142
Ruiz, Juana, 41
Ruta, Caterina, 15

Saavedra Fajardo, 190
Saavedra, Isabel de, 46, 148, 156, 164-166, 171, 256
Saboya, duque de, 187
Sagasta, Alfonso Mateo, 15, 276
Saint-Martin, Filleau, 270, 292
Salas Barbadillo, Alonso Jerónimo de, 159, 197, 213, 216, 224, 246
Salas, Alonso de, 198
Salazar Vosmediano, Fernando de, 168
Salazar, Alonso, 205
Salazar, Antonio de, 170
Salazar, Catalina de, 141-143, 150, 116, 352
Salazar, Francisco de, 256
Salazar, Jerónimo de, 107
Salazar, Juan de, 246
Salvá, Vicente, 220
San José, Fray Diego de, 244
Sancha, Gabriel de, 180
Sánchez Moltó, Vicente, 15
Sánchez, Gabriel, 204
Sánchez, Luis, 95, 108
Sánchez, Miguel, 237
Sánchez, Vicente, 15
Sanctoro, Juan Basilio, 95, 161
Sandoval y Rojas, Bernardo (cardenal), 48, 159, 192, 196-201, 224, 251
Sandoval y Rojas, Bernardo, 48, 196-198, 200
Sandoval y Rojas, Francisco, 198
Santa de Hita Marta, José, 28
Sanz del Águila, Diego, 163
Sand, George, 182
Sanz, Jerónimo, 246
Sarriá, Juan de, 21, 116, 117
Schack, Adolfo-Federico de, 86
Segovia de Villarroel, Juan de, 199
Segovia Villarroel, Juan de, 199
Señor Agrajes, 67

Shakespeare, William, 48-52
Shelton, Thomas, 52
Siles, Miguel de, 249
Silva, Feliciano de, 56, 62, 72, 82, 269
Silva, Juan de, conde Portalegre, 189
Silveira, Miguel de, 246
Sliwa, Krzysztol, 15
Smollet, Tobias, 294
Somamia, Girolamo da, 239
Sorita, Bautista, 249
Soto de Rojas, Pedro, 178, 224
Sotomayor, Jerónima de, 25, 44
Spinola, Nicolás, 15
Srata, Carlos, 164
Sterne, Laurence, 295
Strang, William, 290, 291
Straparola, Giovani Francesco, 215
Strata, Antonio María, 164
Suárez de Figueroa, Cristóbal, 190
Suárez de Mendoza, Enrique, 255
Suárez Figereda, Enrique, 268
Suárez, Cyprianus, 95

Tacio, Aquiles, 253
Tapia, Rodrigo de, 224
Tarfe, Álvaro, 280, 281
Tárraga (canónigo), 237
Ticknor, 260
Toledano, Miguel, 246, 247, 272
Torre y Liori, Francisco de, 268
Teresa de Jesús, 244, 245
Testa, Francisco, 19
Texeira, Marcos, 122, 146
Theobald, Lewis, 52
Toledo, Hernando de, Señor de Higares, 44, 45
Toledo, Pedro de, 148
Toro, Antonio de, 116
Torres, Eduardo, 15
Trapiello, Andrés, 15
Tribaldos de Toledo, Luis, 49, 49
Trujillo, Juan, 166

Ugena, Baltasar de, 167
Ugena, Bartolomé de, 21
Ugena, María de, 146, 170
Urbina, Ana María de, 152, 155, 164
Urbina, Juan de, 164-167

Urquiza, Hernando de, 117

Valdés, Luis de, 20
Valdivielso, José de, 199, 248
Valdivieso, Pedro de, 67
Valerio Máximo, 217
Vallejo, Hernando de, 212, 222, 232
Valenciano de Mendiolaza, Melchor, 121, 124
Valois, Isabel de, 67
Vanderbank, John, 290, 291
Várez de Castro, 20
Vázquez de Arce, 18
Vázquez, Mateo, 186
Vega García-Luengos, Germán, 15
Vega, Alfonso de, 95
Vega, Pedro de, 70
Vega y Carpio, Félix Lope de , 13, 20, 21, 26, 51, 80, 86, 142, 147, 152, 160, 172-178, 187, 189, 198, 210-215, 221, 224, 226, 231, 234-240, 244, 246, 250, 253, 254-256, 272-274, 286
Vega-Inclán, marqués de, 32
Velasco, Juan Fernando de, 35, 37, 50
Vélez de Guevara, Luis, 142, 159, 178, 237
Velpius, Roger, 136

Vicente, Francisco, 46
Villarroel, Cristóbal de, 34, 36, 44, 45 Werther, barón de, 205
Villarroel, Juan de, 233, 249, 256
Villarroel, Diego de, 46-48, 138
Villarroel, Juan de, 94, 233, 249, 256
Villegas, Alonso de, 95
Villegas, Esteban Manuel de, 190, 193
Virgilio, 174, 185
Vives, Rafael, 284, 285

Wardroppr, Bruce W., 85

Ximénez, Catalina, 146

Yagüe de Salas, Juan, 246, 247

Yañez, Johannes, 95

Zamora, Lorenzo de, 95, 96
Zapata, Luis, 74

Índice toponímico

Academia de Florencia, 172
Academia de Francisco de Mendoza, 175
Academia de los Nocturnos, Valencia, 176
Academia de los Ociosos, 174, 191
Academia de Saldaña, Madrid, 173-178, 203, 207
Academia del conde de Saldaña, *véase* Academia de Saldaña, Madrid
Academia Imitatoria de Madrid, 173
Academia Selvaje, Madrid, 173, 176, 177
Alcalá de Henares, 27, 32, 64, 87, 90, 97, 117, 148, 208, 269
Alcázar de Madrid, 67
Amberes, 269
Archivo de la Cárcel Real de Valladolid, 35, 45, 47
Archivo de la Colegiata de la Villa de Olivares, Sevilla, 157, 158
Archivo Diocesano de Cuenca, 78
Archivo Histórico de Protocolos de Madrid, 109, 168, 219
Archivo Histórico Nacional, 201
Archivos parroquiales de Esquivias, 77
Argamasilla de Alba, 75, 78, 120, 181, 267
Argamasilla de Calatrava, 78
Argel, 19, 57, 76, 164, 207
Arzobispado de Toledo, 198, 244
Ayuntamiento de Madrid, 28, 143
Ayuntamiento de Teruel, 246

Baeza, 130, 131, 215
Barcelona, 64
Barrio de las Musas (Madrid), 14, 142, 158, 160, 233
Bibiothèque Municipale, Saint Germain de Laye, Versalles, 118
Biblioteca de Catalunya, véase Biblioteca de Cataluña
Biblioteca de Cataluña, 118
Biblioteca Colombina,
Biblioteca de El Cigarral el Carmen, Toledo, 118
Biblioteca de El Escorial, 94
Biblioteca Pública de San Isidro, 203
Bilbao, 214, 215
Biblioteca Nacional de España, 118,
Biblioteca Nazionale Vittorio Enmanuelle, Nápoles, 118
Biblioteca Nazionale, Nápoles, 118
Bibliothèque Nationale de France, París, 118
Bibliotheque Nationale, Rouen, 118
Bodleian Library, Oxford, 118
British Library, Londres, 118

Bruselas, 283, 284
Burgos, 269

Calle Atocha (Madrid), 106, 108, 110-114, 124, 142, 176, 177, 179, 207, 208, 213, 247
Calle Huertas (Madrid), 142, 143
Calle León (Madrid), 142, 143, 146
Calle Magdalena (Madrid), 141, 142
Calle San Eugenio (Madrid), 113, 180
Cárcel de Sevilla, 206
Casa de Contratación de Sevilla, 116
Catedral de Cartagena, 246
Catedral de Sevilla, 203
Catedral de Toledo, 199
Cigarral de Buenavista (Toledo), 198
Colegio de Jesuitas de San Hermenegildo, Sevilla, 203
Cueva de Medrano (Argamasilla de Alba), 196
Centro Dramático Nacional, 240
Coimbra, 20
Colegio de los Jesuitas San Hermenegildo de Sevilla, 203
Colegio de la Madre de Dios de los Teólogos de la Universidad de Alcalá, 103
Colegio de San Agustín de Lisboa, 122
Colegio de San Pelayo, Salamanca, 246
Convento de la Inmaculada Concepción (Alcalá de Henares), 148
Convento de las Trinitarias, 287
Corral de Comedias de Alcalá de Henares, 208, 230, 239
Corrales de comedias de Sevilla, 208, 239
Corte de Valladolid, 86, 93, 96, 98, 118
Croisset, 182

El Albillo, 169
El Espino (Esquivias), 169, 186
El Herrador, 169
El Toboso, 76-79, 196
Escuela de Comercio de Madrid, 28
Esquivias, 21, 23-28, 75-81, 146, 149, 157, 158, 163-171, 198
Essex, 49
Estudio General de la Villa de López de Hoyos, 113
Évora, 72

Flandes (talleres de impresión), 64, 151, 168, 250, 263

Harvard University Houghton Literary, (Cambridge, Mass.), 118
Herzog August Bibliothek, Wollenbüttel, 118
Hispanic Society of America, Nueva York, 118
Hispanic Society, Nueva York, 118
Holanda, 49, 151
Hospital de Antón Martín, 106
Hospital de Desamparados, 113, 114, 141
Hospital Real de la Ciudad de Ronda, 187, 197
Hospital de la Resurrección (actual casa de Mantilla), 43

Iglesia de Jesús, 160
Iglesia de Nuestra Señora del Loreto, 169
Iglesia de San Bartolomé, 287
Iglesia de San Hermenegildo, 244
Iglesia de San Luis, Madrid, 163
Iglesia de San Sebastián, 155
Iglesia de Santa Marta, Esquivias, 169-171
Iglesia Mayor de Salamanca, 246
Imprenta de Mey, Tarragona, 267
Imprenta Madrigal-Cuesta-Quiñones, 94, 112-114, 212, 219, 249

Leipzig, 133, 135
Library of Congress, Wsahington, 118
Lisboa, 136, 249, 250, 284

Matadero (Madrid), 23
Mediathéque Pierre-Almaic (Albi), 118
Medina del Campo, 20, 64, 86, 87, 108, 163, 269
Miguel Esteban, 78
Milán, 136, 137, 219, 249
Monasterio de El Paular, Segovia, 111
Monasterio de la Merced, 142
Monasterio de las Descalzas Reales, 19
Monasterio de Nuestra señora de Constantinopla (Calle Atocha), 246, 247
Monasterio de San Lorenzo de El Escorial, 107
Morgan Library (Nueva York), 118
Mota del Cuervo (Cuenca), 78
Museo Casa de Cervantes (Valladolid), 34

Palacio de las Cortes de Madrid, 160
Palacio del duque de Lerma, 159, 160
Pamplona, 11, 215, 219, 220, 249
Paraninfo de la Universidad Complutense de Madrid, 73
París, 20, 221, 249

Parroquia de San Sebastián, 155, 167
Perales, los (huerto), 169
Portobelo (Panamá), 116
Puerto de Veracruz (México), 116
Puerto de Vinaroz, 188

Quintanar de la Orden, 78

Rastro de Valladolid, 23, 26, 35-38, 43, 105
Real Academia Española, 12, 23, 24, 28, 35, 118, 201
Real Biblioteca, Madrid, 118
Residencia de Somerset House, 49
Rosenbach Museum and Library, Filadelfia, 118

San Lorenzo de El Escorial, 248
Sanlúcar de Barrameda, 116
Seo, Valencia, 123
Seseña, 169
Sevilla, 172, 206-208, 219, 237, 293
Sierra Morena, 74, 126, 264, 265
Sociedad Cervantina, 105, 198

Taller de Milán, 219
Taller de Oeyza, 219
Taller de Pamplona, 219
Tarragona, 260, 267, 270, 277
Teatro Estudio de Alcalá de Henares, 240
Teatro La Guindalera (Madrid), 240
Teatro Pavón de Madrid, 243
The Newberry Library, Chicago, 114, 115, 118, 143
Tirteafuera, 78
Toledo, 18, 196, 237, 244, 282

Umbrete, 203
Universidad Complutense de Madrid, 73
Universitats und Landesbibliothek, Innbruck, 118
University Library, Glasgow, 118
Utrera, 130

Valencia, 11, 21, 64, 118-124, 136, 174, 184, 246, 247-250, 263, 266-269, 283, 284, , 119,
Valladolid, 19-22, 27-35, 41, 43, 47-50, 64, 86, 90, 93, 96, 98, 101, 105, 108
Villanueva de los Infantes, 78
Villar, 169
Villaverde, 78

Yale University Library, New Haven, 107, 118

Zaragoza, 219